Rambert, Eugene

Aus den Schweizer Bergen

Land und Leute

Rambert, Eugene

Aus den Schweizer Bergen

Land und Leute

Inktank publishing, 2018

www.inktank-publishing.com

ISBN/EAN: 9783747779217

All rights reserved

Aus den

Schweizer Bergen.

Land und Leute

geschildert

von

E. Rambert

Professor am eidg. Polytechnikum in Zürich.

Deutsche Ausgabe
mit zweiundsechzig Illustrationen von G. Roux.

Basel und Genf.
Verlag von H. Georg.
1874.

Aus den Schweizer Bergen.

Inhaltsverzeichniß.

Vorwort des Verlegers.

Außer der reichen wissenschaftlichen Literatur über die Alpen, welche von dem Eifer unserer Naturforscher glänzendes Zeugniß gibt, ist in der neuesten Zeit eine solche Fülle von Schriften entstanden, die wir kurzweg „populäre Alpenliteratur" bezeichnen wollen, daß es nicht zu verwundern ist, wenn sich die Ansicht äußert, es sei nun dem Bedürfniß Genüge geleistet. — Aber mag man auch mit Recht nach neuen Variationen der erprobten Reisehandbücher kein Verlangen tragen, mag man auch vielleicht müde sein, die Alpen-Mataboren über alle Gipfel und Gletscherspalten zu begleiten: die Alpenwelt ist nichtsdestoweniger auch für Schriftsteller und Leser uner-schöpflich. Wer die beneidenswerthe Gabe hat, in dem Wunderbuch der Gebirgswelt selbständig zu lesen und das Gelesene in ansprechender Form mitzutheilen versteht, dem wird es nie an dankbaren Lesern fehlen. Ein solcher „berufener Dolmetscher der Alpen" ist der Verfasser unseres Buches, Herr E. Rambert, gegenwärtig Professor der fran-zösischen Literatur am Polytechnikum in Zürich. Die großartige Natur seiner Heimath - die Ufer des Genfer Sees — weihte ihn bei Zeiten in die Schönheiten und die Geheimnisse der Alpenwelt ein, und keine Studien und Berufsarbeiten haben es vermocht, ihn wieder davon abzuziehen. So ist er ein gründlicher Kenner der Natur des schweizer Hochgebirgs, der Geschichte, Sitten und Anschauungen seiner Bewoh-ner geworden. Auf dem, mit Meisterschaft behandelten großartigen Hintergrund der Alpennatur zeichnet er, meist in Form von Er-zählung wahrer Begebenheiten, das Leben, Treiben und Empfin-ben der Menschen aller Klassen; er schildert den bunten Strom der Fremden in Interlaken ebenso treffend, wie das tragische Loos eines

armen Flößers in der Schlucht des Trient. Zunächst wird der Leser
gefesselt von der geistreichen, doch Jedermann verständlichen Schreib=
weise und von dem Gang der Erzählung, allein in vielen Fällen
wird er am Ende seiner Lektüre auch gestehen müssen, daß er der=
selben außerdem manche Belehrung oder Berichtigung seiner Vor=
stellungen zu verdanken hat. Mit nicht geringerem Interesse wie die
Erzählungen wird man indessen auch einen rein naturwissenschaft=
lichen Abschnitt verfolgen, der das Wesen der Gletscher und die zur
Erklärung dieser wunderbaren Naturerscheinung aufgestellten Lehren
in allgemein verständlicher Weise behandelt.

Unser Buch gehört somit nicht zu denjenigen, welche zum Besuch
der Alpen vorbereiten sollen, auch ist es kein Nachklang einer Schweizer=
reise; es wird sowohl dem alljährlichen Besucher der Alpen als auch
Demjenigen genußreich sein, der das Hochgebirge nie gesehen hat. —
Ein solches Buch kann die Illustrationen entbehren, und so hat denn
auch die französische Ausgabe (Les Alpes suisses, 4 vol. 1869—71,
im gleichen Verlag) ohne diesen Schmuck in kurzer Zeit eine solche
Verbreitung gefunden, daß sie, besonders in der französischen Schweiz,
so zu sagen im Hause jedes Gebildeten angetroffen wird. Neuerdings
hat jedoch Herr G. Roux, bekannt durch seine Illustrationen in der
Prachtausgabe des Jeremias Gotthelf, in der „Illustr. Schweiz" ꝛc.,
Zeichnungen zu dem Rambert'schen Werk entworfen, welche in dieser
deutschen Ausgabe zum ersten Male erscheinen.

Wie sehr dieselben dem Buche zur Zierde gereichen, zeigt der
erste Blick; wir beschränken uns daher auf die Versicherung, daß der
Künstler nicht weniger als der Autor die Wirklichkeit schildert, daß
nirgends das Malerische auf Kosten der Wahrheit begünstigt, wohl
aber beides in schönen Einklang gebracht ist.

Der vom Autor neu revidirte und mit Zusätzen vermehrte Text
ist von Herrn Professor Born in Neuchâtel mit solcher Sprachgewandt=
heit übertragen, daß das Buch als ursprünglich deutsch geschrieben
erscheint.

10

Interlaken.

Die Jungfrau.

Interlaken.

I.

Es gab eine Zeit, wo von Thun bis Brienz und noch viel weiter bis in's Berner Oberland hin, eine einzige Wasserfläche ununterbrochen sich ausdehnte. Bei einer Länge von mehr als zehn Stunden beschränkte sich ihre Breite mit geringen Abweichungen nur auf eine halbe Stunde und mußte deshalb von der Höhe betrachtet einem imposanten Strome ohne sichtbares Gefälle gleichen, der, zwischen zwei Gebirgsketten eingeklemmt, mit seinen Ufern die Kanten und Buchten eines langgestreckten Thales bezeichnete. Ungefähr

in gleicher Entfernung von den beiden Endpunkten dieser Wassermasse trieb ein Bergstrom, von Süden kommend, seine trüben,
erdigen Gletscherwellen in die klare, durchsichtige Fluth. Damals
wahrscheinlich führte er noch keinen Namen, heute nennt man ihn
die Lütschine. Von allen größeren und kleineren Wasserfällen an-
geschwellt, welche von den Flanken der Jungfrau, des Mönchs, des
Eigers und von anderen benachbarten Höhen herniederstürzen, stieß
die Lütschine, nachdem sie in wildem Laufe das enge Lauterbrunnenthal durchrannt, plötzlich auf einen großen See, wo eine geräumige
Bucht ihr bei ihrem Austritte aus den Schluchten des Gebirges wie
zum Willkommen entgegenblinkte. Doch schlecht vergalt sie den
freundlichen Empfang, denn rastlos wälzte sie Schlamm, Erde, Kies
vor sich hin, legte die unreine Last an ihrer Mündung ab, füllte so
nach und nach die gastliche Bucht, drang mit ihrem Geröll und Geschiebe erobernd vor in den See und erreichte endlich sogar dessen
jenseitiges Ufer.

So wurde diese große Wasserfläche nach und nach in zwei
Hälften geschieden: die eine, westliche, die sich nach der Ebene
zu wendet, nannte man den Thuner See; die andere, östliche
Hälfte, welche an das Herz des Gebirges sich drängt, bildete den
Brienzer See.

Die Lütschine aber setzte ihr räuberisches Werk unaufhaltsam
fort. Waren die beiden Seeen anfangs nur durch einige Sandbänke
getrennt, so wurden sie es bald durch größere Strecken Landes. So
entstand auf Kosten der Seeen eine weite Alluvialebene, welche zur
Zeit der Hochwasser stellenweise überschwemmt war; im Herbste hingegen, wenn die Gletscher nicht mehr schmelzen, lag sie trocken.
Oede, wie Flußdeltas in der Regel sind, schien diese Ebene zur Un-
fruchtbarkeit bestimmt; solch langsame Bodenformationen geschehen indessen stets nach einem bestimmten Gesetz und schließlich löst sich eine
harmonische Ordnung aus dem ursprünglichen Chaos. Die Fläche
sollte nämlich keine vollkommene Ebene werden, sie folgte vielmehr
der allgemeinen Abdachung des Thales, welche an dieser Stelle, in

4

der That nur unmerklich, aber doch nicht gänzlich verschwunden ist, und indem sich ihr Niveau mehr und mehr hob, setzte sie dem oberen See einen Damm entgegen und erhöhte in Folge dessen auch das Niveau desselben. Standen nun die Wasser des Brienzer Sees höher als die des Thuner Sees, so ergossen sich diese in die faulen Lachen, welche beiden gewissermaßen als Verbindungsglieder dienten, und so bildete sich von einem See zum andern ein immer deutlicher sich abzeichnender Kanal. Die Lütschine stellte freilich ihren regellosen Lauf über den fast ebenen Grund so bald nicht ein. Da indessen ihre eigenen Ablagerungen, je mehr sie an einem Punkte sich anhäuften, ihr selbst den Weg versperrten, so wurden endlich ziemlich ausgedehnte Strecken Landes vor den Launen des Bergstromes sicher gestellt. Der Anblick des kaum aus der Fluth getauchten Bodens konnte keineswegs erfreulich sein. Hier waren weite Sandflächen, ödes Geröll und Geschiebe vorherrschend; dort, in der Nähe der Seeen, breiteten sich Sümpfe und Riede aus. Doch überall, wo die Feuchtigkeit nicht allzugroß war, wurde der Boden allmählich besser. Zu den Gräsern der sandigen Gestade gesellten sich Sträucher, Gebüsche, Fichten, Tannen; aus ihren Abfällen bildete sich eine gute vegetabilische Erdschicht und nun konnten einige Anpflanzungen versucht werden. So wie erst der Mensch die Hand mit angelegt, wurde die Entwicklung beschleunigt. Man brach den Boden um, man grub Rinnen, um den stehenden Lachen einen Abfluß zu verschaffen; grüne Aecker erhoben sich als schmucke Eilande mitten aus Sand und Sumpf. Ja, man wagte sich an die Errichtung menschlicher Behausungen, die sich zu Weilern an einander reihten, und bald vereinigte die Bevölkerung derselben ihre Anstrengungen, um die Ebene „zwischen den Seeen", Interlaken — diesen Namen schien die Natur ihr selbst geschenkt zu haben — für den Ackerbau zu gewinnen.

Jahrhunderte vergingen und es kam die Zeit, wo ein von Wällen umringter Flecken, fast eine Stadt, den zerstreuten Weilern als Mittelpunkt diente. Zu seiner Erbauung hatte man einen leicht zu vertheidigenden Platz zwischen dem Fuße des Gebirges und dem

5

größten Abzugskanal gewählt, dem Flusse nämlich, welcher den unteren See mit dem Ueberschuß des oberen Sees speist. Dieser Fluß heißt die Aare, der Flecken erhielt den Namen Unterseen. In einiger Entfernung erhoben sich die Mauern eines Mönchsklosters, neben welchem bald ein Frauenkloster entstand. Burgen krönten die Höhen. Aber Flecken, Burgen, Klöster und Dörfer erfuhren im Laufe der Jahrhunderte unter den wechselnden politischen Kämpfen gar mannigfache Veränderungen. Lange war der Flecken Unterseen arm und elend, die Klöster hingegen waren reich. Die Fischer verbrachten ihr Leben in elenden Hütten; ihre Nachbarn, die Mönche, verschönerten ihren Wohnsitz und verwandelten die Zugänge zum Kloster in einen Park, der einer fürstlichen Residenz zum Schmuck gedient hätte. Wie anders ist jetzt Alles geworden! Die Burgen sind zerfallen, der ehemals traurige von Wällen eingeschlossene Flecken ist zu einem offenen Städtchen herangewachsen und seine Bewohner, die freien Bürger eines Schweizer Kantons, sind von jeder Unterthanenschaft erlöst. Was von einem der beiden Klöster stehen geblieben, dient jetzt zu Büreaux einer verständigen Ortsverwaltung; der größte Theil der Ebene ist mit schönen Dörfern und freundlichen Häusern besät, und die Bevölkerung hat in den letzten drei Jahrhunderten vielleicht um das Zehnfache zugenommen. Längs der großen Zufahrt zum Kloster, deren schattige Bäume sorgfältig erhalten werden, erheben sich glänzende Gasthöfe; jedes Jahr sieht man deren neue entstehen, fast möchte man sagen, sie schössen aus der Erde. Gasthöfe dürfte man kaum sie nennen, Paläste sind es zwischen prunkenden Gärten, ein glänzender Boulevard — der Sammelplatz des eleganten Europa während der schönen Jahreszeit. Hier ist das eigentliche Interlaken und wer mit einer wohlgefüllten und leicht sich öffnenden Börse, denn die Zeiten der antiken Gastfreundschaft sind längst vorüber, seinen Aufenthalt hier wählen will, der ist eines freundlichen Empfanges und jeder wünschbaren Annehmlichkeit gewiß. Interlaken ist ein Ort, den man gesehen haben muß, wie Neapel und die Ufer des Rheins, und sagt man nicht allgemein, es gäbe nichts Schöneres in der Alpenwelt?

Der wilden Lütschine aber, deren Geschiebe wir all diese Wunder verdanken, hat man zu rechter Zeit einen guten Kanal gegeben und den kürzesten Weg in den Brienzer See angewiesen. Auch von einer Kanalisirung der Aare ist die Rede. Sollte dieses große Unternehmen zur Ausführung kommen, so könnten die Dampfschiffe eines Tages von Thun bis Brienz ihre Fahrten ausdehnen, wie sie es vor alten Zeiten gekonnt hätten, da es noch keine Dampfschiffe und kein Inter= laken gab. Dann würde auch ein großer Sumpf, der letzte und traurige Zeuge der stattgefundenen Umwälzungen, auf immer ver= schwinden.

Vom geographischen Gesichtspunkte aus ist die Lage Interlaken's nicht einzig in der Schweiz. Die von Brunnen am Ufer des Vier= waldstätter Sees, und namentlich die von Weesen am Eingang des Glarner Thals bieten überraschende Analogien. Alle drei Ortschaften liegen an dem Punkte, wo das von Osten nach Westen mit der Hauptkette der Alpen parallel laufende Thal mit einem anderen Thale zusammentrifft, welches von Süden her senkrecht in das erstere mündet. Hier wie da sucht ein Wildbach den See quer zu durch= schneiden und in zwei Hälften zu trennen. Aus diesen geographischen Analogien entspringen auch malerische Aehnlichkeiten, welche besonders in die Augen fallen, wenn man von einer Höhe aus das ganze Landschaftsbild überschaut. Die Grundzüge des Gemäldes sind die= selben, an allen drei Orten entfaltet sich eine dreifache Perspektive vor unseren Augen, welche an Mannigfaltigkeit gewinnt durch den glücklichen Kontrast zwischen den hohen Berggipfeln in der Ferne und den stillen Seeen, die in der Tiefe des Hauptthales schlummern. Allein auf diesem allgemeinen Plane, der in seinem Grundrisse eine so auffallende Verwandtschaft zwischen den drei Landschaften darstellt, treten dennoch nicht minder überraschende Verschiedenheiten hervor. Einige derselben hängen mit den ausschließlich geographischen Ver= hältnissen zusammen. Wollte man z. B. bei Interlaken sich in die Landschaft um Brunnen versetzen, so müßte man sich vorstellen, der zerstörende Bergstrom fließe durch das Brienzer Seebecken und die

Bucht, welche ehemals die Lütschine aufgenommen, sei noch nicht von deren Geschiebe ausgefüllt, sie dehne sich noch bis an den Fuß der Jungfrau aus und die hehre Alpenkönigin spiegle sich in ihren Wellen. Andere Verschiedenheiten hat die nie rastende Stromesarbeit herbeigeführt. Bei Brunnen hat die Muotta ihr Werk nicht vollendet, so daß der Vierwaldstätter See, in welchen sie sich ergießt, noch sein ununterbrochenes Becken behauptet. Freilich kommt sie von mittel-hohen, gletscherlosen Bergen herab und führt nur wenig Geschiebe mit, es sei denn an Gewittertagen. Bei Weesen hingegen hat die Linth, welche von den hohen, in Verwitterung begriffenen Glarner Alpen herniederströmt, so energisch gearbeitet, daß zwischen den beiden Seeen, welche sie von einander gespalten, vier Stunden weit ein un-geheurer Sumpf sich hinzieht. Bei Interlaken sind die Seeen voll-ständig getrennt, doch beträgt der Raum zwischen denselben nur eine Stunde. Er ist groß genug, um von Interlaken aus die Aussicht auf die Seeen zu verhindern; allein man braucht sie nicht weit zu suchen: wir besteigen den nächsten Hügel, der sich nur wenig über die Kronen der Bäume zu erheben braucht, und ein überraschender Anblick thut sich vor uns auf.

Bedeutende Verschiedenheiten ergeben sich endlich aus dem Ge-sammtanblick der Berge, von denen man umringt ist. Die Glarner Alpen gleichen denjenigen nicht, welche der Vierwaldstätter See be-spült, und diese Letzteren noch weniger denen des Berner Oberlandes. Hierin gewinnt Interlaken einen entschiedenen Vorrang vor den beiden anderen Landschaften. Weniger die Seeen als die Aussicht auf die Berggipfel haben ihm seinen wohlbegründeten Ruf verschafft. Es scheint, als habe Alles zusammengewirkt, um hier eine der schönsten Perspektiven in der Centralmasse der Alpen zu eröffnen, welche sich nur irgend an einer Thalmündung findet. Das Lauterbrunnenthal liegt niedrig, ist kurz und nicht gekrümmt wie die meisten anderen Thäler. Durch das weit geöffnete Thor gestattet es dem Blick, sich grad hineinzutauchen, so wie den Bergen, vom Scheitel bis zur Sohle in ihrer ganzen Pracht sich darzustellen. Diese Berge sind ersten

Ranges: die Jungfrau, der Mönch, der Eiger. Sie erreichen oder überschreiten 4000 Meter und finden nur in einzelnen Häuptern der penninischen Alpen ihre Rivalen. Diese Gipfel erscheinen um so höher durch das niedere Niveau der Ebene von Interlaken und des Lauterbrunnenthales. Nirgends in der Schweiz mißt das Auge einen zusammenhängenden Absturz von solcher Mächtigkeit wie den vom Fuße bis zum Gipfel der Jungfrau. In dieser Beziehung wird sie in der ganzen Alpenwelt nur vom Mont-Blanc übertroffen.*)

Die meisten Reisenden gelangen über den Thuner See nach Interlaken und, wie ich glaube, wählen sie diesen Weg nicht mit Unrecht. Weniger von hohen Bergen eingeschlossen als der Brienzer See ist der Thuner deshalb nicht minder malerisch und hat dabei den Vorzug eines ausgedehnteren Horizontes. Mehrere größere und kleinere Thäler münden in das Becken dieses Sees und geben seinen anmuthigen Ufern eine reiche Mannigfaltigkeit. Das Auge aber verweilt mit Vorliebe auf dem Hintergrunde des Gemäldes, auf dem Kranze weißschimmernder Alpen, deren stolze Häupter über die Vorberge hoch emporragen. Sie zeichnen sich durch die Reinheit ihrer Umrisse, durch ihre zarten, weichen Formen und ihre Gletscherfülle aus. Die Gruppe hebt sich zugleich vom Himmel ab und spiegelt sich im See. Leider verschwindet sie bald hinter den Anhöhen dritten Ranges, welche das Ufer beherrschen. Fast möchte man dem Boote gram werden, daß es so rasch dahinfährt. Bald bleiben nur noch zwei oder drei jener Alpenhäupter sichtbar, welche nun auch sich verbergen und hat man das Ende des Sees erreicht, dann sind sie alle verschwunden.

Diese allmähliche Abschwächung des Landschaftsbildes ist sicher ein Nachtheil für den Thuner See. Anders bei den übrigen Schweizer Seeen. Je mehr man auf dem Schiffe vom Ausgangspunkte sich

---

*) Die absolute Höhe der Jungfrau beträgt 4167 Meter; ihre relative Höhe vom Lauterbrunnenthal soll 3314 Meter messen. Der Mönch hat 4104, der Eiger 3975 Meter.

entfernt und gewissermaßen mit dem See in die Gebirgswelt vor-
dringt, um so höher erheben die Gipfel sich. Wohl verliert man
einige der entfernteren Spitzen aus dem Auge, aber dieser Verlust
wird durch die wachsende Erhabenheit derjenigen, welche vor uns
stehen bleiben, mehr als aufgewogen. Auf dem Thuner See ist kein
solcher Ersatz möglich: das, was man einbüßt, ist zu groß, was übrig
bleibt, zu klein, und das von der Pracht der Bergeskönige noch eben
verklärte Auge versöhnt sich nicht leicht mit den Vorbergen mittlerer
Größe. Die hohen Gipfel hoben uns zu sich empor, die kleineren

erdrücken uns mit ihren schroffen Wänden. Um gegen diese Landschaft nicht ungerecht zu werden, sollte man mit verbundenen Augen
an ihr vorüberziehen. Auf solche Gedanken kann indessen nur der
Neuling im Reisen kommen. Wer schon einmal durch die Alpen gewandert und es weiß, wie reich sie an unerwarteten Aussichten und
plötzlichen Ueberraschungen sind, der verfolgt seinen Weg nur mit
um so größerer Spannung. Man ahnt, man erräth einen nahenden
Theatereffekt. Zuvor aber muß das Vergnügen bezahlt sein.

Zu Neuhaus wird ausgestiegen. Neuhaus liegt nur drei Viertel-
stunden von Interlaken, eine große Fahrstraße führt uns dahin; aber

10

ſicher giebt es auf zwanzig Stunden in der Runde keinen Weg,
der ſich mit weniger Annehmlichkeit zurücklegen ließe. Fahren wir
im Wagen, ſo verzichten wir von vornherein auf jede Ausſicht. Wir
gehen alſo zu Fuß und dies wäre in der That das Beſte; ſtänden
nicht die vierzig Omnibus, Droſchken und Poſtwagen am Ufer, die
ſofort von den Reiſenden beſetzt werden und nun hinter uns her=
traben. Bei dem ewigen Hin= und Herraſſeln der Wagen bleibt dem
Fußgänger auf dieſer Straße nur die Ausſicht auf zwei Alternativen,
entweder im Staub bis an die Knöchel oder bis an die Kniee im
Koth zu waten. Wenn das Wetter nur zwei Tage ſchön geblieben,
ſo kann man darauf zählen, daß man im Staube faſt erſticken wird;
hat es geſtern geregnet, ſo läßt uns keiner der vierzig Wagen, die
an uns vorüberrollen, unbeſpritzt: der Rieſenomnibus, die obſcure
Droſchke, die große und kleine Kutſche, ſie geben uns Alle etwas
ab, denn die Oberländer Kutſcher haben eine natürliche Verachtung
vor jedem Fußgänger. Was iſt da zu thun? Da ſteht juſt ein Wirths=
haus, in dem wir Schutz finden und etwas warten können. Aber, es
iſt durchaus nichts Leichtes, in dieſem Lande zu Fuß zu gehen.
Stand gehalten! Der Feind rückt heran. Ihrer zehn Kutſcher, die
eine leere Rückfahrt befürchten, ſtürzen ſich plötzlich auf ihre letzte
Beute.

— Wünſchen Sie etwa ein Coupé?

— Nein.

-- Der Herr geht ohne Zweifel nach Interlaken?

— Ja.

— Es iſt gerade ein Wagen da.

— So?

— Hat der Herr einen Reiſeſack?

— Vielleicht.

Ich habe die Erfahrung gemacht, daß auf ſolche Zudringlichkeit
das „Vielleicht" die beſte Antwort, daß ſie von überraſchendem Er=
folge iſt. Es liegt etwas Geheimnißvolles in einem Reiſenden, der
wohl einen Reiſeſack hat und ihn doch nur vielleicht hat. Immerhin

11   2*

ist jedoch das „Vielleicht", wenn auch in gewissen Fällen von souveräner Wirkung, nicht geradezu unwiderstehlich. Das „Nein" muß man gehörig ansprechen können, wenn man sich herausnimmt, im Oberland zu Fuß und ohne Führer reisen zu wollen. Dies „Nein" ist eine Kunst für sich. Die Führer, die Kutscher, die Träger, die Ciceronen unterscheiden mehrere Arten „Nein". Ist es das rechte nicht, so klammern sich jene Leute so fest an den armen Reisenden, daß er ihrer nicht mehr Herr werden kann; denn sie sind zudringlich, kriechend, geduldig, zähe. Sie errathen die schwachen Seiten eines Jeden, sie spekuliren auf die Unerfahrenheit des Einen, auf die gute Laune eines Anderen, auf die Freigebigkeit eines Dritten, und im Nu haben sie aus einem nicht ganz korrekten Nein ein Ja gemacht. Das korrekte Nein liegt nicht bloß auf den Lippen, sondern in der ganzen Haltung des Fremden; es darf von keinem forschenden Blicke begleitet sein. Denn hat der Feind den entfernten Verdacht, daß man ihn etwas von der Seite anschiele, so ist man sicher verloren. Dann rücken Zeugnisse heraus, ein Büchlein, ein Diplom — er hat uns. Auch nicht ein kurzes, in's Gesicht geschleudertes Nein schützt uns vor ferneren Angriffen, denn es reizt nur zu einem „Aber", einem, „Entschuldigen Sie", einem „Wenn hingegen". Ein abgewandtes rasches, kurz angebundenes, scheinbar zerstreutes, wenn auch ganz deutliches, ein aalglattes „Nein" muß es sein, das auch nicht den geringsten Anhalt bietet.

Traurig genug, daß man sich unzugänglich machen muß wie eine Steinwand, doch wird dies Verfahren geradezu nothwendig in solchen Ausbeutungsstrichen, wo die Konkurrenz nur zu gierig und schamlos sich an den Reisenden heftet und sich kein Gewissen daraus macht, ihn auf Schritt und Tritt zu verfolgen, die verborgensten Falten seiner Seele aufzuspüren und sich darin recht behaglich, heimisch einzurichten.

So angenehm es ist, mit einem redlichen Bergbewohner, dem wir unterwegs begegnen, ein Gespräch anzuknüpfen, so thöricht wäre es, dem zudringlichen Volke in's Garn zu gehen, das am Strande

von Neuhaus seine Netze auswirft. Man wehrt sich dagegen wie
gegen die Mücken im Sommer, und kann sich ihrer doch nicht immer
erwehren. Denn auch das korrekteste Nein reicht nicht immer aus.
Dann heißt es mit sich selbst zu Rathe gehen und je nach seinem
Temperament und Charakter zu handeln. Kolossale Engländer mit
ernsten Gesichtern sah ich einmal in solchem Falle ihre Aermel um-
biegen und sich zum Boxen in Positur setzen. Junge Schlanköpfe sah
ich ein ander Mal sich mit einem schlechten Witz durchhelfen und
den Spieß umkehren:

— Wie theuer der Wagen?

— Zwei Franken.

— Zwei Franken?! Ich führe Euch für einen Franken zu Fuß.

Allein nicht Jedermann besitzt so viel Geistesgegenwart. Die
meisten Reisenden erliegen ihrem Schicksal, die Einen unwillig, die
Andern mit stiller Ergebung, je nachdem ihr Blut schneller oder
langsamer pulsirt.

Zehn Minuten sind indessen verflossen und ein Omnibus um den
andern rollt nun nach Interlaken. Jetzt ist es Zeit, aufzubrechen und
zwar eiligst, wenn wir nicht der wieder zurückfahrenden Wagenreihe
begegnen wollen. Die Straße bietet anfangs nichts Außerordent-
liches. In gerader Linie durchschneidet sie eine sumpfige Fläche; hohe
magere Pappeln stehen zu beiden Seiten, ohne ihr Schatten zu
geben, Kröten und Frösche quaken im schmutzigen Wasser des Grabens.
Der See verschwindet hinter einem Gitter dünnen Laubwerks und
die Berge, welche vorhin die weißschimmernden Alpenhäupter ver-
bargen, rahmen die Landschaft mit ihren hohen und einförmigen
Felsenwänden ein. Doch der aufmerksame Wanderer läßt eine gewisse Stelle zur Rechten nicht aus den Augen. Dort muß früher
oder später eine Bresche sichtbar werden, denn dort mündet ein Thal.
Die Bresche öffnet sich wirklich, sie wird weiter, einige rückwärts
liegende, hie und da beschneite, aber nicht vergletscherte Gipfel benutzen den Riß in der Gebirgswand, um ihre zerklüfteten Flanken
zu entfalten. Darauf streicht urplötzlich eine weiße Linie über den

schwarzen Saum des Berges. Diese Linie ist der oberste Grat des Eigers und bald sperrt des Riesen gewaltige Erscheinung in ihrer ganzen Majestät den Eingang in's Thal. Es giebt keinen einfacheren Berg als den Eiger. Ein Gipfel, zwei Gräte, das ist Alles. Der von Osten aufsteigende Grat ist steil, beinahe senkrecht, er klimmt schnurstracks seinen Weg in den Himmel hinauf, und man folgt ihm nicht ohne eine Anwandlung von Schwindel; der andere neigt sanft gebogen sich nach Westen und strahlt in Weiß. Eine so reine Linie soll die hohen Lichtregionen nicht plötzlich verlassen, sie schwingt sich wieder sanft aufwärts, als fürchte sie, zu weit hinab in die Tiefe zu sinken. Wir gehen noch einige Schritte weiter, die Linie steigt immer höher und schon stellt sich im Hintergrunde des Gemäldes ein zweiter Gipfel ein. Ist es ein Dom? ein Pic? Es ist wohl die Silhouette eines Domes, allein die steilen Abhänge und der an mehr als einem Punkte durch dunkle Böschungen zerrissene Schneemantel weisen eher auf einen Pic hin. Es ist der Mönch. Dieser in den Alpen häufig vorkommende Name wird gewöhnlich solchen Bergen bei= gelegt, deren Gipfel mehr oder weniger an die Form einer Mönchs= kapuze erinnert; hier aber sieht man nicht recht, was diesen Namen rechtfertigen könnte und ist deshalb versucht, darin eine boshafte An= spielung auf einen gewissen Punkt in der Geschichte der beiden Klöster von Interlaken zu sehen, zumal die Jungfrau nicht weit ent= fernt ist. Davon abgesehen ist der Name doch nicht schlecht gewählt. Wenn er auch nicht gerade der Gestalt des Berges entspricht, so be= zeichnet er doch ganz gut dessen strengen und ernsten Charakter. Er ist nicht reich an überraschenden, malerischen Linien, er herrscht nicht über einen Hof von Bergvasallen und die Gletscher senden an seinen ernsten Wänden keine tausend Wasserfälle hinab. In seinem Wesen liegt nichts geradezu Verwegenes, nichts Abenteuerliches in seinem Gebahren; er hat nichts Bedrohliches, noch weniger etwas Kokettes in seiner Erscheinung; hoch, steil und gewichtig, so steht er da.

Eiger und Mönch — was will man mehr? Gar selten sind in der Alpenwelt die Thäler, deren Eingang das Auge mit einem so reichen Anblick, mit einer so majestätischen Gruppe überrascht. Allein, man erinnere sich der Aussicht vom See, sie versprach noch mehr; rechts lag noch ein anderer Gipfel, der jetzt noch verborgen ist. Man wandert weiter und in der That, im Westen, wie wir es dunkel geahnt, steigen neue Gletscher empor. Diesmal ist es nicht blos ein Gipfel, ein Dom, ein Pic, eine Kuppel, es ist Alles vereinigt; es ist nicht mehr die schlanke Gestalt des Eigers, nicht mehr der Mönch im engen Linnenrock: es ist die hehre, die keusche Jungfrau, über dem

Haupte den silbernen Schleier, dessen prachtvolle Falten überreich von der Stirn bis zur Erde herniedergleiten. Mehr erwartet man nicht, denn jede Erwartung ist hier übertroffen.

Eiger, Mönch, Jungfrau — auf dem weiten Alpengebiet giebt es keine Berge, welche ein vollkommeneres Ganze bildeten. Sie erwecken nicht den Gedanken an Zwillinge, wie die Mythen über Schwyz, sie bilden auch keine Familie von Pics, wie die Hörner des Mont-Blanc: es sind drei charakteristisch verschiedene Berge, ein jeder mit seiner eigenen Physiognomie, seiner eigenen Gestalt, seinem

eigenen Typus; und doch, hat man sie auch nur ein einziges Mal
gesehen, so leben sie in der Erinnerung unzertrennlich beisammen.
Auf der einen Seite ein Gipfel wie aus einem Guß, der sich gleichsam in die Lüfte zu schnellen scheint; auf der anderen eine Welt voll
Pracht und Herrlichkeit, die so hoch hinauf in die Lüfte steigt, daß
der Flug der Phantasie ihr kaum zu folgen vermag, und zwischen
beiden, damit der Gedanke leicht die beiden Endgestalten verbinde,
ein Gipfel, der auch seinen ureigenen Charakter besitzt, edel und
streng, dessen Gestalt zugleich an die Einfachheit des Eigers und an
den Reichthum der Jungfrau erinnert. Die Jungfrau ist höher als
ihre beiden Gefährten, allein sie demüthigt dieselben nicht, es herrscht
unter ihnen keine leere Eifersucht. In so wohlgelungenen Gruppen
standen die antiken Gottheiten neben einander; so zeigten sie sich der
entzückten Einbildungskraft, Hand in Hand, in seligem Bunde.

Wenn der Reisende an der Stelle angelangt ist, wo alle drei
Gipfel zugleich dem Auge sich darstellen, so frägt er sich, was man
noch weiter suchen möchte. Und doch muß es weiterhin noch etwas
mehr geben, denn die Wagen rollen unaufhaltsam fort, Niemand
verweilt hier lange. Also dem Strome nach! Aber kaum haben wir
einige Schritte gethan, so verschiebt sich das Bild. Wir haben den
Punkt hinter uns gelassen, dem gegenüber sich das Thal in seiner
größten Breite öffnete; es verengt sich jetzt, es fehlt an Raum. Jener
schöne Grat des Eigers, der so kühn hinaufkletterte, der zuerst vor
uns erschien, er verschwindet nun wieder zuerst. Ein Theil der
Gruppe ist dahin, und so wenig am Ganzen auch fehlen mag, sie erscheint uns nicht mehr in ihrer vollen poetischen Schönheit. Bald
darauf kommt man nach Unterseen, in das ehemals befestigte Städtchen. Eine Häuserreihe verdeckt die Aussicht, durch die offnen Stellen
möchte man erlauschen, was wohl mit dem Gemälde geschehen werde.
Es wird immer kleiner. Der Eiger ist ganz und gar verschwunden.
Jetzt stehen wir auf den Brücken über die beiden Arme der Aare:
auch der Mönch beginnt sich zu verbergen. Eine zweite Gasse, noch
enger als die erste, hält uns wieder auf einige Augenblicke gefangen;

16

28

Die Nußbaumallee in Interlaken.

eine wunderliche Gasse, weder ländlich noch städtisch, wo Luxusläden
sich mit ärmlichen Wohnungen um den Raum streiten; man sucht so
schnell wie möglich in's Freie zu kommen. Endlich gelangt man in
eine große schattige Allee. Das ist Interlaken. Auf der einen Seite
die Gärten und Gasthöfe, auf der andern das Bild, das von dem
Schwarme der Reisenden gesucht wurde.

Im ersten Augenblick möchte man sich vielleicht getäuscht fühlen
und fragen, warum Interlaken nicht an jenem Platze stehe, von dem
aus man die drei Berggeschwister erblickte. Indessen, dieser Eindruck
dauert nicht lange. Interlaken steht doch da, wo es stehen mußte.

Folgen wir zuerst dem breiten Wege und dem Schwarme der
Spaziergänger, ohne uns durch sie zerstreuen zu lassen. Sie sind
zum Glück so zahlreich, daß man sich unter ihnen verloren, einsam
fühlen kann. O über das herrliche Schattendach! Die Mönche haben
sie gepflanzt, diese Jahrhunderte alten Nußbäume. Die kräftigen
Stämme, die weit ausgebreiteten Kronen, die Ueppigkeit in den
Zweigen und dem Laube! Wohl mögen sie vortreffliche Nahrung
finden in diesem fruchtbaren Alluvialboden, in dem sie so mächtige,
saftige Wurzeln treiben. Selbst diejenigen, welche der Sturm der
Jahre nicht unversehrt gelassen, tragen noch die Merkmale ihrer
ersten Jugendkraft. Aeste konnten stürzen, aber das Laubwerk derer,
die geblieben, ist noch immer frisch und üppig. Gute Luft, ein guter
Boden, nichts geht ihnen ab; sie erfreuen sich eines langen Lebens,
eines gedeihlichen Alters. Ich habe feinfühlige Maler gekannt, welche
den Nußbaum als schwer und prosaisch verachteten und von ihm wie
von gewissen Viehracen redeten, die sich wohl gut zum Mästen eig=
nen, aber desto undankbarer für die Kunst seien. Allerdings ist der
Nußbaum alltäglich genug, mit starken Aesten, runden Formen, fetten
Blättern von aromatischem und etwas öligem Geruch; doch giebt er
reichlichen Schatten und kleidet das Land gut. Er hat nichts Schmäch=
tiges, nichts Zartes; bis in die letzten Verzweigungen, bis in die
Blüthenstengel und Blattrippen strotzt er von Saft und Lebensfülle.
So versteht der Landmann die Ueppigkeit, er sieht mehr auf das

Maaß als die Form, und die Hochzeit des Gamache, denke ich mir, ist sicher unter einem Nußbaum gefeiert worden. Desto schlimmer für die Malerei, wenn sie sich wirklich nicht vertragen kann mit einer behäbigen Meierei, rings umgeben von schönen, schattigen, saftigen Nußbäumen. Neben denen von Interlaken ist freilich keine Meierei zu sehen, und der Kontrast zwischen der gewählten Eleganz der modernen Gasthöfe und der satten Einfachheit jenes wohlgenährten Laubwerkes ist wohl fühlbar. Denn die Nußbäume von Interlaken sind einzig in ihrer Art, sie haben Race und das Alter verleiht ihnen eine kräftigere Physiognomie, ihre Aeste beschreiben nicht selten überraschende Linien, sie zeigen kühnere Formen. Uebrigens trifft man zur Abwechslung hie und da eine Linde, eine Ulme, einen Ahorn an, alle hoch aufgeschossen und wohlgestaltet. Schon wegen dieser alten Klosterbäumen lohnte es sich der Mühe, einen Umweg zu machen und Interlaken zu besuchen.

Die prächtige Allee zieht sich längs einer weiten Ebene hin, welche von zahlreichen Spaziergängern belebt wird. Das Getön der Heerdenglocken mischt sich in das vielsprachige Gewirr der Fremden. Weiterhin ist das Gebiet der Obstgärten, überall verbergen sich Bauernhäuser oder gucken sie bescheiden zwischen den fruchtbeladenen Bäumen hervor. Der Reichthum des Blätterschmucks gleicht auch hier dem der Nußbäume, der gleiche Boden erzeugt dieselbe Fruchtbarkeit. Noch weiter hinaus nimmt die Landschaft einen anderen Charakter an. Voller Anmuth erhebt sich ein Hügel aus der Ebene, sein Rücken mit Tannen geschmückt, ist ein grünes, duftiges Vließ, so dicht wie das Vließ der Widder von Bergamo. Leider haben die Menschen ihre Hand an seine ursprüngliche Schönheit gelegt. Ein großes viereckiges Gebäude mit einigen hundert Fenstern spreizt sich auf dem Abhange dieses Hügels. Ist es vielleicht eine Fabrik oder gar eine Kaserne? Nein, noch ein Hôtel, und zwar eines der ersten von Interlaken: das Hôtel „Jungfraublick". Es repräsentirt ein Aktienkapital von über einer Million. Merken Sie es sich, hochgeehrte Reisende, diese Steine kosten mehr als eine Million. Der

18

Gasthof hat einen guten Ruf, die Aktionäre rühmen die Dividenden, welche sie daraus ziehen und die Fremden den Comfort, den sie hier finden. Die Aussicht von den Terrassen muß wunderbar schön sein, die Möblirung fürstlich, die Bedienung untadelhaft. Ich glaube es gern, verzichte aber auf die Probe. Hat die Hand der Natur diesem Hügel deshalb so zarte, weiche Umrisse gegeben, damit der plumpe Bau darauf zu stehen komme? Sind diese Tannen deshalb hier so wohl gediehen, um sich von den weißen Kalkmauern angähnen zu lassen? Es giebt Ungeheuerlichkeiten, welche der gute Geschmack ver= dammt und kein Strafgesetzbuch züchtigt. Für Interlaken wäre es zu wünschen, daß man die Ohnmacht des Gesetzes nicht zu sehr miß= brauchte, welches leider gegen den Unverstand der Spekulation nichts vermag. Wenn eine Gegend von ihrer Schönheit lebt, soll es dann gestattet sein, sie so zu verunstalten?

Da hängt ein Zweig des Nußbaumes tiefer herab. Er soll uns den Jungfrаublick verbergen, ohne doch dem Reste des Gemäldes zu schaden. Der zierliche Hügel hängt rechts mit den ersten Berglehnen zusammen, links aber schweift das Auge über die Obstgärten hinaus auf einen sanft geneigten Boden. Bis hierher verlängerte sich ehe= mals die Bucht, welche von der Lütschine ausgefüllt worden. An die Stelle der blauen Wellen des Sees trat das Gewoge der Zweige, über welche hinaus der Blick bis tief in das Lauterbrunnenthal dringt. Diese Thalöffnungen gehören in den Alpen nicht immer zu den schönsten Bildern, bisweilen sind sie einförmig, oft nur zwei schräge Linien, die sich unten begegnen. Hier aber legte die Natur reiche Abwechslung in die Landschaft. Die beiden Linien weichen von einander ab. Die eine ist ziemlich regelmäßig, die andere hingegen, aus deren Verlängerung der Tannenhügel sich ent= wickelt, ist vielfach gebrochen und obgleich der Abhang im Ganzen sich ziemlich sanft verläuft, so kommen doch plötzliche Abstürze vor, so z. B. die hohe Wand, von welcher weiter hinten der Staubbach her= niederstürzt. Die erste ist in der That nur eine Linie, das Profil eines sich neigenden Berges; die zweite ist weniger eine Linie als eine Verkürzung, ein von Felsen, Alpen und bewaldeten Kämmen zerschnittener Abhang. Was man davon sieht, genügt, um den Cha= rakter des reizenden Lauterbrunnenthales zu errathen, welches genau genommen nur ein Gebirgsspalt ist, der indessen von der Wildheit der Alpenschluchten sich weit entfernt. Dieses Thal bietet immer einen heiteren Anblick durch seine schattigen Stellen, seine Bäche und Wasserfälle. Die mit hängenden Brombeerstauden bekleideten, viel= fach vom grünen Laube durchbrochenen und doch so regelmäßig ge= schichteten Felsen gleichen einem altrömischen Mauerwerk, welches die wandelnde Zeit mit Kränzen geschmückt. Wohl ist es eine Schlucht, wenn man will, aber eine romantische Schlucht; man tritt ohne Schauder hinein, man träumt hier gern im Schatten eines gewal= tigen Ahorns.

Wenn der Blick sich tiefer in dieses Thal versenkt, fällt er von dem Waldesdickicht allmählich auf eine niedrigere, alpine Vegetation. Die aneinander folgenden Stufen zwischen der Zone der Nußbäume und den Grashalden entwickeln sich in rascher Flucht bis zum ewigen Schnee der Jungfrau, welche den Hintergrund des Gemäldes ausfüllt. In der ganzen Landschaft ist kein einziger Gipfel, der auch nur einen Augenblick den Vergleich mit ihr aushalten könnte. Sie steht einzig da, sie thront in voller Majestät an ihrem Ehrenplatz.

Wenn man sich die Mühe giebt, die First der Jungfrau genau zu zeichnen, so wie sie vom Himmel sich abhebt, und man sie für sich betrachtet, so wird man von der Entdeckung überrascht, daß sie eigentlich nicht schön zu nennen ist. Ich möchte darauf wetten, daß unter den unzähligen Reisenden, welche nach Interlaken wallfahrten, kaum einer von hundert die einfache Silhouette der Jungfrau wieder erkennen würde. Einer von hundert ist vielleicht zu viel gesagt. Seit einigen Jahren geht man viel auf das Eggischhorn; die Be= sucher des Eggischhorns müßten von der Wette ausgeschlossen werden. Das Eggischhorn liegt im Wallis und zwar so, daß eine von Inter= laken nach der Jungfrau aufsteigende gerade Linie jenseits derselben bei gleicher Neigung nothwendig am Eggischhorn vorüber müßte. Die

20

Silhouette des Berges muß also für die beiden, fast genau einander
gegenüberstehenden Punkte dieselbe sein. Sie ist es in der That und
dennoch wollen die aus Interlaken kommenden Reisenden die Jung=
frau nicht wiedererkennen, wenn man sie ihnen auf dem Eggischhorn
zeigt. Sie wollen es nicht zugeben, daß es derselbe Berg sei. Und
doch ist er es, ihre Ueberraschung gleicht ganz derjenigen, welche man
empfindet, wenn man von Interlaken aus mit mathematischer Ge=
nauigkeit die Silhouette der Jungfrau nachzeichnet. Man erhält dann
eine unsichere, zaghafte Linie, welche einige über einander gereihte
und wenig unterschiedene Stufen darstellt. Es fehlt die Kraft, die
Bewegung, der Charakter. Es giebt Tausende von Stichen und Ge=
mälden der Jungfrau, von Interlaken aus gesehen; ich kenne eine
große Anzahl solcher Bilder und habe kein einziges gefunden, welches
die Umrisse genau wiedergegeben hätte. Der Künstler verändert sie
stets, er bringt mehr Bewegung hinein, er dramatisirt sie so zu
sagen. Ich glaube, er thut Unrecht daran, und habe mir oft ge=
dacht, ein aufmerksamer Künstler dürfte viel dabei lernen, wenn er
die Jungfrau nach einander von Interlaken und vom Eggischhorn
aus studirte. Er würde einsehen, an wie mannigfaltige Bedingungen
das Schöne geknüpft ist und wie dieselben Gegenstände je nach dem
Platze, den sie einnehmen, nach dem Lichte, in dem sie stehen, und
nach dem Gesammteffekt, zu dem sie beitragen sollen, schön oder
unschön sein können. Gewisse Berge haben entschieden ihre Kehrseite
und dürfen nur von einer Seite gesehen werden. Die Jungfrau ist
ein solcher Berg. Vom Eggischhorn gesehen krönt ihre Gipfel=
linie eine verhältnißmäßig einförmige Wand; von Interlaken aus hat
dieselbe Linie gewisse Bewegungen, welche ihre Einförmigkeit ver=
bergen und sich mit einem ganzen Netz anderer Linien verbinden, die
aus der Façade des Berges heraustreten. Vom Eggischhorn aus er=
scheint die nur die Hälfte verkleinerte Jungfrau auf dem Grunde
eines Gletscherplateaus als eine ungeheure Masse von unsicheren
Umrissen; von Interlaken aus stellt sie sich in königlichem Schmucke
dar, ihre schimmernden Falten rieseln hinunter bis in das grünende

21

Thal, die Umrisse scheinen darauf berechnet, daß ihre wahre Schön=
heit zur vollen Geltung gelange, die verschlungenen Gräte, die an
ihren Flanken sich kreuzen, und die Gletscherströme, die zu allen
Seiten herniederstürzend sich an den Abhängen vereinigen, klammern
sich an den Vorsprüngen fest, drängen sich wieder in den Abgründen
zusammen, brechen sich an den Felsensäumen und beleben ihre blenden=
den Fluthen mit immer reicherem Glanze. So steht sie vor uns in
jungfräulicher Pracht und unnahbarem Stolze, der noch durch einen
besonderen Reiz gehoben wird, welchen man als einen Kunstgriff der
Natur betrachten könnte. Was man nämlich von Interlaken aus
sieht, und gewöhnlich ohne Weiteres mit dem Namen die Jungfrau
bezeichnet, ist nicht etwa ein einziger Berg. Die Jungfrau reicht
nämlich einigen anderen Gipfeln die Hand, welche nicht ganz so hoch,
aber nicht weniger steil sind und auch nicht weniger in ewigen Eises=
fluthen strahlen; wie eine glänzende Ehrenwache haben sie vor die
Hehre sich aufgestellt.

Von Interlaken aus bilden diese niederen Gipfel mit dem
höheren der Jungfrau ein einziges Ganzes und bereichern mit ihren
mannigfaltigen Linien die Falten ihrer weiten Gewandung. Wie ver=
schieden auch die Sonne sie beleuchten mag, sie findet an ihren Ab=
hängen noch immer einzelne Gipfel und vergoldet sie, während dicht
nebenan der schauerliche Abgrund sich in Finsterniß hüllt.

Man rühmt sich, die Jungfrau erstiegen zu haben. Aber nein!
Vielleicht war es die Jungfrau vom Eggischhorn, die von Interlaken
bleibt ewig die Jungfrau. Sie trotzt unseren Blicken, sie spottet
eines solchen Gedankens und man mag es nicht glauben, daß jemals
eines Menschen Fuß diesen unbefleckten Schnee entweiht habe. Eine
auf allen Seiten senkrechte Granitspitze ließe sich leichter erklimmen.
Man würde es eben anstellen wie bei den Kirchthürmen: man schlüge
eiserne Haken ein, das Uebrige wäre nur noch eine Frage der Zeit und
des Scharfsinns. Machtlos aber stehen wir gegenüber diesen steilen
Katarakten von starrem Schnee und geborstenen Eisesfluthen. Mit
Mühe und Noth würde man eine Stufe erklimmen, dann gälte es

22

einen Abgrund zu überschreiten, um eine zweite zu erreichen, die wir vielleicht noch erzwingen . . . . dann steigt der Gipfel vor uns auf, immer höher, immer unzugänglicher und wir sind um keinen Fußbreit weiter. Sie ist dazu angethan, das menschliche Sinnen und Trachten zu verspotten, die Verwegenheit zu beschämen, die Geduld zu ermüden. Und dann, hört ihr nicht den Donner der Lawinen von Minute zu Minute? Weh dem Menschen, der es wagte, die Falten dieses eisigen Gewandes zu berühren, er stürzte unrettbar in die Tiefe.

Hoch und hehr in ihrer Erscheinung, hat das Volk ihr den rechten Namen gegeben. Ja, es ist die Jungfrau, nicht das schüchterne Mädchen, das vor seinem eigenen Schatten erschrickt, nicht die Kokette, die mit ihrer Tugend prunkt, sondern die unnahbare, in ihrer Ruhe Ehrfurcht gebietende Frau, die kein unholder Blick verletzen mag, weil in der reinen Region, in welcher sie thront, nichts Gemeines sie erreichen kann.

Die Jungfrau ist das Bild des Unzugänglichen. Für hohe und stolze Seelen giebt es keinen schöneren Berg.

23

II.

Interlaken ist das Herz der Landschaft. Der kleinste Spaziergang von diesem bewunderungswürdigen Centralpunkte aus genügt, daß wir neben dem Anblicke der Jungfrau auch die Aussicht auf die beiden Seen genießen. Steigt man, so eröffnen sich neue Fernblicke auf die Schneegebirge, und zieht man größere Ausflüge vor, so hat man eine so reiche Auswahl, daß sie in einer ganzen Saison nicht zu erschöpfen wäre. Allein Interlaken selbst schon ist es werth, daß man dort verweile. Nicht selten ist es mir begegnet, daß ich hier einen halben, oft auch einen ganzen Tag zubrachte, ohne etwas

Anderes zu thun, als von der Nußbaumallee nach Unterseen oder von Unterseen nach der Nußbaumallee zu schlendern. Vielleicht führen wir den Leser ein ander Mal auf einen der weißen Gipfel, die am Horizonte aufsteigen; heute will ich aus meinem Gedächtniß nur jene Spaziergänge in der Ebene hervorsuchen und einige Erinnerungen an jene Momente wieder beleben.

Es ist immer unterhaltend, mitten in der Saison an einem schönen Sommertage in Interlaken etwa um sechs Uhr Abends, d. h. zu der Stunde anzukommen, in welcher die Touristen von einem Ausfluge heimkehren oder die Zurückgebliebenen in der Allee sich drängen. Ein Spaziergang auf den Boulevards von Paris ist nicht belebter und bietet weniger Ueberraschungen. Paris ist nur eine große Stadt, Interlaken ist eine große Karawanserei, in welche alle Welttheile ihre Gäste senden. Man hört alle Sprachen, sieht alle möglichen Kostüme, jede Nation zeigt sich hier der Reihe nach in eleganter Toilette oder im zwanglosen Reiseanzug. Zu dem englischen, französischen, deutschen Racentypus treten dann noch alle individuellen Eigenthümlichkeiten, Verkehrtheiten und Abgeschmacktheiten. Man ist in Villegiatur, man führt seinen Alpenstock und der ist ein Freibrief für tausend Phantasiesprünge. Jene lange Robe, die soeben von einer Bergpartie heimkehrt, war auf ein solches Abenteuer nicht gefaßt. Diese wird sich sicher hüten, über das Trottoir hinauszuschweifen, auf dem sie das Rauschen ihrer Seidenfalten vernimmt. Da wandelt eine junge Miß, die in den Alpen schon bewandert ist und sie zu genießen versteht; man merkt das ihrem Anzug an, in welchem Einfachheit und Eleganz wetteifern und von dem aller überflüssige Schnickschnack verbaut ist: eine ungezwungene Gestalt, kurzer, nicht zu weiter Rock, feine Kamaschen mit Perlmutterknöpfen, welche das Fußgelenk zugleich stützen und beschirmen. Sie bricht eben auf, leicht wie ein Vogel steht sie vielleicht morgen früh schon vor der Morgenröthe auf einem beschneiten Bergesgipfel. Erwartet ja nichts Aehnliches von diesem selbstzufriedenen Touristen, der sich mit einem bunten Plaid drapirt und mit der Eisenspitze eines langen Alpenstockes klappert,

26

auf welchem eine endlose Spirale klassischer Namen prangt: Chamounix, Tête-Noire, Staubbach, Giessbach, Reichenbach..... Der arme Junge! Nicht für sich selber erduldet er so viel Anstrengungen, er reist für seinen Stock. — Und der da in der schwarzen Sammetjacke, die Mütze nach Tyrolerart mit der Auerhahnfeder geschmückt; fröhlich und wohlgemuth trägt er in engen scharlachrothen Strümpfen, aus denen die bloßen Kniee hervorgucken, ein wohlgeformtes Bein zur Schau. Ein so wunderschönes Bein gehört freilich in den Vordergrund einer Landschaft. Warum macht er es nicht wie der Mann mit dem Alpenstock? Warum läßt er nicht auch ringsherum die Namen der Wasserfälle und der Berggipfel einbrennen, die er mit seiner Gegen= wart beehrt hat?... Dich, blondes Kind, mit den aufgelösten Haaren, die dir bis zum Gürtel herabhängen, dich habe ich gestern auf der Grimsel getroffen; es war ein abscheulicher Sturm und dein Haar flatterte dir um den Nacken und schlug dir in's frische Gesicht. Du warst doch schön dabei, denn Alles steht der Jugend. Gewiß, gut bist du auch, deshalb raunst du jener verblühenden Coquette nicht in's Ohr, die trotz ihrer Jahre dein jugendliches Kostüm nicht ver= schmäht, sie möge nur ja nicht bei stürmischem Wetter auf die Grimsel gehen.

Wer nähme es auf sich, den Katalog der seltneren und ge= meineren Originaltypen anzufertigen, die vor unseren Augen hin= und herziehen? Eine buntscheckige, aus allen Ecken und Enden der Welt zusammengewehte Menge freut sich hier der gesunden Luft, des Nichtsthuns, der Freiheit, bewundert die schöne Natur. Will man sich einen Begriff davon machen, auf wie mannigfaltige Weise sich die Bewunderung bei den Menschen kundgiebt, so muß man wenig= stens eine Stunde in Interlaken verweilen. Eine unendliche Stufen= leiter führt von Dem, der überhaupt nichts bewundert, bis zu Dem, der vor Entzücken ohnmächtig wird. Ein Jeder natürlich bewundert nach seinem Temperament. Es giebt einen ruhigen, einen schweig= samen, einen seligen, einen lärmenden Bewunderer; dieser schwatzt, jener gestikulirt; dieser ist in Betrachtung versunken, jener predigt;

dieser schaut Alles im Großen, jener lorgnettirt das Kleinste; dieser
läßt die Dinge an sich vorübergehen, jener fragt überall nach dem
Warum; dieser giebt Alles zu, jener streitet über Nebendinge; der
strengt sich über alle Maßen an, um in die rechte Stimmung zu ge=
rathen, jener bewundert sich selbst bei Allem, was er bewundert....
und aus allen diesen Bewunderungsarten und noch hundert anderen,
welche in allen möglichen Sprachen sich Luft machen, entwickelt sich zu=
weilen die universellste Komödie, die unter der Sonne aufgeführt werden
kann. Es kommt auch vor, daß Manchen die Natur nur zum Vor=
wand dienen muß. Man stürzt sich in das wirre Gewühl, um sich
selber zu entfliehen und bringt in seinem Reisesack die Langeweile
mit, der man zu entgehen gedachte. Es ist deshalb nicht minder
wahr, daß man in diesem Menschengewirre auch noch etwas Anderes
als blos lächerliche Weiber und blasirte Männer trifft. Die für
Poesie empfänglichen Seelen bilden wohl die Mehrzahl, vielleicht
sogar die große Mehrzahl. Gar viele Leute geben sich nur den
Schein der Blasirtheit und wenn man sie unversehens überrascht, so
merkt man, daß sie noch recht genußfähig sind. Wenigstens giebt es
Momente, wo die Bewunderung eine aufrichtige und allgemeine ist.
Besonders tritt dieser Fall ein, wenn die Sonne sich zum Untergange
neigt und an einem schönen Abend der Gipfel der Jungfrau noch
allein erleuchtet bleibt. Dann ergreift ein tiefes Schweigen die Menge.
Der Kies auf den Wegen knarrt nicht mehr unter den Füßen der
Spaziergänger, ein Jeder hält den Athem an, als fürchtete er, die
große stumme Szene zu stören. Die wahre Bewunderung hat ihren
Ausdruck gefunden: alle schweigen, in manchem Auge perlt eine
Thräne; kein Blick, der sich nicht an den letzten Sonnenstrahl heftete,
und im Augenblick, da er erlischt, läuft ein dumpfes Gemurmel durch
die Menge. Gottes Odem wehte in diesem Abschied der Jungfrau
mit dem verklärten Haupte von dem scheidenden Gestirn des Tages.
Es war zu schön, zu glanzvoll, zu wunderbar! Die Seele, dem Ir=
dischen entrückt, sie glaubt, in das ewige Licht geschaut zu haben.
Darauf sinkt sie wieder in sich selbst zurück, und in seltsamer Umkehr

2*

stürzt sie sich gierig auf die nächstliegende Wirklichkeit, als ob sie ge=
fürchtet, mit jenem fliehenden Strahl selbst zu erlöschen. Wird nicht
eben der lange Zug der Omnibusse angekündigt, die im Galopp da=
herfahren und die ganze Nußbanmallee entlang Berge von Koffern
zur Schau stellen? Urplötzlich wenden alle Blicke sich nach dieser Seite.
Die Kellner drängen sich heran, hübsche Kellnerinnen mit reichverziertem
Mieder erscheinen an den Fenstern, die Portiers eilen herbei, die
Gasthofsbesitzer warten vornehm unter der Hausthüre, die Kutscher
knallen mit der Peitsche, müßige Führer lauern auf die neuen An=
kömmlinge, eine schon häuslich eingerichtete Familie erkennt eine eben
eintreffende; man ruft sich, winkt sich zu, umarmt sich; die Hunde
bellen, die Pferde wiehern, Fiaker rennen an einander und einem
einfachen Landmanne, der sein Vieh zum Verkauf auf den nächsten
Markt treiben will, gehen die entsetzten Kühe durch und er arbeitet
sich fluchend aus dem Lärm und Gewirre.

Nach und nach verläuft sich die Fluth, denn die Stunde des
Abendessens rückt heran, es handelt sich um die Abendtoilette. Die
Bewegung zieht sich in die Gasthöfe, wir wollen ihr nicht dahin folgen.
Je raffinirter das Gasthofsleben wird, um so eintöniger wird es
auch, und in Interlaken ist es raffinirt. Nirgends in der Schweiz
haben die Gastwirthe den Luxus der Erleuchtung, der Spiegel, der
Parquets, des Getäfels so weit getrieben. Fürstliche Toiletten sind
in den Hotels von Interlaken an ihrem Platze. Allein der Eindruck
all dieses Glanzes schwindet gar schnell. In Privatwohnungen in=
dividualisirt sich der Luxus, man erkennt den Geschmack, diese oder
jene Vorliebe des Besitzers, man fühlt sich in Jemandes Behausung.
In den Hotels hat der Luxus keine Physiognomie, sondern nur Grade;
er verwirklicht mehr oder weniger glänzend das Ideal von Behaglich=
keit im modernen Leben; aber Alles läuft auf einige Spiegel oder
Lustres mehr oder weniger hinaus; es ist mehr eine Frage der
Quantität als der Qualität, des Geldes mehr als der Kunst. Ein
Bild davon liefert uns schon der Anzug eines Kellners, der sich von
demjenigen des Weltmanns nur durch die Abwesenheit alles Unregel=

mäßigen, jedes persönlichen Charakters unterscheidet. Anstatt uns in diesem monotonen Schwarm zu verlieren, benutzen wir die Tages=neige, um das Städtchen wieder zu besuchen, auf das wir im Vor=übergehen nur einen Blick geworfen, so sehr waren wir von Jung=frau, Eiger und Mönch gefesselt.

Entfernt man sich mehr und mehr von dem Boulevard, um in die eigentliche Gasse von Interlaken zu dringen, so gelangt man in eine stillere Region. Es giebt zwar hier auch Gasthöfe, aber sie sind be=scheidener und man wird angenehm überrascht, ehrsamen Bürgers=leuten zu begegnen, welche ruhig ihren Geschäften nachgehen. In Unterseen ist man gleichsam in eine andere Welt versetzt und man könnte sich hundert Stunden von Interlaken entfernt glauben, wenn nicht nach regelmäßigen Pausen ein neuer Omnibuszug die stille Gasse durchtobte.

Dieses Städtchen hat eine ziemlich bewegte Geschichte. Unter anderen Unglücksfällen erlitt sie auch den, im Jahre 1470 vollständig in Asche gelegt zu werden. Sie wurde in dem folgenden wieder neu erbaut. Seitdem hat sie manche Wandlungen erfahren, doch findet man immer noch einige uralte Häuser, von denen eines aus dem Beginn des sechszehnten Jahrhunderts, d. h. ungefähr aus der Zeit bald nach dem großen Brande herrühren soll. Es steht in der Haupt=gasse, gerade auf dem Platze, gegenüber dem Hotel d'Unterseen; zwei andere nebenan sind im gleichen Styl gebaut und scheinen nicht viel jünger zu sein. Man muß sie sicher bemerken, denn sie unterbrechen die einförmige Reihe der modernen Gebäude. Es lohnt wohl der Mühe ihnen einen Besuch zu machen; ich habe nirgends eine ähnliche Architektur gesehen. Sie sind sehr niedrig und haben ein so weit niedergehendes Vordach, daß dies ohne die Stützen einer alten, freilich schon wurmstichigen Säule aus Lärchenholz, die es noch halb und halb zusammenhält, nothwendig einstürzen müßte. Diese Säule ruht auf dem äußeren Rande eines mit Steinplatten belegten Vorder=raumes. Horizontal auf einander geschichtete, grob behauene Balken bilden die Wände. Die Thür ist niedrig, für Köpfe berechnet, die

30

44

sich zu bücken gewohnt sind. Die kleinen Fenster entsprechen dem
Maß der Thür, ihre trüben Scheiben lassen kaum etwas von dem
matten Lichte durchdringen, das trotz der ungeheueren Kapuze des
Vordaches noch bis zu ihnen gelangt. Unter den Fließen des ge-

wöhnlich durch eine kleine Mauer erhöhten Vorderraumes öffnen sich
nach unten zwei Gewölbe, wahrhafte Höhlen. Man tappt sich hinunter und bückt sich möglichst, um nicht an den feuchten Steinen mit
dem Kopfe anzustoßen. Das eine Gewölbe führt in irgend einen
finstern Keller, das andere läuft unter dem Hause hindurch bis an

31

die Aare, an die Hinterfront dieser Gebäude, welche auf dieser Seite
um ein Stockwerk höher sind und einen ganz anderen Anblick dar=
bieten. Das Erdgeschoß derselben dient zu elenden Stallungen oder
zu allen erdenklichen Verschlägen und vom Boden bis zur Dachfirst
bildet der ganze Raum nur ein verworrenes Durcheinander von
Schweineställen, Heu= und Trockenböden, Speichern und schmutzigen
Gallerien. Man begreift nicht, wie all das schiefe Gerüst sich im
Gleichgewicht erhält und es braucht eine gute Weile, um die horizon=
talen Balken von den senkrechten oder vielmehr ehemals senkrecht ge=
wesenen zu unterscheiden. Ein sinkender Heuboden stützt sich auf eine
verschobene Gallerie und beide drücken gemeinsam auf eine Art wind=
schiefen Kasten. Das Innere ist eben so einzig in seiner Art. Eines
dieser Häuser — die anderen sind ihm vollständig ähnlich — enthält
zwei Wohnungen, von denen die eine gegen die Straße, die andere
gegen den Fluß geht und jede aus einer Kammer und einer Küche
besteht. Die Kammer ist ein verräucherter Kasten. Ich traf darin
einen Schuster, Gatten und Vater von drei oder vier Kindern. Die
Werkstatt mit dem unentbehrlichen Leder, Leisten, alten Schuhsohlen;
die eigentliche Wohnung mit dem nothwendigsten Mobiliar, Alles war
in dem engen und niederen Raume beisammen. Die Kinder, welche
laufen konnten, tummelten sich auf der Gasse, ein Wickelkind schlief
ruhig in der Wiege, während der Vater mit kräftigen Hammerschlägen
ein Paar Bergschuhe benagelte. Die Küchen befinden sich im Innern,
sie nehmen das Centrum des Hauses ein und sind nur durch eine
etwas mehr als mannshohe Wand von einander getrennt. Der Luxus
einer Diele für den Fußboden ist ihnen unbekannt, hingegen genießen
sie eine freie, direkte Aussicht auf das Gebälk und die innere Seite
des Daches; der Rauch mag entweichen wie und wo es ihm beliebt.
Das Ganze ist so schwarz, daß man darauf schwören möchte, es sei
aus den Trümmern des Brandes vom Jahre 1470 erbaut worden.
Eine Treppe, richtiger gesagt, eine Leiter führt auf den Holzkasten,
dessen Inneres als Wohnraum und Werkstatt dient. Von da oben
versenkt man seine Blicke nach unten in die beiden Küchen und ein

guter Turner könnte von der einen zur andern auf den Stangen
reiten, an denen die Hausfrau ihre Paar Würste oder ihre Bohnen
aufgehängt hat.

Es gab eine Zeit, wo ganz Unterseen in demselben Style gebaut
war, und diese Zeit ist nicht so gar fern. Männer in reiferem Alter
erinnern sich wohl, eine große Anzahl solcher alter Häuser gesehen
zu haben. Noch wenige Jahre, und die letzten Ueberreste derselben
werden verschwunden sein; das ist Schade. Man sollte wenigstens
Eines als ein geschichtliches Wahrzeichen erhalten. Zehnten, Gefälle,
Gerichtssporteln, Verhöhnungen, in Blut erstickte Aufstände, räu=
berische Nachbarn, allgemeine Rechtlosigkeit, die Geißeln der Vernich=
tung: Brand, Pest, Seuchen — diese ganze entsetzliche Vergangenheit
steht blutig verzeichnet auf den finstern Wänden, zwischen denen
menschliche Familien eingepfercht waren. — O, ihr ehrwürdigen
Mönche! die Erinnerung an die alten Häuser von Unterseen verfolgt
mich sogar bis unter eure Nußbäume! Vielleicht trifft euch nicht die
Hauptschuld an diesem düstern Gemälde. Ihr habt nur während
kurzer Zeit das Städtchen unter eurer unmittelbaren Herrschaft ge=
habt. Der Luxus eurer Nußbaumalleen steht freilich in schreiendem
Widerspruch zu diesem entsetzlichen Elend. Ich erinnere mich, irgend=
wo gelesen zu haben, daß eine Ordonnanz Kaiser Lothars III. jeden
Eingriff in eure Gerechtsame mit einer Strafe von hundert Pfund
Gold belegte. Wie hoch war wohl die Strafe für Den, welcher einen
armen Fischer von Unterseen beleidigte, mißhandelte oder seines
Guts beraubte?

Die noch vorhandenen Ueberreste des Klosters Interlaken haben
zu große Veränderungen erfahren, als daß man eine genaue Ver=
gleichung zwischen der Behausung der Mönche und derjenigen jener
Fischer anstellen könnte, indessen ist es nach geschichtlichen und nur zu
authentischen Dokumenten unzweifelhaft, daß Interlaken zu verschie=
denen Zeiten und in mannigfaltiger Weise zu einem Orte der Lust
und leichter Sitten prädestinirt war. Einige Schritte vom Mönchs=
kloster, von dem man noch die Umfassungsmauern, die Kirche und

33   5

einige Nebengebäude sieht, erhob sich das Frauenkloster, von welchem
gar nichts mehr vorhanden ist. Dieses Nonnenkloster diente eben
nicht zur Erbauung der Christenheit. Zweimal brannte es nieder
und man erzählt sich, beide Male habe die Feuersbrunst keine andere
Ursache gehabt als die Saturnalien, die im Kloster gefeiert wurden
und bei welchen die Reichthümer des Oberlandes vergeudet wurden;
denn die Herrschaft der Mönche dehnte sich über die umliegenden
Thäler aus. Sie waren sehr pünktlich im Bezug ihrer Gefälle,
weniger in der Bezahlung ihrer Schulden. Von einem Prior wird
berichtet, er habe sich aus Furcht vor seinen Gläubigern von den
gnädigen Herren von Bern zu einer Rundreise auf seine Güter eine
bewaffnete Bedeckung geben lassen. Mehr als einmal standen die von
Steuern erdrückten Landleute auf, jeder Aufstandsversuch wurde jedoch
mit Waffengewalt bezwungen und mit Mord und Plünderung bestraft.
Die Oberländer schienen dazu verdammt zu sein, einige wollüstige
Faulenzer mästen zu müssen. Das öffentliche Aergerniß blieb indessen
nicht unbemerkt. Interlaken genoß einen schlechten Ruf in der Kirche,
allein das Uebel war schwer auszurotten: Bischöfliche und päpstliche
Censuren, von Conzilien anbefohlene Visitationen und Untersuchungen
— es half Alles nichts. Die Mönche versprachen wohl, sich zu
bessern, auf kurze Zeit verheimlichten sie ihr Treiben; wenn dann
die Gefahr vorüber war, wurden ihre Ausschweifungen nur um so
schamloser. Man griff zu einem energischen Mittel und hob das
Frauenkloster auf; allein die Sittenlosigkeit nahm dann einen andern
Charakter an, und wer weiß, wie weit es noch gekommen wäre ohne
die Reformation, die dem Treiben ein Ende machte.

Glücklicherweise besteht kein Zusammenhang zwischen dem Leben,
welches ehemals in Interlaken die Gegenwart der beiden Klöster hervor=
rief, und dem, welches heutzutage die Menge der fremden Besucher ge=
schafft hat. Die Frage wäre indessen gestattet, ob das gegenwärtige rege
Treiben nicht nothwendig einen neuen Gegensatz zwischen dem Reich=
thum des Einen und der Armuth des Andern zur Folge haben
müsse. Man muß die Summen Geldes, welche jährlich von Fremden

34

in Interlaken ausgegeben werden, nach Millionen schätzen. Wer über einiges Kapital verfügen kann, hat hier die Wahl zwischen verschiede= nen einträglichen Gewerben, und mit Ordnung, Sparsamkeit und etwas Geschick hat er die Aussicht, schnell zu einem hübschen Ver= mögen zu kommen. Der einfache Bauersjohn, der dem Führergewerbe obliegt, findet hier Gelegenheit zu weit größerem Gewinn als unter früheren Verhältnissen. Er hat Tagesverdienst von acht, zehn, ja zwanzig Franken, die für ihn ein reiner Gewinn sind, wenn er da= neben sein kleines Anwesen nicht vernachläßigt. So viele neue Hülfs= quellen, die sich ein Jeder mehr oder weniger eröffnen kann, haben die Vertheuerung der Lebensmittel mehr als reichlich aufgewogen. Und doch ist dieses Gemälde nicht ohne Schatten. Es ist immer ge= fährlich für eine Landbevölkerung, welche nur den Ackerbau mit seinem zwar bescheidenen aber sicheren Ertrage gekannt, nach einer Generation oder zweien die Bedingungen ihrer Existenz in solchem Grade ver= ändert und sich in der Lage zu sehen, auf einmal und reichlich Geld zu verdienen. Diese Erfahrung ist schon an vielen Orten und in Interlaken mehr als anderswo gemacht worden. Diese Führer, die euch allerwegen auflauern und auf dem Nacken sitzen, sind nur zu oft Bauern, welche die Landarbeit verlernt haben. Sie verbringen den Winter mit müßigem Abwarten des Sommers, und nicht selten haben sie schon im Frühjahr den ganzen Gewinn der kommenden schönen Jahreszeit im Voraus verzehrt. Viele von ihnen haben die Noth erst kennen gelernt, seitdem der Reichthum an ihre Thüre geklopft. Der Bettel kam im Gefolge, als ein Gewerbe der Kinder, welche es darin weit gebracht; namentlich verstehen sie es, Abwechslung in ihr Geschäft zu bringen und es unter allerlei Masken zu verbergen. Eine Alpenroje, vier halbreife Erdbeeren, der Schatten eines Talents zum Alphornblasen, ein Paar Purzelbäume am Straßenrand, einen kürzeren Fußweg dem Reisenden zu zeigen, ein Gatter aufzumachen: dies Alles dient dem Bettel zur Maske. Die jungen Mädchen fügen noch etwas Coquetterie hinzu, sie werfen Kußhändchen und halten die Hand hin. Wer kann da widerstehen? Die Behörden kämpfen gegen

35   5*

diese heillosen Gewohnheiten, allein das Uebel ist schon zu groß und nicht so leicht auszurotten. Die Fremden thun übrigens ihr Mög= lichstes, um den Behörden ihre Aufgabe zu erschweren. Nur zu viele können nicht Nein sagen, das Gebirgsland kommt ihnen zu arm vor. Kein Zweifel, daß der Fremdenzug für einen beträchtlichen Theil der Bevölkerung eine Quelle des Wohlstandes geworden; aber eben so unzweifelhaft ist es, daß er für einen anderen Theil derselben eine Quelle der Demoralisation ist und in Interlaken noch etwas Schlim= meres als die Armuth heranzieht das verschämte Elend, eine Frucht

der Faulheit, die das Laster im Gefolge hat. Von Jahr zu Jahr ent= fernt man sich mehr und mehr von der alten Sitteneinfalt und wir sind nicht weit davon entfernt, daß sich die Extreme des Menschen= daseins hier zum zweiten Male begegnen.

Die Nacht ist angebrochen und man hört die Töne der Musik aus der Ferne. Die Gruppen bewegen sich einem langen, niedern Gebäude zu. Es ist das Kurhaus, eine Art großen Casinos, wo sich die Gesellschaft am Abend versammelt. Man findet hier Lese= und Konversationssäle; manchmal wird auch getanzt und bei schönem

36

Wetter ist Musik auf der Terrasse. Im Allgemeinen sind die an solchen großen Versammlungsorten zugebrachten Abende, wo man höchstens einige am Tage vorher gemachte improvisirte Bekanntschaften antrifft, ziemlich einförmig; doch, habe ich im Kurhaus zwei Abende verlebt, die mir sehr lebhaft in der Erinnerung geblieben sind.

Das erste Mal, vor einigen Jahren, war es im Winter, Ende Februar oder Anfang März. Ich war, glaube ich, der erste Fremde in Interlaken. Hoher Schnee lag auf dem Boden, die Gasthöfe waren geschlossen, die Läden ebenfalls; nicht ein Spaziergänger weit und breit. Die Jungfrau schlief unter einer dichten Nebeldecke. Wie groß war mein Erstaunen, das Kurhaus glänzend erleuchtet zu sehen! Man sagte mir, es sei ein Fest, und mein Wirth hatte die Gefällig= keit, mich dazu einzuladen. Beim Eintritt in den Saal fanden wir gegen zweihundert Personen, Herren und Damen, um eine Tafel in Hufeisenform sitzen. Ein Tischtuch war aufgelegt, doch wurde nicht gespeist. Ein Professor aus Bern oder Thun hielt einen Vortrag in berndeutschem Dialekt; er sprach über den Einfluß der Araber auf die Poesie des Mittelalters, über Minnesänger, Troubadours u. s. w. Es war ein sehr gebildeter Mann, nur kam er mir etwas zu arabisch vor. Den Arabern schrieb er den Ursprung des Ritterthums, die höfischen Sitten, die Galanterie, den lyrischen Zug in der modern= christlichen Welt, die Wiedergeburt der Poesie und der Wissenschaften mitten in der Nacht des Mittelalters zu. Es hätte nicht viel ge= fehlt, so hätte er gesagt, wir Christen verdankten unsere ganze Civilisation den Arabern. Seine Zuhörer waren über diese Zu= muthung durchaus nicht aufgeregt, sie schienen Alles ganz natürlich, einleuchtend, selbstverständlich zu finden, sie klatschten ihm Beifall, als wollten sie damit beweisen, daß der Einfluß der Araber auch bis zu ihnen gedrungen. Und dieses Auditorium bestand ausschließlich aus ächten Interlakern, den gebildetsten allerdings und reichsten, aus denen, welche in dem Gold und Wechsel führenden Menschenstrom im Großen fischen, der allsommerlich seine breiten Fluthen über Inter= laken ergießt. Ich kann es mir sehr leicht erklären, daß diese Zu=

hörerschaft so natürlich in die Gedanken des Professors eingegangen: wenn man fortwährend Leute von jeder Nation und Religion an sich vorübergehen sieht, so lernt man, sich über nichts mehr zu verwundern. Es waren in der Mehrzahl Hotelbesitzer, theilweise schon zurückgezogene, dann Banquiers, Wechsler, Händler mit Holzschnitzereien oder Alpenansichten. Diese Herren haben einen litterarischen Verein gegründet. Sie sind auf eine Anzahl Zeitungen abonnirt, haben einen Lesezirkel eingerichtet und jede Woche lassen sie sich einen litterarischen oder naturwissenschaftlichen Vortrag halten. Man sieht, wie wir oben gesagt, daß der Verkehr mit der Welt Interlaken nicht nur schädliche Früchte eingetragen. Wenn der Winter seinem Ende naht, dann organisiren die Mitglieder der Gesellschaft ein hübsches Familienfest; sie hören nämlich einen letzten Vortrag an und dann setzen sich die Herren und Damen an eine gut besorgte Tafel und lassen es sich wohl sein.

Ich hatte das besondere Glück, an einem solchen Feste theilzunehmen. Die Damen hatten sich zahlreich eingefunden. Es waren hübsche darunter, aber auch ehrwürdige, und Alle trugen mit Anmuth das Nationalkostüm in seiner Reinheit, wie auch der Professor die heimische Mundart in ihrer vollen Reinheit redete. Schwerlich fände man irgendwo eine Zuhörerschaft, die einen wohlthuenderen Anblick gewährte. Freilich eignet sich auch die Tracht der Vernerinnen vortrefflich zu jeder noch so reichen Ausschmückung und tritt dann nur um so glänzender hervor; die goldenen und silbernen Ketten rieselten über die schwarzen, mit seinen Spitzen verzierten Mieder. Nach Beendigung des Vortrages wurde das Essen aufgetragen. Jetzt, dachte ich, sei der Augenblick gekommen, wo das christlich-barbarische Element auftreten müsse. Wenn wir den Arabern in der That unsere Civilisation verdanken, so ist es sehr wahrscheinlich, daß sie uns auch die Kunst der feinen Küche gelehrt haben, die vielleicht nicht den letzten Platz in der Civilisation einnimmt. Diese edle Kunst wird in Interlaken sicher nicht wenig gepflegt. Das Mahl wurde mit Liedern und Toasten gewürzt, in denen es an schelmischen Anspielungen nicht fehlte. Die meisten dieser Herren sind auch Mitglieder eines weniger litterarischen, aber nicht minder arabischen Vereins, der den kostbaren Zweck verfolgt, „die Preise zu halten". Es scheint in der That, daß die Welt degenerirt und sogar die Engländer zu markten anfangen. Die Wirthe von Interlaken haben gefunden, es sei kein Grund vorhanden, daß sie ebenfalls degeneriren; sie haben deshalb eine Ehrenliga zu gegenseitiger Ermunterung und zum Schutze gegen Anfälle von Schwäche gegründet. Einige indessen, ihre Zahl ist sehr gering — man spricht von zweien, ich glaube sogar von einem einzigen nur — haben ihre Freiheit nicht opfern wollen und sich das Recht vorbehalten, gegebenen Falls auch auf die Wohlfeilheit zu spekuliren. Diese mußten mehr als eine spitzige Anspielung mit anhören. Aber auch die Fremden wurden nicht verschont. Sie stellen sich vor, sie kämen nach Interlaken, um sich nach Laune bedienen zu lassen; sie betrachten den Wirth, seine Familie und Angestellten für neutrale Wesen, vor denen man sich nicht zu geniren brauche; sie lassen es sich kaum träumen, daß sie während der Bedienung beobachtet werden und daß man sich dann während der langen Wintermonate manchmal auf ihre Kosten lustig macht.

Mehrere der gehaltenen Reden zeugten indessen von wahrem Gemeinsinn. Es waren Männer anwesend, denen der gute Ruf der Gegend am Herzen liegt und die manches weise Wort sprachen. Bei gewissenhaften Menschen ist jeder Beruf ehrenvoll, selbst ein solcher, der ein Uebermaaß der Selbstverleugnung in Anspruch nimmt. Die Gerechtigkeit muß man diesen Hotelbesitzern gewähren, daß sie Alle oder beinahe Alle sich mannhaft dagegen wehren, aus Interlaken ein zweites Baden-Baden entstehen zu lassen. Sie ziehen den soliden Reichthum verdächtigem Glanz und rauschendem Treiben vor. Die Auswahl der Gäste steht ihnen nicht immer frei, aber dafür rächen sie sich auf ihre Weise; sie bedienen die Einen und die Anderen beuten sie aus.

Das Fest wurde indessen immer belebter. Die Damen schienen durchaus nicht um den Heimweg besorgt zu sein, einige der Ehe-

Ehemänner noch weniger, und so feierte die Elite der Gesell=
schaft bis zum Morgengrauen den civilisatorischen Einfluß der
Araber.

Ein anderer Besuch in Interlaken, dessen ich mich besonders er=
innere, fiel in den Sommer. Der Vollmond leuchtete unter erbleichen=
den Sternen und ergoß sein sanftes Licht über die Schneefelder der
Jungfrau. Auf der Terrasse spielte wie gewöhnlich die Musik, das
Orchester war vortrefflich, nur nicht streng genug in der Auswahl
der Stücke. Eine noch zahlreichere Gesellschaft als sonst füllte die
Säle und Gärten. Was Interlaken nur an fremden Gästen besaß,
schien sich in's Kurhaus gedrängt zu haben und etwas im Hinter=
grunde hatten sich lange Reihen von Bauern und Bäuerinnen in den
Alleen oder auf dem Rasen niedergelassen. Ich wählte mir einen
Platz im Garten und wie die Bauern lauschte ich der Musik und be=
trachtete den Strom der Spaziergänger, welcher zwischen hundert be=
setzten Tischen dahinwogte. Unter solchen Umständen ist es schwer,
die Phantasie von der schiefen Ebene der Konjekturen zurückzuhalten.
Man fängt ein Stück von einem Gespräch auf, ein Wort, eine Ant=
wort, eine Phrase; man bringt es in Zusammenhang mit der Toilette,
der Physiognomie, den Manieren, der Nationalität der Sprechenden,
und baut darauf hin ein ganzes Gerüst von Vermuthungen. Es ist
ein Zeitvertreib wie jeder andere. Allein es fehlten die ausgeprägten
Typen, nur Alltagsmenschen kamen vorüber, als ich plötzlich zwei
Damen im Schatten sitzen sah. Ein schwarzer Schleier verhüllte das
Gesicht der einen, sie war in tiefer Trauer; soweit es sich errathen
ließ, mußte sie jung und schön sein. Sie hatte ihren Stuhl so weit
als möglich nach hinten gerückt und saß unbeweglich und lautlos
hinter einem grünen Gebüsch verborgen. Die andere schien nur dar=
auf bedacht, ihr Schweigen nicht zu stören; sie diente offenbar dieser
schwarzverhüllten Statue, die sich allen Blicken entzog, nur als Be=
gleiterin. Damen allein werden selten in Interlaken gesehen, noch
seltener eine junge Dame in tiefer Trauer. Meine Konjekturen
gingen ihren ungehinderten Lauf.

•

40

54

Wenn das Herz nicht mit betheiligt ist, so liegt im Trauerkleid immer etwas Koketterie; und wenn nicht in den Kleidern selbst, so doch in der Art und Weise, sie zu tragen, im Gange, in den Bewegungen. Hier war an so etwas nicht zu denken. Dies Schwarz

war wirklich schwarz. Der lange Schleier, das glatte Kleid, das Tuch mit seinen ernsten Falten, die vollkommene Regungslosigkeit, Alles zeugte von wirklicher, tiefer, strenger Trauer. Wen hatte sie verloren? Die Beantwortung dieser ersten Frage schien nicht schwer. Unverheirathet wäre sie in Begleitung einer älteren Person erschienen;

als junge Frau, vorausgesetzt, daß sie einen Vater, eine Mutter, ein Kind verloren, hätte sie die Reise nicht ohne ihren Mann gemacht. Eine Wittwe mußte sie sein, Wittwe seit Kurzem erst und ohne Kinder. Aber was wollte sie in Interlaken? Hier begannen die Schwierigkeiten. Es ließ durchaus nichts darauf schließen, daß man sie hierher gezwungen; sie war ohne fremden Antrieb gekommen. Vielleicht hatte ihre Gesundheit unter dem schweren Kummer gelitten und war ihr eine Luftveränderung, eine Reise angerathen worden, damit sie der trüben Gedanken sich entschlagen könne. In dem Falle aber hätte sie wenigstens eine Freundin oder eine Schwester bei sich ge= habt. Und dann, es ist klar, sie denkt nicht daran, sich zu zerstreuen, sie leidet und sie will leiden. Doch warum lieber hier als anderswo?

Ein finsterer Gedanke fuhr mir plötzlich durch den Sinn und ge= wann so viel Macht über mich, daß ich seiner nicht mehr Herr werden konnte — ein seltsamer, romanhafter, wenig wahrscheinlicher Gedanke, der mir deshalb nicht minder einleuchtend schien. Ja, hierher mußte sie kommen, gerade hierher und an keinen andern Ort. Hier war sie vor einem Jahre gewesen, vielleicht heute gerade vor einem Jahre. Sie hatte an derselben Stelle gesessen, hinter demselben grünen Ge= büsch; wie heute hatte das Orchester gespielt und Spaziergänger waren auf= und niedergegangen; wie heute hatte die Fülle des Mond= lichts sich über die Berge ergossen; doch allein war sie nicht an jenem Abend, ihr Haupt war zu ihm niedergebeugt, den sie nun be= weint, dessen süßen Worten sie damals lauschte. Es war ihre Hochzeits= reise, gewiß, und sie feiert heute den ersten Jahrestag derselben, indem sie an dem Orte ihres höchsten Glückes das Herz mit Bitterkeit sättigt.

Die Verzweiflung schwelgt in solch grausamen, aber unwider= stehlichen Gelüsten . . . . Ich weiß nicht, wie es kam; allein ich zweifelte keinen Augenblick an der Richtigkeit meiner Vermuthung. Und man muß zugestehen, so unwahrscheinlich dieselbe auch sein mochte, sie hatte das Verdienst, Alles zu erklären. Bei einer solchen Pilgerfahrt giebt es auf der weiten Welt keine Schwester, keine Freundin, die nicht zu viel wäre. Ein gebieterisches Schicklichkeits=

42

gefühl forderte indessen, daß sie nicht allein reiste; deshalb hat sie
eine einfache Gesellschafterin mitgenommen, dieser aber hat sie
Schweigen auferlegt. Und bedurfte es nicht eines so ganz außerordentlichen Umstandes, daß eine junge Wittwe sich in den Strudel
von Interlaken stürzte? Der Schmerz um den Verlorenen war noch
ihr einziger Genuß. Konnte sie sich demselben voller hingeben in-
mitten dieses wirbelnden Treibens, unter heiteren Scherzen in ihrer
Umgebung, beim schäumenden Champagner, beim Klange leichter Pot-
pourris und verführerischen Walzerrhythmen, die wie elektrisch auf
die Füße einer fröhlichen Jugend wirkten? — Wäre sie doch vielleicht
lieber allein gewesen in stiller Nacht? O wie gern hätte ich diese
tolle Gesellschaft aus ihrer Nähe vertrieben und alle Geigen zerschmettert!

Ich glaube, ich war nahe daran, meine Gedanken zur That
werden zu lassen, als in der Haltung der Menge eine augenschein-
liche Veränderung eintrat. Die Spaziergänger standen still, die Gläser
hörten auf zu klirren und bald herrschte im Park eine heilige Stille,
die selbst von den Kellnerinnen nicht gestört wurde. Wer hat wohl
dies Wunder vollbracht? . . . Beethoven! — Wenn man für so
vielerlei Menschen aus aller Herren Ländern Musik macht, so ist es
natürlich, daß man Mannigfaltiges bietet. In ein buntes Programm
für ein buntes Publikum gehört Beethoven so gut wie ein Pot-
pourri. — Einige Akforde hatten hingereicht, um die zerstreute Menge
zu beherrschen. Die Musiker fühlten, daß sie die Zuhörerschaft an
ihre Melodieen fesselten; ihr Spiel wurde nur um so hinreißender
und mächtiger. Noch weiß ich es mir nicht zu erklären, wie es kam,
daß die Wirkung so allgemein, so plötzlich, so unwiderstehlich war.
War man vielleicht von der vorhergehenden inhaltsleeren Musik er-
müdet. Hatte der Mond eine träumerische Stimmung über die Gemüther gegossen, an welcher jetzt erst das Orchester theilnahm? Sicher
ist, daß ich niemals die Macht der Kunst so siegreich gesehen. Solche
Triumphe sind nur der Musik, der idealsten unter den seelenbewegen-
den Künsten, beschieden. Sie entnimmt unserem Wesen nur Eins: den

Rhythmus, d. h. das Flüchtigste, Unfaßbarste, denn was liegt daran,
ob ich an eine Hütte oder einen Palast, an diese Welt oder die
ewigen Himmelssterne denke? Worauf es ankommt, ist der Eindruck,
den diese verschiedenen Gegenstände in meiner Seele erregen: der
Anblick der Hütte, in der die Armuth dahinsiecht; der Anblick des
Palastes mit seiner gähnenden Langeweile; der Anblick dieser Welt
mit ihrem tausendfachen Elend oder jener Sterne, die vielleicht nicht
wonniger als diese Erde, von denen jedoch nur leuchtende Strahlen bis
zu uns bringen. Tretet zurück, ihr gröberen Künste, die ihr an den
plumpen Körpern haftet, Malerei, Skulptur, und selbst du, herrliche
Poesie. Alle die Meisterwerke, deren ihr euch rühmet, ich habe sie
in der Natur erkannt, sie hier wenigstens geahnt. Ihr seid an Linien,
Formen, Farben, Worte gebunden; ihr haftet noch an der Scholle,
ihr schleppt das Bleigewicht des Stoffes an euren Sohlen! Du aber,
ätherische Kunst, du bist nur Bewegung und Schwingung; unfaßbar,
körperlos, bist du die wahre Kunst; leicht und flüchtig, kennst du keine
irdischen Schranken, bist du die Einzige, der alle Herzen sich öffnen.
Du bringst weiter als der Gedanke oder vielmehr du verfolgst ihn
bis in jene geheimnißvollen Tiefen, wo ihm das Wort versagt, wo
er noch athmet als ein Ton, als ein mysteriöses Rauschen. Du allein
kennst die höchste Begeisterung. Süße und herbe Gefühle begegnen
und vermählen sich in den Tiefen der Menschenseele, und du allein ver=
magst es, sie zu ergründen!... Und triumphirt nicht Beethoven hier
zumeist über alle seine Nebenbuhler?

In dem Stücke, welches wir anhörten, stürmten und tobten die
Leidenschaften, alle Streitkräfte der Seele waren entfesselt, die Fluth
der Harmonieen stieg höher und wilder als die Wellen des vom Sturm
zerwühlten Meeres und bis zu den Wolken spritzte der weiße Schaum
der zornsprühenden Wogen. Und in der That, dieser melodische Sturm
mit seinen Seufzern und seinen Schrecken, er drang bis zu den
Wolken auf. Spott und Hohn! rief eine gellende Note um die andere.
Was soll das Leben, das uns bereitet worden und wer mag uns
dazu wie zu einem Festmahle laden? Von den Lippen sinkt der

Becher, bevor sie nur daran genippt. Die Liebe schenkt ihn voll und der Tod kehrt ihn uns in den Händen um. Spott und Hohn! rief es aus dem empörten Tönemeer und jede Note schien der erschütterten Seele ein neues Leiden zu offenbaren. Da tritt der Augenblick ein, wo andere Stimmen, erst zag und schüchtern, es versuchen, sich mitten in dem brausenden Orkane vernehmen zu lassen. Fernhin eilt der Sturm, ferner und ferner; die sanfteren Klänge nahen heran, sie umweben unsere Seele mit süßen Klagelauten und tauchen sie ein in unsägliche Traurigkeit. Von Zeit zu Zeit erscheint und schwindet ein eigenes Motiv und so oft es naht, fühlt man wie einen Schauer sich über die Menge verbreiten. Die Thränen strömen in Perlen hernieder, noch durchzittert der Schmerz unsere Seele, aber es ist ein entwaffneter, ein melodischer Schmerz, der sich an sich selber entzückt.

O, wie hatte die trauernde Dame Recht, daß sie nach Inter=laken gekommen! Sie genoß einen seligen Augenblick während dieses Festes, das für sie so wenig geeignet schien. Was hätte sie in der Gesellschaft der Ihrigen gefunden, wenn sie die Stunden der Trauer bei ihnen verbracht? Freunde vielleicht, wie es deren überall giebt; über die Wunden der Seele ergießen sie Trostworte, unbekümmert darum, ob die kaum geschlossenen Narben wieder aufbrechen oder nicht. — Hier aber, wohin die arme Fremde gekommen, im Schmerz zu schwelgen, hier vernahm sie ein Lied ohne Worte, auf das ihre Seele nicht gefaßt gewesen, ein Lied, das anfangs ihren Schmerz bis zur Verzweiflung zu drängen schien, und das ihm sanft, unmerklich seinen Stachel genommen.

Als das Orchester geendet hatte, stand sie auf und entfernte sich. Unwillkürlich folgte ich ihr mit den Augen; doch sie verschwand in einer Biegung der Allee und ich sah nichts mehr als die Jungfrau von ätherischem Lichte umwoben. Alle Welt hatte sie vergessen. Es wäre auch zu viel auf einmal gewesen, Beethoven's Klagegesang und der stille Mondesglanz auf dem Gebirge. Jetzt aber wandte sich mehr als ein Blick ihr zu; es schien als hätten die Klänge im weiten

Raume verhauchend sich aus mächtigen Tonwellen in Wellen des Lichts verwandelt, denn in diesem Lichte wie in jener Musik wehte dieselbe sanfte Rührung, dieselbe unendliche Melancholie, und die unbewegliche Jungfrau, an den bleichen Nachthimmel gelehnt, sie schien fortzuträumen den Traum des Poeten.

Die Flößer

in der Trient-Schlucht.

Die Flößer in der Trient-Schlucht.

Die Flößer in der Trient-Schlucht.

er Tag war lang ge=
wesen, heiß hatte die
Sonne gebrannt und troß unserer sechszehn Jahre und aller
Geschmeidigkeit unserer jungen Beine dachten wir doch mit unver=
hohlener Freude an das nahe Ziel und an die Wonne des Ausruhens.
Endlich hatten wir die Matten im Gueurozthal erreicht. Die Ebene

war nicht mehr fern, noch zwanzig oder dreißig Minuten und wir
saßen im Wirthshaus, wo wir uns vorgenommen zu übernachten.
Wir waren hungrig geworden, die Aussicht auf das erwünschte Abend=
essen hatte unsere Schritte nicht wenig beschleunigt; der frische Rasen
vor uns war aber gar zu verführerisch für die armen Kniee. Da
streckt Einer sich hin und im Nu liegen wir Alle im Grase.

Dies Gneurozthal, welches den Touristen vor einigen Jahren
noch vollkommen unbekannt war, ist jetzt lange nicht mehr so einsam.
Man besucht die Schlucht des Trient und auf dem Heimwege regt sich
dann das Verlangen, sie von oben herab zu betrachten. Jenseits des
Flusses winkt uns gerade ein Fußpfad, man folgt ihm, steigt von
Zickzack zu Zickzack und gelangt auf eine leicht ausgehöhlte Terrasse,
welche den Abhang unterbricht. Ringsumher ist Alles wild und
schauerlich, die Terrasse selber aber ist lieblich, eines jener lauschigen
Plätzchen, wie die Natur sie den reizlosesten Gegenden oft als Zierde
zu schenken beliebt. Einige ländliche Häuser, von schönen Bäumen
beschattet, Felder, grüne Wiesen und dicht dabei der Abgrund, die
fürchterliche Schlucht, ein Werk des Wassers und der Jahrhunderte
— das ist das Gneurozthal.

Wir saßen am Rande des Weges, mit der kühlen Abendluft den
Wohlgeruch des frisch gemähten Heus einathmend und die lüsternen
Blicke auf die kleinen rothen Kirschen geheftet, welche in dichten Bü=
scheln von den Zweigen eines nahen Baumes niederhingen. Die Ver=
suchung war nicht gering für Knaben auf einer Ferienreise. Freilich
sind sie gar klein, diese Bergkirschen, und es gehen ihrer drei auf
eine Kirsche in der Ebene, aber ihr Fleisch ist um so fester, würziger,
feiner, und dazu haben sie auch keine Würmer. Wer von uns das
böse Beispiel gegeben, das läßt sich schwerlich noch sagen; doch waren
kaum fünf Minuten verflossen, so war alle Müdigkeit vergessen und
wir hockten auf dem Baume und plünderten ihn, daß Gott erbarm'.
Wir waren unser vier, auf jedem der vier Hauptäste einer, jeder auf
seinem Ast.

Eine Frau arbeitete auf einem Acker in der Nähe, ein Kind spielte

50

neben ihr. Sie nahm den Jungen an die Hand, kam auf uns zu und sagte, der Kirschbaum gehöre dem Präsidenten, der nach Guenroz zum Heuet gegangen sei, und wenn er uns träfe, so würde es uns schlecht ergehen. Wir entschuldigten uns mit großer Müdigkeit und starkem

Durst. — „So kommt nur mit!" antwortete sie. — Wir folgten ihr, um uns ohne Gewissensbisse erfrischen zu können; sie führte uns in einen Obstgarten in der Nähe eines alten, vom Wetter gebräunten Holzhauses mit kleinen dunklen Fenstern und ließ uns unter einem halben Dutzend Kirschbäumen nach Belieben einen auswählen. Damit kehrte sie, ohne das Kind von der Hand zu lassen, an ihre Arbeit zurück. Nachdem wir uns gesättigt, wurde ich zu ihr geschickt, um die Kirschen zu bezahlen. Ich fragte nach dem Preise, sie aber wollte nichts annehmen. Ich bot ihr vier Batzen an, wenig genug für den erlittenen Verlust, aber viel für unsere ärmliche Kasse. Sie wies mein Geld zurück. „Meine Kirschen, sagte sie, sind nicht so gut wie die des Präsidenten, allein er hätte euch gewiß die Buße zahlen lassen,

wenn ihr gleich junge Herren seid." Ich wollte mich doch nicht ab=
weisen lassen, da zeigte sie mir zwei Kinder, die barfuß und in Lumpen
das Thal herabkamen: „Gebt es den armen Kleinen dort, sagte sie
endlich, sie haben es nöthiger als ich."

Dieses so einfache Erlebniß blieb nicht ohne Eindruck auf unsere
jungen Gemüther. Trotz ihres kurzen, der Arbeit wegen noch auf=
geschürzten Rockes, trotz der groben schmutzigen Schuhe und der ver=
blichenen Bänder an ihrem Walliser Kopfputz war an dieser Frau
doch etwas Gewinnendes, etwas Vornehmes sogar. Ohne Zweifel war
sie einmal schön gewesen und man sah es ihr wohl an, daß nicht die
Jahre, sondern Mühsal und Sorgen ihre Blüthe gebrochen. Sie war
durchaus nicht alt, sie war nur mager, zusammengefallen, aber sie
hatte schöne, große, seelengute, schwarze Augen. Im Uebrigen schien
sie sich wenig um uns zu bekümmern. Die meisten Landleute hätten
diese Gelegenheit benutzt, um nach tausend Dingen zu fragen, wohin
wir wollten, woher wir kämen, was wir machten und wären. Sie
sprach kein überflüssiges Wort, sie war durchaus nicht neugierig und
hatte ihre Arbeit nur verlassen, um uns gefällig zu sein. Ja wäh=
rend ich mit ihr auf dem Acker redete, ließ sie ihr Grabscheit nur so
lange ruhen, als es die Höflichkeit geradezu erforderte. Kaum aber
hatte ich ihr mit einem guten Tag den Rücken gewendet, so arbeitete
sie aus Leibeskräften weiter.

Zehn Jahre später sah ich das Guenrozthal wieder. Es war zur
selben Jahreszeit, die Kirschen glänzten wieder reif und roth von den
Zweigen und wieder war die Luft gesättigt vom Wohlgeruch des
frischen Heus. Ich wollte die alte Bekanntschaft erneuern und klopfte
an die Thür des kleinen, schwarzen Hauses. Ich klopfte dreimal,
keine Antwort, die Thür war verschlossen. Schon wollte ich gehen,
da öffnete sich ein Fensterchen und ein Gesicht zeigte sich dahinter. Es
war eine alte Frau, baarhäuptig, das Haar grau, kurz abgeschnitten,
der Blick unstät — der verkörperte Wahnsinn. Ich weiß nicht mehr,
was ich zu ihr sagte; ich erhielt keine andere Antwort als einen ent=
setzlichen, zugleich starren und scheuen Blick, der etwas in der Leere

zu suchen schien. Endlich stieß sie einige wirre Worte hervor, aus denen ich etwa entnehmen konnte, daß sie von Jemandem rede, der auf sie warte. Ich ging eiligst davon.

In geringer Entfernung sah ich einen Landmann, der eben seine Leiter gegen den Kirschbaum des Präsidenten stemmte. Ich ging zu ihm hin unter dem Vorwand, ihm Obst abkaufen zu wollen; in Wirklichkeit aber, um ihn auszufragen. Alte Leute plaudern gern und so erfuhr ich denn bald, was ich zu wissen wünschte. Eine traurige Geschichte! Sie ist nicht lang und gar einfach, aber darum nur um so trauriger. Die Wahnsinnige, welche ich eingeschlossen gesehen, war dieselbe Bäuerin, die wir vor zehn Jahren so kräftig mit dem Grabscheit hatten arbeiten sehen. Ich erzähle hier in kurzen Worten, was sich mit ihr zugetragen.

Die wenigen Einwohner des Gueurozthales sind fast alle Holzfäller und Flößer. In der Familie der Rose Tonie, so nannte man die Frau, welche uns damals die Kirschen gegeben, hatte dieser Beruf sich stets vom Vater auf den Sohn vererbt. Ihr Schwiegervater und ihr Mann hatten sogar in ihrem Handwerk eine gewisse Berühmtheit erlangt. Kein Mensch kannte die Schlünde des Trient wie sie, Keiner hatte wie sie alle geheimen Klüfte, alle wegbaren Felsenhänge ausgefunden. Eine lange Erfahrung hatte sie mit allen Tücken des Ge-

53

birges bekannt gemacht, so daß es für sie keine unberechenbaren
Schwierigkeiten mehr gab. Sie kannten zudem die traurigen Annalen
ihres Wildbachs bis in .die kleinsten Einzelnheiten. Seit 1820 war
kein Stamm Holz den Trient hinuntergeschwommen, ohne daß einer von
ihnen dabei gewesen. Der Vater hatte 1789 als ein siebenzehnjähriger
Bursche das Flößen angefangen und die Erinnerungen des Großvaters
reichten bis gegen 1750 hinauf. Sie wußten auf das Genaueste, bis
auf das Datum und die Eigennamen, jedes denkwürdige Ereigniß an=
zugeben, welches sie bei ihrem mühsamen und gefahrvollen Geschäft
betroffen: die Opfer des Baches, die Hochwasser, die Schwankungen
des Strombettes, was der und jener Händler für die Klafter Holz
bis an die Rhone bezahlt, was jener verdient und ein anderer ver=
loren; sie kannten alle Höhlen der Schlucht, wo man vergeblich nach
Schätzen gegraben, auch alle diejenigen, welche noch nicht durchforscht
waren, und wußten, wie mancher Bauer Gut und Blut beim eitlen
Schatzgraben eingebüßt. Hier war ihre Geschichte, ihr Alles, denn
der Trient war ihre Welt. Diese genauen Erinnerungen erhielten sich
durch Ueberlieferung in der Familie, ohne jemals einer Umbildung
zu verfallen und ohne jedes andere Wahrzeichen als etwa einige Beil=
hiebe an der Felsenwand, die den höchsten Wasserstand bezeichneten.
Das Gedächtniß der Bergbewohner gleicht dem Granit; was hier ein=
gegraben ist, wird nie mehr verwischt.

Beim Flößergewerbe ist nicht viel zu gewinnen. Doch war es
dem Manne der Rose Tonie durch rastlose Arbeit gelungen, etwas
zu ersparen, was er dann weislich auf Abrundung des väterlichen
Erbes verwendete. Ehemals war dies nur eine Sennhütte gewesen mit
einem Stück Acker, auf dem er Kartoffeln pflanzte; jetzt kam eine
Wiese dazu, groß genug, um eine kleine Kuh zu füttern, wie man
sie dort zu Lande hat. Auf der Wiese standen mehrere Obstbäume
und darunter einige wohl gepflegte Kirschbäume. Diese Erwerbung
geschah am 6. Juli 1835, der Tag wurde nicht vergessen, denn er
bezeichnete für die Familie ein seltneres und wichtigeres Ereigniß als
alle Hochwasser des Trient. Seit mehreren Generationen war ihr

kein solches Glück mehr widerfahren. Damit raffte sie sich gewisser=
maßen aus Verhältnissen empor, die von der Armuth nicht weit ent=
fernt waren; denn eine Krankheit, ein Unglücksfall, einige Wochen
Arbeitsmangel hätten hingereicht, das ganze Haus in Noth zu ver=
setzen. Nun hatte man im schlimmsten Falle doch Milch zur Nahrung.
Noch eine Wiese wie die eben erworbene, zur Erhaltung einer zweiten
Kuh; was fehlte dann noch viel zum Reichthum? Bei fortgesetzter
Arbeit und strenger Sparsamkeit konnte man mit Gottes Hülfe in
zehn Jahren auch dazu gelangen. Rose Tonie und ihr Mann rech=
neten sich eines Tages dies Alles vor und von dem Augenblick an
kannten sie keinen höheren Ehrgeiz; die zweite Wiese war ihr süßester
Zukunftstraum, ihr unablässiger Gedanke. Sie arbeiteten also mit
wachsendem Eifer fort, als ein doppeltes Unglück Alles wie mit
einem Schlage veränderte. Im Oktober 1835, in dem kurzen Zeit=
raum von vierzehn Tagen verloren Schwiegervater und Mann ihr
Leben in den Fluthen des Trient.

Rose Tonie hatte ihren Mann herzlich geliebt und doch brach sie
unter dem Schlage nicht zusammen. Sie hatte einen Sohn von fünf
Jahren, das wahre Ebenbild seines Vaters; den mußte sie erhalten
und erziehen. Das Weib ist schwach, aber die Mutter ist um so stärker
und nicht so leicht entmuthigt. Nach einigen dem Schmerze und den
Thränen geweihten Tagen überblickte sie ihre Lage und faßte herzhaft
ihren Entschluß. Sie besaß ein Häuschen, es konnte ihr also an einem
Obdach nicht fehlen. Freilich hätte dasselbe einer dringenden Aus=
besserung bedurft, ihr Mann hatte sich vorgenommen, in freien
Stunden sich selber an die Arbeit zu machen. Für den Augenblick
dürfte man daran nicht denken. Die Kuh, der Garten, das Kar=
toffelfeld waren werthvolle Besitzthümer, das Kind war somit vor
Hunger geschützt. Noch galt es für Brod und Kleider zu sorgen. Aber
Rose Tonie war eine gewandte Spinnerin; die Zeit, welche sie der
Arbeit im Hause und auf derem kleinen Besitzthum abzugewinnen
hoffte, gedachte sie zum Spinnen zu benutzen; sie konnte sich auch
vom Schlaf etwas abbrechen, und mit dem so errungenen Verdienst

sollte sich schon Alles bestreiten lassen. Ja, sie wagte es, an einige
kleine Ersparnisse zu denken. Man brannte im Gueurozthal ein vor-
treffliches Kirschwasser, das sich mit den besten Erzeugnissen dieser
Art messen durfte. Es kostete damals etwa 18 Batzen die Maaß,
was nach heutigem Gelde ungefähr zwei und einen halben Franken
ausmacht. Durchschnittlich konnte Rose Tonie auf acht bis zehn Maaß
jährlich rechnen. Der Kirschbaum ist freilich nicht ganz zuverläſſig, er
hat seine Launen; aber ihre Bäume standen in dem Rufe, noch niemals eine Ernte gefehlt zu haben. Das war demnach ein fast sicheres
Einkommen von zwanzig bis fünfundzwanzig Franken. Rose Tonie
schmeichelte sich, diese Summe jährlich bei Seite legen zu können.

Im ersten Jahre übertraf die Ernte, obwohl sie ein wenig gelitten und Rose Tonie darüber manchen Abend am Spinnrad geweint
hatte, sogar ihre Hoffnungen. Am 31. Dezember 1836 war das Haus
für einen ganzen Monat mit Brod versehen, Joseph für den Winter
gekleidet und beschuht und dennoch blieben ihr neben etwas kleiner
Münze noch zwei Fünffrankenthaler und ein nagelneuer, vollklingender
Napoleond'or übrig. Sie hatte sich natürlich jede nicht unbedingt
nothwendige Ausgabe versagt, aber doch weder sich noch ihrem
Sohne, dem Letzteren besonders, eine eigentlich harte Entbehrung auferlegt. Da sie noch nichts von der wohlthätigen Existenz der Spar-
kassen wußte, so machte sie es wie es damals im Gueurozthal Brauch
war und auch heute noch ist, sie steckte ihren Schatz in einen alten
Strumpf und verbarg ihn zu unterst in einem Schrank hinter einem
Haufen Wäsche, wo er in einem anderen Strumpf einen Kameraden
fand, welcher außer dem Kauftitel der Wiese die Paar Franken enthielt, die sich nach dem Tode ihres Mannes vorgefunden hatten.
Diese Schätze mußten sorgfältig von einander getrennt bleiben, der
zweite hatte dem Verstorbenen gehört und war nur zur Bestreitung
des Begräbnisses angegriffen worden. Rose Tonie betrachtete ihn mit
einer Art religiöser Ehrfurcht, die letzten von dem Familienhaupte
gewonnenen Paar Groschen waren für sie heilige Reliquien, deren
Dasein dem Hause Segen bringen mußte.

Bevor Rose ihren Schatz in sein Versteck brachte, überzählte sie ihn wieder und wieder. Dies Vergnügen war ihr wohl gestattet. Doppelt heilig ist ein Ersparniß, welches aus den durchwachten Nächten einer fleißigen armen Wittwe entstanden ist. Ihr Gold war ja das Brod für allfällige schlimme Jahre, an ihm hing ja das Leben ihres Joseph.

Der Beweis war also geleistet, daß Rose, ohne Schulden zu machen und ohne das Erbe ihres Mannes anzutasten, ohne irgend auf ihr Besitzthum zu greifen, ohne ihren Acker, ihre Wiese, ihre Kuh, ihr Häuslein, ihre Kleider, ihren Hausrath zu verkaufen, den eigenen und ihres Knaben Lebensunterhalt aufzubringen vermochte. Aber konnte denn nicht noch mehr geschehen? Wenn sie jeden Tag eine Stunde länger arbeitete, wenn sie die Thränen zurückdrängte, die immer fließen wollten, sobald Joseph eingeschlummert war und sie allein am Spinnrad saß, konnte sie dann ihre Ersparnisse nicht verdoppeln? Wenn sie so nachdachte, schien es ihr nicht unmöglich, den großen Plan ihres Mannes ganz allein zu verwirklichen. Wohl mußte sie sich sagen, daß Joseph heranwachse und daß sein Unterhalt wie seine Kleidung kostspieliger wurden; aber die Zeit war auch nicht fern, wo er selber etwas verdienen sollte; er konnte ja bald Erd= beeren im Walde pflücken und sie den Fremden verkaufen, an denen es niemals auf der Straße nach Martigny fehlt, oder er konnte sich den Sommer als „Bubo", d. h. als Hirtenbube in den Bergen ver= dingen. Mit sieben Jahren ist man alt genug, um Erdbeeren zu pflücken, mit zehn, um als „Bubo" zu dienen. Wenn die Ernten nur einigermaßen günstig ausfielen, so konnte Rose Tonie wohl ihre vier Goldstücke jährlich ersparen, so daß sich, wenn Joseph sein sechs= zehntes Jahr erreichte, vierzig Napoleon im Strumpfe vorfänden.

Diese Aussicht begeisterte die arme Wittwe.

Eines lag ihr noch besonders am Herzen. Sie wollte um keinen Preis, daß Joseph ein Flößer würde.

Es ist in der That ein schreckliches Gewerbe, das die Holzfäller und Flößer in den Alpen treiben. Ein Spekulant kauft einen Wald und läßt ihn umschlagen. Zu dieser Arbeit wird der Winter benutzt. Die Holzfäller wohnen zu weit ab, um Abends heimzukehren; sie richten sich deshalb in Scheuern oder in den nächsten Sennhütten ein und besorgen sich selbst die Küche, welche im Grunde nur die Zubereitung einer Art Polenta erfordert. Und wenn auch einige Fuß Schnee auf dem Boden liegen und der Thermometer bis unter zwanzig Grad Kälte gefallen ist, was auf jenen Höhen nicht selten vorkommt, so sind sie doch vom frühen Morgen bis zum späten Abend an ihrer Arbeit. Ist dann das Holz geschlagen, so gilt es, dasselbe bis zu einer fahrbaren Straße zu schaffen. Bisweilen ist der Abhang regelmäßig genug, um die Stämme auf dem Schnee bis zum nächsten Bach hinabgleiten zu lassen. Auf den steilen Abhängen aber, wo das Holz aufschlagen und in tausend Stücke zersplittern würde, muß man eine Art Rinne aus langen Tannenstämmen zimmern, welche auf starken Pfählen zu dritt ruhen und wobei die äußeren zwei Stämme die Ränder für die Rinne bilden, in welche man das Holz schleudert. Die ersten Stämme gleiten nur langsam, sie reißen Rinde und Knorren fort und ebnen den Weg, auf welchem die nachfolgenden Stämme bald mit reißender Geschwindigkeit hinunterstürmen. Man sieht dem Schauspiel mit Vergnügen zu. Auf diese Weise können die Stämme ohne großen Verlust bis in die tiefsten Schluchten befördert werden. Der Bach aber, an welchen man so gelangt, ist oft nur ein armseliger Wasserfaden, auf dem kaum einige kleine Scheiter fortschwimmen könnten. Man stellt deshalb oberhalb des Punktes, an welchem die Rinne aufhört, eine Schleuse her und öffnet sie im geeigneten Augenblick. Der Wassermenge, welche nun herniederstürmt, kann nichts widerstehen. Ich habe einen jener künstlichen Ströme gesehen, welcher mehrere Hundert ungeheurer Stämme fortschwemmte, sie von Sturz zu Sturz wälzte, so daß sie in tollem Laufe sich überschlugen und über einander drängten; plötzlich aber war die Fluth vorüber und von dem wild schäumenden Wasser blieben nur noch einige träge Wellen übrig, die sich langsam verliefen.

Endlich gelangt man an einen wirklichen Wildbach, welcher das

Holz zu tragen vermag. Man muß dann dem Strome nachgehen und die an's Ufer getriebenen oder die an einen Felsen geklemmten Stämme wieder in's Wasser befördern. Dies ist nicht der leichteste Theil des Werkes, denn es geht sich nicht gar bequem im Bette eines Alpenbachs. Die meisten derselben haben sich ihre Bahn durch fürchterliche Schlünde gewühlt, in die man sich nicht selten mit Hülfe eines Seils hinunterlassen muß und deren hohe, steile Felsenränder sich oft so nahe treten, daß ein einziger quer vorliegender Stamm einen Damm gegen alle nachfolgenden abgiebt. So entstehen dann fabelhafte Stauungen, Berge von Holz. Kann man den Stamm herausfinden und entfernen, welcher die Stauung verursacht, so wird das haushohe Gebälk sofort weiter getrieben; wenn nicht, so muß man Stamm nach Stamm über das Hinderniß schleudern. Es giebt Bergströme, die so eng eingeschlossen sind, daß auf weniger als eine halbe Stunde Lauf diese Arbeit acht- bis zehnmal vorgenommen werden muß.

Der Flößer ist mit einem Instrument ausgestattet, das den Namen Grespil führt. Es ist dies eine lange, starke Stange, mit zwei

kräftigen Eisenspitzen, welche rechtwinklig zu einander stehen. Diese Hakenstange dient dazu, die Stämme, welche nicht vom Platze wollen, zu harpuniren; mit der vorderen Spitze werden sie fortgestoßen, mit der Seitenspitze zurückgezogen. Man braucht diese Stange auch zum Uebersetzen von einem Ufer an das andere, was hie und da nothwendig, aber durchaus nicht leicht ist.

Bei all den Diensten, welche dies Geräth dem Arbeiter leistet, ist das Flößen doch immer ein saures und gefährliches Geschäft. Die Gemsenjagd fordert weniger Opfer und ist minder hart. Der Jäger rechnet nicht mit den Beschwerden, er wird von der Leidenschaft hingerissen. Kein Reiz dieser Art, keine Hoffnung auf innere Genugthnung unterstützt den Flößer. Ihm dient die Arbeit zum Broderwerb, seine einzige Belohnung besteht darin, daß er am Samstag Abend einige Franken in's Haus bringt. Und mit wie viel Mühen muß er sie erringen! wie viel Tage verbringt er tief in den Schründen, wo= hin nie ein Sonnenstrahl dringt und wo er unaufhörlich bis an den Gurt in das eiskalte Wasser treten muß. So lange man jung und stramm ist, glaubt man es ungestraft thun zu können; später bleiben die bittern Folgen nicht aus und das Alter mit seinen Gebrechen und Leiden stellt sich vorzeitig ein. Glücklich noch ist derjenige, der nur seine Gesundheit einbüßt, denn die Unglücksfälle sind gar nicht selten und der Wildbach, in dem er sein Leben verdienen will, wird nur zu oft das Grab des Flößers. Vor der Oeffnung der Schleusen stellt man nämlich in gewissen Abständen Leute auf, welche die aus dem Strome gedrängten Stämme wieder in's Wasser zu schlendern haben. So wie der erste Arbeiter die Fluth herandringen sieht, giebt er dem Zweiten ein Zeichen und dieser den Entfernteren, damit ein Jeder sich bei Zeiten auf sichern Boden flüchten könne, denn die geringste Unaufmerksamkeit kann ihr Opfer fordern. Oft auch unterwühlt der Strom seine Ufer und verursacht beträchtliche Erdrutsche; wehe dann dem Flößer, der sich keinen sichern Standort gewählt.

In den engeren Schluchten aber, wenn das aufgestaute Holz wieder in die Strömung gebracht werden soll, da ist die Gefahr noch größer. Oft ist es unmöglich, vom Ufer aus zu arbeiten, man muß auf das Holz selbst steigen und das Gleichgewicht jener trümmerhaft aufeinander gethürmten Gerüste wird oft durch ein Nichts gestört. Wehe dem Unachtsamen! Ein Stamm braucht nicht von beträchtlicher Höhe herabzustürzen, um ihm ein Glied zu zerschmettern, und wenn die hinter dem Holzdamm zurückgehaltene Wassermasse sich endlich Bahn bricht und Alles plötzlich mit sich fortreißt, dann ist kein Heil mehr für den, welcher nicht bei Zeiten auf das feste Land gesprungen; der Wildbach treibt ihn erbarmungslos in den Abgrund.

An sich schon gefährlich, ist es das Flößen mehr noch für die Bewohner des Guenrozthals und ihre Nachbarn. Sie flößen auf dem

Trient und man kennt die Schluchten, durch welche er in's Rhonethal mündet. Sie sind nicht weniger als drei Stunden lang, ihre Tiefe ist grausenerregend und in einigen Theilen derselben, am Austritt besonders, stehen sich die Felswände so nahe gegenüber und sind so seltsam gewunden, daß man von der Tiefe aus den Himmel nicht mehr erblicken mag. Hineindringen kann man nur von der Mündung aus, um von dort stromaufwärts zu steigen. Dies thun jetzt täglich zahlreiche Touristen, Dank der vor einigen Jahren zur Ausbeutung der Fremden gebauten Gallerie. Ehemals aber lagen dort nur einige elende an den Felsen gelehnte Bretter, die der Trient alljährlich fortschwemmte, und dies war der Weg für die Flößer, ein schmaler, schlüpfriger Weg, auf dem so mancher sein Leben eingebüßt.

Rose Tonie's Mann hatte sein Gewerbe getrieben, wie er es von seinem Vater, und dieser, wie er es von seinem Ahnen erlernt und so sämmtliche Voreltern, so weit die Familien-Erinnerungen nur reichten.

Der Gedanke, daß ihr Joseph auch eines Tages in die Schlucht hinabsteigen werde, war der armen Frau etwas Unerträgliches. Der bloße Anblick eines Flößerhakens gab ihr einen Stoß in's Herz. Deshalb hatte sie dies Geräth auch in den dunkelsten Winkel der Scheuer verbannt. Besonders einer flößte ihr einen abergläubischen Schauer ein, es war der älteste, der Familienhaken, den ihr Schwiegervater und ihr Mann getragen, als sie der Strom verschlungen. Rose Tonie war überzeugt, es hafte ein böser Zauber an diesem Haken und er müsse Jedem Unheil bringen, der sich seiner bediene. Auch empfahl sie sorglich den Nachbarn, die zuweilen kamen, um sich einen Flößerhaken auf einige Tage zu entlehnen, nur ja nicht den bösen zu nehmen.

Für einen Bewohner des Gueurozthals aber ist es nicht leicht, kein Flößer zu werden. Denn wie sollte er sonst seinen Lebensunterhalt gewinnen? Die harte Nothwendigkeit, so dachte Rose Tonie, lastet indessen nur auf der Armuth und mit ihren vierzig Goldstücken hoffte sie wohl, Joseph werde dem Schicksal seiner Thalgenossen ent-

gehen können. Was kann man nicht Alles mit vierzig Goldstücken an=
fangen? Man kann Pferd und Wagen kaufen und Fuhrmann werden
auf der Hauptstraße des Wallis, der Simplonstraße, wo der Transit=
verkehr immer so bedeutend ist; man kann ein gutes Handwerk er=
lernen und es dann selber betreiben; man kann sogar eine kleine Alp
pachten und sie auf eigene Rechnung bewirthschaften.

Dies war das Hoffen und Trachten unserer Rose Tonie. Sie begab
sich also mit neuem Muth und verdoppeltem Eifer an die Arbeit.
Sie that Alles selbst, sie holte Holz im Walde, sie schaufelte, mähte,
heuete, sie wirthschaftete, sie heimste ihre Kirschen ein, sie destillirte
in dem alten Brennkolben eines Nachbars und wenn sie mit den Feld=
arbeiten fertig war, dann ging sie noch an's Spinnen. Ihre Lampe
erlosch erst spät um elf Uhr und bis dahin konnte man vom Fußweg
her ihr Rädchen ohne Unterlaß schnurren hören. Des Morgens, selbst
in den längsten Sommertagen, war sie vor der Sonne auf. Nie=
mals nahm sie fremde Arme in Dienst und mochte die Arbeit noch so
sauer sein. Zur Zeit des Heuens und bei der Kirschenernte halfen
ihr freilich die Leute aus dem Weiler aus Mitleid und aus Aner=
kennung für ihre Bravheit. Denn sie gönnte sich auch keine Stunde
Ruhe, ausgenommen am Sonntag, nachdem sie das Häuschen ordent=
lich aufgeräumt. Dann zog sie ihren Jungen sauber an und führte
ihn mit in die Pfarrkirche zur Messe. Vor dem Heimweg ging sie
aber noch zum Grabe ihres Mannes und verrichtete hier ein Gebet,
indessen Joseph das Unkraut auf demselben ausriß.

Der arbeitsamen Wittwe gelang Alles so gut, daß der Erfolg
während mehrerer Jahre nicht nur ihre Erwartungen erreichte, son=
dern sie manchmal sogar übertraf. Der Strumpf blähte sich unter
dem Druck der vielerlei Röllchen, der Hundertsousstücke, der alten
Brabanterthaler und der hellglänzenden Napoleons augenscheinlich
mehr und mehr auf. Ohne den Schmerz um ihren verlornen Mann,
der ihren Gedanken stets nahe war und ihr manchen schweren Seufzer
erpreßte, hätte sich Rose Tonie wahrhaft glücklich geschätzt.

Es war in einem jener gesegneten Jahre, als wir in's Gueuroz=

thal kamen und uns an den Kirschen der Rose Tonie gütlich thaten. Ach, hätten wir's damals ahnen können, was jene Kirschen für die wackere Frau bedeuteten, sie wären uns heilig gewesen und wir hätten dem Präsidenten lieber die Buße bezahlt. Dieser Zug aber — und der Greis, dem ich die Geschichte von den Kirschen erzählte, versicherte mich, er könne mir noch andere derselben Art mittheilen — dieser Zug beweist, daß Rose Tonie, so begierig sie auch für ihren Sohn auf das Erwerben ausging, doch nicht die Pflichten der Gastfreundschaft vernachlässigte, die den Leuten im Gebirge so theuer sind, ja daß sie von ihren dürftigen Ersparnissen noch ein Almosen abzugeben wußte, wenn es nöthig schien.

Indessen war der Augenblick gekommen, wo es eben so wichtig war, an die Erziehung Joseph's wie an Ersparnisse für seine Zukunft zu denken. Rose Tonie verstand es nicht, die erste dieser Pflichten eben so gut zu erfüllen wie die zweite. Man fühlte im Gueurozthal nicht das Bedürfniß nach einem andern Unterricht, als ihn Erfahrung und tägliche Beobachtung den Einwohnern von selbst an die Hand geben. Eine gute Kenntniß der verschiedenen Holzarten und ihrer Besonderheiten war da von höherem Werth als die Kunst des Lesens und Schreibens. Wozu sollte man auch in einem Laube lesen lernen, wo es keine Bücher giebt und wo man, wenn etwa einmal im Jahre ein Brief ankommt, die Rundreise des Bezirksammanns abwartet, falls man nicht den Inhalt für sehr dringend hält und deshalb in's Rhonethal hinabsteigt, um sich den Brief von dem Herrn Pfarrer vorlesen zu lassen. Ueberdies ist keine Schule für die wenigen Häuser vorhanden, die den Weiler ausmachen. Man hätte die Kinder in ein entferntes Dorf schicken müssen, was wohl im Sommer, d. h. während der Ferienzeit möglich war, aber ganz unthunlich im Winter, während der eigentlichen Schulzeit. Daher kam es, daß den Kindern im Gueurozthal die so langweilige Wohlthat der Schule gänzlich unbekannt war; sie spielten den lieben langen Tag, und befanden sich gar wohl dabei. Wenn Rose Tonie nichts that, um Joseph irgend welchen Unterricht zu verschaffen, so geschah dies also keineswegs aus Nach=

läffigkeit oder falsch angebrachter Sparsamkeit, sondern einzig und allein, weil ihr Denken nie aus dem engen Kreise herausgetreten war, den die Einfachheit eines ganz patriarchalischen Lebens um sie gezogen hatte. Sie wußte, was ihre Mutter und ihre Großmutter gewußt hatten; Joseph sollte bereinst das wissen, was sein Vater und sein Großvater gewußt. Was brauchte es mehr?

In Ermangelung des Schulunterrichts hätte Rose Tonie ihren Joseph zur Arbeit anhalten können und wir erinnern uns, welche Rolle in ihren wirthschaftlichen Berechnungen die Erdbeeren spielten, die er im Walde pflücken werde, und was später erst noch der Küher= bube verdienen sollte. Hier aber ward die Zärtlichkeit der Mutter für ihren Sohn, eine durch so viele Opfer überreizte Zärtlichkeit, eine Falle für Rose Tonie. Sie besaß nie Kraft genug, sich von ihm zu trennen, auch nicht für einen Tag. Sie war so glücklich, Alles für ihn zu thun, doch unter der Bedingung, daß er bei ihr blieb, daß sie ihn hörte und sah, daß sie stets seiner Gegenwart sich bewußt war. Das unheilvolle Ereigniß, welches sie so jung zur Wittwe gemacht, kam ihr unaufhörlich wieder in den Sinn, und wenn sie Joseph seit einer Stunde nicht mehr gesehen, so wurde sie von einer fieberhaften Unruhe gepackt, deren sie unmöglich Herr werden konnte. Ihre so furchtbar erschütterte Einbildungskraft war krankhaft geblieben und ihre Ueberanstrengung, ihre vielen schlaflosen Nächte trugen natürlich nicht zur Beruhigung ihres Nervensystems bei. Sie litt an Visionen, welche oft in förmliche Schreckbilder ausarteten; man sah sie alsdann die Hände vor das Gesicht halten, als wollte sie damit eine Erschei= nung verscheuchen, von der sie sich verfolgt glaubte. Bald sah sie den Felsensteig, der nicht weit vom Thale aus dem Walde in die Tiefe führt. Und Joseph, der auf Erdbeeren ausgegangen war, hing da festgeklammert an einem Büschel Gras, und die schwache Stütze wich unter seinen Füßen. Bald sah sie den fürchterlichen Abgrund und tiefunten den Trient, den kalten Trient, das eisige Grab, das stets nach neuen Opfern sich aufthut und dessen gieriges Gebrüll sie bis in's Herz durchbebte. Da konnte keine menschliche Gewalt sie

mehr halten, sie rannte fort und schrie, um jeden Preis mußte sie
ihren Joseph wieder haben. Es war nicht genug, daß sie ihn an
einem sichern Ort, in der Scheuer, im Stall, beim Nachbar wußte;
sie mußte ihn mit ihren eigenen Augen sehen, mit ihren eigenen
Händen greifen. Ein gewisser trichterförmiger Kessel in der Schlucht,
derselbe, in welchem man den entseelten Leib ihres Mannes gefunden,
spielte eine große Rolle in diesen Visionen. Rose Tonie stellte sich
die Schlucht um so entsetzlicher vor, als sie dieselbe niemals betreten
hatte; sie schrieb ihr eine Art magischer Anziehungskraft zu, sie
glaubte, es hause ein ihrer Familie feindlicher Geist darin, welcher
nach dem Morde des Vaters nun auch noch auf den Sohn lauere.

Daraus folgte, daß Joseph weder mit sieben Jahren Erdbeeren
pflückte noch mit zehn Jahren Kühe hütete. Er blieb bei seiner Mutter,
er wuchs bei ihr allein und unter ihren Augen auf.

Joseph war indessen ein schöner Junge geworden, von prächtigem
Wuchs, flink, stark, gewandt in den Spielen seines Alters, und im
Thale hieß es allmählich, Rose Tonie verhätschele ihn, sie werde ihn
nicht ewig ernähren können, und sie thäte wohl besser, ihm zu zeigen,
wie man sein Brod verdienen müsse, anstatt ihn stets an ihrem Rock
hängen zu lassen. Anfangs waren dies nur leise Betrachtungen, die
man sich wohl hütete, in der Mutter Gegenwart vorzubringen; nach
und nach aber wurden es laute Bemerkungen und eines Tages, es
war gerade in der Heuenszeit, machte ein Nachbar, als er den großen
zwölfjährigen Jungen mit dem Heu spielen sah, das Rose Tonie
mühevoll wendete und zettelte, Beiden, der Mutter und dem Sohn,
bittere Vorwürfe. Mark Anton, er hieß auch kurzweg „der Alte",
that es in guter Absicht, aber in seiner Weise. Er war ein Gries-
gram, aber doch im Grunde ein gutherziger Mensch und der älteste
unter allen Flößern in der Gegend. Dank seinen grauen Haaren
und einer gewissen Spruchweisheit, die er in seine Reden einzu-
flechten verstand, hatte er sich ein gewisses Recht auf freie Meinungs-
äußerung erworben, welches er denn mit verdoppeltem Eifer seit einem
gewissen Abend ausübte, an dem die Jugend das fünfzigjährige Jubiläum

seines ersten Flößganges, gewissermaßen seine goldene Hochzeit mit
dem Wildwasser, gefeiert hatte. Ihm standen stets eine Unzahl von
Sprüchwörtern zur Verfügung und wenn er den Leuten die „Wahr=
heit" sagte, so lief es nicht eben sanft ab. Schon seit lange hatte
er dem faulen Joseph aufgepaßt, und mehr als einmal sich aus Re=

spekt vor der Rose Tonie damit begnügt, im Vorübergehen irgend
einen Kernspruch vor sich her zu brummen; nun aber konnte er nicht
länger an sich halten und die Strafpredigt fiel um so härter aus, je
länger sie zurückgedrängt worden. Joseph wurde dadurch nicht ge=
bessert, Rose Tonie aber war verletzt; ihr schien es, Jedermann müsse
ihr Fühlen theilen und seit jenem Tage wich sie Mark Anton mög=
lichst aus.

Indessen überlegte sie sich Alles von Neuem und da ihr Gewissen
ihr heimlich etwa dasselbe sagte, was sie so eben hatte hören müssen,
so suchte sie nach einem Ausweg, um für Joseph Arbeit zu schaffen,
ohne ihn doch von sich zu entfernen. Nach reiflicher Ueberlegung kam
sie zu dem Entschluß, ihn melken, heuen, ackern und destilliren zu
lehren; später würde sie ihm dann das kleine Heimwesen überlassen,
sich selber in's Haus zurückziehen, vom Morgen bis zum Abend spinnen
und sich nur die Oberaufsicht über das Ganze vorbehalten. So könnte
sie ihren Joseph alle Tage sehen und ihn selbst beim Spinnen nicht
aus den Augen verlieren. Arbeitete er im Felde, so brächte sie ihr

Spinnrad an's Fenster, von dem aus man das Feld überschauen konnte; wäre er auf der Wiese, so setzte sie sich an das Fenster, das auf die Wiese hinausgeht. So würden sie dann Beide arbeiten, ohne einander zu entbehren. Was konnte man mehr von ihnen verlangen?

Joseph wurde nun also zur Feldarbeit zugezogen und da er gewandt und gescheit war, so konnte er bald Alles, was seine Mutter ihn lehrte. Vom nächsten Frühjahr an wurde er mit der Sorge für Kuh, Feld, Wiese und Garten betraut; Rose Tonie aber verlegte sich ganz auf's Spinnen.

Diese neue Lebensweise war von schlimmen, unvorhergesehenen Folgen für sie. Rose Tonie war an die frische Luft gewöhnt, ihre Gesundheit litt bei dem Stubensitzen, ihre Phantasie wurde nur noch aufgeregter und die Visionen traten häufiger auf. Dabei war die Kammer so dunkel und das große überhängende Vordach raubte den kleinen Scheiben noch das wenige Licht. Das war nicht gut für Rose Tonie's Augen, und sie zu schonen — wie hätte sie daran gedacht? Als ob sie eine Ahnung gehabt, daß sie nicht immer so werde fortarbeiten können, strengte sie sich nur um so mehr an und verlängerte ihre Nachtwachen über alles Maaß. Sie hätte gern für die Gegenwart die verlorene Zeit ausgenützt, welche sie ahnungsvoll in der Zukunft sah; aber die Krankheit kam ihr zuvor und nach einem Jahre konnte Rose in Folge ihrer neuen Lebensweise kaum mehr aus den geschwollenen und entzündeten Augen sehen und war nun genöthigt, die Arbeit am Abend ganz einzustellen.

So kam es, daß Rose Tonie schlechter spann und kaum mehr als damals, als sie noch im Freien gearbeitet hatte. Ihre Einnahmen wurden also durchaus nicht größer, wohl aber ihre Ausgaben; denn Joseph, der im Wachsen war, bedurfte einer reichlicheren Nahrung. Es wurde mehr Mehl verbraucht, die Kartoffeln wollten nicht mehr reichen, und früher hatte man doch jedes Jahr einige Maaß verkaufen können; jetzt aber, wenn die Ernte nicht besonders gut ausfiel, mußte man noch welche kaufen. Auch für die Schuhe bedurfte es mehr Leder, für die Kleider mehr Wolle und am Ende des Jahres fand es sich, daß die vielen kleinen Ausgaben die Ersparnisse erstaunlich angegriffen hatten.

Rose Tonie nahm diese getäuschten Hoffnungen als eine Schickung des Himmels hin, sie wartete geduldig auf bessere Tage und ließ nicht nach, ihren Jungen wie ihren Augapfel zu hüten. Joseph wurde von Tag zu Tage stärker und kräftiger, im Sommer fehlte es nicht an Arbeit für ihn, aber im Winter und die Winter — sind gar lang im Guenrozthal — hatte er eben nur die Kuh im Stalle zu besorgen, und das war mit einer Stunde am Morgen und einer anderen Stunde am Abend gethan; die Zwischenzeit brachte er herum wie er eben konnte. Die Nachbarn murrten wieder, Mark Anton erkundigte sich genau nach Joseph's Alter und rechnete den Leuten vor, was er selber in den Jahren schon verdient habe. Rose Tonie mußte Manches hören, aber sie hatte jetzt noch weniger das Herz, den Jungen von sich zu lassen.

So gingen die Dinge bis an's Ende des Jahres 1846. Dies war der Termin, den sich Rose Tonie gewissermaßen gestellt, nicht um sich von ihren Mühen auszuruhen, denn für sie sollte die Ruhe erst mit dem zwingenden Greisenalter beginnen, sondern um die Summe vollzumachen, welche sie für nöthig hielt, um Joseph damit ein anderes Gewerbe als das eines Flößers zu sichern. Nun war aber das ersehnte Ziel noch lange nicht erreicht. Das Jahr war schlecht gewesen, die Kartoffelkrankheit hatte schlimmer gehaust, die Kirschbäume hatten so wenig getragen, daß es kaum der Mühe lohnte, die wenigen Früchte zu pflücken, welche dürftig an den Aesten hingen, und Rose Tonie mußte, als der Dezember herankam, ihre Ersparnisse angreifen. Da die letzten zwei Jahre nichts weniger als einträglich gewesen, so enthielt der Strumpf statt der vierzig Napoleons nur neun und zwanzig, in kleiner wie in grober Münze. Genau genommen, war dies schon viel, und die Nachbarn, die immer etwas zu sagen hatten, wären nicht wenig erstaunt gewesen, wenn Rose Tonie ihnen ihren klingenden Schatz aufgezählt hätte. Das Jahr 1847 aber brachte nur Unheil. Während der Winter= und Frühlingsmonate wurden die Preise der Lebensmittel fast unerschwinglich und die nächstjährige Ernte kündete sich schlecht an. Zu spinnen gab es nichts, der Mangel war allgemein, und überall fehlte es an Arbeit. Rose Tonie mußte noch einmal in den Strumpf greifen. Die Röllchen Kleingeld waren schon fort, als zu allem Unglück noch gar der Sonderbundskrieg in der Schweiz ausbrach. Obwohl Joseph noch nicht in die Miliz seines Kantons eingereiht war, so mußte er sich doch bereit halten, mit dem Landsturm zu marschiren, was wieder neue Kosten verursachte, von der Angst der armen Mutter gar nicht zu reden.

Als dann das Wallis seine Unterwerfung erklärte, besetzten eid= genössische Truppen das Land, und die gebirgige Gegend zwischen dem Genfer See und Martigny wurde um so weniger geschont, als man deren Bewohner als Freunde der unterlegenen Sache kannte. Ein Peloton feindlicher Soldaten erschien im Guerozthal und Rose Tonie erhielt zwei Mann Einquartirung. Das war ihr Gnadenstoß. Die wenigen Vorräthe, welche die Scheuer aufzuweisen hatte, waren bald verzehrt, und die sauer erworbenen Geldstücke gingen eines nach dem andern hin. Von neun und zwanzig Napoleons war der so sorglich gehegte Schatz bald auf dreiundzwanzig herabgesunken.

Als die Soldaten wieder fort waren und Rose Tonie sich mit Joseph allein in ihrem leeren Häuschen sah — das Spinnrad stand träge in der Ecke, und sie dachte mit Jammer an ihr einziges Gut, den geheiligten und nun so zusammengeschmolzenen Schatz — da konnte sie nicht länger an sich halten und brach in ein heftiges Schluchzen

69

aus. Joseph, der zärtlich an seiner Mutter hing, weinte, weil er sie weinen sah, und als sähe sie es jetzt erst ein, daß er wohl alt genug war, um sie zu verstehen, so öffnete sie ihm auf einmal ihr Herz, sie erzählte ihm von ihren Hoffnungen und ihren Enttäuschungen, und wie ihr von Allem so wenig geblieben. Joseph hörte zu, er hatte bis dahin sorglos dahingelebt, sich in Allem auf seine Mutter verlassen

und sich eigentlich nie Rechenschaft abgelegt von Dem, was sie für ihn gethan. Ihre rastlose Thätigkeit war ihm nur als eine alte zum Bedürfniß gewordene Gewohnheit erschienen und nun enthüllte sich plötzlich die traurig harte Wirklichkeit vor seinen Augen, verschönt freilich durch gränzenlose Liebe und eine Opferfreudigkeit, die wie eine edle Offenbarung auf sein einfaches Gemüth wirkte. Im ersten Augenblick war er verwirrt und erschüttert. Er fand sich nicht mehr zurecht, es war ihm wie einem Reisenden, der in der Nacht irgendwo eingekehrt und des Morgens in einer fremden Stadt erwacht. Bald aber bemächtigte sich ein Gefühl tiefer Dankbarkeit seines ganzen Herzens und die Thränen rollten ihm in's Gesicht, nicht mehr wie einem Kinde, das seine Mutter weinen sieht, sondern wie einem Manne; er umschlang den Hals des theuren, des geliebten Wesens, und hielt sie lange, lange umarmt.

Die Trägheit, welche man an Joseph tadelte, war nicht das

Zeichen eines schwachen Charakters, sondern nur eine Folge seiner Erziehung, einer verlängerten Kindheit. Joseph war von guter Race und es brauchte nur eines Anstoßes, um aus ihm einen andern Menschen zu machen, oder ihn vielmehr sich selber wiederzugeben.

Die Nacht nach diesen Eröffnungen brachte ihm keinen Schlaf. Er bedachte Alles, was ihm seine Mutter vertraut hatte, und bald war sein Entschluß gefaßt. Künftig sollte nicht mehr die Mutter für ihn arbeiten; er hatte für ihren Unterhalt zu sorgen. Er wollte Arbeit suchen, er mußte Arbeit finden; er wollte sein Möglichstes thun, um in der Nähe des Thales zu bleiben, so daß er jeden Abend wieder daheim sein könne; zum Holzfällen und Flößen würde er erst dann sich entschließen, wenn sich durchaus nichts Anderes auftreiben ließe. Rose Tonie aber sollte sich nun ausruhen und höchstens die Sorge um die Kuh und etwa den Garten übernehmen, wenn ihre Kräfte noch dazu ausreichten. So würde sie wieder in der frischen Luft leben und das verwünschte Spinnrad in Ruhe lassen. Er fragte sich nicht, ob der Schatz im Kasten sich so wieder herstellen und vermehren lasse; solche Zukunftsgedanken standen dem Mutterherzen gut an, ihn sollten sie nicht plagen. Er fühlte sich stark und rüstig, er brauchte nur zu wollen, um einer der besten Arbeiter weit und breit zu werden, und er wußte wohl, daß ein guter Arbeiter sich und auch eine Mutter ernähren könne.

Am nächsten Morgen war er zuerst auf, was bis dahin noch nicht vorgekommen war. Er trat an seiner Mutter Bett und theilte ihr seinen Entschluß mit. Sie machte keine Einwendungen, denn Joseph sprach mit zu viel Bestimmtheit, auch fühlte sie wohl, daß er Recht hatte. Als sie ihn aber nach dem Frühstück sich zur Abreise anschicken sah, da schnürte es ihr das Herz zusammen. Die entscheidende Stunde war gekommen, jetzt hieß es sich unterwerfen, künftig nicht mehr Eines neben dem Andern zu leben.

Der Augenblick war schlecht gewählt, um nach Arbeit zu suchen. Das Land hatte sich noch nicht von der Hungersnoth und der militärischen Besatzung erholt. Das Vertrauen fehlte, ebenso das baare

71

Geld; Arbeit wurde überall gesucht, nirgends angeboten. Acht Tage lang wanderte Joseph zwischen St. Maurice und Martigny, er klopfte an alle Thüren und überall dieselbe Antwort: Nichts! Er hätte sich zur Noth bei einem reichen Bauern, der im Sommer nicht weniger als zwanzig Kühe auf die Alp trieb, als Dienstbote verdingen können, aber das wäre so viel wie gänzliche Trennung von seiner Mutter ge= wesen, und daran war nicht zu denken. Wenn er davon also absah, so war auf den Bergen auch nicht mehr Aussicht für ihn als in der Ebene, er hätte denn als Holzfäller arbeiten wollen. Waadtländische Spekulanten hatten eben die Gelegenheit benutzt, um Wälder billig anzukaufen, und in den Schlünden der Tête=Noire sollte jetzt viel ab= geholzt werden. Des vergeblichen Umherziehens müde, bot Joseph einem Unternehmer seine Dienste an, und es fehlte nicht viel, so wäre ihm auch dies noch entgangen; denn von allen Seiten strömten Arbeiter zu und der Ruf seines faulen Lebens war bis nach Finhaut gedrungen. Ohne das in der Gegend noch fortlebende Andenken seines Vaters hätte er noch die Schmach erlebt, abgewiesen zu werden. Auch wurde er nur versuchsweise angenommen. Schon das war für Rose Tonie zu viel, allein er versprach ihr hoch und theuer, vorsichtig zu sein, so daß sie sich halb überzeugen ließ. Es waren auch für sie starke Gründe zum Nachgeben vorhanden. Die Unmöglichkeit, irgend eine andere Beschäftigung zu finden, war unläugbar, und das Flößen nahm ja selten vor dem Mai seinen Anfang, die Verhältnisse konnten bis dahin sich bessern, Joseph konnte nach dem Holzschlagen sich ja zurückziehen. Dann stand auch sein guter Ruf auf dem Spiele. Wie würde es in der Nachbarschaft heißen, was würde wohl Mark Anton dazu sagen, wenn er erführe, daß Joseph Arbeit gefunden und ange= nommen sich aber doch wieder auf die faule Haut gelegt habe? Um mit den übrig gebliebenen dreiundzwanzig Napoleons irgend ein Ge= werbe anzufangen, dazu war er wohl noch zu jung; der Augenblick schien auch unpassend, das wollte erst überdacht sein. So wurde er in jeder Weise zu dem Schluß gelenkt, daß er den einzig möglichen Ausweg gewählt. Rose Tonie mußte dies selber einsehen.

72

Joseph war also doch ein Holzfäller geworden und wir brauchen
es kaum zu sagen, er arbeitete so tüchtig, daß seine Anstellung bald
eine endgültige wurde. Obgleich die Wälder der Tête-Noire so weit
von Gueuroz abliegen, daß er nur alle Samstage nach Hause kommen
konnte, so ertrug Rose Tonie die Trennung von ihrem Sohne doch
besser, als sie es sich gedacht hatte. Sie verschob alle ihre Befürch=
tungen auf die Zeit des Flößens, wenn Joseph am Ende doch nicht
davon bleiben könne. Unterdessen klammerte sie sich mit ganzer Seele
an die Gegenwart und wendete ihr Auge von dem schwarzen, drohen=
den Punkte in der Zukunft ab. Dazu flößte ihr der zum Mann
herangereiste Sohn ganz neue Gefühle ein. Zur Zärtlichkeit gesellte
sich nun die Achtung, sie hatte Vertrauen zu ihm gewonnen.

Das Holzfällen dauerte lange und da wenig Schnee gefallen war,
so ließ das Steigen des Trient auf sich warten. Erst Ende Juni,
als die Gletscher zu schmelzen anfingen, konnte man flößen. Joseph
hatte seinen Entschluß gefaßt: er wollte flößen. Es wäre ihm als
eine Feigheit erschienen, jetzt gerade das Feld zu räumen, und es lag
ihm daran, vor aller Welt und besonders vor Mark Anton, der ihm
noch immer mit seinen grauen, hellen Augen aufpaßte, zu beweisen,
daß er keinerlei Arbeit und wäre es die mühsamste und gefahrvollste,
scheute. Man hatte ihn gescholten, es war ihm Ehrensache, die bösen
Gerüchte, welche man über ihn ausgestreut, zu widerlegen. Nun sann
er schon seit mehreren Wochen auf ein Mittel, wie er seine Mutter
beruhigen möchte. Leider war sein Erfindungstalent nicht groß und
er wußte nichts Anderes vorzubringen als etwa die Ausbesserungen,
die man auf dem Flößerweg unternommen; er sprach von den mor=
schen Brettern, die man durch neue ersetzt hatte. Da kam ihm plötz=
lich ein herrlicher Gedanke, er wollte schwimmen lernen. Freilich
konnte ihm das Schwimmen nur selten von Nutzen sein, denn wer
wollte gegen ein reißendes Bergwasser ankämpfen? Allein der Trient
ist ein gar eigener Fluß. Auf eine weite Strecke, gerade da, wo die
Schlucht sich am meisten verengt, bildet er eine Reihe von tiefen und
oft ziemlich weiten Trichtern, in denen das Wasser ruhig schläft, und

welche durch Stromschnellen von einander getrennt sind. Wer in einen solchen Trichter fällt und nicht schwimmen kann, ist unrettbar verloren, wenn ihm nicht sofort ein Seil oder eine Stange gereicht werden kann. Joseph dachte nun, der Schwimmer müßte das Ufer erreichen können, dort hielte er sich an einem Felsenvorsprung fest, und wenn es ihm nicht gelänge, sich in einer Höhle zu bergen, so könnte er dort ruhig abwarten, bis ihm Hülfe werde. Er theilte seine Idee einem Kameraden mit, der sie weiter sagte, und bald war er darob das allgemeine Stichblatt. Mark Anton that sich besonders hervor, seine Sammlung von Sprüchwörtern und weisen Sentenzen war geradezu unerschöpflich, wenn er auf das Thema von jungen Leuten kam, welche die Alten belehren wollen. Joseph beharrte trotzdem auf seinem Plan. Angenommen auch, daß er sich täuschte und das Schwimmen für einen Flößer im Trient von keinem Nutzen wäre, so konnte er doch vor seiner Mutter Staat machen und er hoffte, sie sehr damit zu beruhigen. Deshalb stieg er seit Mitte Mai und während des ganzen Monats Juni an den Bach hinab, um sich in einer stillen, geräumigen und durchaus nicht tiefen Bucht zu üben. Bald ließen sich einige Spötter bekehren und kamen trotz der Kernsprüche des alten Mark Anton zum Baden. Bei Beginn der Flößzeit konnten einige schon ziemlich gut schwimmen, keiner aber hatte es in dieser Kunst so weit gebracht wie Joseph, der jüngste, der gelenkigste von Allen.

Diese Vorsichtsmaaßregel beruhigte trotzdem Rose Tonie nicht so sehr, wie er es wohl gehofft hatte. Aber sie konnte von ihm nichts als die wiederholten Versprechungen erlangen, daß er niemals eine Unklugheit begehen werde, und dazu fügte er den Eid, in keinem Falle den verhängnißvollen Flößhaken gebrauchen zu wollen. Für die arme Frau war es ein schrecklicher Augenblick, als sie Joseph mit einem solchen Geräth das Haus verlassen sah. Trotz ihrer natürlichen Scheu vor dem Flößhaken betrachtete sie ihn wohl zwanzig Mal, um auch sicher zu sein, daß es nicht der böse sei.

Dies geschah an einem Montag, vor Tagesanbruch. Nachdem sie ihre Kuh besorgt hatte, ging sie auf die Wiese, wo ein Nachbar für

74

sie mähte, nahm einen Rechen in die Hand und versuchte zu arbeiten. Aber bald stürmten alle Gespenster der Angst und der gepeinigten Liebe auf sie ein, und als sie nun dachte, daß sie bis Samstag keine Nachrichten von Joseph haben solle, fühlte sie wohl, daß es ihr un= möglich sein werde, so lange zu warten. Sie machte sich auf den Weg nach der Tête=Noire, ohne Jemand ein Wort davon zu sagen. Der rüstigste Fußgänger wäre nicht schneller als sie an Ort und Stelle gekommen, und als sie erfahren, wo die Flößer sich befanden, ging sie einen so schwindelerregenden Steig an den Fluß hinunter, daß der Schreck sie getödtet hätte, wenn sie Joseph hätte denselben Weg herabkommen sehen. Sie selbst war zu aufgeregt, um auf die Gefahr achten zu können. Der Erste, der ihrer gewahr wurde, war wieder Mark Anton; was um ihn her vorging, konnte seinen Blicken nie entgehen.

Er verzog keine Miene. Nur mit einem unmerklichen Achselzucken und einem heimlichen Zwinkern des Auges deutete er seinem Nachbar das Ereigniß an, und dabei murmelte er in seinem Patois etwas von der „Schwimmmutter" vor sich hin. Er that dies nicht aus Bosheit, aber jede Neuerung war ihm verhaßt; die Dinge sollten immer nach dem alten Brauch so fortgehen und seitdem Joseph das Schwimmen bei den Flößern eingeführt, war er die Zielscheibe seiner beißenden Reden. Rose Tonie war noch zu weit entfernt, um ihn zu verstehen, ihre Blicke aber hatten einander getroffen und sie hielt plötzlich inne. Dieser Mensch machte auf sie einen unerklärlichen Eindruck. Nicht nur hatte er sie durch seine rauhen Vorwürfe beleidigt; er flößte ihr Furcht ein. Der böse Geist des Wasserschlundes, wenn er ihr in ihren Be= ängstigungen erschien, hatte ganz denselben Blick, ein kleines, hell= funkelndes Auge, welches Alles rings umher überwachte, ohne daß es nur hinzublicken schien, und vor dem es kein Verbergen gab. Sie blieb wie angenagelt auf derselben Stelle und wäre noch länger so dagestanden, wenn nicht Joseph auf sie zugeeilt wäre. Der Flöß= meister gesellte sich zu ihnen, ein wackerer Mann, der Mitleid mit Rose Tonie hatte. Er versprach ihr, daß er Joseph stets in seiner

Nähe behalten, daß er ihn wie sein eigenes Kind überwachen und niemals zu etwas Gefährlichem brauchen werde. Als sie ihm nun unter Thränen sagte, daß sie unmöglich bis zum Samstag warten könne und alle Tage wiederkehren werde, da wurde er vollends gerührt und erlaubte Joseph aus freien Stücken, die Arbeit jeden Abend um fünf Uhr zu verlassen und erst am nächsten Morgen um sechs Uhr

wieder anzufangen, damit er daheim im Thale schlafen könnte. Halbwegs beruhigt brachte Rose Tonie den Rest des Tages in Gesellschaft der Flößer zu, aber sie trug Sorge, sich möglichst fern von Mark Anton zu halten. Sie wollte mit eigenen Augen sehen, wie man das Flößen betreibe, sie wollte vor Allem Joseph mit heimnehmen. Da der Trient noch nicht besonders angeschwollen war und an dem Orte, wo man arbeitete, d. h. da wo die Schlucht beginnt, das Flußbett nicht so eingeengt erschien, so kam ihr die Arbeit doch nicht so schreck=lich vor, wie sie es sich vorgestellt hatte. Als sie am Abend wieder

nach Gueuroz zurückkehrte, war sie fast beruhigt; allerdings war Jo=
seph mit ihr gekommen.

Am Dienstag war sie um ein Merkliches ruhiger und die Nach=
barn, welche ihre Abwesenheit nicht wenig erschreckt hatte, thaten ihr
Möglichstes, um sie in ihrer guten Stimmung zu erhalten. Am Abend
jedoch,॰ als Joseph Punkt sieben Uhr noch nicht daheim war, verfiel
sie wieder in ihre schwarzen Gedanken. Es hielt sie nicht länger im
Hause, doch kaum war sie bis zur nächsten Krümmung des Weges ge=
langt, so eilte ihr Sohn ihr entgegen.

Vierzehn Tage lang kam Joseph regelmäßig kurz nach Sonnen=
untergang heim und ging am Morgen vor vier Uhr wieder fort. Noch
ein Tag, höchstens zwei, und das ganze Flößholz war in der Rhone.
Und wäre er sterbenskrank gewesen, so hätte Rose Tonie seine Ge=
nesung nicht mit mehr Inbrunst vom Himmel erflehen können als die
Stunde seiner Befreiung von der verhaßten Arbeit. Das sollte aber
auch sein erster und letzter Flößgang bleiben. Die Geschäfte waren
im Wallis wieder lebhafter geworden und Alles ließ hoffen, daß er
nicht mehr nöthig haben werde, in die Schlucht hinabzusteigen.

Aber gerade im Angesichte des Hafens scheitern nicht selten die
Schiffe. Man hatte nur noch einen einzigen Arbeitstag vor sich. Ein
Haufen Holz war zwischen zwei Felsen eingeklemmt geblieben, etwas
unterhalb der Stelle, wo jetzt die für Touristen bestimmte Gallerie
endigt. Ein Vormittag genügte, um das Holz wieder flott zu machen,
und wenn man weiter unten eine Anzahl Arbeiter aufstellte, um jede
weitere Stauung zu verhindern, so mußte Alles früh am Nachmittag
vollendet sein. Es wurde einstimmig beschlossen, mit dem Mittagessen
zu warten, bis die Arbeit fertig und man aller Sorge ledig wäre.
Dieses Mittagessen sollte, wie es nach einem glücklichen Flößgange
der Brauch ist, eine Art Fest werden. Es ist selbstverständlich, daß
an diesem Tage der Unternehmer zu trinken giebt und die Zeche be=
zahlt. Da nun der diesmalige Flößgang einer der stärksten gewesen,
indem man über zweitausend Klafter Holz in die Rhone befördert
hatte, so durfte man hoffen, daß das Fest ein glänzendes werde. Der

Unternehmer hatte dies wohl begriffen und ein mächtiger Schinken, Weißbrod, fetter Käse, einige Fäßchen Wein von zwei bis drei Maaß jedes, warteten in einer Felsgrotte, daß die Arbeiter sich gütlich thun sollten. Immerhin verlangte es der Brauch, daß man mit der Polenta anfange, damit alle diese Reichthümer erst zuletzt wie eine vom Himmel bescherte zweite Mahlzeit erschienen.

Mit dem Frühsten machte man sich heute an die Arbeit und sogar die Trägsten zeigten sich willig und voller Eifer. Gegen Mittag oder doch nur wenig später waren die letzten Holzstämme nahezu flott gemacht und der Flößmeister dachte nun an die Zubereitung der Polenta. Da das letzte Stück Arbeit nicht ganz gefahrlos war, so erinnerte er sich auch seines der Rose Tonie gegebenen Versprechens und ernannte Joseph zum Koch. Es regnete, deshalb wählte man zum Festplatz eine Höhle, deren sandiger Boden über dem Wasserspiegel lag und die zudem den Vortheil hatte, dem Proviantversteck nahe zu sein. Es war kalt für die Jahreszeit, es wehte ein scharfer Luftzug durch die Schlucht; Joseph machte deshalb mit einigen Zwergtannen, die längs der Felswände standen, ein mächtiges Feuer an und die Polenta brodelte lustig, als die Arbeiter, nachdem der letzte Stamm in die Strömung getrieben war, sich um den Herd herum in fröhlichem Kreise lagerten.

Nie war es bei einer solchen Mahlzeit lebhafter zugegangen. Beim zweiten Gang glättete sich jede Stirn und an die Wände der düstern Höhle schlugen die Echos der lärmenden Freude. Der Alte besonders war prächtig. Bei seiner Armuth trank er zu gewöhnlichen Zeiten weder Wein noch Branntwein; an solchen Tagen aber hielt er sich schadlos, das waren seine großen Tage. Die Aussicht, noch über den Brettersteg heimgehen zu müssen, machte ihm nicht die geringste Sorge. Seit den mehr als fünfzig Jahren, die er in die Schlucht hinabgestiegen, hatte er nie einen Fehltritt gethan; wenn es mit dem Kopfe nicht mehr recht stand, so dienten ihm doch noch die Füße aus alter Gewohnheit und er behauptete, daß ein Trunkener nur da taumle, wo er Platz dazu habe. Jeder that noch das Seine, um ihn anzuheitern; man wußte, daß er nach einer gewissen Anzahl Gläser sanft wie ein Kind wurde und daß es dann Geschichten ohne Ende, lange Erzählungen aus alter Zeit und von früheren Flößgängen ab=setzte. Freilich hatte man sie schon hundertmal gehört, aber seine Ge=schichten gehörten so zu sagen zur Mahlzeit und man ließ sie sich des=halb gern wieder auftischen. Auf den Bergen ist man übrigens nicht verwöhnt, man hascht da nicht wie bei uns in der Ebene nach ewiger Abwechslung und es braucht gar lange Zeit, ehe man einer Geschichte überdrüßig wird. An jenem Tage überbot sich Mark Anton an präch=tigen Erzählungen, deren er eine unerschöpfliche Menge wußte; alle seine Sprüchwörter kamen dabei zu ihrem Recht, und da der Wein ihn gemüthlich stimmte, so bereute er die spitzen Reden, die er gegen Joseph geführt und stieß mit ihm in aller Freundschaft an. „Bah", sagte er, „ich trinke eins auf das Wohl unseres Schwimmmeisters! Der Apfel fällt nicht weit vom Stamm, und wenn er beim nächsten Flößgang nicht ertrinkt, was wohl kommen kann, denn schwimmen lernen heißt ertrinken lernen — darüber sind wir Alten alle einig — so wird er einst ein rechter Mann wie sein Vater."

Das war eine förmliche kleine Rede, die durch die malerische Kraft des Patois, denn eine andere Sprache kannte Mark Anton nicht, noch bedeutend an Wirkung gewann. Es wurde tüchtig Beifall geklatscht und die ganze Gesellschaft, in welcher Joseph mehrere Freunde zählte, that einen kräftigen Schluck, um den wieder herge=stellten Frieden zwischen dem Patriarchen und dem Benjamin der Flößer zu feiern.

Indessen waren die Fäßchen doch leer geworden und man schickte sich an, abwärts zu steigen. Es tanzten nur noch wenige Stämme in den Strudeln, ohne einen Ausgang finden zu können; im Vorbei=gehen wurden sie mit den Haken wieder flott gemacht. Der Alte marschirte Anfangs festen Schritts; bald aber — hatte er vielleicht doch das rechte Maaß zu sehr überschritten, oder machten sich die Jahre nun fühlbarer, oder hatte er nur einen gewöhnlichen Fehltritt gethan? — sah man ihn wanken, das Gleichgewicht verlieren, plötzlich in einen jener grausigen Trichter stürzen und verschwinden. Das Wasser war so trübe, daß man eine Hand tief nichts mehr sehen konnte. Die ersten Versuche, ihn mit den Flößhaken heraufzuziehen, waren ohne Erfolg. Indessen verflossen die Sekunden und die Minuten und es brauchte rasche, wirksamere Hülfe. Es war ein Seil vorhanden; nichts leichter als sich dasselbe um die Brust zu binden und zu tauchen, während zwei Kameraden oben hielten. Joseph bot sogleich seine Dienste an, allein das Seil war unglücklicherweise schlecht aufgerollt und in der Hast verwickelte man es nur mehr und mehr, anstatt es zu entwirren. Joseph ließ sich nicht länger halten, mit einem Sprung war er im Flusse. Da er der vorletzte gewesen und etwas entfernt von dem Punkte stand, wo Mark Anton ausgeglitten war, so sprang er nicht unmittelbar in den Trichter, sondern mitten in die Fluß=schnelle, welche mannshoch in denselben hinabstürzte. Mit wunder=barer Sicherheit und Gelenkigkeit ließ er sich auf dem glatten Felsen dahingleiten, immer auf seinen Flößhaken gestützt, wie ein Gemsjäger, wenn er sich über ein abschüssiges Schneefeld hinunterläßt, und als er den Fall erreicht hatte, warf er hastig seinen Haken fort und tauchte unter. Ein glücklicher Zufall kam ihm zu Statten, schon mit dem ersten Griff hatte er Mark Anton erfaßt und kaum waren einige Se=kunden verflossen, so erschien er mit dem fast ertrunkenen, zwischen Leben und Tod ringenden Alten wieder an der Oberfläche des Wassers. Indessen hatte man ein Stück Seil entwirrt. Mit zwei Bewegungen hatte er es erfaßt und schon klammerte sich das dem Wasser entrissene Opfer mit beiden Händen an dasselbe, als Joseph plötzlich einen durch=dringenden Schrei ausstieß. Der unglückselige Flößhaken, welchen er in die Stromschnelle geschleudert, war unbeachtet abwärts getrieben worden. Von der ungeheuren Gewalt des Wassersturzes in die Tiefe gerissen, war er wieder aufwärts geprallt, um mit einer seiner Spitzen die Brust des kühnen Schwimmers zu zerreißen. Das Blut floß in Strömen aus der tiefen Wunde. Joseph erfaßte krampfhaft das Seil; aber er besaß nicht mehr die Kraft, sich eiligst festzubinden, und während man sie Beide hinaufzog, schwand ihm das Bewußtsein und er fiel zurück in den furchtbaren Schlund. Mark Anton allein wurde in die Höhe gezogen. Ein Flößer ließ sich sogleich wieder hinab, aber alle seine Anstrengungen waren fruchtlos. Wenige Minuten nachher sah man Joseph's Leiche über eine zweite Stromschnelle in einen andern Trichter treiben.

Arme Mutter! Sie hatte ihm so angelegentlich Vorsicht anempfohlen; aber sie hatte vergessen, ihm die Aufopferung zu verbieten!

Erst um die Abenddämmerung und an der Mündung der Schlucht gelang es, den Leichnam herauszuziehen. Man legte ihn auf den Sand und während der längst wieder ernüchterte, aber immer noch redselige Alte bei allen Heiligen des Kalenders schwor, es sei eine Dummheit gewesen, daß man ihn nicht ruhig habe ertrinken lassen, und daß sein altes Fell das junge Leben nicht werth sei, das für ihn umgekommen, machten sich die andern Flößer daran, den Körper ihres Kameraden von Blut und Schlamm zu reinigen. Sie sprachen kein

Wort, sie dachten an Rose Tonie und an die Nachricht, die sie ihr zu bringen hatten.

Da, in demselben Augenblick, sahen sie Rose Tonie rasch den Fußsteig herunter kommen. Nicht Unruhe war es, es war Freude, was sie diesmal ihrem Joseph entgegenführte. Sie wußte, daß die Arbeit zu Ende ging und sie war hinabgeeilt, um ihn wieder zu haben. Da stand sie jetzt. Mit einem Blick war ihr Alles klar. Man er= zählt, sie habe nicht geweint, nicht gefragt, nicht einmal einen Schrei ausgestoßen; aber auf den leblosen Körper sei sie zugestürzt und bis tief in die Nacht habe sie ihn umschlungen gehalten. Man mußte Gewalt anwenden, um sie fortzubringen. Am nächsten Morgen sprach sie noch kein Wort, am Abend aber fing sie an zu lachen und zu singen. Die arme Frau war wahnsinnig geworden, sie ist es noch und keine Heilung ist für sie zu erwarten.

Einige Tage nach dem Ereigniß kam ein Neffe, der einzige Erbe Rose Tonie's, und ließ sich mit seiner ganzen Familie auf ihrem Be= sitzthum nieder. Alle beeifern sich, sie zu pflegen, und die Nachbarn haben für sie eine Art heiliger Verehrung. Man betrachtet sie als ein besonderes Wesen, unter ihrer Geistesverwirrung ahnt man etwas mysteriös Göttliches; aber man läßt sie nie ausgehen, denn sie möchte immer fort, an die Mündung der Schlucht, „wo Joseph auf sie wartet."

Dies ist die Geschichte, welche mir unter einem Kirschbaum im Guenrozthal erzählt wurde. Der Greis stand da mit der Hand an der Leiter, die er eben aufgerichtet, um auf den Baum zu steigen; die alten Erinnerungen aber drängten einander und er erzählte weiter und weiter. Bald waren andere Thalbewohner neugierig herzugetreten und standen im Kreise umher. Jeder hatte noch einen kleinen Zug zu der Geschichte des Alten hinzuzufügen und Alle stimmten darin überein, daß der Kessel, in welchem Joseph umgekommen, als er Mark Anton das Leben gerettet, derselbe sei, in welchem sein Vater dreizehn Jahre vorher ertrunken. Den Flößhaken aber hat man nicht wieder gefunden, doch scheint es sicher, daß es der böse gewesen, welcher nach Rose Tonie's Meinung mit einem schrecklichen Zauber behaftet war, denn er allein fehlte unter den übrigen. Warum hatte Joseph gerade diesen Haken an jenem Tage genommen? Das bleibt freilich unerklärt.

Als ich von den wackeren Leuten Abschied nahm, wollte ich doch noch denselben Fußsteig betreten, welchen Rose Tonie an jenem un= heilvollen Tage gegangen war, und noch einmal die furchtbare Schlucht sehen, welche nun ein so ergreifendes Interesse für mich gewonnen hatte. O Gott! die schauerlichen Grabgewölbe! die entsetzlichen Schlünde! und wie eiskalt, grau, trüb und unheimlich das Wasser! Versammeln die Seelen der Ertrunkenen des Nachts sich hier, um unter den grausig feuchten Gewölben zu stöhnen?

Ich erkannte nach der mir gemachten Beschreibung genau die Stelle, an welcher man Joseph's Leiche an's Ufer gezogen, und wäh= rend ich hier an dies bittere Ereigniß dachte, kam mir der Gedanke, Rose Tonie sei vielleicht nicht wahnsinnig. Freilich hat ihre Vernunft sich in den Abgrund einer einzigen Idee versenkt, einer Idee aber, die richtig sein muß, denn wenn der Gott, zu dem sie betet, in Wahr= heit der Unglücklichen sich erbarmt, so muß Joseph sie erwarten. Nur über den Ort täuscht Rose Tonie sich.

Zwei Tage auf der Jagd

in den Waadtländer Alpen.

Zwei Tage auf der Jagd in den Waadtländer Alpen.

Die meisten Schweizer=
reisenden wählen sich
im Geiste irgendwo ein
Plätzchen in den Alpen aus, an welchem sie, wenn sie nur dürf=
ten, vorzugsweise ihr Zelt aufschlagen und jeden Sommer ihre wirk=
lichen oder heiß ersehnten Ferien zubringen möchten. Sie schaffen sich
so einen idealen Wohnsitz, dem ihre Phantasie oft genug einen freund=
lichen Besuch abstattet. Und in der That liegt ein großer Genuß
darin, einen Ort wenigstens in Gedanken sein zu nennen, auf dem
man dann behaglich sein Luftschloß oder, besser gesagt, sein Schweizer=
häuschen sich erbauen kann. Weiß man nur erst, wohin es zu stehen
kommt, dann ist das Häuschen auch halb gezimmert. Da droben steht

87

es ja wohl, man wohnt darin; Anbauten und Verschönerungen werden nach und nach vorgenommen, im einen Jahre dies, im andern jenes; hier pflanzt man seine Blumen, dort seinen Kohl, und ringsum werden freundliche Wege angelegt, Freunde werden eingeladen und der süße Traum beschäftigt Einen so lange, man pflegt und liebkost ihn so zärtlich, bis er fast zur Wirklichkeit wird. Ja, die Phantasie ist ein gar wunderbarer Hebel und sie braucht wie dieser nur eines festen Punktes, um Zauber zu bewirken.

Zwei Stunden oberhalb Bex liegt das Thal les Plans. Es ist eines jener auserlesenen Plätzchen, auf welchem man Hütten bauen möchte. Mit dem Geschmack ist freilich nicht zu rechten. Man kann an diesem Thal ohne Verständniß vorübergehen, so gut wie vor einem unsterblichen Meisterwerk in einer Gemäldegallerie. Man kann hier sogar eine Zeit lang verweilen, ohne besonderes Wohlgefallen an dem Ort zu finden. Wer die Behaglichkeit liebt, ein weiches Bett und leckere Mahlzeiten, der freilich hüte sich, nach les Plans zu kommen. Statt prunkender Hotels findet er hier nur einfache, hölzerne Häuser, in denen manchmal ein oder zwei Zimmer an Fremde vermiethet werden. Man schläft hier nicht einmal auf Stroh-, sondern auf Blättersäcken, und dabei raschelt das dürre Laub bei jedem Athem= zuge, so daß man sich wirklich schlafen hört. Es wird gar einfach hier gegessen und der Wein, den man am Häufigsten antrifft, ist ein leichter Klaret, welcher in geringer Entfernung vom Thale, auf den letzten Abhängen desselben wächst. Ich glaube nicht, daß seit Menschen= gedenken hier oben ein Champagnerpfropfen geknallt hat.

Wer beständig eine freie, weite Aussicht, ferne Perspektiven, ein ausgedehntes Panorama vor Augen haben möchte, der komme auch nicht nach les Plans; denn hier sieht man nichts als das Thal selber und die wenigen Gipfel, welche dasselbe einrahmen. Wer durchaus auf Gletscher und weißschimmernde Bergeshäupter ausgeht, auch der bleibe fern von diesem Thale, denn sein Berg, der Muveran, ist nur ein Felsen, nichts weiter als ein Felsen. Doch wer an Sitteneinfalt Freude findet, an ländlichen Mahlzeiten unter offnem Himmel, an

88

104

Sami, der Alte.
[Zwei Tage auf der Jagd in den Waadtländer Alpen.]

der Freiheit vergangener Zeiten; wer an alten mächtigen Rauchfängen mit weitem, homerischem Feuerherd, an der hellen, prasselnden Flamme darauf und den abendlichen Plauder= und Liederstündchen umher noch Gefallen findet; wer die stillen Waldesschatten, die bemoosten Felsen= blöcke am Wegesrande, die klaren kalten Quellen, das schönste Wasser in den Alpen, wer die brausenden, wild schäumenden Bäche liebt; wem die Seele aufgeht, wenn hinter ihm, beim Abschied von der Ebene, die Pforte des Gebirges sich schließt; wer besonders an den reichen Kontrasten sich ergötzt, in denen die Natur ihre Schauer und ihre Anmuth offenbart — hier mit Wolken umlagerte, kahle, jähe Felsen= gräte, da bunte Wiesengründe, Gebüsche mit heimlichen, reizenden Verstecken, ein weites, grünes Gartenidyll, in welchem Auge und Seele sich ausruhen; dort die finster drohende Stirn, hier ein süßes Lächeln auf den Lippen — wer dies liebt, der komme in dies herr= liche Thal, er ist dazu bestimmt, hier zu leben, er wird immer wieder dahin zurückkehren.

Es war auf einem meiner ersten Ausflüge nach les Plans, und wenn mein Gedächtniß mich nicht trügt, im Jahre 1846, das heißt zu einer Zeit, wo nur wenige Personen den Weg zu diesem Thale wußten, als ich hier die Bekanntschaft eines ächten Gemsjägers machte. Er hieß .... doch nein, ich will seinen wirklichen Namen nicht nennen. Der brave Mann hat nie in seinem Leben weder lesen noch schreiben können, und wenn er einmal in den seltnen Fall kommt, seine Unter= schrift auf irgend ein Aktenstück setzen zu müssen, so malt er eben nach besten Kräften ein Kreuz auf das Papier und Sache des Notars oder einer andern offiziellen Person ist es dann, diese primitive Unter= schrift zu beglaubigen und verbürgen. Ein Buch hat für ihn etwas mysteriös Schauervolles: es ist ein Theil des großen Unbekannten. Was dächte er wohl, was für Grillen würden ihm wohl den armen Kopf berücken, wenn er jemals erführe, daß sein Name in der Welt umherziehe, schwarz auf weiß gedruckt, mitten in einem Buche! ....

Wir wollen ihn Samuel heißen und der Abkürzung wegen Sami. Um ihn zugleich von einem Pathenkinde zu unterscheiden, welches genau

denselben Tauf= und Familiennamen führte, pflegte man zu seinem
wahren Namen noch ein Beiwort zuzulegen; wir wollen ihn, der Ana=
logie wegen, Sami den Ersten, Sami den Gevatter oder Sami den
Alten heißen und manchmal auch kurzweg den Gevatter oder den
Alten. Er war ein merkwürdiger Mensch und sein Aeußeres ent=
schieden der Spiegel des innern Menschen. Begegnete man ihm in
der Ebene, den Kopf in die Schultern gezogen, lässigen Schritts, das
Bein immer halb gebogen, niemals straff in der Kniekehle, alle Be=
wegungen trocken, bedächtig, fast überlegt, so hätte man ihn für einen
vom Alter oder von Leiden geknickten Greis halten können, der am
Besten thäte, in einer Ecke am Feuerherde seine letzten Tage zu be=
schließen. Doch die Gebirgsmenschen haben oft einen solchen Gang;
man mußte ihn sehen, wenn er auf den Felsen umherkletterte! Wie
er dann sich aufrichtete, welche Geschmeidigkeit war mit einem Male
in seinen Gliedern, welche Kühnheit und Genauigkeit in seinen Be=
wegungen, welche Gelenkigkeit und Kaltblütigkeit! Gar wenige Männer
von unserem Schlage hätten ihm dann zu folgen vermocht. Er litt
an einem Gebrechen, das bei Landleuten nicht selten vorkommt und
wegen Mangel an der elementarsten Pflege nur zu bald sehr bedenk=
lich und empfindlich wird. Oft genug verbrachte er bei seinen gar
langen und erhitzenden Jagden bittere Nächte auf dem bloßen Boden
einer Grotte oder auf Heu in einer Sennhütte; Nächte, in denen er
seine Tagesarbeit verbüßte. Am nächsten Morgen aber war er darum
nicht minder rege, nicht minder frisch bei seinem Werk. Mit dem
Genie zum Jäger besaß er auch die Leidenschaft desselben, und nichts
konnte diese bannen, noch dämpfen. Diese Leidenschaft gehört nicht
zu denen, welche zeitweise mit heftigem Ungestüm ausbrechen oder
plötzlich geräuschvoll und gewaltsam auftreten; sie ist vielmehr einer
unverlöschbaren, verzehrenden Flamme zu vergleichen, wie es sich für
eine Thätigkeit ziemt, welche viel mehr Geduld und Feldherrntalent
als Stärke und Schnelligkeit erfordert. Man hat gut reden: die
Gemsen werden den Jäger nie abwarten, und will man sie erreichen,
so muß man sie überraschen. Deshalb ließ die Physiognomie unseres

Jägers auch auf einen erfinderischen Geist, auf eine furchtbare, mit zahlreichen Registern ausgestattete Schlauheit schließen, auf einen durch= dringenden Scharfblick, eine nie ruhende Aufmerksamkeit, eine stete Beobachtung. Er war immer dunkel gekleidet. Seine Jacke und Hosen waren von grobem braunem Tuch, ein breiter Schirm an der Mütze verbarg seine hellen Augen, als ob er ungesehen zu sehen wünschte. Trotz seiner schweren benagelten Schuhe verstand er es zu gehen, ohne daß unter seinen Schritten sich etwas vom Platze regte. Selbst auf den steilsten Abhängen klomm er geräuschlos dahin, kein Stein rollte unter seinen Füßen und er wußte stets seinen Stock so aufzusetzen, daß auch nicht der leiseste Ton dabei erklang. Sein Gesicht war in die Länge gezogen und fast so braun wie Zündschwamm. Seine Züge waren kräftig gezeichnet und in den tiefliegenden, schön geschlitzten Augen lag ein eigenthümlicher Ausdruck, der wohl von dem häufigen Zusammenziehen der nächsten Nerven und Muskeln herrührte.

Alles sehen und richtig sehen, das ist das erste Gesetz des Jägers. Wenn man ihm gerade in's Gesicht schaute, so schien sein Blick zu funkeln. Das kam wohl von der Kleinheit der Pupille her, deren ganzes Feuer auf einen einzigen Punkt zusammengedrängt war. Ich habe noch bei keinem Menschen die Falten, welche sich wie Gänsefüße an den Augenwinkeln bilden, so entschieden markirt gesehen. Auf der Jagd plauderte er, selbst wenn keine Gefahr dabei war, äußerst wenig, und wenn er etwas zu sagen hatte, so geschah es immer mit ver= haltenem Athem und gedämpfter Stimme. Doch Abends, wenn er heimgekehrt war und eine Gemse vor seinen Füßen lag, wenn er seinen Sieg mit einem und dem andern Glase angefeuchtet, dann war er leicht in Zug zu bringen. Dann ging mit seiner Stimme eine überraschende Veränderung vor, ähnlich der Veränderung in seinem Gang. Dann war es nicht mehr jenes ernste, langsame, unentschiedene Reden, voller Rückhaltspunkte und dunkler Absichten, sondern ein un= unterbrochener Strom von Erzählungen, der vor= und rückschreitend sich mäandrisch hinwälzte, aber immer war seine Rede feurig, mit ausdrucksvollen Gesten belebt und unterstützt mit von unten auf her=

vorblitzenden Flammenaugen und halb zärtlichen, halb triumphirenden
Blicken auf das arme Thier, das zu seiner Seite blutend dalag.
Seine Neider sagten manchmal, er schneide auf; ich will nicht gerade
Alles verbürgen, was ich ihn habe erzählen hören; aber das war
jedenfalls keine platte, gemeine Aufschneiderei, es war eine Art Poesie,
es war das reiche Erlebniß des Tages, die heftige Leidenschaft, welche
in Kniffen und Geduldproben gefesselt war und nun die Dämme durch=

brach und Alles überströmte. Was thut es, wenn im Feuer der Dar=
stellung die Erzählung hie und da bis an die Grenzen der Fabel
streifte? Die Wahrheit war darum nicht minder darin, nicht die kalte
Genauigkeit der Thatsachen, sondern die schöpferische Wahrheit, d. h.
Leben und Leidenschaft. In solchen Momenten hatte er nicht immer
die Mütze über die Augen gezogen, sie saß ihm zuweilen über dem
Ohr und dann war er nicht weniger schön als am Morgen, wenn er
die Felsen hinaufkletterte.

Dieser Mann wurde für mich zum Versucher. Bald konnte ich
ihn nicht mehr sehen, ohne mit ihm eine Jagdparthie auf den ersten
schönen Tag zu verabreden. In zwei Sommern besonders führten
wir deren einige aus und ich hatte dabei den Gewinn, wenigstens
einen Alpenbezirk gründlich kennen zu lernen, ihn dann wirklich zu
kennen, nicht wie Touristen, sondern wie Gebirgsmenschen, wie die
Jäger selber ihn kennen. Obgleich das Glück uns oft wenig begün=

ſtigte, was oft meine eigene Schuld war, ſo wurde mir dabei doch
ſo viel Vergnügen und Gewinn zu Theil, daß, wenn ich aus meinen
Erinnerungen etwas ſtreichen oder wählen ſollte, ich manche entferntere
und glänzendere Fahrt mit weniger Bedauern opfern würde als eine
einzige jener verunglückten Jagden, die ſich alle in dem nämlichen
Kreiſe bewegten.

Freilich zählen die Alpen nur wenige Bezirke, die für einen Jäger
intereſſanter wären. Das Wild iſt hier nicht ſehr zahlreich, man begreift dann um ſo eher, welch ein Aufwand von Klugheit, Ausdauer,
Kühnheit, Liſt und wie viel Glück auch zu einem ſolchen Waidwerk
gehört. Es iſt die Gemſenjagd mit allen ihren Schwierigkeiten, und
dieſe Schwierigkeiten ſelbſt machen ihren Reiz nur um ſo mächtiger,
man wird um ſo heftiger, um ſo leidenſchaftlicher für ſie eingenommen.
Dann giebt es auch wenige Gebirge, die wie dieſes, ſo unerklimmbar
es auch ſcheint, von ſo vielen Steigen, Schluchten, Hohlgängen, ſchwin-
delnden Vorſprüngen und Kanten, unmöglichen und doch erreichbaren
Gräten durchzogen wären. Auf der Kette, welche ſich vom Col d'En-
zeindaz bis zur Dent du Moreles erſtreckt, etwa drei Stunden weit
in der Vogelperſpektive, zeigt uns auch die vollkommenſte Karte nicht
einen einzigen Paß, und wenn man von waadtländiſcher Seite aus
die ſteile Felſenwand ohne irgend eine Unterbrechung oder Vorſtufe
vor Augen hat, ſo begreift man ſchwer, wie ſie zu überſchreiten ſei.
Und dennoch klimmen die Jäger auf mehr als zehn Punkten von einer
Seite des Gebirges zur andern und jede der Uebergangsſtellen hat
ihre beſondere Phyſiognomie, ihren wohlbegränzten Charakter, ihre
Eigenthümlichkeiten, ihre beſonderen Schönheiten. Dieſe Päſſe ſind
übrigens durch zahlreiche Querwege und Längenpfade mit einander
verbunden, welche ſchräg am Gebirge hinlaufen. Der Muveran ſelber,
eine vielfach geſpaltene Felswand, wird vielfach von Wegen durch-
ſchnitten. Es werden drei Hauptpfade gezählt, welche den Felſen in
der Flanke nehmen, und mehrere ſenkrechte Steige, welche ſich mit
den erſteren verzweigen. Wenn man zu den Pfaden, auf welche die
Jäger ſich wagen, noch diejenigen hinzurechnen will, welche nur den

Gemsen zugänglich sind, so hätten wir ein unendlich verschlungenes Straßennetz.

Man kann hier zwischen der Jagd auf die Waldgemse und der auf die Höhengemse wählen. Es sind dies nicht etwa zwei Arten, sondern höchstens zwei Racen, die nur durch mehr oder weniger schlanke Gliedmaßen und ein stärker oder schwächer behaartes Fell von einander abweichen; ihre Lebensweise aber ist ziemlich verschieden. Die Waldgemsen sind viel ruhiger, was ohne Zweifel daher rührt, daß sie sowohl Schutz als Weide in der Nähe haben und ihren Aufenthalt nicht je nach den Jahreszeiten zu verändern brauchen; sie leben ge= wöhnlich allein oder paarweise. Die Höhengemsen, welche wie die Steinböcke vielleicht nur aus Sorge für ihre Sicherheit sich auf die Bergesgipfel geflüchtet, führen ein bewegtes, nomadenhaftes Leben. Sie wechseln mit jeder Jahreszeit, man könnte sagen täglich ihren Wohnsitz. Im Winter suchen sie die niederen, steilen, der Sonne ausgesetzten Abhänge auf, auf denen der Schnee sich nicht ansammelt, so daß sie immer noch bis auf das welke Moos oder das trockne Gras scharren können, auf das sie zu ihrem Unterhalt beschränkt sind. Im Sommer, wenn es wärmer wird, bewohnen sie die Gipfel und ziehen täglich zweimal aus, zuerst bei Sonnenaufgang, dann vor Sonnenuntergang, um zu weiden. Sobald es aber regnet oder kälter wird, steigen sie an die tausend Meter hinab und lassen sich in der Nähe einer Grotte oder eines überhängenden Felsens nieder, der sie vor Wind und Wetter schützt. Sie leben in oft sehr zahlreichen Heerden, und nur die alten lebensmüden Böcke bilden eine Ausnahme von der Regel, sie werden griesgrämig und halten sich einsam.

Die Jagd auf Waldgemsen bietet im Vergleich mit der andern wenig Abwechslung, denn diese Thiere liegen während eines großen Theils des Tages unter einer Tanne, so daß es fast unmöglich ist, sie zu entdecken, bevor sie Einen gesehen. Deshalb schießt man sie auch meistens nur auf dem Anstand, indem man den Wald abtreibt, öfters auch mit Hunden. Die Jagd auf die Höhengemsen, die Lan= ciers, wie Sami sie nennt, ist hingegen voller Ueberraschungen. Hier ist nichts vorauszusehen, für jeden einzelnen Fall müssen besondere Maßregeln getroffen, in jedem Augenblick muß eine neue Taktik ersonnen werden. Das ist eine Jagd nach Abenteuern, ein wilder Wettlauf, wobei man niemals weiß, wie weit man fortgerissen wird. Die Waldgemse verläßt nicht leicht die beholzten Wände eines Thales. Wird sie auf einem Abhang verfolgt, so flüchtet sie auf einen andern. Die Höhengemse macht aus einem ganzen Gebirgsland ihre Heimath und scheut sich durchaus nicht, über Pässe und Bergesgipfel dem Jäger zu entrinnen.

Wir haben mehrmals die eine und die andere Jagd versucht. Folgende Erzählung wird vielleicht eine Vorstellung davon geben, was eine Jagd auf Lanciers in den waadtländischen Alpen zu bedeuten hat.

I.

Es war Ende Juni. Wir brachen um ein Uhr Morgens auf und benützten den Fußweg, welcher seither eine Fahrstraße geworden, das Thal hinansteigt und bis zu den Weiden von Pont de Nant führt. Wir waren unser drei: der Gevatter, der Pathe und ich. Es lag in unserem Aufbruch und unserer Art uns vorwärts zu bewegen etwas Heimliches, Verdächtiges. Von Gensdarmen, welche sich manchmal in den Hinterhalt legen, um unberechtigte Jäger auf ihrem Wege zu ertappen, hatten wir nichts zu fürchten. Unsere Munition und Waffen

115

bewiesen deutlich, daß wir es nur auf Gemsen abgesehen, und in jenen Jahren wurden Gemsen wie reißende Thiere behandelt und konnten wie Wölfe und Bären zu jeder Zeit und von Jedermann gejagt werden. Die Thalbewohner von les Plans sind aber nichtsdestoweniger arge Wildschützen und darum verrathen sie auch in ihrem Gange ihre schlimmen Gewohnheiten, selbst wenn sie durchaus nichts Ungesetzliches vorhaben.

Bei Pont de Nant, wohin wir bald gelangten, gabelt sich das Thal. Rechts führt es zum Martinetsgletscher und der Dent de Morcles, links nach La Vare, dem Pas de Cheville und den Diablerets. Wir lenkten weder nach rechts noch nach links ab, sondern wandten uns geradeaus und kletterten nach den Gräten hinauf, welche am Verbindungspunkt der beiden Thäler abstürzen. Unser Zweck war, die eigentlichen Gipfel des Muveran gründlich zu durchforschen, und deshalb mußten wir einen sehr hohen gewundenen Steig erreichen, die Vire des grandes Ancrenaz, die an den Flanken der Felsen sich hinzieht und dieselben ihrer ganzen Breite nach durchschneidet, etwa dreihundert Meter unter dem Gipfel. Wir setzten große Hoffnungen auf diesen ersten Theil unseres Tagewerks und besonders auf den Marsch bis zur Vire des Ancrenaz. Man steigt auf das eigentliche Grat oder doch in dessen unmittelbare Nähe, so daß man seine Späherblicke über die beiden Flanken des Berges werfen und nach Bedürfniß sich auf der einen oder anderen Seite verbergen kann. Anfangs gingen wir in der Dunkelheit schnell voran, auch waren wir noch nicht hoch genug gestiegen, um etwa Gemsen zu entdecken. Doch als wir eben die Grenze der Weiden erreicht hatten, begann das Morgenroth zu schimmern, erst in unbestimmtem Lichte, dann deutlicher und heller; wir schlichen jetzt vorsichtig vorwärts, überall uns umschauend, mit gespanntester Aufmerksamkeit Alles durchforschend. Unsere Wachsamkeit nahm mehr und mehr zu, als wir an eine Wendung des Pfades oder auf eine höhere Stufe gelangten, die uns gestattete, eine neue Bergeslehne zu entdecken. Dann bückte sich der Alte, welcher uns anführte, kroch vorwärts und stand erst wieder auf, nachdem er Alles sorgfältig untersucht und sich überzeugt hatte, daß kein Wild in Sicht war. Wir erreichten so einen Vorsprung des Grats, hinter welchem ein Einschnitt den Zugang zu einem neuen Steig be= zeichnete. Weil wir von hier aus einen vortrefflichen Ueberblick über eine weite Felsenstrecke hatten, voller Schrunden, Schluchten und Ter= rassen, weiter unten mit Grasplätzen, dort mit Schneehalden, so be= schlossen wir, uns niederzulassen und hier, als auf dem besten Be= obachtungsposten, einige Zeit auszuharren.

Da die erste Umschau mit bloßem Auge kein Resultat geliefert, so bewaffnete sich der Alte mit seinem Fernrohr, einem ausgezeichneten Glase, und begann wiederum seine Untersuchung aller Felsen und Weideplätze. Auf der einen Seite hatten wir diejenige Felsenwand des Muveran, welche in gewaltigen Abstürzen in das Nant=Thal sich senkt. Man sah die Abgründe in schwindelerregender Tiefe sich ver= lieren und es schien Einem, als habe man einen Stein nur leicht anzustoßen, um ihn sechszehnhundert Meter weiter unten auf der Wiese aufspringen zu sehen. Es war nicht unmöglich, daß sich auf diesem malerischsten und steilsten Pfade, welcher den Muveran von unten bis oben durchschneidet, Gemsen näherten. Dieser Pfad öffnete sich auf kurze Entfernung von uns und wir ließen ihn nicht aus den Augen, denn weiter unten erreicht er Weideplätze, welche den Schafen unzugänglich sind und von den Gemsen gern besucht werden. Es bietet sich ihnen hier eine natürliche Straße zum Auf= und Niedersteigen.

Nach der anderen Seite zu beherrschten wir eine tiefe Schlucht, um welche die Felsen sich in zwei Stockwerken aufthürmten. In den oberen Theil hatte sich der Gletscher von Plan-Névé wie in ein Nest eingebettet; er war selbst von einem Amphitheater gezackter Gräte überbaut. Das untere Stockwerk war der Sammelplatz aller vom Gletscher oder den benachbarten Gipfeln hinabstürzenden Felsentrümmer und bildete, wenn man einige grasbewachsene Streifen und große Schneefelder abrechnet, nur ein Chaos von kleineren und größeren Steinmassen. Darüber hinaus erhob sich uns gegenüber eine nackte Felswand, der Roc-percé, welche indessen unser Höhen=Niveau nicht

erreichte. Während einer langen Stunde schweifte das Fernrohr vom
Muveran bis zu dieser Felsenwand. Der ganze vordere Raum, alle
Einschnitte und Schlupfwinkel, alle Grasstreifen, alle nur erreichbaren
Stellen wurden fort und fort durchforscht, aber stets ohne Erfolg.
Schon waren wir des Aufpassens müde, als der Alte sich plötzlich
zurückwarf und die eine Hand vor dem Mund uns ein Zeichen gab,
uns ebenfalls niederzuducken. Etwa zweihundert Meter unter uns
traten zwei Gemsen aus einer Terrainfalte und gingen auf eines der
großen Schneefelder zu. Wir legten uns platt auf den Bauch und
richteten den Kopf nur so weit in die Höhe, daß wir sie eben beob=
achten konnten. Bald waren es ihrer drei, dann vier, darauf fünf.
Sie spähten einen Augenblick um sich her und da sie sich vollständig
sicher glaubten, begannen sie ihre Morgenspiele.

Dies sind die schönen Stunden im Leben der Gemse. Wenn sie
nach Sonnenaufgang geweidet und nichts sie beunruhigt, dann spielt
sie. So weit wir dies zu beurtheilen vermochten, walten bei diesem
Spiele keine bestimmten Regeln. Oft ist es nur ein neckisches Herum=
tummeln, ein Prüfen der Kraft und Gelenkigkeit, ein Rennen ohne
Ziel, aus Wollust am Rennen. Die Lebensfreude giebt die Kosten
dazu her. Die Spiele der Thiere gleichen ja den Spielen der Kinder,
nur daß sie nie in Grausamkeit ausarten; aber sie zeigen dieselbe An=
muth, das Unerwartete in den Bewegungen, die undenkbarsten Ein=
fälle, die Freiheit und Ausgelassenheit der Jugend. Man denke sich
fünf Buben von solcher Gliedergewandtheit und so ausreichender Athem=
fülle und sie werden ungefähr so spielen wie die fünf Gemsen, welche
wir vor Augen hatten. Bald waren es geradezu Wettläufe. Am
unteren Rande des Schneefeldes setzten alle in demselben Augenblick
an und rannten dann mit Windesschnelle hinauf, in kurzen, eilenden
Sprüngen, die Vorderläufe wie die Arme eines Ankers gebogen; da
plötzlich wenden sie um und messen ihre Behendigkeit abwärts, wie
sie es aufwärts gethan. Wo die Abschüssigkeit nicht gar zu groß war,
ging es pfeilgeschwind hinunter, so wie der Abhang aber steiler wurde,
ließen sie sich mit gespannten Kniekehlen hinabgleiten und stützten das

ganze Gewicht ihres Körpers auf die Hinterfüße, deren runzlige harte Hufe den Schnee wie Eisenklammern durchfurchten. Die Schnelligkeit ihres Wettrennens nahm dann um ein Geringes ab, aber sie war immer noch außerordentlich, und wenn sie nun unten ankamen, machten sie plötzlich an einem Abgrund Halt, der das Schneefeld begrenzte; hundertmal glaubte ich, sie müßten hier sämmtlich zerschmettert werden. Doch wenn man die Sicherheit ihrer Bewegungen wahrnahm, so war es augenscheinlich, daß sie gar nicht an die Möglichkeit eines Sturzes dachten. Sie kannten genau das Maaß ihrer Kräfte und es mußte für sie ein Hochgenuß sein, am äußersten Felsenrande in vollem Laufe inne zu halten, den Hals vorzustrecken und neugierig in die Tiefe des Abgrunds zu blicken.

Ihr Rennen war aber nicht immer so regelmäßig. Oftmals, sei es auf= oder abwärts, machte eine von ihnen, einer plötzlichen Laune gehorchend, eine halbe Wendung, faßte das Schneefeld in der Flanke und durcheilte dasselbe der ganzen Quere nach; gestreckten Laufes folgten ihr die andern auf dem Fuße. Da die abschüssige Felsenwand ihnen keinen Widerstand mehr bot, so durchflogen sie nur den Raum. Fühlte die erste Gemse die Nachkommenden sich auf den Ferfen, so rannte sie nur um so schneller, machte einen plötzlichen Seitensprung, um die Verfolgung abzulenken, und so durchmaßen sie in tausend tollen Sätzen Schnee, Felsen, Grasplätze, um bald wieder auf dem mittleren großen Schneefelde, ihrem Lieblings=Tummelplatz, sich zu= sammenzufinden. Dann plötzlich, als hätten sie sich dazu verabredet, aber anscheinend ohne jedes gegebene Zeichen, und ohne daß wir je die Ursache zu entdecken vermochten, machten sie Kehrt und stürzten sich sämmtlich auf eines der verfolgenden Thiere, das, zwar unver= sehens angegriffen, doch niemals vollständig überrascht wurde. Es wandte sich um, ehe es erreicht war, und mit einigen verzweifelten Sätzen hatte es Raum gewonnen und führte die Truppe an, bis es von seinem Platze abgelöst wurde. In den meisten Fällen schien die führende Gemse auf die Ablösung aufmerksam gemacht, manchmal ließ man sie auch allein ihren Lauf fortsetzen. Von Zeit zu Zeit sahen

101

wir eine, und zwar immer dieselbe, plötzlich still stehen und mit em-
porgestrecktem Kopfe weit umherspähen; aber es dauerte nicht lange,
so hatte sie die tollende Schaar wieder erreicht.

Ich habe oft dem Spiel der Gemsen zugeschaut, niemals aber
war ich Zeuge von solch ungebundener Lust, von solcher Ausgelassenheit gewesen. Es war so prächtiges Wetter, der Himmel so klar, die
Luft so frei und erfrischend. Die ganze Natur athmete Wonne und
Wonne empfanden die Geschöpfe unter uns. Aber selbst in ihren lebhaftesten und sorglosesten Spielen gab sich doch das vorsichtige Thier
zu erkennen, welches wohl weiß, daß es stets auf Alles gefaßt sein
muß. Ihr Charakter offenbarte sich nicht allein in den klugen Vor-
sichtsmaßregeln, welche sie niemals ganz außer Augen ließen, in der
Zurückhaltung, mit welcher eines derselben sich dem Spiele hingab,
indem es unaufhörlich in seiner Lust innehielt, um anzuschauen, zu
wittern und zu wachen; er verrieth sich sogar in der eigentlichen Natur
ihrer Spiele. Man konnte diese nur mit einer Jagdpartie vergleichen,
bei welcher es darauf ankommt, im Augenblick der lebhaftesten Verfolgung am Meisten auf seiner Hut zu sein. Die Ueberraschung war
es, die sie am Meisten ergötzte und in Feuer brachte; sie schienen
ihren Ruhm darein zu setzen, mehr noch jenen stillen und unverhofften
Verschwörungen gegen ihre Sicherheit zu entrinnen als den Preis der
Schnelligkeit davon zu tragen. Weh der Gemse, die sich vergaß! Nach
ihr wandten sich dann die Augen aller übrigen. Wenn sie einer Ri-
valin zuvorzukommen dachte, sah sie sich verfolgt, umzingelt, und sie
hatte die Partie verloren, sobald sie nur eine Sekunde, weit weniger
als eine Sekunde brauchte, um ihre Lage zu erkennen und sich heraus
zu helfen. Ich weiß nicht, ob dieses Unglück einer unserer Gemsen
begegnete; plötzlich aber entfernte sich diese wie schmollend und verschwand. Vielleicht war es ein alter Bock, der sich nur von Zeit zu
Zeit der frohen Jugendlust hingab, weil der schöne Morgen ihm einen
Augenblick das Blut erfrischt, und der nun, dem Trübsinn seines
Alters nachhängend, sich aus dem Tumulte zurückzog, um den Rest
des Tages in der Einsamkeit zu verbringen.

Der Gedanke, einem dieser anmuthigen Thiere nur das geringste Leid anzuthun, hätte uns Alle empört und dennoch schlug uns das Herz vor Ungeduld, als wir sie so vor uns, vor unseren geladenen Büchsen sahen und im Stillen berechneten, wie wenig noch fehlte, daß sie uns auf Schußweite gegenüber ständen. Der Gevatter sogar, für den die Jagd ja eine Art Broderwerb war, er hätte den Geldwerth des schönsten Thieres um das Vergnügen gegeben, ihm eine Kugel in's Schulterblatt jagen zu können. Der Gedanke an den Mord ist es eben nicht, der hier zuerst in unserem Geiste auftritt. In den Hinter=grund gedrängt, ist es schon möglich, daß dieser Gedanke einem Neu=ling die Lust verdirbt, gewissermaßen einen Schatten auf dieselbe wirft. Die Jagd aber, und besonders die Gemsjagd, ist vor allen Dingen eine Wette, eine Herausforderung, ein Kriegsspiel mit Ueber=listungen, wie dasjenige, welches die Gemse selber zu ihrer Belusti=gung treibt. Ein Thier mit so feiner Witterung, so hellem Auge, so scharfem Gehör, so schnellem Lauf zu überraschen, welches zugleich immerwährend auf seiner Hut ist, das ist gewiß nichts Gewöhnliches und man läßt sich dabei zu um so größerem Feuer hinreißen, als die Schwierigkeiten des Unternehmens zunehmen. Wenn der Jäger, ich meine der Jäger aus Leidenschaft, statt eine Gemse zu schießen, sie lebendig fangen und im Triumph in's Thal hinuntertragen könnte, um ihr am folgenden Tage wieder die Freiheit zu schenken, vielleicht daß er dies lieber thäte. Die Gemse aber läßt sich so nicht fangen und man tödtet sie, weil man sie sonst nicht erlangen könnte; man tödtet sie nicht, um sie zu tödten, sondern um sie zu treffen.

Während wir so platt auf dem Bauche dalagen, beriethen wir uns mit gedämpfter Stimme über das, was nun zu thun wäre. Es konnte nicht die Rede davon sein, sie während ihrer Spiele auf den Schneefeldern zu beschleichen; wir hatten die Auswahl unter drei Sy=stemen der Jagd. Ich habe erwähnt, daß jenseits der Schlucht sich eine steile Felswand, der Roc-percé, erhob. Dieselbe ist den Jägern wohlbekannt, weil den Gemsen von dorther nur zwei enge Ausgänge zur Flucht übrig bleiben. Wenn der Gevatter und ich dieselben

103

schleunigst besetzten, so brauchte der Pathe nur zu den Gemsen hinab=
zusteigen und sie uns zuzujagen. Nur hatte dies System eine schwache
Seite und diese war entscheidend: wir brauchten drei Stunden, um
von unserem Posten hinab und den Roc-percé hinaufzusteigen. Wäh=
rend dieser Zeit konnten die Gemsen ihre Spiele wohl einstellen und
sich auf den Muveran oder anderswohin zurückziehen. Das zweite
System bestand darin, auf dem Grat zu bleiben, auf welchem wir uns
befanden, während der Pathe das Wild umginge und es zwänge, nach
unserer Seite zu entfliehen. Die Aufgabe war nicht schwierig, nur
war unser Grat lang und vielfach zerrissen, so daß es den Gemsen
wohl gelingen mochte, außerhalb unserer Schußweite durchzubrechen.
Vor Allem war zu fürchten, daß sie einen gewissen Schlupfwinkel er=
reichten, der sie geradeswegs auf eine noch höhere Felsenwindung, die
Vire aux Bleus, führen mußte. Um ihnen den Eintritt in dieselbe
zu versperren, hätten wir eines vierten Mannes bedurft. Endlich
konnten wir uns auch darauf beschränken, den Ort zu erspähen, nach
dem sie sich während der heißen Tageszeit zurückziehen würden, und
unsere Maßregeln zu ihrer weiteren Aufsuchung zu treffen. Das letz=
tere System war das vernünftigste und der Gevatter bestand auf der
Annahme desselben. Als ächter Waidmann konnte ihm die Jagd auf
dem Anstand nur wenig behagen, und nun gar mit einem Menschen,
der den Hundedienst verrichtete. Diese Jagd zwingt in den meisten
Fällen zu einem Schuß auf ein Thier, das auf der Flucht ist, also
in vollem Lauf, und ein solcher Schuß ist niemals ganz sicher. Wenn
man die Gemse nicht fehlt, so hat man sie wahrscheinlich nur ver=
wundet; eine verwundete Gemse aber ist eine verlorene Gemse. Und
dazu wird man bei all diesen Berechnungen stets getäuscht. Man
denkt, das Wild vor das Rohr des Jägers zu treiben, und ehe man
es sich versieht, hat es einen ganz unvorhergesehenen Ausweg gefun=
den. Sind ihm zehn Wege zur Flucht gelassen und neun davon ver=
sperrt, so wird es sicherlich den zehnten einschlagen. Das Nahekommen
ist vielleicht schwieriger, aber man hat hierbei weniger mit Zufällen
und Mißgeschick zu rechnen. Wenn einmal die Gemse sich für den

Tag an einen Ort zurückgezogen, so bleibt sie dort still liegen, und man weiß, wo man sie finden kann. Vorsicht, List und Berechnung haben dann einen weiteren Spielraum. Wenn unsere Gemsen z. B., wie wir es wohl hoffen durften, ihre Siesta auf dem Roc percé zu halten gedachten, so waren sie gefangen; wenn sie sich nach dem großen Muveran zu wendeten, so hatten wir Aussicht, daß sie selbst uns vor das Rohr kamen; wenn nicht, so blieb uns immer noch die Hoffnung, ihnen näher zu rücken, da wir ihren Schlupfwinkel kannten.

Es war also so gut wie ausgemacht, daß wir warteten. Aber anderthalb Stunden waren verflossen und sie spielten noch immer. Die Ungeduld packte endlich uns zwei Jüngeren und wir brachten wiederum den zweiten Plan auf's Tapet, welcher darin bestand, daß der Pathe sie umgehen solle. Der Alte glaubte, ich hielte darauf und widerstand nur wenig. Solche Gebirgsleute sind voller Kniffe. An seinem System festhalten, das hieße dem Vorwurf sich aussetzen, den möglichen Mißerfolg der Jagd verschuldet zu haben, oder vielmehr, denn von mir hatte er keinen Vorwurf zu fürchten, ein nachträgliches Wort des Bedauerns, ein „wenn wir das gewußt hätten" hören zu müssen. Wenn er hingegen der Form wegen einige Bedenken äußerte, aber in Wirklichkeit nachgab, so durfte er nach einem schlechten Ausgange dreist behaupten: „Ich habe es wohl vorhergesagt." So that Sami der Erste. So hätten an seiner Stelle die meisten unserer alten Patrizier gehandelt, die ihrem Ansehen nichts vergeben dürfen und zu viel Eigenliebe besitzen, um der Vermuthung Raum zu lassen, daß sie etwas falsch gemacht oder nur hätten falsch machen können. Das sind Leute, deren Politik in klugem Schweigen und weiser Vorsicht besteht. Sami der Zweite wurde also zur Umgehung der Gemsen ab= geschickt. Ich wurde ein wenig unter der Stelle postirt, auf welcher wir lagen, in einen Einschnitt des Grats, ein sehr günstiges Plätzchen, wie es hieß, während Sami der Erste sich in die enge Schlucht be= geben sollte, welche zur Vire des Aucrenaz führt, etwa zwischen un= serem gegenwärtigen Beobachtungspunkte und dem eigentlichen Felsen des Muveran. Er konnte von dort aus die Vire aux Bleus erreichen

und hoffte den Gemſen zuvorzukommen, wenn ſie etwa jene Richtung
einſchlügen. Der Pathe brauchte drei Viertel Stunden zur Ausführung ſeines Auftrags. Mir pochte das Herz heftiger während dieſer
langen drei Viertel Stunden. Endlich fiel ein Schuß. Es war ein
feierlicher Augenblick. Was werden ſie nun thun, die zierlichen Gemſen, die ſo munter auf dem Graſe und dem Schnee ſpielten? Welchen
Weg werden ſie einſchlagen? Leider, ich brauche es kaum zu ſagen,
ſchlugen ſie den ſchlechten Weg für uns ein, den guten für ihr eigenes
Heil; ſie rannten gerade auf den Minveran zu und kletterten in der
Richtung der Vire aux Bleus. Der Alte war dies kaum gewahr geworden, ſo rannte er ebenfalls zu und klomm mit erſtaunlicher Behendigkeit den Felſen hinan. Ich hatte ihn ſchon bei ähnlichen Ge-
legenheiten geſehen, einmal z. B., wo ich trotz meiner zwanzig Jahre
und mit kräftigeren Lungen als heute, ihm unmöglich zu folgen vermochte. Niemals aber erſchien er mir kühner, ſicherer, gewandter.
Von meinem Poſten aus konnte ich auch die Gemſen beobachten, ſo
daß ich in ängſtlicher, in fieberhafter Erwartung dem ungleichen Wettlauf mit den Augen folgte. Aber ach! der Alte kam eben noch an,
um aufs Gerathewohl auf die letzte zu feuern. Die Gemſe ſchüttelte
den Kopf, als ob die Kugel ihr das Ohr geſtreift, und bis auf ein
Paar lebhaftere Sätze ließ ſie ſich weiter nichts anmerken.

Dies war das erſte Ereigniß an dieſem Tage, welcher ſich in
drei Akten abſpielen ſollte, wie die kleinen klaſſiſchen Tragödien. Wir
ſetzten noch einige Zeit unſere Betrachtungen über den traurigen Anfang fort, welchen der Alte ja vorhergeſagt hatte. Als Sami der
Zweite wieder zu uns gekommen, wurde überlegt, was nun zu thun
ſei. Ich hätte gewünſcht, daß wir den Gemſen auf dem Fuße folgten.
Jene Vire aux Bleus ſteht im Rufe, ungangbar zu ſein, vielleicht
weil man es nie recht verſucht. Ich hatte lange ſchon den geheimen
Wunſch gehegt, den Verſuch einmal zu wagen; der Alte aber wider-
ſetzte ſich dieſem Gedanken jetzt mit Entſchiedenheit und zwar nicht ſo-
wohl wegen der vorherzuſehenden Schwierigkeiten als im Intereſſe der
Jagd. Die Gemſen mußten entweder auf dem Grat geblieben oder

nach der Walliser Seite hinabgestiegen sein; in beiden Fällen hätten wir dann, wenn wir den Berg umgingen, viel mehr Aussicht, sie zu entdecken oder zu erreichen. Außerdem war die von mir vorgeschlagene Unternehmung nicht sicher und wenn sie etwa fehl schlug, so war der Tag verloren. So vernünftigen Gründen war nicht beizukommen, wir waren auf der Jagd und mußten deshalb thun, was die Jagd erheischte, und uns nicht durch die Phantasieen eines Alpenklubisten von unserem Ziele entfernen lassen.

Wir brachen also auf und befanden uns bald in der Vire des Ancrenaz, einem sonderbaren Weg, der sich in Windungen längs der Abgründe hin abrollt. Zur Linken streckt der Felsen seine jähen Wände empor, zur Rechten entwickeln sich abwärts steigende Gräte, die durch Schluchten von einander getrennt sind, in denen der Blick sich verliert und von Abgrund zu Abgrund niedertaucht, ohne irgendwo einen Ruhepunkt zu entdecken. Zwischen dem Fuße der steilen Felsenwand und dem Rande der Schluchten windet der Weg sich hin, eine ver= witternde Böschung, von welcher bei jedem Fußtritt ein Stein sich loslöst und in die Tiefe hinabsaust. Derartige Windungen oder Viren, welche bald durch einen Felsenvorsprung, bald durch eine minder ge= neigte Schicht gebildet werden, die zwischen zwei senkrechten Schichten eingeklemmt ist, sind nicht selten in den Hochalpen; doch habe ich noch keine gesehen, die an Abwechslung und ergreifender Szenerie dieser Vire gleichkäme. Es giebt gefährlichere Wege, denn dieser ist es für Bergbesteiger durchaus nicht, aber es giebt wenige, die einen so mäch= tigen Eindruck auf uns machen.

Wie die meisten Wege des Muveran führt auch die Vire des Ancrenaz auf die Frête de Sailles, d. h. auf den Sattel, welcher den großen Muveran von den westlich gelegenen Gipfeln in der Fort= setzung der Kette, dem kleinen Muveran, der Dent aux Favres, der Dent de Morcles trennt. Nach einer Stunde waren wir dort und setzten uns einige Augenblicke hin, um die Gegend zu durchspähen; obgleich auf sehr günstigem Jagdgrund, war es uns dennoch unmög= lich, auch nur den Schatten eines Gemsleins zu entdecken, und so mußten

wir uns mit dem ästhetischen Genusse begnügen, welchen der Anblick
der nächsten Bergesgipfel und der penninischen Alpen darbot, die in
der Ferne den Horizont begränzten. Wir brachen bald auf, um den
jenseitigen Abhang des Muveran zu durchspähen. Es war nicht weit
von Mittag.

Wir wanderten mit möglichster Behutsamkeit vorwärts und stets
um uns blickend. Als wir einem Grat uns näherten und ein neues
Becken sich vor uns eröffnete, wurde unsere Vorsicht noch größer. Der
Alte ging voran und durchforschte mit seinen tiefliegenden, funkelnden
Luchsaugen alle Winkel und Schluchten ringsumher. Unsere vier
Gemsen mußten irgendwo stecken und es schien unmöglich, daß sie
uns entwischten. Wir sahen sie in der That wieder. Sie hatten sich
sehr bequem in den Schatten eines Felsens hingelegt, fast am Ursprung
eines kleinen Gletschers, den man den Derbongletscher heißt. So verborgen hatten sie verschiedene Vortheile über uns und all unsere Vorsicht hinderte uns nicht, sofort gesehen zu werden. Ein schriller, näselnder Pfiff, ähnlich dem aus einer heiseren Dampfmaschine, zeigte
uns an, daß wir bemerkt waren; in demselben Augenblick begann
auch die allgemeine Flucht. Eine der Gemsen, ein prächtiges Thier,
mit hohen Läufen und stolzem Haupte, wahrscheinlich der Sultan der
Heerde, rannte im Galopp über den Gletscher und verschwand; zwei
andere suchten einen Hohlweg, durch welchen sie die Höhen erreichen
konnten, von denen sie herabgestiegen; die letzte aber, war sie nun
am meisten erschrocken oder kletterte sie am kühnsten, gab sich nicht
einmal die Mühe, diesen Umweg zu machen; sie rannte gerade auf
den Felsen los. Die erste Schwelle war entschieden zu hoch, sie setzte
zwei- oder dreimal an und stürzte wieder zurück. Als wir dies sahen,
rannten wir auf sie zu, in der Hoffnung, ihr auf Schußweite nahe
zu kommen, wenn sie auf ihrem Unternehmen beharrte, oder sie doch
auf einen anderen Weg unter unser Feuer zu drängen. Wir hatten
nur einige hundert Schritt zurückzulegen und waren in nicht geringer
Aufregung, als auch ein zweiter Versuch ihr mißglückte. Zum dritten-
mal fiel die Gemse wieder zurück und schon waren wir ihr nahe,

als sie nach einem vierten Anlauf den Rand der ersten senkrechten
Bank erreichte, die einzig schwierige. Bald hatte sie die vorsichtigeren
zwei anderen Thiere erreicht und kaum waren zehn Minuten ver=
flossen, als wir sie alle drei auf dem Gipfel erscheinen sahen, wo sie
sich deutlich vom Himmel abhoben. Sie mochten sich dort vollkommen

sicher fühlen und dachten an keine Flucht mehr; sie gingen hin und
her, machten von Zeit zu Zeit einen längeren Halt und sahen auf uns
nieder, recht wie zum Hohne. · Eine besonders und, wenn wir uns
nicht täuschten, diejenige, die wir abzufassen gehofft hatten, schüttelte
den Kopf auf wahrhaft schelmische und herausfordernde Weise gegen
uns. Was war hier zu thun? Es galt, unser Mißgeschick ruhig hinzu=
nehmen und beiläufig uns von dem Maaß der Kräfte einer Gemse zu
überzeugen. Wir besahen uns also den Felsen näher, welchen dieselbe
mit so viel Mühe erklommen hatte. Es war eine fast senkrechte Wand
von zehn bis zwölf Meter Höhe und wenigstens 80 Grad Neigung.
So hoch ich mit meinem Stock reichen konnte, traf ich auch nicht den
geringsten Anhaltspunkt. Sie mußte in senkrechtem Sprung zuvor
mindestens eine Höhe von vier Metern mit den Vorderfüßen erreicht
haben. Von da an war der Felsen nicht mehr so glatt, stellenweise,

aber weit von einander entfernt, bemerkte man Furchen und kleine Unebenheiten, die eben groß genug waren, um sie mit den Fingerspitzen zu erfassen. Wahrscheinlich hatte sie in dieser zweiten Hälfte, nachdem der erste Schwung nachgelassen, die meisten Schwierigkeiten zu überwinden gehabt, denn sie war jedesmal aus einer Höhe von sechs oder sieben Metern, einmal durch Ausgleiten, zweimal durch einen Sprung rückwärts hinabgekommen, aber stets in aufrechter Stellung und zu einem neuen Versuch bereit. Kein noch so gewandter Jäger oder Kletterer hätte jemals diesen Felsen ohne eine Leiter ersteigen können.

Von ihrer sichern Höhe betrachteten uns die Gemsen indessen und schienen sich auf unsere Kosten lustig zu machen. Der Alte war nicht der Ansicht, daß wir etwas Neues gegen sie unternehmen sollten, er hielt die Aufgabe für zu bedenklich, den Erfolg für zu unsicher, und zog es daher vor, die Abhänge auf dem jenseitigen Rande des Gletschers zu durchspähen, in der Hoffnung, den schönen Sultan zu entdecken, welcher sein Serail verlassen hatte und ganz allein geflohen war. Er bemerkte nichts. „Bah, meinte er, er kann nicht weit sein; immer drauf!" Wir gingen also über den Gletscher und betraten einen felsigen Rand, welcher auf einen anderen Gletscher führt, der ebenfalls der Derbongletscher heißt. Dieser Weg war etwa dreihundert Meter lang. Wir hatten die Fährte unserer Gemse entdeckt, überall wo ein wenig Erde oder kleiner Kies an Stelle des nackten Felsens trat, sahen wir ihre Fußspuren. Auf dem Gipfel angelangt, als wir nur noch ein Stück vom oberen Gletscher zu erklimmen hatten, welcher in einer Vertiefung des Grats sich abwärts neigt, fühlten wir ein mächtiges Knurren in unserem Magen. Der Nachmittag war schon weit vorgerückt und ein Stück Brod abgerechnet, an dem wir während des Marsches geknuppert, hatten wir nur die entfernte Erinnerung von einem Frühstück zwischen Mitternacht und ein Uhr. Sami der Zweite, der seinen Stutzen bei unserem ersten Abenteuer abgefeuert, hatte überdies vergessen, ihn wieder zu laden, und man mußte ihm jedenfalls Zeit lassen, dies Versehen wieder gut zu machen. Wir

setzten uns also neben einen Wasserfaden, der unter dem Eise hervor
rieselte und packten den Proviant aus. Er war recht dürftig. Brod,
Käse und einige Schnitte Schinken, die man mir zu Liebe mitge=
nommen — denn der Alte, wenn er allein auszog, erlaubte sich einen
solchen Luxus nicht — zum Schluß eine Kürbisflasche mit Enzian=
branntwein; das war Alles. Wir ließen es uns indessen wohl schmecken,
Sami der zweite und ich; der Gevatter aber rückte auf seinem Stein
hin und her und hörte nicht auf, uns anzutreiben und zu murren.
Umsonst suchte ich ihn damit zu beruhigen, daß man der Gemse Zeit
lassen müsse, sich von ihrem Schreck zu erholen und man mit knurren=
dem Magen gewiß nicht gut schießen könne; er fand das Alles ganz
richtig, besonders den letzten Einwand, aber die fieberhafte Ungeduld
ließ ihm keine Ruhe, allerlei Ahnungen stiegen in ihm auf und bohrten
sich in seiner Seele fest. Wir waren mit unsrem Essen fast zu Ende
und Sami der Zweite suchte nach Pulver und Blei in seinem Sack,
als der Alte heimlich davonschlich. Kaum wurden wir dies gewahr,
so hörten wir einen Knall. Es war keine Täuschung, ein Schuß
war gefallen. Fort mit dem Essen, da ein Stück Schinken, dort ein
Stück Brod, Alles wird weggeworfen. Ich fasse meinen Stutzen,
renne auf den Gletscher und da sehe ich zwei Gemsen vor mir, eine
Alte und ihr Junges, Beide in gestrecktem Laufe. Bei meinem Anblick
wandte die Alte sich um und kam mir grade recht vor's Rohr. An=
legen, zielen und — fehlen war Sache eines Augenblicks. Ich hatte
wohl einen zweiten Schuß, aber sie war nicht mehr in Sicht, sie war
durch einen Spalt über das Grat gekommen. Ein Felsen trennt sie
jetzt von mir, ich eile hinauf. Zwanzig Schritte unter mir laufen
die Gemsen vorbei. Ich will schießen; eine ungeheure Felsplatte,
die über den steilen Abhang ragt, schwankt unter meinen Füßen;
halb fallend, halb springend erreiche ich ein oder zwei Meter tiefer
eine schmale Schwelle, dann eine andere, auf der ich mich endlich
halten kann. Im Klettern aber stößt mein Gewehr an eine Ecke,
und der Schuß geht los, während der frei gewordene Felsblock von
Wand zu Wand hinabstürzt und eine Lawine von Geröll und Staub

ihm nachfolgt. Dieser zweite Schuß brachte eine sonderbare Wirkung hervor. Die kleine Gemse, an deren Ohren er vorbeigegangen, im Augenblick wo ungeheure Steine vor ihr niederpolterten, wurde von solchem Entsetzen gefaßt, daß sie plötzlich umkehrte, den Gletscher wieder hinaufrannte, eine Sekunde regungslos, wie gelähmt vor Angst, stehen blieb, sich dann kopfüber in irgend eine Richtung flüchtete und endlich auf anderen jähen Felsenspitzen in der Ver= längerung unseres Grats Schutz suchte. In Folge dessen war das Junge von seiner Mutter getrennt. Diese sah sich allein und hielt in ihrem Lauf inne; ihrer Mutterliebe folgend, kam sie sogar zurück und bot sich selber unseren Kugeln dar; aber wir hatten keine mehr in unsern Läufen. Der Gevatter, der zu uns trat, hatte sein einziges Zündhütchen verknallt, meine beiden Schüsse waren hin und Sami der Zweite, der uns müßig zugeschaut, lud noch immer sein Gewehr. Ich glaube, er stand noch grade so da wie im ersten Moment der plötzlichen Ueberraschung, den Arm mit dem Ladestock hoch gestreckt und im Begriff, die Kugel in den=Lauf zu treiben. Wir waren also entwaffnet und ich habe Gott seitdem vielmal dafür gedankt. Wer weiß, ob wir nicht geschossen hätten? Die heldenmüthige Gemse konnte so einen Augenblick wenige Schritte vor uns still halten und sich versichern, daß ihr Junges nicht in seinem Blute auf dem Schnee hingestreckt lag; eine Sekunde später ergriff sie wiederum die Flucht, rannte eiligst auf den untern Gletscher hinab, wo sie ein zweites Mal stehen blieb und durchkrenzte ihn in allen Richtungen, stets nur sich schauend und mit ängstlichem Pfiff rufend. Ich weiß nicht, ob es ihr gelang, mit ihrem Säugling ein Signal zu wechseln oder ihn nur aufzufinden; aber plötzlich schien sie sich zu beruhigen und wandte sich einem der Walliser Gipfel jenseits des Gletschers, der Dent de la Forelaz zu, wo wir ihre gewöhnliche Lagerstatt vermutheten.

Diese ganze Szene ging in kürzerer Zeit vorüber als ich zu ihrer Erzählung gebraucht, und sie blieb uns räthselhaft, bis der Alte uns das Geheimniß erklärte. In seiner Ungeduld hatte er sich dem Gletscher genähert und kaum hatte er die Spitze desselben erreicht, als er auch acht Gemsen aufspürte, darunter unsern leicht kenntlichen, schönen Sultan. Unglücklicherweise mußten sie uns gewittert haben oder von dem Sultan gewarnt worden sein, denn sie standen da wie auf der Wacht, so daß der Alte noch nicht sein großes Mützenschild gezeigt hatte, als er auch schon verrathen war und die ganze Schaar die Flucht ergriff. Sie schlugen einen eigenthümlichen Weg ein, den Paschen, welcher oben am Gletscher beginnt, die Gebirgskette über= schreitet und wieder auf die waadtländische Seite übertritt. Da der Gletscher sehr schmal und der Alte im Vorsprung war, so rannte er zu, um ihnen den Weg zu verlegen. Dies war ihm bei der Gemse gelungen, die ihres Jungen wegen nicht so schnell gelaufen war, und als sie den Weg versperrt sah, sich nach der Senkung hin wandte, wo wir beim Essen saßen. Sie war außer Schußweite des Alten durchgekommen; er hatte aber Feuer gegeben, um uns aufmerksam zu machen.

Wir verloren nur wenig Zeit in Auseinandersetzungen über das eben Vorgefallene. Es handelte sich vor Allem darum, unser junges Gemslein wiederzufinden, das anscheinend sich selber überlassen war. Wir hatten durchaus nicht die Absicht, es zu tödten, es wäre dies eine Barbarei gewesen; aber wenn wir es lebendig fangen könnten, das wäre ein Triumph! Eigentlich war es doch schon zu groß und behend, als daß wir vernünftigerweise dies hoffen durften, es müßte sich denn in eine Sackgasse verrannt haben. Aller all unser Suchen war vergebens. Hatte es sich in einer Höhle versteckt, die unseren Späheraugen entgangen war, oder Muth genug gefaßt, um weitab zu entfliehen? Genug, es war und blieb für uns verschwunden.

Indessen senkte der Abend sich nieder und müde von fruchtlosem Laufen, setzten wir uns auf eine Felsenplatte, um uns von unseren Mühen und Aufregungen auszuruhen. Der Alte, welcher das Junge noch nicht aufgegeben und mit seinen Blicken den Bewegungen der Mutter folgte, richtete sein Fernrohr auf dieselbe. Er wollte sich für die Jagd am folgenden Tage Gewißheit über den Ort ihres Nacht= lagers verschaffen. Wir überließen ihm gern diese Sorge, streckten uns auf dem Felsen aus und dachten nur daran, auszuruhen und die letzte Tagesstunde noch zu genießen. Der Himmel war vollkommen klar, die ganze penninische Kette breitete sich am Horizonte vor uns aus, mit den östlich um den Monte Rosa aneinander gedrängten Riesenhäuptern und ihren mächtigen Kuppen, welche in großen Abständen nach Westen hin sich entwickeln und auf den Mont-Blanc hinweisen. Diese Kette schien noch entfernter und glänzender als gewöhnlich, weil sich ihr Fuß hinter bläulichen Dünsten verbarg, welche aus dem Rhonethal aufstiegen. In unserer Nähe war ein Labyrinth von wild zerrissenen, zackigen Gipfeln. Hier die lange Flucht der Felsen von Haut-de-Cry, zur Seite erhob die Dent de la Forelaz ihre wirren Massen, welche von einem natürlichen Thurm überragt werden, der gleich einer Warte ausschaut; dort waren es die Gräte des Muveran, stolz und streng, wild zerrissen und schwankend aneinander gehäuften Felsenmassen ähnlich. Noch andere Gipfel ragten rings um uns empor und alle entfalteten bei voller Beleuchtung ihre nackten Scheitel. Bald war es wie eine Gluth, die uns mit ihren Strahlen umleuchtete. Sie stieg und erreichte die höchsten Spitzen und jede dieser starren Gesteinmassen, jede dieser schroffen und kahlen Felsenruinen erhielt auf einen Augenblick einen Strahlengruß, ein goldiges Lächeln. Und als sie dann mit uns in dunkle Schatten getaucht waren, leuchteten die mächtigen penninischen Alpen, die Alles Beherrschenden noch fort, und ihr glänzendes Schneegewand trotzte noch lange der Nacht. Sie wetteiferten an Pracht, die hohen Nadeln forderten die breiten Firnen heraus, und die Granitspitzen kämpften mit den weißen Schneehäuptern. Der schwarze Cervin leuchtete in unheimlichem Glanze, das Eis des Weißhorns funkelte, der Combin schien wie von einem Glorienschein umgeben und der ganze Mont-Blanc hüllte sich in einen flammenden Purpurmantel. Welchem dieser eifersüchtigen Gipfel wird die Sonne am längsten getreu bleiben? Von welchem wird sie am schwersten sich trennen? Nur widerstrebend und zögernd schied sie hinab, doch war es keinen Augenblick zweifelhaft, welchem Gipfel der Sieg zufallen werde. Weiter östlich gelegen, stehen die des Monte

114

Rosa, des Cervin und des Weißhorns bei Sonnenaufgang keinem ihrer Nebenbuhler nach; des Abends aber ist ihr Reich früher zu Ende und die stolzesten Häupter waren schon erblaßt, als der Mont-Blanc in königlicher Ruhe noch unter dem Blick des Gestirnes leuchtete, das seinen Abschied von ihm möglichst verlängerte.

II.

Der Tag war nun wirklich vorüber und wir hatten für die schnell hereinbrechende Nacht ein Lager zu suchen. Doch wo? Es wurde beschlossen, zu den Sennhütten der Chamozentze nächst der Dent de la Forclaz hinabzusteigen, von wo aus unsere Thätigkeit am folgenden Tage wieder beginnen sollte. Die Kühe waren noch nicht oben, doch wir waren sicher, das Nothwendigste, Holz zum Feuermachen, hier anzutreffen. Von der Nacht gedrängt, deren Dunkelheit bedenklich zu werden anfing, als wir die Region der Weiden und mit denselben eine Art Fußweg erreichten, stiegen wir rasch hinunter. Bald waren wir am Ziel und eingerichtet. Ein mächtiges Feuer flackerte mitten in der Hütte, drei Bretter, welche wir aus dem Käsekeller geholt und auf Klötze und Steine um die Flamme gelegt, dienten uns zugleich als Stuhl und als Bett, und als nun unser Mundvorrath ausgepackt vor uns lag und die Enzianflasche von Hand zu Hand ging, was fehlte uns da noch zu unserem Glücke? Es wurde nur etwa so lange geplaudert als die Cigarre nach dem Essen brannte, dann streckte ein Jeder sich auf sein Brett und suchte den Schlaf. Ich will nicht etwa behaupten, daß solche Nächte geradezu wonnig und ruhesam seien; aber Erinnerung, die goldene Zauberin, verklärt das Drückendste und wandelt es in Hochgenuß, und wenn ich im Augenblick das Lager, auf welchem ich ruhte, gar hart finden mochte, so erscheint es mir jetzt, von der Zeit umwoben, doch ansehnend malerisch. Das sind wenigstens Nächte, deren man sich erinnert, während die andern im süßen Einerlei des Schlafes uns entschwinden.

Wir waren sehr früh wach und unser Aufbruch wurde weder durch ein von einer verschlafenen Köchin zu bereitendes Frühstück, noch durch eine zu zahlende Rechnung verspätet. Es war ungefähr halb vier Uhr und beinahe heller Tag, als wir an die Stelle gelangten, von welcher aus der Alte unserer Gemse aufzupassen und sie auf ihrer Frühweide zu überraschen gedachte. Aber ach, keine Gemse weit und breit! Die Stelle, wohin wir sie am Abend vorher hatten fliehen sehen, war leer und wohin das Auge schweifte, war keine Spur eines lebenden Wesens. Die Sonne ging auf und nichts erschien. Schon seit einer Stunde war sie ziemlich hoch am Horizont und noch immer nichts. Wir krochen endlich aus unserm Versteck hervor und gingen auf dem Gletscher den Fuß des Berges entlang; auf dem Gletscher war keine andere Fährte zu entdecken als die vom Abend vorher. Die Gemse war hier nicht hinabgestiegen. Wir gingen bis zu einem Grat voran, von wo aus wir andere Berglehnen übersehen konnten, überall dieselbe Einsamkeit.

Wir gingen zurück, nichts; wir warteten bis sieben Uhr, noch nichts. Endlich entschloß sich der Gevatter, den Felsen hinaufzusteigen und nach Entfaltung vieler Turnerkünste gelang es ihm endlich, die Stelle zu erreichen, wo er die Gemse zuletzt beobachtet hatte. Sie

118

hatte anscheinlich ihr Lager hier gehabt; auch ihre Fußspuren vom Abend vorher waren an mehr als einer Stelle sichtbar, nur die vom Morgen gelang es nicht zu entdecken. Das Junge mußte übrigens seine Mutter nicht wieder gefunden haben; nur eine einzige Gemse war an dieser Stelle gewesen. Wir erschöpften uns in Vermuthungen. Vorausgesetzt auch, die Gemse sei verwundet worden, so hätte sie, nach der Gewohnheit dieser Thiere, eine Zuflucht in einer schwer zugänglichen Grotte gesucht, aber wir wußten wohl, daß eine solche Annahme unbegründet war, denn es stand ja fest, daß sie nicht getroffen worden. Sie hätte demnach die Dent de la Forclaz während der Nacht verlassen müssen, was aber nach der Versicherung des Gevatters gegen alle Regel war, und doch ausnahmsweise vielleicht aus der geängstigten Mutterliebe erklärt werden konnte. Aber ihre Fährte! Welch übernatürliche Kraft hatte jede Spur derselben auf dem Boden wie auf dem Gletscher verwischt? Hatte jener Geist, der Bergesalte, von welchem Schiller singt, des unschuldigen Thieres sich mitleidig angenommen und es auf Wolkenpfaden zu seinem verirrten Säugling geführt, oder hatte er, um unsere Verfolgung zu täuschen, des Thieres sicherstem Führer, dem Instinkte vertrauend, sich damit begnügt, seine Fußspuren unkenntlich zu machen? Unter allen Vermuthungen, welche wir aussprachen, waren etliche nicht minder seltsam, und in der That schienen meine beiden Gefährten bei einem ähnlichen Gedanken stehen zu bleiben. „Die Gemse ist verhext", sagte der Gevatter, „wir wollen fortgehen."

Wir hielten Rath und entschlossen uns endlich, auf den Weg vom vorigen Tag zurückzukehren, in der Hoffnung, die Reste der kleinen Heerden wiederzusehen, auf welche wir vergebens Jagd gemacht. Wohl gestehe ich es, ich fühlte mein Gewissen erleichtert, als wir der Dent de la Forclaz den Rücken gekehrt, und ich glaube, meine beiden Gefährten empfanden etwas Aehnliches. Der Gedanke, dem armen um sein Junges geängstigten Thiere nachzustellen, hatte mir manchen Gewissensbiß gemacht; der galante Herr aber, welcher zuerst die Flucht ergriff und sein Serail im Stiche ließ, war ein gemeiner Feigling, den konnte man in aller Gemüthsruhe niederschießen. Nur mußte man ihn erst haben. Sami der Erste aber, ein Mann von Erfahrung, kalkulirte folgendermaßen: Nach dem gestrigen Ueberfall und der Verfolgung auf dem großen Muverau haben alle diese Gemsen gewiß einen noch einsameren Zufluchtsort aufgesucht. Es ist wenig wahrscheinlich, daß sie sich wieder nach waadtländischer Seite hingewendet, die wenigstens denen verdächtig sein muß, welche wir bei ihren gestrigen Morgenspielen gestört haben. Sie werden also die Gräte längs der Ostseite eingeschlagen haben, was auch wirklich ihre Absicht schien, und in dieser Richtung, jenseits der Frête de Saille hätten wir dann noch die meiste Aussicht, sie wieder zu entdecken. — Diese Schlußfolgerung hatte Vieles für sich, nur war zu fürchten, daß die Gemsen noch weiter, etwa bis zur Dent de Morcles gegangen, und wir dann mit der Zeit zu kurz kämen. Doch zwischen der Dent de Morcles und Frête de Saille erheben sich mehrere Gipfel, und es blieben uns noch einige Stunden übrig, um wenigstens die ersten Spitzen, den kleinen Muverau und die Dent aux Favres zu besteigen. Also aufgebrochen, und rasch vorwärts!

Doch was half uns alle Eile? Es braucht Zeit, um vom Derbongletscher zur Frête de Saille zurückzugehen; ich bitte deßhalb um Erlaubniß, dieselbe zu einer genaueren Schilderung der Gegend zu benutzen, welche wir durchstreiften.

Ich habe gesagt, daß auf waadtländischer Seite der Berg als eine schroffe Felsenwand unmittelbar vom Thal aufsteigt. Auf der walliser Seite ist es anders. Jeder dieser Spitzen, welche ich als waadtländisch bezeichne, obgleich sie sämmtlich auf der Grenze liegen, der Muverau, die Dent de Morcles u. s. w., entspricht eine andere südliche, ganz dem Wallis angehörige Spitze. Zusammen betrachtet bilden diese Gipfel gewissermaßen die Marksteine eines zerrissenen Grats, welches ungefähr parallel mit dem waadtländischen Grat verläuft, obgleich es nach der Mitte hin sich demselben etwas nähert. Sie sind wenig bekannt, und wenn man sie in der Richtung von Osten nach Westen verfolgt, wie wir es eben thun, so gelangt man

erst zu dem Haut-de-Cry, dessen Namen nur wenige Touristen kennen
würden, wenn nicht einige kühne Reisende, welche diese Spitze mitten
im Winter ersteigen wollten, vor zwei oder drei Jahren hier unter
einer Lawine ihr Leben verloren hätten. Die Aussicht ist wunderbar
und wenn der Haut-de-Cry dem Leuker Bad so nahe wäre wie das
Torrenthorn, so würde er ihm an Berühmtheit nicht nachstehen.
Dieser Gipfel ist es, der die furchtbaren Abgründe überragt, welche
in den Schluchten der Luzerne versinken, gegenüber dem Chemin-
neuf, wenn man über den Col de Cheville gekommen. Weiterhin
kommt die Dent de la Forelaz, eine malerische Spitze, welche auf
der eidgenössischen Karte vergessen ist, auf der sie weder genannt
noch durch die Zeichnung angedeutet wird. Dann kommt die Dent
de Loutze, die Dent de Bugnona (ich nenne nur die bedeutendsten)
und endlich der große Chavalard, der von Martigny aus gesehen,
eine so kühne Pyramide darstellt.*)

Es scheint, daß die Kette bei ihrer Hebung gebrochen und sich
längs des Firstes ein ungeheurer Schlund gebildet, dessen Lippen
von dem waadtländischen und walliser Grat bezeichnet werden. Das
erstgenannte scheint unter dem mächtigeren Druck sich gehoben zu
haben, während das zweite zurückgedrängt, zersplittert und im Laufe
der Zeiten vom Wasser ausgespült wurde und die Senkungen desselben sich zu Schluchten erweiterten, so daß nur noch die Spitzen in
gewissen Abständen übrig geblieben sind.**)

Die korrespondirenden Gipfel der beiden Gräte sind gewöhnlich
durch seitliche Untergräte mit einander verbunden, zwischen denen sich
mehr oder weniger tiefe, mehr oder minder geräumige, aber stets
noch sehr hochgelegene Becken hinziehen, welche die obere Gränze der
Weideregion überragen. Diese Bodengestaltung ist für die Jagd sehr
günstig. Hat man einmal die Frête de Sailles oder irgend eine
andere ähnliche Spitze erstiegen, so liegt ein weites, zerklüftetes

---

*) Die Grandes Fenêtres auf der eidgenössischen Karte.
**) Dies ist keine geologische Hypothese, sondern nur ein Mittel geographischer
Darstellung.

Terrain vor unseren Augen, aus welchem zahlreiche Spitzen empor=
starren und das von einer unendlichen Menge kleiner Thäler und
Schluchten durchzogen ist, die nur von Gemsen, weißen Hasen, weißen
Rebhühnern, Murmelthieren und auch von Alpenraben und. Geiern
bevölkert sind.

Die meisten dieser einsamen hohen Becken senden ihr Wasser
durch die Einschnitte im walliser Grat direkt in die Rhone. Zwei
derselben bilden eine Ausnahme, es sind dies die östlichsten, welche
von der Felsenreihe des Haut-de-Cry eingeschlossen, sich nach der
Seite der Luzerne öffnen. Dies sind auch die einzigen, welche wirkliche
Gletscher besitzen, auf deren einem wir eben fruchtlos die Fährte
unserer Gemse gesucht.

Einer dieser Gletscher, der östlichste, weist mancherlei Merk=
würdigkeiten auf, welche wohl unsere Aufmerksamkeit verdienen.
Einige hundert Schritte von seinem unteren Ende, in vollständig wilder
verödeter Gegend, bemerkt man zu seiner Verwunderung die Ueber=
reste einer kleinen Straße und gewölbten Brücke. Ich habe oft diese
Thatsache zur Unterstützung der Behauptung nennen hören, daß vor
drei oder vier Jahrhunderten die Gletscher von viel geringerer Aus=
dehnung waren als heutzutage. Dieser Beweis aber ist vielleicht nicht
ausreichend. Das Thal, in welchem diese Ruine sich befindet, besitzt
große Weidegründe. Seitdem man den neuen Weg in die Schlucht
der Luzerne gesprengt, treibt man das Vieh von unten her auf diese
Weiden; früher aber mußten diese fast unzugänglich sein, man hätte
denn einen Pfad benutzt, der von oben her, da wo das anstrebende
Grat des Haut-de-Cry am leichtesten zu überschreiten ist, d. h. ganz
in der Nähe des Gletschers, auf die Alp führte. Wenn ein solcher
Pfad jemals existirt hat, so gehörte jene kurze Strecke gebahnten
Weges dazu und es ist leicht erklärlich, warum man sich an dieser
Stelle die Mühe gegeben, beinahe eine Kunstbaute auszuführen. In
der That ergießt sich der Gletscher in eine niedere Ebene, welche ohne
Abfluß für das Wasser einen schlammigen Sumpf bildet; es mußte
also für das Vieh hier eine feste Straße gebaut werden. Anstatt zu

beweisen, daß der Gletscher ehemals kleiner gewesen, würde eher daraus hervorgehen, daß er ungefähr die gleiche Ausdehnung gehabt, sonst hätte man den Sumpf wohl umgehen können. Einige Nach=forschungen in den betreffenden walliser Gemeinden würden sicher die Frage bald entscheiden.*)

Eine andere Merkwürdigkeit ist ein langer Tunnel, welchen die Bauern aus einem der Dörfer in der Ebene, Saillon, Leytron, Chamoson, ich weiß nicht welches, begonnen haben, um unter den Gletscher zu gelangen und dessen Wasser auf ihre Wiesen zu leiten, welche 2000 Meter weiter unten und einige Stunden davon entfernt sind. Diese Walliser, welche für so schwerfällig und geistesstumpf gelten, sind gar unternehmender Natur. Als ich das letzte Mal diesen Tunnel sah, wurde noch daran gearbeitet; er war schon weit vor=gerückt und es war keine geringe Ueberraschung für mich, einen Zimmerplatz und eine Schmiede in der sonst ausschließlich von Jägern und Gemsen besuchten Gegend anzutreffen.

Und endlich, als ob die Natur mit den Menschen habe wetteifern wollen, so besaß auch der Gletscher sein Phänomen, ich meine den gewaltigen und wasserreichen Springbrunnen, wie ich auf meinen Gebirgsfahrten noch keinen angetroffen. Es war ein Bach, der wohl mächtig genug gewesen wäre, ein Mühlrad zu bewegen, und der in Mannshöhe emporsprang, um sich in die prächtigste Garbe aufzulösen. Etwas weiter oben hörte man ihn unter dem Eise rauschen und

---

*) Auf den Bergen, wo man immer zum Wunderglauben geneigt ist, wird behauptet, die Ruine sei nur in den heißesten Jahren sichtbar. Ich habe sie mehr als zehnmal, mehrere Jahre nach einander gesehen, einmal im Juni, öfter im Juli und August und ein einziges Mal war Schnee dahinter, an der Schattenseite des Mauerwerks. So schwinden, jeden Irrthum vorbehalten, die meisten Thatsachen, welche man zur Unterstützung der Gletscherzunahme seit einigen Jahrhunderten anführt, bei einer gründlichen Untersuchung derselben. Es wird darum wie um die berühmten Wanderungen der walliser Protestanten über die Gletscher des Oberlands stehen, die sie überschritten haben sollen, um ihre Kinder in Grindelwald taufen zu lassen. Man lese über diesen Gegenstand den vortrefflichen Aufsatz des Herrn Pfarrer Gerwer in seinem mit den Herren Aeby und von Fellenberg heraus=gegebenen Werke: Das Hochgebirge von Grindelwald.

---

wahrscheinlich wird er aus einem Spalt gespeist, welcher höher gelegen
verschiedene Zuflüsse in sich aufnimmt. Dieser herrliche Spring=
brunnen ist ohne Zweifel nicht permanent — ich habe ihn nur ein
einziges Mal gesehen — aber er ist wohl eine der schönsten Ueber=
raschungen, die Einem auf der Gletscherfahrt werden können.

Diese ersten Becken bieten also mancherlei Sehenswürdiges, die
andern hingegen sind weniger interessant; sie liegen zu hoch, um
Weidegründe abzugeben und sind der Sonne zu sehr ausgesetzt, als
daß sich hier Gletscher bilden könnten. Die tieferen Theile werden
von Schneefeldern eingenommen. Ist das Jahr trocken, so schwinden
sie größtentheils; ist es feucht, so bedecken sie ziemlich weite Strecken
und man kann hier den Beginn der Umbildung des Schnees in Eis
studiren; sie schwanken also von einem Jahr zum andern zwischen
vollständigem Schmelzen des Schnees und beginnendem Gletscher.
Mit Ausnahme dieser weißen Stellen, erblickt man hier nichts als
Steinhaufen und das ewig wilde Gewirre von Felsentrümmern. Es
ist die Region der steinigen Gebirge. Die Jäger behaupten, daß sie
ein Paar Schuhe — und was für Schuhe! — verbrauchen, nur um
rings um den Chavalard herumzugehen. Freilich ist er der steinigste
von allen diesen Bergen; der Muveran aber, sein Nachbar, steht ihm
darin nicht viel nach und es giebt wenige Fahrten, welche mehr
ermüden als die an seinen Fundamenten auf der Südseite entlang
und dann über sämmtliche oberen Becken, die er mit Schnee und
Geröll versorgt. Das wäre etwas für Leute, welche Lust haben,
mager zu werden. Man hat da schnell einige Pfund verloren und
die Medizin wird gegen die Fettsucht lange nach einem Mittel suchen,
welches einer Steinkur auf dem Muveran an Wirkung gleichkäme.

Diese Gegend hatten wir zu durchschreiten und dazu ohne die
Hoffnung, unsere Gemsen wieder zu finden. Deshalb gingen wir
auch so rasch als möglich voran und beeilten uns, ein undankbares
Gebiet, zugleich den Schauplatz unseres Mißgeschicks, hinter uns zu
lassen. Endlich gelangten wir nach ewigem Steinetreten auf und ab
und ab und auf auf die Frête de Sailles, den großen Muveran

hinter uns und vor uns den kleinen Muveran, seine Karrikatur, eine
Art phantastisches, spitzes, gewundenes Horn, das weniger hoch als
die umliegenden Gipfel mehr danach aussieht, als wolle es den Himmel
verhöhnen als ihn erreichen. Die Gemsen gehen gern hierher und es
kommt nicht selten vor, daß sie sich daselbst in großen Heerden ver=
sammeln. Der Alte versicherte, er habe schon an die dreißig auf
einmal dort gezählt; an jenem Tage aber schien das Horn so öde
wie die Dent de la Forclaz. Der Sicherheit wegen wollten wir den
Gipfel, weil er auf unserem Wege lag, abtreiben. Der Pathe und
ich postirten sich also an den Ausgang einer Schlucht, die von der
Höhe hernieberführt, während der Gevatter denselben von einer
andern Seite bestieg, so daß er uns alles Wild von oben her zutreiben
konnte. Wir waren eine Stunde auf der Lauer gelegen und sahen
endlich etwas Schwarzes, Bewegliches, an einer Kante des Grats
erscheinen; aber es war der Gevatter in eigener Person, der herab=
kam, ohne irgend etwas gesehen zu haben. Der kleine Muveran
war leer.

Wir gingen also auf die Dent aux Favres zu,[*] indem wir
eine dazwischenliegende Höhe, die Aufallaz=Spitze überschritten. Die
Dent aux Favres ist ein schöner Berg, nur daß er falsch benannt
wird, denn es ist kein Horn, sondern ein Felsenhaupt mit rundlichem
Profil. Die Flanken sind wie mit mächtigen Zimmermannsäxten
zugehauen. Auf waadtländischer Seite bilden sie nur eine einzige
Wand mit ungeheuren Steinschichten; die einen sind schwarz, die
andern grau und gelb oder röthlich geädert. Auf walliser Seite

---

[*] Die Dent aux Favres ist von der eidgenössischen Karte Dent Fava getauft
worden. Es ist mir unbegreiflich, woher man diesen Namen geholt. Uebrigens ist
die Karte was die waadtländischen Alpen betrifft in den Namen sehr mangelhaft,
und das ist sehr schade. Favre ist ein Familienname, welcher in der Gegend von
Bex wie anderwärts sehr oft vorkommt und es ist überhaupt nicht selten, daß Personen=
namen auf die nächsten Berge übertragen wurden, so z. B. die Tête à Pierre
Grept, die von der eidgenössischen Karte Tête du Gros-Jean genannt wird. Der
Name ist richtig, nur gehört er einem anderen Berg östlich vom Paneyrossaz=Gletscher
an; so auch die Névés du régent Bernard, der Pas de Chamorel, u. s. w.

143

erhebt sich der Berg weniger leicht und schroff; das Gestein aber ist
glatt und man schaudert bei dem Gedanken an eine Rutschparthie,
die man unfehlbar hinunter machen würde, wenn man einmal aus=
glitte. Diese glatten Abhänge, welche sich in unendliche Tiefen fort=
setzen, machen keinen geringeren Eindruck als die senkrechten Abgründe.
Erst in der unmittelbaren Nachbarschaft der Gräte stößt man auf
schmale Zugänge, bald ist es eine steinige Wand, die nach der waadt=
ländischen Seite abstürzt, bald eine Zacke oder ein Sims, welche aus
den glatten Abhängen auf der walliser Seite zu Tage treten. Indem
wir von der einen auf die andere Seite hinüberkletterten, um diese
verschiedenen Unebenheiten benutzen zu können, gelangten wir endlich
auf den Gipfel. Er bietet eine ganz eigenthümliche Erscheinung dar.
Ein napfförmiges Thälchen, einige Meter tief und gewöhnlich halb
mit Schnee gefüllt, ist hier entstanden, so daß man hier oben je nach
Belieben die weiteste Aussicht umfassen oder vor aller Welt verborgen,
sich mit einem Blick auf den blauen Himmel begnügen kann. Die
letztere Aussicht ist vielleicht nicht die am mindesten Anziehende. Um
eine solche Perspektive zu genießen, braucht man freilich nur in einen
Brunnen hinabzusteigen oder zu stürzen; aber es giebt Brunnen und
Brunnen, und es ist doch nicht etwas Alltägliches, wie hier von
unserem Standpunkte aus, die Wolken so nahe über sich streichen zu
sehen, daß man seine Stimme nicht anzustrengen braucht, um sie zu
fragen, wohin sie ziehen. Der Ort würde sich freilich besser für einen
Einsiedler des Orients als einen Gemsjäger eignen. Welch ein herr=
licher Standpunkt für einen Säulenheiligen! Wie passend wäre ein
solcher Ort zu Betrachtungen eines Anachoreten, vorzüglich eines
indischen Einsiedlers, der hier seinen großen und wehmüthigen Gedanken
ungestört nachhängen könnte. Wenn er, um sie besser zu verachten, die
Welt, in der wir uns abmartern, von seiner reinen Höhe aus betrachten
wollte, so brauchte er nur auf die Städte in der Ebene hinabzuschauen
und auf den geringen Raum, welchen sie einnehmen und das Bischen
Rauch, das von ihnen aufsteigt. Er würde sie sehen und nicht hören;
auch nicht das leiseste Geräusch würde bis zu ihm hinaufdringen.

Und um sie vollständig zu vergessen, sie und die Menschen, die sie bewohnen, und die Erde, welche sie trägt, so brauchte er sich nur in seine Grube zu setzen und sich, ohne die geringste Zerstreuung fürchten zu dürfen, ganz und gar der Betrachtung des Himmels überlassen, jenes endlosen Raumes, darin unzählbare Welten als leuchtende Punkte schweben.

Aber auch in dieser Einsamkeit fand sich noch eine Spur von Leben und wohl möglich, daß der Stylit, welcher hier seine Wohnung aufschlüge, manchmal gar sonderbaren Besuch empfinge. Welche Gedanken müßten ihm beim Anblick der Rippe eines Gemsleins aufstoßen, die wir auf dem Schnee jetzt entdeckten? Was hatte das zu bedeuten? Wie war sie hieher gekommen? Der Tod einer Gemse in diesem tiefen Kessel konnte nur von einem Blitz herrühren, der sie erschlagen, oder von einem Geier, wie wir deren mehrere auf dieser Fahrt gesehen, der sie überfallen und verzehrt. Woher aber diese einzige Rippe? Wo waren die andern Knochen hingekommen? Das war neuer Stoff zu Vermuthungen. Nur Eines schien sicher, ein schreckliches Drama mußte in dieser Einöde gespielt haben und das Schauspiel des Todes, der letzte blutige Akt, war jenem einsamen Gipfel nicht unbekannt, der an Leben und Tod eigentlich keinen Antheil haben sollte.

Wir hatten also noch die Rippe einer Gemse mit heimzubringen und Alles wies darauf hin, daß wir uns mit dieser einzigen Trophäe begnügen müßten. Die Dent aux Favres schien augenblicklich nicht bewohnter als der kleine Muveran und die Dent de la Forelaz. Abgespannt von fruchtlosem Suchen, müde von langem und anstrengendem Steigen, thaten wir den Rest unseres Proviants zusammen, um wo möglich noch eine letzte Mahlzeit zu Stande zu bringen und besprachen uns während des Essens über den einzuschlagenden Rückweg. Wir mußten dem tiefen waadtländischen Thal, welches sich am Fuße all dieser Bergesgipfel hinzieht, dem Vallée de Nant näher kommen und uns vor Sonnenuntergang, im Augenblick wo die Gemsen zu ihrer Abendweide niedersteigen, entweder auf eine letzte Jagd oder den Heimweg einrichten. Wir hatten die Wahl zwischen drei Wegen. Der eine, die Vire Longet, beginnt am östlichen Fuß der Dent aux Favres und folgt einer sehr abschüssigen Berglehne. Die beiden anderen, der Pas de Chamorel und das Trou d'Aufallaz nöthigten uns, wieder zurückzugehen, um in fast senkrechter Linie den Felsen hinabzusteigen. Diese drei Wege treffen auf fast halber Höhe auf mehr oder weniger grasigen Terrassen zusammen, wo wir noch Wild anzutreffen hofften und von wo man mit einem Manne, der wie der Gevatter jeden Stein auf dem Gebirge kennt, selbst nach Sonnen= untergang noch sicher hinabkommen konnte. Wir wählten den letzt= genannten Pfad, der uns weniger Zeit kosten mußte, was bei der späten Stunde wohl in Betracht zu ziehen war. Es giebt nur wenig noch abschüssigere Berglehnen. Wie auf einer steilen Leiter geht es hinab, deren Sprossen, schmale Vorsprünge, nur zu oft für Riesen= beine berechnet sind und die zwischen unzugängliche Felsenwände geklemmt, es möglich macht, eine Böschung von beinahe vierhundert Meter senkrecht hinabzusteigen. Gefahr ist nicht vorhanden, denn das Gestein ist fest, aber man hängt etwas wunderlich in der Luft und muß es wagen dürfen, ins Leere zu schauen. Da wir hinter einander gingen, hörten wir mehrmals das Rollen von Steinen in der Richtung der Vire Longet. Dies Geräusch mußte seinen Grund haben. Wir spähten eine Zeitlang umher, ohne etwas zu entdecken; endlich griff der Gevatter nach seinem Fernrohr und bald zählte er eine, zwei, vier, sechs, zehn, fünfzehn Gemsen, die drüben zwischen den großen Geröllhaufen spielten. Fast hätte er sich die Haare aus Verzweiflung ausgerauft, weil es ein sicheres Mittel gab, sie zu umstellen und es dazu doch zu spät war. Der Alte zählte und zählte die Heerde und war einen Augenblick wie außer sich. Seufzer, aber nicht Seufzer der Schwermuth und gemeinen Trübsinns, rauhe, heisere Stoßseufzer voll tiefen Grolls und innerer Wuth schwellten seine behaarte Brust und machten sich Luft, dazwischen fielen schwere Zornesworte und Flüche. Bei alle dem aber verlor er den Muth nicht. Vielleicht konnte man diese Gemsen, die es unmöglich war noch

zu umgehen und zu umstellen, weil es dazu drei Stunden gebraucht
hätte, vielleicht konnte man sie beschleichen. Er nahm mein Gewehr,
das einzige doppelläufige und ließ uns zurück; er wollte sein Glück
allein versuchen. Nach einigen Minuten war er in der Nähe des
Steingerölls angekommen, dann schlich er langsam vor wie eine
Katze. Hinter einen Block gekauert wartete er den günstigen
Augenblick ab, legte sich platt auf den Bauch und kroch zu einem
andern Block hin; oft war er zu großen Umwegen gezwungen, um
alle Hülfsmittel des Terrains benutzen zu können. Wenn er etwa
an eine natürliche Rinne kam, die von einem Wassersturz ausgehöhlt
worden, so stieg er in deren schrägen Verzweigungen hinauf oder
hinab, um den Weg etwas abzukürzen. War der Boden kahl oder
mit kleinen Steinchen bedeckt, so kroch er wie eine Schlange und man
sah ihn vorwärts kommen, ohne doch eine Bewegung an seinen Glied=
maßen zu bemerken, und endlich, wenn die wachthaltende Gemse gar
zu genau aufzupassen schien, so hielt er sich mäuschenstill und wartete
bis sie sich von Neuem einen Augenblick vergaß. Er that Wunder.
Während drei Viertel Stunden, die er so dahinschlich, hörte man
keinen Stein unter ihm rollen, auch nicht das geringste Geräusch, das
seine Nähe verrathen konnte.

Die Gemsen ahnten nicht im entferntesten die ihnen drohende
Gefahr, sie setzten harmlos ihre Spiele fort; aber die Stunde des
Rückzugs schien für sie gekommen und sie entfernten sich unmerklich.
Sie zogen nicht geradezu ab, sondern veränderten spielend ihren
Platz und näherten sich so nach und nach dem Eingang in die Vire
Longet. Der Gevatter that sein Möglichstes, um vorwärts zu kommen.
Schon hatte er in der Nähe des Punktes, auf dem wir die Gemsen
zuerst entdeckt, einen Steinblock erreicht, von dem aus er, als er uns
verließ, zu schießen gedachte, wenn er ihn noch zur Zeit erreichte;
aber die Gemsen waren wohl fünfhundert Schritt entfernt; er kroch
an eine andere Stelle weiter, die nicht minder günstig gewesen wäre,
wenn sie nur auf ihn gewartet hätten, aber er war ihnen nicht um
mehr als hundert Schritt näher gekommen. Wir folgten ihm mit

wachsender Spannung und die Geschicklichkeit, die er jetzt entfaltete, hätte wohl eine Belohnung verdient. Endlich war der kritische Augenblick da. Eine Gemse erschien am Eingang in die Bire, und verbarg sich sogleich in derselben; eine zweite, dritte, folgte, und in einigen Minuten waren siebenzehn Gemsen (wir konnten sie jetzt gut zählen) verschwunden. Der Alte, der sie nicht aus den Augen verlor, eilte ihnen nach in der unbestimmten Hoffnung, daß die sehr großen Schwierigkeiten am Anfang des Weges ihren Marsch verzögern könnten. Aber auch diese Hoffnung wurde getäuscht. Als er herankam, hatten die siebenzehn Gemsen die schwierigen Stellen hinter sich und befanden sich in Sicherheit.

Indessen ging die Sonne unter und schon legten sich die Schatten der großen westlichen Berge auf die unteren Felsschichten der Dent aux Favres und des Muveran. Wir standen im Zwielicht, zwischen den erleuchteten Höhen und den finstern Tiefen. Wir mußten jetzt hinab, und überzeugt, daß jede Gelegenheit zu einer glücklichen Jagd nun vorüber sei, dachten wir, der Pathe und ich, nur an Benützung des letzten Tagesschimmers und schritten frischweg hinab, schnell und sorglos, als plötzlich zwei Gemsen, von unseren aller Vorsicht ermangelnden Schritten aufgeschreckt, blitzschnell unter uns vorbeirannten, dann in rechtem Winkel abbiegend, eine der unsrigen parallel laufende Böschung hinankletterten, oben einen Felsenvorsprung gewannen, der mir selbst für Gemsen ganz unerreichbar geschienen und mit Aufbietung aller Kraft der Kniekehlen fortstürmten. — Es war ein prächtiges Schauspiel. Ich habe nie ein glänzenderes, kühneres Stückchen gesehen. Das erste Thier war eine große Gemse auf hohen Läufen, mit undenkbaren Sätzen, es schien in der Luft zu schweben wenn es rannte; das zweite, wahrscheinlich ein Weibchen, war kleiner, hatte kürzere Läufe, blieb aber nicht zurück, seine Sprünge waren nicht so erstaunlich; dieser Vortheil der ersten Gemse wurde aber von der zweiten durch noch größere Schnelligkeit und besonders gleichmäßigere, minder launenhafte Bewegungen ausgeglichen.

Im Augenblick, als sie den noch erleuchteten Theil der Felsen erreichten, rief der Pathe aus: „Weiß Gott, das ist ja Ihr Sultan!"

Er war es gewiß. Wenigstens hatten wir in diesen zwei Tagen keine andere Gemse von so hohem Wuchs noch von solchem Gebahren gesehen. Das war der Sultan, das war seine Haltung des Kopfes, sein triumphirendes Wesen, das waren seine stolzen, stets unvorher= gesehenen Sätze; das war nur er, der Prahler, den wir so gern noch einmal angetroffen hätten und der zu guter Letzt unsere Wünsche zu erhören schien. Wir folgten ihnen noch lange mit den Augen. Sie liefen ein wenig oberhalb der Schattenlinie und ihr von der Abend= sonne vergoldetes Fell hob sich von den röthlich glühenden Felsen ab. Die flüchtigen Gazellen auf dem Rande purpurschimmernder Abgründe boten einen wundervollen Anblick.

Wir waren ehrlich genug, dem Gevatter, sobald er wieder zu uns gekommen, dies letzte Abenteuer zu erzählen und mußten dafür eine energische Strafpredigt hinnehmen; sie war halb französisch an meine Adresse, halb in Patois an die des Pathen gerichtet. Ein solcher Leichtsinn war ihm etwas Unerhörtes und er wiederholte uns in tausenderlei Wendungen, daß wir nur ganz geringe Jäger seien, wovon ich für mein Theil die volle Ueberzeugung zu gewinnen anfing.

Als nun die Nacht hereingebrochen und alle Aussicht auf eine Wiederkehr des Jagdglücks nach so viel nutzlosen Anstrengungen geschwunden war, machten wir uns daran, ins Thal hinabzukommen. Es war vollständig finster geworden, als wir die Sennhütten von Nant erreichten. Wir tranken stehend eine Schaale Milch und ohne weiteren Aufenthalt gingen wir nach Plans hinab, wo man uns schon lange erwartete. Dieser Weg, ich habe es tausendmal erfahren, ist ganz besonders dazu geeignet, alle finstern Gedanken zu vertreiben, jeden Aerger zu verscheuchen und Einen von aller Ermüdung zu heilen. Er zieht sich das Thal hinab, immer den brausenden Bach entlang; bald verbirgt er sich unter dichtem Laubwerk, bald schlängelt er sich zwischen ungeheuren Felsblöcken dahin, die mit Alpenrosen bedeckt sind; bald auch läuft er über grüne, duftige Matten. Man kann hier nach Belieben träumen, singen oder nachdenken, und stets über angenehme Dinge; alle Sorgen des Lebens sind plötzlich wie fortgehaucht. Der Alte sogar schien dies zu empfinden, seine Stirn glättete sich allmählich, und wenn er uns auch von Zeit zu Zeit eine beißende Bemerkung zuwarf, so hörte er doch auf zu schelten. Wir aber, das junge Blut, geborene Jagdverderber, wir schritten lustig voran wie Menschen, die wieder einmal ihrem Charakter Ehre gemacht und von ihrem Beruf eine Probe abgelegt. Weshalb auch sollten wir traurig sein? Brachten wir nicht eine Gemsrippe mit? Das war immerhin ein Fortschritt. Noch einige solche Fortschritte und wir bringen gewiß noch einmal eine ganze Gemse mit heim.

Das Wandern des Gletschers.

133

Das Wandern des Gletschers.

Das Wasser, welches sich auf der Erdoberfläche befindet, wechselt unaufhörlich Ort und Charakter. Die Veränderungen der Temperatur, Ströme und Winde unterhalten im Meere eine ewige Bewegung. Täglich verlassen ungeheure Mengen Wassers in Gestalt von Dämpfen die Becken des Ozeans und steigen in die Atmosphäre empor. Von den Luftströmungen fortgerissen, fallen diese Dämpfe wiederum als Regen oder Schnee, bald auf die Oberfläche des Meeres, bald auf das Festland nieder, wo sie Bäche, dann Flüsse, dann Ströme bilden, welche ihren Weg zum Ozean zurückfinden. Auf solche Weise entsteht ein unaufhörlicher Kreislauf von Wasser und Wasserdampf, der unserem Erdkörper ebenso nothwendig ist wie der Kreislauf des Blutes dem Menschen.

Das Wasser aber zirkulirt nicht blos vermittelst eines Systems von Kanälen, die dasselbe zur Innehaltung bestimmter Bahnen zwingen; wenigstens sind ihm nur auf dem festen Lande sichere Wege vorgezeichnet. Man weiß, wohin die Blutwellen sich bewegen, welche mit jeder Pulsation aus dem Herzen treten; in den meisten Fällen aber weiß man nicht, welche Wanderung die Dämpfe beginnen, die in jedem Augenblicke aus dem Meere emporsteigen. Wenn ihr Kreislauf durch Gesetze geregelt ist, so sind dieselben doch sehr verwickelt und der Wissenschaft nichts weniger als vollkommen bekannt.

Eine der interessantesten Reisen, welche ein Wassertropfen machen kann, ist folgende: Er tritt aus den heißen Regionen des atlantischen Ozeans, wird vom Südwestwind in's Herz von Europa getragen, fällt auf einen Gipfel der Alpen nieder und kehrt durch den Rhein, die Rhone, den Po oder die Donau in's Meer zurück. Jährlich beginnen Milliarden Wassertropfen diese Reise und sie ist insofern merkwürdig, als sie bisweilen sehr viel Zeit erfordert und eine ganze Reihe von Umbildungen voraussetzt. Ist der Wind günstig, so dauert die Fahrt von Sankt Helena oder irgend einem anderen Punkte des atlantischen Ozeans bis auf den Gipfel des Montblanc nur einige Stunden. Von Chamouny zum Mittelmeer ist der Rückweg weder lang noch schwierig, denn die Arve und die Rhone fließen schnell. Vom Gipfel des Montblanc aber hinab in's Chamounythal giebt es zahlreiche Veranlassungen zum Aufenthalt und es ist nicht unmöglich, daß zur Zurücklegung dieser zwei Wegstunden ein halbes Jahrhundert kaum hinreicht. So mancher Wassertropfen, der in Gestalt eines Schneeflöckchens in die Nähe des Gipfels fällt, wird erst wieder zu einem beweglichen Wassertropfen, nachdem er alle möglichen Uebergänge zwischen Schnee und festem Eis durchgemacht und mit einer Langsamkeit, von welcher die Natur nur wenige Beispiele darbietet, von der Höhe des Berges bis an das unterste Ende des Bossonsgletschers gewandert ist. Der Tropfen hat dann das Experiment einer Reise in festem Zustande gemacht. Diese Reise erzählen heißt den Gletscher beschreiben.

I.

Nicht alle Wassertropfen, welche auf die Gipfel der Alpen nieder=
fallen, sind zu einer Gletscherwanderung verurtheilt; ihre Schicksale
sind gar verschieden. Im Sommer empfangen die Hochgebirge Regen,
Schneeflocken, kleine und grobe Hagelkörner; von alle dem aber bleibt
nichts liegen, es verdampft, fließt ab oder schmilzt. Im Herbst ist
der Regen in solcher Höhe selten, fast unmöglich: im Winter hört er
vollständig auf, ebenso der Hagel und Schnee in Flocken, das Wasser
kondensirt sich fast immer in Form von Schneestaub, welcher sich nur
wenig von demjenigen unterscheidet, den man bei 8 oder 10 Grad unter 0
in der Ebene fallen sieht, nur daß er noch leichter und trockner ist.
Es sind Nadeln, außerordentlich kleine Kristalle, deren Jeder eines
jener werdenden Tröpfchen darstellt, welche in den Nebeldämpfen
schweben. Kein Fenster, keine Thüre, kein Laden schließt fest genug,

um ihnen den Durchgang zu wehren. Man mag alle Ritzen derſelben noch ſo gut verſtopfen und verkleben, dieſer feine Staub dringt überall durch. Nicht nur füllt er die gewöhnlich ſchlecht gedeckten oder ſchlecht verſchloſſenen Sennhütten an, ſondern er ſchlüpft auch in die Zimmer der beſtgebauten Hotels. Regenwaſſer ſogar, wenn es vom Sturm an die Fenſter gepeitſcht wird, dringt nirgends ſo ſchnell und unwiderſtehlich ein.

Dieſer Schneeſtaub, welcher vom Monat Oktober oder November ab die hohen Abhänge der Alpen weiß färbt, hat allein einige Aus= ſicht, die Wanderung mit dem Gletſcher auszuführen. In der Regel fällt er vom Weſt= oder Südweſtwind getrieben, der ihn lange umher= jagt. Er ſtreift den Boden, ſteigt und fällt, wirbelt hin und her und würde nie zur Ruhe kommen, wenn er nicht früh oder ſpät an eine Berglehne ſtieße. Nur ſelten haftet er auf den jähen, von Stürmen gefegten Gräten; in den Vertiefungen häuft er ſich an, längs der geſchützten Felswände gleitet er nieder und hält ſich da und dort an vorſpringenden Kanten; an die den Winden ausgeſetzten Flanken klammert er ſich überall feſt, als ob er an den Felſen geleimt wäre. Schmale Karnieße, Hänge von 60 bis 70 Grad, welche überall von Abgründen umgeben ſind, wohin die Gemſen ſich nur wagen, wenn ſie die ganze Kraft ihrer Kniekehlen anſpannen, dienen mächtigen über= hängenden Schneewällen zur Unterlage, die mit ungeheurem Getöſe zuſammenſtürzen, ſobald ſie nach dem Abgrund hin keine Stütze mehr finden. Dieſe Vertheilung des Schneeſtaubes iſt aber nur eine vor= übergehende. Ein Werk des Weſtwindes, genügen zu ihrer Zer= ſtörung einige Windſtöße aus entgegengeſetzter Richtung. Für dieſes leichte Geſtöber giebt es keine Ruhe, es iſt allen Bewegungen der Luft unterthan, welche es von einem Abhang auf den andern treiben, und manchmal ſogar über die höchſten Gräte fort, von einem Gipfel zum andern.

Der Wind ſchließt von der Gletſcherwanderung eine Unzahl kriſtalliſirter kleiner Tropfen aus, welche nach langem Umherſchweifen in irgend einem Thalgrunde niederfallen, wo ſie zur Ruhe kommen.

Andere werden von den Bergen festgehalten, sie können in der eisigen Luft derselben weder verdunsten noch unter den bleichen Strahlen der Wintersonne schmelzen. Sie warten auf den Frühling und werden indessen von einer Schicht in die andere geweht.

Die strenge Jahreszeit rückt vorwärts, immer mächtigere Schnee= massen belasten das Gebirge; statt vereinzelter Abstürze treten allge= meinere, gewaltige auf, welche unter dem Namen „Winterlawinen" bekannt sind. Ganze Bergseiten, welche tiefen Abgründen zugewendet sind, leeren sich plötzlich in einer Sturmesnacht. Die meisten dieser Winterlawinen stürzen unbemerkt in fernliegende Einöden der Alpen; manchmal aber weist der Abhang von der Höhe, wo die Schneemassen ihr Gleichgewicht verlieren, geradezu in bewohnte Thäler hinab und dann stürzt die Lawine auf Wälder, Felder und Häuser hernieder. Wehe Allem was auf ihrem Wege sich ihr entgegenstellt! Obgleich der Anprall nicht so jäh ist wie derjenige von Felsenblöcken, welche vom Gipfel herniederpoltern, so ist er in seinen Wirkungen bei Weitem gewaltiger. Ein Felsblock zermalmt unbarmherzig Alles was ihm entgegensteht, aber er schnellt wieder empor und schlägt nur in Absätzen auf; höchstens höhlt er eine Furche in die Flanke des Berges. Anders ist es mit der Winterlawine, in ihrem Sturze gleicht sie dem Wasserfalle, sie ist ein Wirbelsturm, welcher von furchtbarer Höhe herniederrast, eine Schnee= pyramide, welche eine Luftsäule vor sich herdrängt. Sie zermalmt nicht was ihr im Wege steht, sie reißt Alles mit sich fort. Die mächtigsten Bäume werden gerüttelt und wie Rohrhalme geknickt, ganze Waldflächen werden niedergemäht, Häuser umgestürzt, Dächer fortge= tragen, und selbst Vögel, wenn sie einmal von dem Wirbel erfaßt sind, werden in buntem Gewirr mit den Latten und Balken der zer= rissenen Hütten umhergeworfen. — Eine Anzahl von Wassertropfen, welche als Schnee auf die Bergesgipfel gefallen und von der stürmenden Winterlawine mit fortgerissen werden, legen so in wenigen Minuten den Raum zurück, der sie von der Ebene trennte, und schmelzen wie die vom Winde hinabgewehten kleinen Eiskristalle unter einem milderen Klima.

Die Lawinen und der Wind sind die beiden Kräfte, von deren Wirkung die Vertheilung des Winterschnees in den Alpen abhängt. Die Lawine befreit die Höhen zum Nutzen oder auch zum Schaden der Thäler. Sie ist besonders in der Zone mächtig, wo am meisten Schneemassen fallen, zwischen zwei- und dreitausend Meter Höhe, sie setzt außerdem jähe Abhänge voraus. Nicht selten bemerkt man im Umkreis der Bergesgipfel eine leichte, weiße Wolke, welche in Bewegung ist, ohne doch den Ort zu wechseln, oder in Wirbelstößen zu- und abnimmt. Wenn diese Erscheinung am Montblanc beobachtet wird, so sagen die Einwohner von Chamonny, der Berg rauche seine Pfeife. Für ein unbewaffnetes Auge giebt es nichts Graziöseres als diesen wehenden Federbusch. Betrachtet man ihn aber durch das Fernrohr, so unterscheidet man die fortwährende Bewegung noch besser, die Erscheinung sieht einem ununterbrochenen Aufwallen von Silberstaub ähnlich. Doch wer dies Phänomen einmal in der Nähe gesehen, weiß was es zu bedeuten hat und spricht nur mit einem geheimen Schauder von den Bergen, die ihre Pfeife rauchen. Ich habe Gelegenheit gehabt, mir eine genaue Vorstellung davon zu machen. Es war auf dem Gipfel der Tschierva, einer der schönsten Spitzen des Ober-Engadins. Der Wind wehte von Norden, da der Berg aber jäh abfällt, so konnte seine Wirkung sich nur über den äußersten Rand des Schneefeldes erstrecken, das den First krönt. Dieser Schnee war fast überall von einer dünnen Eisschicht bedeckt, welche den Widerstand erhöhte. Der Sturmwind siegte über dies Hinderniß. Jeder heftige Stoß sprengte den Eisfirniß und zerbrach ihn in unregelmäßige Platten, die mit dem wirbelnden Schneestaub in die Lüfte gerissen wurden. Diese Wirbel befolgten einen regelmäßigen Strich, sie begannen an der Kante des dem Winde am meisten ausgesetzten Grates und verbreiteten sich darauf mit reißender Schnelligkeit über den Gipfel. Obgleich wir uns zwischen zwei gewaltigen Steinen in einer Nische niedergekauert hatten, so waren wir doch genöthigt, wenn die Wirbel bis zu uns gelangten, die Augen zu schließen und das Gesicht vor ihnen zu schützen. In ihrem Falle beschrieben sie eine wunderschöne Kegellinie; unterwegs aber wurden sie von einem zweiten Windstoß erfaßt, der in ähnlicher Weise einen zweiten Wirbel aufstöberte, und so fort. Das Schauspiel war großartig. Man stelle sich nun vor, daß der Wind, anstatt den oberen Rand eines Eiswalles zu streifen, mit ganzer Macht einen schneebedeckten Abhang reinfegt, und die Szene wird gradezu Entsetzen erregend. Dann giebt es einen rasenden Gebirgssturm, ein fürchterliches Durcheinander und der Reisende, der vermessen genug wäre, einem solchen Schauspiele beiwohnen zu wollen, liefe ernstlich Gefahr, unter den tobenden Wirbeln begraben zu werden.

Dergleichen Schneestürme sind auf den Alpen nicht selten, besonders im Winter, und manchmal kann man sie auf acht, zehn und sogar auf zwanzig Stunden Entfernung beobachten. Wenn der Nordwind nach einem Tage weht, an welchem viel Schnee gefallen, so scheint die Linie der am Horizonte sich abzeichnenden Berge fast zu schwanken. Ein weißer, flüssiger Dunst schwebt über derselben, minder stark auf den Gipfeln als in den Senkungen und Einsattlungen. Mit Hülfe eines Fernrohrs erkennt man leicht, daß es Schneewirbel sind, welche dem Profil des Gebirges diesen beweglichen Rahmen geben. Zuweilen kann man selbst die Höhe messen, bis zu welcher der Wind den Schnee emportreibt. Im Osten des Genfersees, z. B., zeichnen sich die beiden Tours d'Aï schwarz am Himmel ab, gleich zwei Zinnen von dreihundert Meter Höhe. Der Nordwind drängt sich mit verdoppelter Wuth in die sie trennende Schlucht, dann geschieht es, daß die Schneesäulen, welche aus der Tiefe aufsteigen, bis über die beiden Thürme sich erheben, um sich darauf im offnen Raume auszubreiten. Ueber drei hundert Meter hoch reißt hier der Sturm den Schnee fort und erhält ihn schwebend in der Luft. Dies Phänomen, dessen Beobachtung immer interessant ist[*]), bringt bei Sonnenaufgang und Sonnenuntergang wunderbare Effekte hervor. Man sieht dann jenen duftigen Rahmen

---

[*]) Herr Dr. F. Céréjole hat im dritten Jahrbuch des Schweizer Alpenklubs, Bern 1866, pag. 544 eine sehr genaue Beschreibung desselben geliefert. Er beobachtete von Morges aus, und trotz der Entfernung von 18 Stunden hat er doch deutlich den Montblanc rauchen sehen.

in den reichsten Tinten, goldig oder rosig, und in den Reflexen der
Regenbogenfarben erglänzen; der Berg scheint wie mit einem Strahlen=
kranz umwoben.

So verursachen die Schneestürme auf den Alpen ähnliche Er=
scheinungen wie die Staubwirbel in der Sahara beim Wehen des
Simun. Es sind dieselben aufwirbelnden Massen, nur daß sie kühner
und höher sich erheben, weil der Schnee leichter ist; doch während die
Gewalt des Simun sein unfruchtbares Werk ewig neu beginnt, ist die
Wirkung des Windes auf den Alpen keineswegs eine durchaus nutz=
lose. Sand bleibt ewig Sand, er kann weder seine Gestalt wechseln
noch ortsbeständig werden und der Sturmwind treibt ihn auf's
Gerathewohl über die weite Wüste hin; der Schnee hingegen kann
liegen bleiben, zu Eis werden oder sich in befruchtendes Wasser ver=
wandeln, und es ist durchaus nicht gleichgültig, ob er an dieser oder
jener Stelle sich anhäuft. Sei es nun, daß er von Abhang zu Abhang
getrieben wird, oder mit der Lawine über schroffe Gehänge hinab=
gleitet, der Schnee gelangt endlich in größeren Massen in die Tiefe,
wo die Sonne an schönen Tagen ihre Macht an ihm bekundet. Wind
und Lawinen arbeiten also einer neuen, befreienden Kraft vor, dem
segensreichen Sommer. Wenn der Schnee über alle Abhänge gleich=
mäßig vertheilt wäre, so würde die Wirkung des Schmelzens und der
Verdampfung sich mit methodischer Regelmäßigkeit bemerkbar machen;
ein wenig schneller oder langsamer, je nach den Abhängen, würden an
einem Tage mehrere Meter gewonnen werden, und es gäbe so eine
mit der Schnur gezogene Grenzlinie zwischen den gleicherweise mit
Schnee bedeckten und den schneefreien Theilen. Ein so regelmäßiger
Gang wäre unendlich langsamer als derjenige ist, welchen die Natur
in Wirklichkeit befolgt. An der ungleichen Vertheilung der Schnee=
massen liegt es, daß der Sommer mit dem Schmelzen derselben in
gewissen Tobeln, wo sie angehäuft sind, nicht zum Ziele gelangt. Der
Wirkung des Windes oder der Lawinen muß dann all' der Schnee zuge=
schrieben werden, welcher unter 3000 Meter liegen bleibt. Andererseits
erfolgt daraus auch, daß weit ausgedehnte Strecken schneller frei

werden. Mit Anbruch des Frühlings treten aller Orten kleine Inseln hervor, Anhöhen, Gräte, Hügel, wo der Wind der Anhäufung des Schnees gewehrt hat, und die sich in wenigen Tagen mit Grün bekleiden. Die Gebirgsthiere, Hasen, Füchse, Gemsen, versammeln sich hier und von diesen ersten Anfängen aus verbreitet sich rings umher die schnelle Wirkung des Schneeschmelzens. Diese Plätze werden nämlich größer, vermehren sich und bald bedecken sich weite Berges= halden mit blühendem Rasen, während dicht daneben, in den Senkungen des Bodens, der Schnee noch mehrere Meter tief liegt.

Von Insel zu Insel weht der milde Hauch des Sommers und giebt dem großen Kreislauf des Wassers die aufgehäuften Schnee= massen wieder. Bis tief in die Eisregionen dringt er vor und selbst in der Nähe der höchsten Bergesgipfel, wo er freilich nicht mehr Zeit hat, sein begonnenes Werk zu vollenden, macht er dem starren Winter den Besitz des Bodens streitig. Vielleicht auch gelingt es ihm oft, den Sieg zu erringen, ohne daß wir es ahnen. Es ist wohl möglich, daß heiße Sommer den gesammten Schnee eines trockenen und kalten Winters verzehren; wenn der Sommer aber im Durchschnitt nur an einem einzigen Tage seine Macht verliert, so genügt dies, daß der Winter mit seinen seit Jahrhunderten angehäuften Reserven all' seiner Bemühungen spotte. In jedem Falle jedoch ist die Arbeit des Sommers ungeheuer. Wenn der Schnee, welcher auf dem St. Bernhard fällt (2472 M.), ohne sich durch sein eigenes Gewicht zu senken, auf dem Boden liegen bliebe, so würde er am Ende des Winters eine Schicht von 15 Meter bilden. Mit Ausnahme einiger kleinen Stellen, welche in Ausnahmsjahren ebenfalls frei werden, schmilzt der Schnee hier vollständig. In einer Höhe von 3000 Meter schneit es weniger, weil die meisten mit Dämpfen geschwängerten Wolken unterhalb dieses Niveaus schweben; die Nächte aber sind hier kälter, die schöne Jahres= zeit kürzer und das Gleichgewicht zwischen dem was der Winter liefert und der Sommer verzehrt stellt sich ungefähr her.

Was bleibt also für die Wanderung des Gletschers übrig? Fast nichts unter 3000 Meter, wenig über dieser Höhe, nichts als der Schnee von einigen Tagen oder Wochen, welcher im Herbst oder zu Anfang des Winters gefallen, frühzeitig mehr oder weniger vor Winden und Lawinen geschützt worden. Und was dieselben noch etwa Zeit gehabt wieder fortzureißen, muß immer noch in Abzug gebracht werden. Wenn man auch noch den Druck der späteren Schneestürze in Be= rechnung bringt, unter denen diese Schicht gelegen, so ist sie an den begünstigteren Stellen etwa handhoch. Ein Tag, einige Stunden Sommerwärme würden genügen, um dieser dünnen Schicht Herr zu werden. Aber es legt sich neuer Schnee darüber und so entsteht ein erstes Depot, welches für einen künftigen Winter in Rechnung gebracht werden muß, der wiederum einen ähnlichen Rest zurückläßt und damit die Aufgabe der Augustsonne mehr und mehr erschwert.

Je mehr diese verlorenen Wassermengen auf dem Gebirge sich anhäufen, je weniger Aussicht haben sie abzufließen, denn wenn der Winter den Schnee bringt, so hält ihn der Sommer fest, wenn es ihm nicht gelingt, ihn zu schmelzen. Die Oberfläche des Schnees wird nämlich von der Sonne aufgelöst – eine gewisse Wassermenge sickert nach unten hin und gefriert beim ersten Frost. Wiederholt dieses Geschäft sich einige Male, so wird der bewegliche Schnee in eine feste, widerstandsfähige Masse umgebildet, welche durch die Wirkung des Druckes nur um so härter wird, wenn etwa zehn oder zwanzig Schichten, die Ueberreste von zehn oder zwanzig Jahren, auf einander drücken.

Die Anhäufung des Winterschnees, welcher im Sommer von der Sonne festgebannt wird, kann das Relief eines Gebirges auf die Länge verwandeln. Ist dasselbe sehr zerrissen, so werden die Schluchten nach und nach ausgefüllt, während die Gräte mehr und mehr bloßgelegt werden; ist dasselbe im Gegentheil massiv, so werden alle Unebenheiten durch Anhäufung des Schnees ausgeglichen. In beiden Fällen tritt eine Ebenung ein; im ersten Falle aber erscheint das Gebirge in Folge des Kontrastes zwischem dem weiß schimmernden Schnee und den schwarzen Felsen nur noch jäher und zerrissener; im zweiten hingegen sind dann alle Winkel und Ecken verschwunden und es entstehen runde Kuppen. Das Aussehen eines Gipfels kann auf diese Weise eine vollständige Aenderung erleiden. Der Galenstock mag hier als ein Beispiel angeführt werden. Ein Nachbar der schroffsten Gipfel der Berner Alpen, des Finsteraarhorns und des Schreckhorns, fällt er, wenn man über die Grimsel kommt, durch seine halbe Kuppel auf; im Süden stürzt er senkrecht in die Tiefe, als ob die fehlende halbe Kuppel abgebrochen wäre und nun einen fürchterlichen Abgrund bloß legte; gegen Norden erscheint die Firstlinie abgerundet und ebenso wie das hinauf führende Gehänge überall mit einem prächtigen Schneemantel bedeckt. Wenn man diese herrliche Kuppel besteigt, und bei nicht zu hartem Schnee ist dies ein leichter Spaziergang, so kann man sich leicht überzeugen, daß der Galenstock zu derselben Familie von Berg= spitzen gehört wie das Finsteraarhorn und das Schreckhorn; nur sind seine Schlünde verschüttet.

Will man sich indessen eine richtige Vorstellung vom Einfluß des Schnees auf das Relief der Berge machen, so thut man besser, anstatt der allzu schroffen Berner Alpen die mächtigen Dome der penninischen Alpen, den Gebirgsstock des Monte-Rosa, den Montblanc, den Combin besonders zu besuchen. Der letztere ist vielleicht der vollkommenste Dom in den Alpen, der Typus eines beschneiten Firstes. Schranken= los ist hier das Reich des Winters, Schneeschicht hat sich auf Schnee= schicht gelagert, alle Ecken und Kanten des Felsens sind verschwunden und haben weichen, anmuthigen Linien Platz gemacht. So bekleidet hat der Berg ein nicht viel minder stolzes Aussehen, auf das Auge aber macht er den Eindruck wohlthuender Ruhe.

Es giebt Jahrhunderte alte Linden, welche die Zeit ebenfalls in kühne und doch anmuthige Formen abgerundet hat. Der Bug eines wilden Pferdes, die stolze Biegung seines Halses, seine flatternde Mähne haben nicht minder eine entfernte Analogie mit der edlen Gestalt dieses Riesen unter den Alpen. Wer hat dies Meisterwerk hervorgebracht? Die Reisenden denken kaum daran, sie betrachten das Gemälde und vergessen den Künstler darüber; ja mehr als einer würde uns kopfschüttelnd anschauen, wenn wir ihm ohne Weiteres sagten, daß das Spiel der Winde und des Schnees aus diesem form=

losen Gestein ein Muster von Grazie und strahlender Majestät geschaffen.

Aber die Anhäufung von Schneemassen verändert nicht blos das Relief der Berge, sondern erhöht auch ihre Gipfel. Es giebt deren

mehrere, welche mit einem Eispanzer von 20 bis 50 Meter, ja von noch größerer Mächtigkeit überzogen sind. Wenn auf irgend einer Seite des Gipfels ein offener Einschnitt sichtbar wird, so erkennt man eine wirre Stratification und man möchte wohl die Schichten wie bei den Bäumen die Jahresringe zählen. Dies ist jedoch nicht möglich, theils weil die Schichten nicht deutlich genug hervortreten, theils auch weil der Zutritt zu diesen senkrechten Einschnitten immer sehr gefährlich ist; doch sieht man immer genug, um aus diesen Anhäufungen auf die Arbeit von Jahrhunderten schließen zu dürfen. So gewaltig diese aber auch seien, so fragt man sich doch stets, warum sie es nicht noch mehr sind. Es giebt so abgeflachte Gipfel, daß man glauben sollte, sie müßten durch den Schneefall bis in's Gränzenlose erhöht werden. Ein Dezimeter jährlich würde in einem Jahrhundert zehn, in tausend Jahren

146

164

hundert Meter ausmachen. Seit die Alpen stehen, müßte der Schnee sich auf gewissen breiten Firsten bis zu einer phänomenalen Höhe erhoben haben. Woher kommt es nun, daß die liegen gebliebenen Massen sich an Mächtigkeit kaum mit unseren stolzen Bauten von Menschenhand messen können? Das Pantheon, wenn es auf dem Felsengipfel des Montblanc sich erhöbe, würde mit seiner Kuppel den Schnee durchbrechen, welchen die Winter von so viel Jahrhunderten hier aufgehäuft. Wo sind die verschwundenen Massen hingekommen?

Die Antwort scheint nicht leicht. Alles weist darauf hin, daß diese Schneemassen an den Berg gebannt sind, daß sie den Ozean nicht mehr in Tropfenform wiedersehen werden und für immer der allgemeinen Cirkulation entzogen sind. Man möchte sagen, sie seien mit dem Gipfel, welchen sie krönen, eins geworden. Um zur Ebene zurück zu gelangen, müßten sie abfließen, aber vergebens sucht man nach irgend einer Spur von Bewegung, und findet man eine solche, so ist es nur die Spur einer lokalen Bewegung. Hier ragt zum Beispiel ein Fels aus dem Schnee empor, wir möchten ihn besteigen und müssen zu diesem Zweck über einen weiten, tiefen Spalt setzen. Woher rührt diese Unterbrechung des Zusammenhanges? Ohne Zweifel von der Strahlung des Felsens, in Folge deren der Schnee rings umher geschmolzen. Weiterhin nimmt die Abdachung plötzlich eine andere Richtung an. Aufgepaßt! Hier sind die Klüfte durch gewölbte Brücken oder wahrhafte Chausseen von einander geschieden und in Reihen geordnet, so daß ihre Linie mit derjenigen der veränderten Richtung des Abhanges übereinstimmt. Die Oeffnung dieser Klüfte ist oft so eng, daß nur ein mattes Dämmerlicht in dieselben bringt; gelingt es aber, einen Blick hineinzuwerfen, so wird man gefesselt von den wunderbaren Reflexen, welche hier spielen. Die aufgeschichtete und durch ihre eigene Schwere verdichtete Masse mußte nämlich längs des Felsenkammes nach zwei Seiten hin brechen und der frisch darauf gefallene Schnee bewirkte dann eine allmähliche Annäherung der getrennten Wände durch Zutragen der leichten Flocken, die sich gegenseitig stützen und so nach und nach überhängende Dächer gestalten. An den Rändern dieser Klüfte entstehen oft eigenthümliche Formationen, welche auf ihre Weise nicht minder von der Arbeit des Schnees Zeugniß ablegen. Die merkwürdigste Formation ist diejenige, welche ihren Namen „Sérac" einer entfernten Aehnlichkeit mit einer Art Käse verdankt, die man in den Sennhütten der Alpen zubereitet. Man sieht wohl, daß nicht die Naturforscher, sondern die Sennen hier die Taufpathen gewesen. Die Séracs haben das Ansehen von Eiskristallen. Es giebt deren sehr schöne auf dem Gouté und noch schönere auf dem Combin. Saussüre hat die Höhe der Séracs vom Gouté auf fünzig Fuß geschätzt; doch muß dieses Maß, welches vermittelst eines Telescops aus der Entfernung genommen worden, als ein Minimum betrachtet werden. Man fragt sich, wie die Séracs entstehen. So weit ich es habe beurtheilen können, giebt es deren nur auf schneebeladenen Gipfeln und an schroffen Abhängen. Man muß sie auf den Firstlinien oder in der Nähe von Vertiefungen suchen, da wo der Abhang plötzlich nach einer anderen Seite abfällt. Man nehme an, daß die Schneewand, welche die innere Lippe eines jener klaffenden Abgründe bildet, von zwei Querspalten zerrissen sei und man hat den Sockel eines Séracs. Die Luft hat rings umher freien Zutritt und so kristallisirt der Wechsel von Wärme und Kälte die oberen Flächen des Schnees. Es fällt dann eine neue Schicht auf dieselben und wenn es ihr gelingt, sich auf diesem Piedestal zu halten, so verbindet sie sich schließlich mit demselben, der Sérac wird um eine Etage erhöht und so geht es fort*). Die Einen stellen einen Würfel, Andere eine Pyramide dar. Man erkennt eine unregelmäßige Schichtung und der oft beschädigte obere Theil scheint noch keine sehr große Festigkeit erlangt zu haben. Auf dem Gouté bilden sie längs des Grats eine Reihe starrer Zinnen, auf dem Combin stehen sie im Halbkreis auf einem gebrochenen Felsengehänge; erst berühren sie sich wie die Perlen in einem Halsbande, dann zeigen sich Lücken in der Schnur. So war es wenigstens im

---

*) Dies ist weniger eine Erklärung als eine Beschreibung. Die Séracs sind schwer zugänglich und noch nicht hinreichend studirt worden.

Jahre 1858. Der Weg nach dem Gipfel zu führte etwa hundert
Schritt vom ſchönſten freiſtehenden Sérac vorüber, dieſer bildete eine
regelmäßige vierſeitige Pyramide und war wohl doppelt ſo hoch als
diejenigen, welche Sauſſüre auf dem Gouté gemeſſen. So ſtand er
da, einſam mitten im Schnee, myſteriös wie die Pyramiden und
Sphinxe, welche aus dem Sande Aegyptens ſich erheben. Und doch
war es nur ein Naturſpiel, welches der Zeit zum Opfer gefallen. Andere
Reiſende, die deſſelben Weges gegangen, haben dieſen Rieſenſérac
nicht geſehen. Er wird den Abhang hinunter geglitten und im Sturze
zertrümmert worden ſein, wie dies mit zweien ſolcher Eisgebilde vor
unſeren Augen geſchah.

Dieſe eigenthümlichen Erſcheinungen hindern indeſſen nicht, daß die
höchſten Eisregionen auf den erſten Blick zu ewiger Unbeweglichkeit ver=
dammt ſcheinen. Hier iſt eine Welt für ſich, das Reich des Schweigens,
der Ruhe und des Lichts, wenn wir die Tage der Stürme ausnehmen.
Kein Tropfen Waſſer fließt über dieſe Eisfelder, man iſt zu weit
entfernt, um hier noch das Rauſchen der Waſſerfälle im Thale zu
hören. Die Reinheit des Schnees wird hier nirgends getrübt, denn
der Wind treibt den Staub der Ebene nicht bis in dieſe Höhe und
wenn er noch ſolchen von der rauhen Oberfläche der Felſenhänge bis
hierher trägt, ſo verſchwindet derſelbe bald unter einer friſchen Schnee=
decke. Daſſelbe geſchieht mit den kleinen Kieſeln und großen Fels=
blöcken, welche von den ſchroffen Wänden niederſtürzen, ſo daß der
Schnee immer makellos erſcheint. Nichts iſt zugleich dem Glanze der
feſten Eiskruſte zu vergleichen, welche beſonders im Spätſommer ſich
ſchützend über den Schnee ausſpannt. Wenn am hohen Mittag bei
wolkenloſem Himmel alle Abhänge gleichmäßig beleuchtet ſind, dann
wird eine ſolche Menge reflektirten Lichtes erzeugt, daß kein Auge es
mehr ertragen kann. Wohin man den Blick auch wendet, überall
flimmert und glitzert es. Iſt hingegen der Himmel bedeckt und liegt
Alles im Schatten, ſo ſchwinden die Diſtanzen, man meint, die ent=
fernteſten Gipfel mit der Hand greifen zu können und ihr einförmiges,
mattes Weiß macht einen eigenthümlich phantaſtiſchen, ſchaurichen

Eindruck auf uns. Das Gemüth ist wie erdrückt von der Eintönigkeit der Tinten mitten unter den kolossalen Formen, die jedes Maaßes spotten. Aber des Morgens und Abends, wenn die Sonnenstrahlen horizontal auffallen, werden die Entfernungen, oft in übertriebener Weise, erkennbar; die Felsenkämme heben sich deutlich von einander ab, die Nüancen machen sich gegenseitig geltend und man durchwandelt eine unendliche Stufenleiter von Tönen zwischen dem matten Weiß des unbeleuchteten Schnees und den im Feuer der Sonnenstrahlen funkelnden Eisfeldern. Die sanft inflektirten Kurven des Abhanges scheinen sich in's Unendliche zu verlängern und die seltenen Uneben= heiten, denen man auf seinem Wege begegnet, jene klaffenden Gräber, jene unbeweglichen und ewig drohenden Séracs unterbrechen die erhabene Einfachheit der Landschaft nur, um ihren Eindruck zu erhöhen. Das Bild des Todes umschwebt uns unter den mannichfachen Gedanken, welche so viele Wunder uns einflößen. Man sieht es ernst und bleich am Rande des blauschimmernden Abgrundes, aber es ist nicht mehr das schreckliche Gerippe, das Knochengespenst, welches die entsetzte Ein= bildungskraft heimsucht; das Bild des Todes ist hier nicht Fäulniß, sondern starre Unbeweglichkeit und in dem Gedanken scheint ein geheimer Reiz zu liegen, in einer dieser Grüfte zu schlafen, welche der Todtengräber nicht geschaufelt, wohin die Fäulniß nicht dringt, die nicht nach unserer Körperlänge gemessen worden, und wo man wenigstens Raum genug, Luft und ein mildes Licht fände.

Doch wenn Alles unbeweglich ist, wo sind die Schneemassen geblieben, welche auf den hohen Spitzen fehlen? Welche geheime Kraft hat sie der Freiheit zurückgegeben? Und wenn diese Kraft existirt, so schafft sie auf mysteriöse Weise, denn nichts verräth ihre Wirkungen. Nichts, das ist freilich zu viel gesagt. Wenn man seinen Blick von den Alpengipfeln in die Thäler hinab sendet, so kann man sich des Eindrucks nicht enthalten, als setze das Eis sich in Strömen nach unten fort. Sind dies wirklich Ströme? Fließt die Ueberfülle des hohen Schnees wirklich nach unten ab? Der Gedanke kann einem abenteuerlich vorkommen, und dennoch drängt er sich unwillkürlich dem

Geiste auf und je mehr man sein Auge auf die Erscheinung heftet, um so weniger kann man sich dieser Vorstellung entziehen. Wenn auch die Unbeweglichkeit in der unmittelbaren Umgebung des Be= schauers herrscht, so scheint ihm doch jede der großen Linien in der Landschaft eine Bewegung zu offenbaren. Die Uebergänge vom reinen Glanz der Höhen bis zu den blauen oder grauen Tönen des Gletschers sind unmerklich. Der Schnee auf den hohen Abdachungen, der an den Wänden der schroffen Felsen hängt, scheint jeden Augenblick hinab= stürzen zu müssen; tiefer unten öffnen sich weite, bis an den Rand gefüllte Becken, die von Eismassen überquellen und wenn diese erst in das geräumige Bett getreten sind, welches sich ihnen zwischen den beiden Wänden eines Thales eröffnet, so folgen sie dessen Umrissen und bezeichnen seine Windungen genau wie ein Strom. An den Ufern grünen Wälder und grasige Matten, ungehindert aber setzen sie ihren verheerenden Lauf fort und drängen die Weiler zurück.

Um uns zwischen diesen beiden entgegengesetzten Eindrücken zu entscheiden, müssen wir Alles sehen und zwar in der Nähe. Steigen wir hinab. Was unten am Ursprung der Thäler vor sich geht, wird uns vielleicht das Räthsel auf den Höhen erklären.

II.

Wenn man von einem der höchsten Gipfel, dem der Jungfrau, des Combin, noch besser des Montblanc aufbricht, so kann man mehrere hundert Fuß hinabsteigen, ohne etwas Neues zu bemerken. Der Schnee, auf den wir treten, bleibt derselbe; an den Ausschnitten, welche am Rande der Abgründe entstehen, entdeckt man stets eine unregelmäßige Schichtung, und von Zeit zu Zeit trifft man auf einen Sérac, der unsere Bewunderung herausfordert, oder auf einen Schlund, der uns zum Ausweichen zwingt. Indessen nähert man sich den hohen Becken, welche am Fuße der Gipfel verborgen ruhen und eine Aenderung der Szenerie drängt sich uns auf. Der Schnee verliert seine Feinheit und frühere Trockenheit, seine Nadeln ballen sich zusammen und bilden kleine Knäuel oder Körner, welche so ziemlich den Hagelkörnern gleichen, nur daß sie unregelmäßiger sind. Diese Verwandlung nimmt unmerklich, aber ohne Unterbrechung zu, die Körner werden gröber, sie haften an einander und der Schnee gewinnt das Aussehen eines Mörtels, welchen die Nachtfröste so verhärten, daß man genöthigt ist, die Art anzuwenden, wenn man sich Stufen hineinhauen will. Er ist auch weniger rein und seine Farbe ist trüb. Allmählich findet man etwas Schutt, kleine Kiesel, Sand, Staub, manchmal trockene Blätter, die der Wind hergeweht.

Ein Hauptmoment tritt ein, wenn der Mörtel so viel Zusammenhang gewonnen, daß das Wasser über ihn hinfließen kann, ohne zu versickern. Auch hier sind die Uebergänge langsam. Zuerst trifft man auf Felsenhänge, an denen die Wirkung der Sonne kräftig genug ist, um eine Schicht von einigen Centimeter in eine Art schlüpfriges Eis, doch ohne scheinbaren Abfluß, umzuwandeln. Auf den Punkten, wo zwei Abhänge sich berühren, sickert das Wasser reichlich genug hindurch, so daß die Löcher, welche man mit der Eisenspitze seines Stockes einstößt, sich sogleich beim Herausziehen desselben anfüllen. Weiterhin beginnt diese gefrorene Flüssigkeit, die noch nicht zu Wasser geworden und doch kein Schnee mehr ist, zähe abzufließen; dann kommt ein Bach zum Vorschein, ein Bach, dessen Lauf zwar noch von halbgeschmolzenem Schnee beschwert wird, aber der schon kräftig genug ist, sich eine Rinne zu graben; er fegt sie nach und nach rein und eilt nun fröhlich und hell in ein immer festeres und geschlosseneres Bett. Man kann das Entstehen der Bäche aus dem hohen Schnee beschleunigen, wenn man mit Hülfe eines großen Steines, den man hinabrollen läßt, ihnen eine Rinne gräbt. Ist diese hergestellt, so stürzen die Wasser darin hinab.

Wenn man erst bis in die Region der ersten Bäche hinabgestiegen ist, so nähert man sich dem noch entscheidenderen Moment, wo der Schnee, nachdem er seiner Staub, Hagelkorn, zerbrechlicher Mörtel gewesen, endlich zu wirklichem Eise wird. Freilich ist es kein glattes Eis wie

154

172

das in unseren Teichen oder Brunnen. Bricht man ein Stück los
und läßt es in der Sonne schmelzen, so zergeht es; zerschlägt man es
mit dem Hammer, so fühlt man, daß es eher zerbröckelt als bricht;
man wird auf einen nur lockeren Zusammenhang dieses Eises hinge=
wiesen, auf hohle Zwischenräume, und wenn man es in eine farbige
Flüssigkeit taucht, so entdeckt man ein ganzes Nest von Haarspalten,
welche die Flüssigkeit aufnehmen. In trockenem Zustande ist dieses Eis
wegen der darin eingeschlossenen Luft undurchsichtig; es muß erst in
Wasser gebadet werden, um sich zu klären. Nichts destoweniger ist es
Eis, hartes, wenn auch nicht vollkommen homogenes Eis. Von der
Art wird es zersplittert, Bäche wühlen Furchen hinein mit prächtig
glatten Wänden.

Andere Phänomene begleiten die Erscheinung dieses Eises, das
von nun an die eigentliche Substanz des Gletschers bildet: es
kommen nun die Spalten und die Moränen. Wir haben in der
Nähe der Gipfel Klüfte angetroffen, dies waren aber unregelmäßige
Vertiefungen, oft verborgene Hohlräume, welche von oben nach unten
sich erweitern. Die eigentlichen Spalten hingegen zeigen eine viel
bestimmtere Richtung und erweitern sich an der Mündung. Die oberen
Klüfte können alle möglichen Formen annehmen; die Spalten sind
relativ schmale, lang ausgedehnte Risse. Die Moränen deuten noch
besser die Umbildungen an, welche der Schnee erfährt, je weiter er
sich von den Höhen entfernt. Man weiß, wie trümmerartig zerrissen
die Felsen der Alpen sind. Mit jedem Frühling lösen sich in Folge
des Frostes oder des Thauwetters eine Menge Blöcke los. Auf dem
weiten Gebiete der Alpen giebt es keine einzige Felsenwand, an deren
Fuße nicht ein Trümmerhaufen zu finden wäre. Diese Felsenbruch=
stücke liegen zerstreut auf den Weiden umher wie auf den Gletschern;
in den oberen Regionen aber bedeckt sie der Schnee und dieser muß
schon einen gewissen Grad von Festigkeit erlangt haben, um erst
kleinere Steine, dann immer größere Blöcke tragen zu können. Wenn
er endlich sich in Eis verwandelt hat, so vermag er ganze Bergstücke
zu tragen, und ist er wirklich so weit, so häufen sich die Steintrümmer,

welche den Gletscher erreichen, in Unordnung an den Rändern desselben an und bilden hier lange, unregelmäßige Hügel, welche halb auf dem Eise, halb auf dem festen Boden ruhen. Diese Hügel sind die Moränen.

So wie man die drei Elemente, den Bach, die Spalte, die Moräne hat, welche sämmtlich mit der Verwandlung des Schnees in Eis in Zusammenhang stehen, so hat man eine Zone betreten, welcher gewisse Naturforscher ausschließlich den Namen Gletscher vorbehalten. Wo ist die Grenze zwischen dem Schnee der Alpengipfel und dem eigentlichen Gletscher? Sie ändert sich je nach den Abdachungen, den Gebirgsketten oder Berggruppen; sie ändert sich auch je nach den Jahren. Vielleicht ist der Spielraum nicht groß genug, wenn man sagt, daß diese Grenze zwischen 3000 und 2400 Meter schwankt. Bisweilen kann man sie mit Genauigkeit angeben, ja sie mit der Hand bezeichnen; aber eben so häufig ist sie unentschieden und kann man eine lange Strecke fortwandern, ohne recht zu wissen, ob man über Schnee oder Eis hingeht. Was von außen die beiden Zonen wesentlich unterscheidet ist der Umstand, daß in der ersten der Reif, sei es nun als Eis oder als Schnee, den ganzen Berg, mit Ausnahme der zu jähen oder dem Winde ausgesetzten Abstürze, einnimmt, während in der zweiten Zone er sich nur in den eingeschnittenen Thälern oder Bodensenkungen zwischen den Berglehnen erhält, die im Sommer frei werden und sich häufig mit grünem Rasen bedecken. In der ersten Zone herrscht nur eine einzige Jahreszeit, ein Winter von zwölf Monaten, der im Juli etwas minder streng ist als im Dezember; in der zweiten hingegen giebt es zwei Jahreszeiten, einen neunmonatlichen Winter, während dessen diese Zone mit der höheren übereinstimmt, und einen Sommer von drei Monaten, während dessen sie sich von der höheren Zone wohl unterscheidet und ihr blasses Leichentuch aus frisch gefallenem Schnee abwirft, um dafür ihre Klüfte, ihre Bäche und Moränen bloszulegen. Die höhere Zone ist die eines weiten Schneeozeans, die untere kennt Golfe voll starren Eises, welche sich bis hinab in die von Menschen bewohnten Regionen erstrecken.

Ich habe Golfe gesagt, ich hätte sagen dürfen Ströme, denn die Zeichen einer stattfindenden Bewegung werden so zahlreich und deutlich, daß sie auch dem unaufmerksamsten Beobachter in die Augen fallen müssen. Was haben die Spalten zu bedeuten, welche in jedem Augenblick den Gletscher durchschneiden und uns zu langen Umwegen nöthigen? Vielleicht bemerkt man im ersten Augenblick nur die schönen Farbentöne ihrer Wände, aber man wird aufmerksamer, sobald man so glücklich ist, der plötzlichen Entstehung einer Gletscherspalte beizuwohnen. Man vernimmt einen heftigen Knall, welcher sich über die ganze Eismasse erstreckt; durch die mächtige Erschütterung reißen sich Steinblöcke von den Berglehnen los und rollen hinunter. Wenn man an diese Erscheinung nicht gewöhnt ist, so fragt man sich, ob man etwa einem Erdbeben beigewohnt und was dieser Theatereffekt zu bedeuten habe. Indessen, man schaut sich um, man sucht und entdeckt endlich einen unbedeutenden, manchmal sehr langen, aber doch so schmalen Spalt, daß man mit einer Messerklinge kaum einzudringen vermag. Es bedarf demnach einer sehr gewaltigen Spannung und eines eben so großen Widerstandes, um unter so furchtbarem Krach einen so unscheinbaren Spalt zu erzeugen.

Die Moränen liefern uns einen zweiten, noch direkteren und positiveren Beweis von der Bewegung, welche diese gefrorenen Massen fortreißt. Die Moränen bilden sich am Rande des Gletschers, am Fuße der ihn beherrschenden Felsen. Wenn der Gletscher durch eine Insel festen Landes zerschnitten wird, die ihn in zwei Arme trennt, so wird die Spitze der Insel zum Ausgangspunkt einer Kette von Steinen, die sich auf dem Rücken des Gletschers in's Unendliche verlängert. Dieselbe Erscheinung kann regelmäßig an dem Verbindungspunkte zweier Gletscher beobachtet werden. Ist die Fläche gar nicht oder nur sehr wenig geneigt, so kann diese oberflächliche Moräne nicht aus einem Fortgleiten der Schuttmassen entstanden sein. Sie sind nothwendig fortbewegt worden, aber wie? Durch Wasser ist es nicht geschehen, denn die Moräne sucht nicht die Linie, in welcher der Fall am stärksten ist; sie geht immer gerade aus, indem sie die Vertiefungen quer durchschneidet und über die Eishügel fortschreitet. Oft sogar wird sie auf einer Art Chaussee getragen. Alle nur möglichen An= nahmen scheitern an den Thatsachen, mit Ausnahme einer einzigen; diese aber ist so natürlich, daß sie sich von selbst dem Geist#aufdrängt, die Annahme nämlich, daß der Gletscher wandert und die Blöcke mit fortträgt.

Die Gletscher bieten nichts so Charakteristisches dar wie diese oberflächlichen Moränen. Ihr Zeugniß ist nicht nur für den Natur= forscher und den geübten Beobachter entscheidend, sondern für Jeder= mann. Sie machen die Bewegung des Gletschers für das Auge wahr= nehmbar, sie sind die Frachten, welche dieser befördert.

Die interessantesten Moränen aber sind nicht diejenigen, welche am Rande einer Insel, noch diejenigen, welche an dem Vereinigungs= punkte zweier Gletscher entstehen, oder solche, die längs der Ufer sich hinziehen. Es giebt deren, welche plötzlich, scheinbar ohne Ursache, auf der Oberfläche des Gletschers auftauchen. Woher kommen sie? Man richte seine Augen in die Höhe und auf eine gewisse Entfernung von dem Punkte, wo sie zum Vorschein kommen, weit hinten vielleicht, wird man einen vorspringenden Felsen bemerken. Die Trümmer dieses Felsenvorsprunges werden hier fortbewegt, nur daß ein Theil der= selben weiter oben unter den Schneeresten eines oder mehrerer Winter verborgen liegt. Wenn man daran zweifelt, so ist es oft nicht schwer, den direkten Beweis für diese Thatsache zu erlangen. Man braucht nur eine Sammlung der verschiedenen Steinarten anzulegen, welche die Moränen mit sich führen; vielleicht findet man eine den benachbarten Moränen unbekannte Spezies. Ist dies der Fall, so gehe man nur geradezu nach dem als ihre Ursprungsstelle bezeichneten Felsenvor= sprung und man wird das Gestein finden, welches diese Spezies an die Moräne abgegeben hat.

Ein Geolog, welcher einen Berg studirt hat, vermag uns anzu= geben, aus welchen Gesteinsarten jede Moräne zusammengesetzt ist, die sich an dessen Fuße auf einem Gletscher befindet. Oft gehört der Gipfel einer anderen Formation an als die Massen, auf denen er ruht. Nur die Moränen, welche vom Gipfel ausgehen, oder dessen Trümmergestein empfangen können, tragen Blöcke, welche denen des Gipfels ähnlich sind. Was heißt dies anders als daß die Moränen auf eine Bewegung hinweisen, welche nicht nur an dem Punkte beginnt, auf welchem sie erscheinen, sondern an der wahren Ursprungsstelle, welche viel weiter oben, mitten in der Region des höchsten Schnees liegen kann. So erklärt sich das Räthsel, welches uns auf den Gipfeln entgegengetreten ist. Was ihnen fehlt, das hat den Weg der Moränen eingeschlagen. Was sie zu viel hatten, ist an den Gehängen des Berges abgeflossen; dieser Abfluß hat sich mit einer Langsamkeit vollzogen, welche an Unbeweglichkeit gränzt, und unter dem einförmigen Mantel des frischen Schnees, der Alles verdeckt und vergräbt, was diese Bewegung verrathen könnte.

III.

Wir können also die eigentlichen Gletscher nicht als ruhige Golfe betrachten, sondern als Eisfluthen, welche mehr oder weniger bis in eine Region vordringen, die sonst keineswegs zu absoluter Unfrucht= barkeit verdammt wäre. Das Aussehen derselben ändert sich je nach den Hindernissen, die ihnen auf ihrem Wege in die Ebene entgegen= treten. Manchmal gelangt der Gletscher bald nach seinem Austritt aus dem hohen Becken in ein langes Thal, mit fast horizontaler oder doch wenig geneigter Sohle. In diesem Falle hat man in der That einen Gletscher, dem man das Prädikat ruhig beilegen könnte. Diese ruhigen Gletscher sind nicht die mindest interessanten, sie haben eben=

falls etwas die Seele Ergreifendes und bieten außerdem den Vortheil,
daß man sie bequem durchwandern und in allen Einzelnheiten studiren
kann. Darin ist der Gletscher mit dem Meeresstrande verwandt, daß
er bei jedem Spaziergange tausend Gegenstände dem Auge des Be-
obachters darbietet; wir wollen nur die auffälligsten erwähnen.

Der erste Platz gehört von Rechtswegen dem Gletscherbach. Wie
unten in den Thälern, belebt in jenen kalten Einöden nichts die Landschaft so sehr wie die Bewegung des Wassers. Der Bach ist das
Leben oder doch wenigstens das Bild des Lebens. Die Bäche der
Ebene wühlen sich ein Bett, das sie für immer gefangen hält. Dieses
Bett hat eine ganze Geschichte, denn der Bach ringt es allen Hindernissen ab, die ihm entgegenstehen, er verschüttet es, er vertieft es, er
breitet sich zu einem See aus, wenn ihm der Lauf verwehrt ist, er
stürzt sich in brausendem Falle über die Felsenstufen; hier murmelt,
dort zürnt er, hier zischt er in Perlen empor, dort benetzt er die
Pflanzen, er unterhält zugleich die Fruchtbarkeit und den Wechsel.
Der Gletscherbach hingegen ist viel unbeständiger, er dauert nur einen
Sommer und hat nicht Zeit, sein Bett zu vertiefen, er stößt nur
selten auf ein Hinderniß, braucht keine Felsen zu umgehen, keine
Pflanzen zu netzen; er ist ein viel bescheideneres Wesen, im Grunde
nur ein Wasserfaden in einer Eisrinne, nicht mehr als dies; aber
dieses Wasser ist das klarste der Welt, diese Rinnen ein blaues,
krystallenes Bett, dessen Wände so glatt, daß das Wasser ohne Reibung
und geräuschlos darin abfließt. Keine Wellen, kein Schaum, kein
Kampf, kein Zögern, keine Zornesanwallung. Das ist leichtes, sorg-
loses Leben, ungesuchte Anmuth, freieste Hingebung und ideale
Klarheit.

Die Gletscherbäche haben nicht alle dieselbe Bestimmung. Einige
gelangen, bevor sie noch Zeit gehabt anzuschwellen, an den Rand einer
Spalte und fallen als Perlenregen hinein. Reicht die Spalte bis auf
den Grund, so ist der Bach verurtheilt, im Dunkeln unter dem Gletscher
fortzurinnen; wenn nicht, so füllt er die Spalte bis zur Hälfte und
findet dann im Innern Kanäle, welche ihn wieder an's Tageslicht

führen. Es giebt Gletscherbäche, die etwa hundert Schritte unter dem Abgrund, in welchem sie verschwunden, als glänzende Spring= brunnen wieder emportauchen. Anderen glückt es, den Spalten aus= zuweichen, sie werden dann, Dank den zahlreichen Zuflüssen, wahre kristallhelle Ströme, welche ohne Aufruhr und Geräusch dahingleiten. Indessen gerathen sie endlich auch in irgend einen Schlund; unvergleichlich sind dann die schönen, mysteriösen Wasserfälle, ist die durchsichtige Fluth, die in wallenden Garben in der bläulichen Tiefe verschwindet. Bisweilen stoßen sie in ihrem Laufe auf eine Bucht und bilden so einen See. Ein so vollkommen klares Wasser, das regungslos in seiner amaranthenen Schale ruht, ist immer etwas wunderbar Schönes; die reinsten und entzückendsten Bäche sind in den Theilen des Gletschers zu suchen, die das wenigste Steingetrümmer tragen. Indessen haben auch diejenigen, welche in der unmittelbaren Nachbarschaft der Moränen entstehen, ihren besonderen Reiz; die Eisränder des Beckens schmelzen all= mählich unter der andauernden Wirkung des Wassers, sie dachen sich ab und geben so den Abfällen der Moränen Einlaß, die man auf dem Grunde des Wassers angehäuft sieht und bis in die geringsten Einzelnheiten unterscheidet. Die meisten dieser Seen haben nur eine vorübergehende Existenz. Früh oder spät durchschneidet sie eine Spalte, in Folge deren sie sogleich sich leeren. Dann schützen die trocken gelegten Stein= haufen das von ihnen bedeckte Eis vor den Sonnenstrahlen; da die letzteren aber ringsumher wirken, so wachsen diese Getrümmer nach und nach in die Höhe, so daß sie nach einigen Monaten, anstatt in einer Vertiefung versenkt zu sein, sich hügelartig erheben. Während dessen wandert der Gletscher und mit ihm entfernt sich der Trümmerhügel von seinem Ursprungsorte. Wenn an der Stelle, wo der erste See sich befand, ein zweiter sich bildet, so unterliegt er endlich einem ähn= lichen Ereigniß, so daß nach mehreren Jahren fünf oder sechs Stein= hügel hinter einander wandern.

Etwas anders gestalten sich die Dinge, wenn es sich um ganz unbedeutende Seen handelt, die von Zuflüssen gespeist werden, welche nur unscheinbar kleine Schuttmassen mit sich führen. Der Boden

dieser Wasserbecken wird allmählich von einer Sand= oder feinen Kies=
schicht bedeckt, welche, wenn das Becken geleert ist, das Eis ebenfalls
vor den Sonnenstrahlen schützt. Bald bildet sich an Stelle des ver=
schwundenen Sees ein regelmäßiger Kegel, welcher einem sehr hohen
Ameisenhaufen ähnlich ist und sich von Tag zu Tag mehr abdacht,
bis der Sand in's Gleiten kommt und sich ringsumher verbreitet. Der
Kegel schmilzt alsdann schnell, aber ein anderer Hügel erhebt sich
ringförmig umher, mit einem Krater in der Mitte. Wenn zufällig der
Schutt, welcher diesen neuen Hügel bedeckt, in den Krater rutscht, so
entsteht ein zweiter Kegel daraus, welcher voraussichtlich einen neuen
Ring erzeugt, und so geht es fort bis der aufliegende Schutt vollständig
zerstreut ist. Jetzt aber ist dieser nicht mehr mächtig genug, das Eis
zu schützen; im Gegentheil beschleunigt er das Schmelzen desselben,
weil er durch und durch erhitzt wird, so daß der Sand oder Kies,
welcher während seines Zusammenhaftens auf hervorragenden Kegeln
gelegen, sobald er zerstreut wird auf dem Boden kleiner Trichter ver=
sinkt. An gewissen Stellen findet man eine Unzahl solcher Trichter
und in einiger Entfernung davon bemerkt man Gruppen von Kegeln,
gewissermaßen gesellige Pyramiden.

Die Wanderung der Bergtrümmer auf der Oberfläche der Gletscher
vollzieht sich im Allgemeinen mit großer Regelmäßigkeit. Die Mo=
ränen erscheinen in langen Streifen, welche mit dem Gletscher breiter
oder schmäler werden und einen genau bestimmten Weg verfolgen.
Jeder Block hat seinen festen Platz in der Reihe und es kommt kaum
vor, daß einer die anderen überholt. Bisweilen jedoch löst sich ein
Stein von größerem Umfang von der Masse los und gleitet nach
außen. Wie geregelt nun auch die Wanderung der großen An=
häufungen sein mag, so ist doch die der vereinzelten Steinblöcke gar
wunderlichen Zufällen unterworfen. Es sind dies eben Fahnenflüchtige,
welche sich selbst und allen Launen des Schicksals überlassen bleiben.
Gewöhnlich pflegen sie zu „tischen" (tabler), ein Ausdruck, den die
Naturforscher brauchen, weil sie nämlich, da das Eis rings um sie her
schneller schmilzt als unter ihnen, zuletzt auf einem Eispfeiler stehen

bleiben. Die Platten, welche von irgend einem sedimentären Gestein herrühren, stellen so ziemlich genau einen Tisch mit einem Säulenfuß dar. Die schrägen Sonnenstrahlen wirken freilich auf diese Säulen und die Blöcke stürzen dann nothwendig mit einem Krach auf die

Seite. Wenn sie darauf der Richtung des Abhanges folgen, so geschehen ihre Wanderungen im Zickzack, sie wenden sich bald rechts, bald links, schreiten vor- und wieder rückwärts. Sie kommen indessen nicht weit, ohne auf eine Spalte zu stoßen. Ist diese groß genug, so bleiben sie zwischen ihren Wänden stecken und da der Gletscher weiter schmilzt, so erscheinen sie nach einigen Wochen, Monaten oder Sommern wiederum auf der Oberfläche und bilden allmählich neue Tische, bis sie wiederum in eine Spalte stürzen. Dieses Spiel wiederholt sich ohne Ende, denn wenn die Blöcke einmal aus der Reihe kommen, so haben sie wenig Aussicht, ihren Platz in der Moräne wieder einzunehmen.

„Ist das urbares Land?" fragte eine hübsche Pariserin, indem

183

sie mit ihrem Finger auf die Moränen wies, welche sich auf dem Eis-
meere über dem Mont=Anvert hinziehen. Man kann sich mindestens
fragen, ob die Moränen vollständig unfruchtbar sind und der Beobachtung nichts Anderes darbieten als die Lage der Blöcke und die
Abenteuer, welche diesen auf ihrer Wanderung zustoßen. Die Gehänge
des Berges fangen an grün zu werden, sogar am Rande des Gletschers
sehen wir Sträucher, weiter unten Wälder. Schon hört man das
Heerdengeläute und das Horn des Ziegenhirten. Warum sollten die
vom Felsengehänge hinabgestürzten Blöcke nicht eine Lebensspur bewahrt
haben? Wenn man sich die Mühe des Suchens nicht verdrießen läßt,
so entdeckt man auch in irgend einer Vertiefung des Steins Ueberreste verdorrter Pflanzen, einer Saxifraga oder Primel. Mancher
dieser Blöcke war gewiß von hübschen Pflanzen bunt überzogen, doch
seit er auf dem Gletscher wandert, ist Alles zu Grunde gegangen, Alles
ohne Ausnahme, einige armselige Flechten vielleicht ausgenommen,
die zählebiger oder noch nicht lange genug auf dem Gletscher sind,
um ganz zu verdorren.

Die Moräne ist ohne Leben. Ist es der Gletscher auch? Auf
den ersten Blick möchte man meinen, er sei nur ein Aufenthalt für
Leichen; hier liegt ein todter Schmetterling, dort eine todte Fliege, da
ein anderes Insekt. In der Ebene findet man nur wenig Thierleichen.
Das Leben erhält sich hier aus der Beute des Todes und überall
wimmelt es von gefräßigen Insekten, die mit Zangen und Haken ausgerüstet ihrer Jagd auf die Todten nachgehen. Der Schmetterling,
welcher ermattet auf den Boden sinkt, hat immer noch Zeit, um zu
sehen, ob er die Speise von Ameisen oder Laufkäfern sein wird; aber
diese Art Jäger und ihr Wild müssen, wenn sie auf den Gletscher
verschlagen werden, vor Erstarrung oder Mattigkeit zu Grunde gehen
und schlafen hier friedlich neben einander, von dem kalten Leichentuch,
auf welchem sie ruhen, vor Fäulniß gesichert. Sie inkrustiren sich im
Eise und schaffen sich ein trichterförmiges Grab, gerade so wie die
kleinen Steinchen. Nicht selten findet man sie in solcher Menge, daß
man in einigen Stunden eine reiche Sammlung der geflügelten In-

fekten anlegen könnte, welche in den benachbarten Thälern leben. Der Gletscher ist ein Kirchhof.

Beim Aufsuchen von Thierleichen lüftet man wohl auch hie und da eine Felsplatte, um zu sehen, was etwa darunter liegt. Hier heißt es anpassen, denn hier ist Aussicht vorhanden, Lebensspuren zu entdecken. Wunderbar, der Gletscher, der jeder Vegetation spottet, besitzt eine Fauna, aber eine solche, die nur in einer einzigen, fast mikroskopischen Gattung besteht. Dies sind kleine Insekten, welche sehr gut springen, deshalb hat man sie auch Gletscherflöhe genannt. Sie sind schwarz und glänzend, haben ziemlich lange Fühlfäden und den Rücken wie geschuppt. Uebrigens sind sie so klein, daß sie in die geringsten Ritzen des Gletschers hineinschlüpfen und hier unsichtbare Gänge finden, die für sie weit genug sind. Es ist kaum anzunehmen, daß sie hier auf irgend etwas Jagd machen, sie mögen nur vom Gletscher= wasser leben; vielleicht aber auch, daß sie mit ihren feinen Organen verborgene Atome organischer Substanzen auffinden. Wer weiß übrigens, ob der Gletscher selbst nicht uns unbekannte Wesen be= herbergt? Man kennt den rothen Schnee. Er gehört nicht allein den Gletschern an, man findet ihn auf Höhen von ungefähr 2000 Meter und am häufigsten auf Abhängen, auf denen im Sommer der Schnee verschwindet. Die Farbe verdankt derselbe einer Menge von In= fusionsthieren. Wenn diese nun statt von rother, von grau=weißlicher Farbe wären oder nicht zahlreich genug, um das gewöhnliche Aus= sehen des Schnees zu ändern, ist es dann so gewiß, daß man sie gleichfalls bemerkt hätte?

Dieses kleinste Leben wird nur der aufmerksame Beobachter gewahr, für den Touristen bleibt der Gletscher eine Einöde mit In= sektenleichen, die auf der Oberfläche desselben verschüttet liegen. Leider birgt auch das Innere des Gletschers Leichen, aber größere als solche von geflügelten Insekten. Früher oder später muß er sie heraus= geben, denn Alles was er umschließt, tritt einmal an's Tageslicht. Er haßt die Unreinlichkeit, sagen die Leute auf den Bergen. Doch

verschlingt er seine Opfer schneller als er sie herausgiebt und nicht
ohne Schaudern bringt der Blick in die Abgründe, welche den Gletscher
durchschneiden. Von allen Erscheinungen desselben machen die Spalten
am meisten Eindruck auf uns; man geht auch an keiner vorüber, ohne
ihr bis auf den Grund sehen zu wollen. Manchmal kann man in
die Spalte hinabsteigen, indem man sich an der Stelle hinunter läßt,
wo die Wände sich nähern; doch wenn dies eben möglich ist, so ist
auch die Spalte im Begriff sich zu schließen und nur noch der obere
Theil derselben ist übrig geblieben. Die schönen Spalten sind die=
jenigen, denen man nicht auf den Grund sehen kann. Sie allein geben eine
Vorstellung von den Reflexen im Innern des Gletschers. Die Finsterniß,
welche in der Tiefe herrscht, verwandelt sich in ein Dunkelblau, welches
nach der Oberfläche hin lichter wird. Man kann sich kaum etwas dem
Auge Wohlgefälligeres vorstellen, als diesen Uebergang von der Nacht
zum Tage durch alle Schattirungen des reinsten Blaus. In Er=
mangelung eines Senkbleis wirft man Steine von den nahen Mo=
ränen hinein. Man neigt sich über den Rand, um zu sehen und zu
hören; der Stein hüpft von Wand zu Wand und man hört deutlich
ein Tönen, welches sich der ganzen Gletschermasse mittheilt. Unwill=
kürlich denkt man an eine ungeheure Orgel, welche einen tiefen, lang=
gezogenen Ton vernehmen läßt, einen Todesseufzer aus dem weiten
Grabesgebiete.

Dies ist der „ruhige" Gletscher, doch kommt es nur selten vor,
daß ein Gletscher lange auf ebener oder sanft geneigter Fläche wandert.
Auch die meist begünstigten gelangen endlich an einen steilen Abhang, dem
sie nothwendig folgen müssen. Gar manche verlassen die hohen Ge=
birgsbecken nur, um sich in eine enge Schlucht zu stürzen oder über
steile Gehänge zu ergießen. Die abstürzenden Gletscher sind niemals
ruhige Gletscher. Ihre Besteigung ist schwer, wenn nicht unmöglich,
am häufigsten kann man sie auch nur von außen her beobachten. Die
Zahl der Spalten steht im Verhältniß zur Neigung und den ge=
wöhnlich damit zusammenhängenden Unebenheiten des Bodens. Ist
der Absturz nur einigermaßen steil, so verwandelt sich der Gletscher

auch in ein Gewirre von Blöcken, welche scheinbar jeden Augenblick übereinander poltern müssen und denen man zuweilen mit Unrecht den Namen „Séracs" beigelegt hat. Nicht ungern vergleicht man diese Eisstürze mit einem Wasserfalle, dessen Wellen plötzlich zu gefrorenen Massen erstarrt sind. Dieses Bild ist indessen nicht ganz

richtig. Flüssige Wellen folgen einander ohne Unterbrechung, die Eiswellen hingegen sind überall gebrochen und zerstückt; die ersteren wallen in Schaumgarben hernieder und selbst im heftigsten Niedersturz bewahren sie noch ihre Weichheit und Anmuth; die letzteren, starr und massig, reißen stets in scharfen Kanten und setzen sich nur in Folge eines gewaltigen Rucks in Bewegung. Das wirre Durcheinander der Eiskatarakte entsteht nur allmählich. An dem Punkte, wo die Abdachung plötzlich in die Augen fällt, sieht man weite Querspalten, zwischen denen breite, regelmäßige Scheiben emporstarren; der Gletscher blättert sich. Je mit der Zunahme der Abdachung nähern sich die Spalten und es beginnt die Verschiebung. Nun kommt der eigentliche Absturz, die Scheiben werden dünner und zerbrechen nach allen Richtungen hin; bald stellt der Gletscher nur noch ein Labyrinth bunt durcheinander geworfener Blöcke und finsterer Abgründe dar. Die Blöcke sind stets vorn übergebeugt, als eilten sie sich, fortzukommen, und bilden Pyramiden, Obelisken, Thürme, zertrümmerte Zinnen oder geborstene und verbogene Mauern. Der eine Block hängt über, der andere stützt sich auf die Schulter eines Nachbars, manche sind oben dicker als unten; einige sind durchlöchert, von anderen ist nur noch ein ungestalter Pfeiler übrig, dessen frischer Bruch auf einen kurz zuvor stattgefundenen Sturz hinweist. Der erfinderischste Geist würde nicht die Hälfte der Formen ersinnen, welche sich in diesen Haufen unregelmäßiger Kristalle übereinander drängen. Die Sonne giebt ihnen täglich eine neue Gestalt und verändert täglich ihr Gleichgewicht. Ihre Strahlen dringen durch die Zwischenräume bis auf die Grundfläche der Blöcke, um hier unaufhörlich an ihnen zu nagen. Von Minute zu Minute hört man einen Krach, sieht man einen jener allzukühn sich emporreckenden Riesen in einen Abgrund stürzen. Abgesehen von diesem plötzlichen Wechsel im Gleichgewicht bemerkt man keine Bewegung und doch hat man das Gefühl, daß die ganze Masse sich rege und hier eine ununterbrochene Arbeit stattfinde. Niemals ist es der Natur besser gelungen, bei allem Anschein der Unbeweglichkeit doch die Illusion der Bewegung in uns wachzurufen; aus diesen sich widersprechenden Eindrücken folgt dann eine phantastische Wirkung, von welcher selbst die ärmste Einbildungskraft gepackt wird. In diesem Wirrwarr verschieben sich natürlich auch die Moränen; Schlamm, Sand, Kiesel und kleinere Bruchstücke sind bald in den höheren Spalten verschwunden, während die größeren Blöcke längeren Widerstand leisten. Manchmal ruhen solche als eine natürliche Brücke quer über einer Spalte, so wie diese aber sich erweitert, stürzen sie und bleiben zwischen den Seitenwänden stecken bis sie allmählich tiefer und tiefer hinabsinken, je nachdem das Eis unter ihnen fortschmilzt. Anderen gelingt es, sich auf irgend einer Eisscholle schwebend zu erhalten, die sie dann durch ihr Gewicht erdrücken, bis die ganze Moräne in den Fluthen des Katarakts verschwindet, dessen Abgründe in der Sonne immer reiner und glänzender schillern.

Mit Ausdauer und etwas Kühnheit, wenn man dabei mit allen nöthigen Geräthen, als Axt, Seil, Eissporen, ausgestattet ist, kann

man bisweilen bis ins Innere eines jener Kristallströme dringen; doch so wie man ihn betritt, ist man wie erdrückt von der Massen= haftigkeit der Erscheinung. Rechts, links, vorn und hinten, überall ragt ein Obelisk oder eine Pyramide über uns empor. Man fühlt sich gefährdet von diesen Kolossen, deren seltsame Gestalten in der Nähe nur um so entschiedener in's Auge fallen und wenn man zwischen ihren Kanten fortgleitet, so kommt man sich selber als eine bescheidene Ameise vor, die zwischen den Kinnbacken eines Löwen hin= und her= wandert. Man braucht gar nicht weit vorzudringen, um sich zu verirren, und der Rückweg ist bisweilen beunruhigend. Wie soll man auch in diesem fort und fort sich erneuernden Labyrinth sich zurecht finden? Wo ist man durchgekommen? War es auch hier? War es denn möglich, um einen so ungeheuren Block herumzuklettern? War man wirklich frech genug gewesen, auf diesem spitzen Grat rittlings fortzurutschen? .... Die peinlichste Aufmerksamkeit schützt vor Irrungen nicht, das Gedächtniß verwirrt sich unter den wilden Eindrücken eines solchen Chaos.

Für den Beobachter, welcher sich mit dem malerischen Effekt nicht begnügt und sich über den Grund der Erscheinungen Rechenschaft abzulegen sucht, ist es vielleicht weniger interessant, bis mitten in diese Katarakte kühn vorzudringen, als deren Anfang und Ende, das letztere besonders zu studiren. Wir haben schon gesagt, wie der Gletscher sich oberhalb des Abhangs, den er zu überschreiten hat, blättert; nach unten hin vereinigt er im Gegentheil sich wieder, die Scheiben nähern sich und drängen sich über einander, die Abgründe schließen sich und es bleiben nur unregelmäßige, wellenförmige Uneben= heiten übrig, die ebenfalls nach und nach verschwinden, so daß einige hundert Schritte von seinem Sturz der Gletscher wieder so ruhig erscheint, als hätte er nie die ebene Bahn verlassen. Man möchte glauben, das Eis sei dann um so lockerer oder man müsse wenigstens schlecht verwischte Spuren so vieler Brüche unterscheiden können; aber nein, das Eis widersteht dann nur um so stärker der Axt, ja es scheint nur um so fester in einander gewachsen zu sein, je mehr es vorher zertrümmert gewesen. Das Ansehen desselben ist übrigens unverändert, wenn man von einer Art vertikaler Schichtung absieht, welche an den Spaltenwänden sehr sichtbar wird und manchmal von glänzendem Effekt ist. Bänder von tieferer Bläue wechseln hier mit helleren ab, die ersten scheinen zwischen die andern geschoben und bilden so mit ihnen gemeinsam eine geäderte Masse. Weiter unten endlich sieht man auf der Oberfläche des Gletschers einen Theil des versunkenen Gerölls wieder zum Vorschein kommen; anfangs sind es größere, dann gewöhnliche Kieselsteine, und zum Schluß stehen

wiederum Moränen da, beinahe eben so entschieden und charakteristisch
wie sie vorher gewesen.

Die Gletscher werden in ihrem Bette manchmal so sehr gekrümmt
und verbogen, daß sie geradezu entzweibrechen. So entstehen Lawinen
eigenthümlicher Art, welche man mit Bergstürzen vergleichen könnte.
Ich habe ein ziemlich merkwürdiges Beispiel eines solchen Gletscher=
bruchs konstatiren können. Ein Seitenarm des großen Combin=
gletschers stürzt in das Valsorey, nicht weit von der Straße auf dem
St. Bernhard. Nach einem fast senkrechten Fall, der nicht weniger
als 200 Meter messen muß, gelangt er auf sanftere Abdachungen
und verlängert sich hier bis an die grünen Weiden. Im Jahre 1858
war ein ungeheurer Eiszapfen in Form eines Riesenpfeilers gegen
die senkrechte Felswand gelehnt. Nur dies einzige Mal hatte ich
Gelegenheit, einen Eiskatarakt zu sehen, der einem erstarrten Wasserfall
vollkommen ähnlich sah. Es war in der That ein Eiszapfen, und
um ihn sich genau vorzustellen, braucht man sich nur einen gefrornen
Niagara zu denken, wohl weniger breit als der Fall des Lorenz=
stroms, aber wie dieser in einem einzigen Wasserschwall aus einer
zwei= bis dreimal bedeutenderen Höhe niederstürzend. Einige Jahre
später war dieser Katarakt nicht mehr vorhanden, man sah nur den
schwarzen Felsen, an den er gelehnt gewesen. Der Eispfeiler war
zusammengestürzt und dem unteren Gletscher, der nicht merklich
abgenommen zu haben schien, wurden nur noch die Felsblöcke
zugeführt, welche von Zeit zu Zeit von den oberen Becken des
Combin herabfielen. Es kommt nicht selten vor, daß so zerschnittene
Gletscher zwei oder drei Etagen darstellen, welche durch nackte Felsen=
mauern von einander getrennt sind. Die Leichtigkeit, mit der sich
diese Abschnitte wieder vereinigen, ist dann sehr überraschend: das
von einer Etage zur andern stürzende Eis wird zu Staub zermalmt
und dennoch dauert es nicht lange bis es wiederum eine feste Masse
darstellt, und das letzte Stück eines dreimal gebrochenen Gletschers
wandert so regelmäßig, als hätte nie ein Bruch stattgefunden. Ohne
die blauen Adern, welche das weiße Eis durchziehen, würde man

kann eine Störung in der Bewegung des Gletschers vermuthen können; freilich können dieselben, weil sie eine gewisse Unregelmäßigkeit an der Oberfläche des Eises bewirken, kaum unbemerkt bleiben. Sie sind homogener, härter als das weiße Eis, sie widerstehen nachhaltiger der Macht der Sonnenstrahlen, so daß jeder blauen Ader ein mehr oder weniger hervortretender Kamm, jeder weißen Ader eine Furche entspricht, in welcher letzteren die Felstrümmer liegen· bleiben.

Der Gletscher bringt indessen in die niederen und warmen Regionen vor, die Bäche treten zahlreicher auf und aus den Spalten herauf hört man sie brausen und stürmen. Der Gletscher muß ab= nehmen. Diese Abnahme aber bleibt anfangs unbemerkt, denn sie betrifft die Mächtigkeit des Gletschers, und um sie richtig zu beurtheilen, müßte man auf den Boden der Spalten hinabsehen können. Die Breite aber hängt hauptsächlich von der Entfernung der Seitenwände ab: der Gletscher verengt sich, so wie diese sich nähern; er wird breiter, sobald sie sich entfernen,—und überall folgt er so genau den Windungen seines Bettes, daß er es mühelos auszufüllen scheint. Bei den ersten Anzeichen einer Abnahme kann man annehmen, daß man dem Ende des Gletschers nahe ist. Und dies ist nicht der mindest interessante Theil desselben, denn hier trifft man die schönsten Nadeln an und der Wirrwarr der Moränen erreicht jetzt seinen Höhepunkt. An dieser Stelle ist es auch leichter, die Vorgänge unter dem Gletscher zu beobachten. Es ist mehr als wahrscheinlich, daß in höheren Regionen das Eis auf dem Boden fest aufliegt; nach ihrem Endpunkte hin haben jedoch alle Gletscher von einiger Ausdehnung schon lange die Eisregion verlassen. Sie steigen manchmal bis auf das Niveau der kleinen Berge in der Ebene, auf 1000 oder 1200 Meter hinab. Die Erdwärme bewirkt dann, daß sie von unten auf schmelzen und so entsteht oft ein leerer Raum zwischen dem Gletscher und dem Boden. Aller Enden rauschen Bäche hervor und da wo die mächtigsten Ströme sich herauswälzen, bilden sich tiefe und geräumige Grotten, in welche man oft gefahrlos eindringen kann. Das sollte man thun,

174

so oft es möglich ist. Azurfarben, milder als die reinste Himmels=
bläue, verschönern das Gewölbe der Grotte; der durch die Oeffnung
oft durch eine Querspalte eindringende Tag vermehrt die Reflexe,
man ist von einem idealen Lichte rings umwoben, unten aber auf
dem Boden der Grotte rollt ein dicker, schmutziger Strom und aus
allen Seitenspalten bringen Morast und erdiges Wasser hinzu. Man
entdeckt dann, daß der Gletscher auf einem Schlammbette ruht, das
er selber erzeugt. Mit ungeheurem Gewicht drückt er auf seine Felsen=
sohle und rückt nur bei fortwährender Reibung vorwärts, so daß er
auf die Länge alle Unebenheiten auf seinem Wege zu seinem Staube
zermalmt. Das aus den Spalten schwitzende Wasser durchfeuchtet
diesen Staub, er wandert nun mit dem Gletscher weiter und dient
ihm als Schmirgel. Kleine, härtere Sandkörner bleiben immer noch
übrig, manchmal auch Kieselsteine, die nun gegen den Felsen gepreßt
seine Kritzungen oder auch tiefere Rinnen einschneiden.

Der Gletscher arbeitet nicht nur bei hellem Tage, indem er die
von den Höhen herabgestürzten Felsstücke weiter trägt, er arbeitet
auch in der Finsterniß, indem er unter sich den Boden glättet und
dessen Rauhheiten und Unebenheiten abschleift. Man reinige den
Boden solcher Grotten und lege den Felsen blos, und man wird ihn
jedesmal abgehobelt, abgefeilt, abgeschliffen finden; er wird dies
besonders an den Stellen sein, welche der Wanderung des Gletschers
ein Hinderniß entgegenstellten. Diese Arbeit des Abschleifens ist von
außerordentlicher Feinheit. Die Kritzungen berühren sich, ohne in
einander zu laufen, und so kann man die Bahn verfolgen, welche
jedes Sandkorn auf dem Steine eingezeichnet hat.

Nach einer Fahrt, welche ungleich mühevoller ist als die der
Felsblöcke, die sich ruhig tragen lassen, gelangen die Schlammmassen
endlich ans Tageslicht und bleiben am Ende des Gletschers in großen
Haufen liegen. Hier ist auch der allgemeine Sammelplatz für die
Mittel= und die Seitenmoränen. Oft ist das Ende des Gletschers
wegen der ungeheuren Schuttmassen nicht zu erkennen und man geht

175

wohl auch darüber hinweg, wie über die Trümmer eines Bergsturzes; Pflanzen sogar können hier sich täuschen. Man findet z. B. einige Ranunkeln auf den letzten Abfällen des Zmuttgletschers am Fuße des Cervin. Freilich ist dieser Gletscher einer der beladensten und er führt Naturforscher eben so leicht irre wie Ranunkeln.

Endlich hört das Eis vollständig auf und es bleibt nur noch die Stirnmoräne übrig, welche aus der Verbindung sämmtlicher Moränen entsteht und durch den Schlamm verkittet wird, der unter dem Gletscher hervorquillt. Sie bildet einen Gürtel vor dem Gletscher und umzieht ihn mit einem mächtigen Wall. Es kostet oft keine geringe Mühe, diesen zu erklimmen. Uebrigens sind auch die ungeheuren Schutt= und Steinmassen an keine feste Ordnung gebunden. Zieht der Gletscher sich zurück, so läßt er auch überall zerstreute Fels= trümmer liegen; nach einigen regnerischen Jahren aber kehrt er wieder und wühlt von Neuem mitten in diesen alten Moränen. Er packt sie von unten an, hebt sie auf, stürzt sie um und wirft sie über einander. Nichts vermag ihm zu widerstehen als der festliegende

Felsen, an dem er noch feilt, weil er ihn nicht in die Höhe heben kann. Stößt er auf eine Tanne, so stürzt er sie nieder, eine hölzerne Hütte schiebt er vor sich hin, eine Wiese begräbt er, indem er über den Rasen hingleitet, manchmal aber zerreißt er auch den urbaren Boden wie eine Pflugschaar und rollt und ballt die Erde vor sich hin. So ackert der Gletscher, geräuschlos, ohne Erschütterung, gemüthlich fort, und. dies giebt solchen Scenen der Verwüstung noch einen eigenthümlichen Reiz.

Ganz anders der Bach, der ihm entströmt. Dieser, der Alles vor sich her vernichten zu wollen scheint, erschöpft sich in ohnmächtiger Wuth an den Steinblöcken, welche ihm das Bett verstopfen und all sein Rasen rückt höchstens ein Paar armselige Kieselsteine von der Stelle. Der Bach zeigt nur die Wuth des Schwachen. Der Gletscher aber verfährt anders: er schreitet vorwärts, ohne daß man ihn hört, geduldig, aber unwiderstehlich. Er zerstört nicht aus Lust am Zerstören, sondern um auf die Seite zu schaffen, was ihm im Wege steht. Die Unglücklichen, deren Felder er verwüstet, sehen ihm mit stummer Ergebung zu; sie müssen ihrem Ruin beiwohnen und versuchen es nicht einmal, ihn zu beschwören.

Um sich eine richtige Vorstellung von der Gewalt jener starren, unaufhaltsam vorwärts drängenden Ströme zu machen, ist es gut, die Wirkung sehr kleiner Gletscher beobachtet zu haben. Man ist versucht, ihre Kraft nach ihrer Größe zu beurtheilen und sieht sich nicht wenig überrascht, an ihrem Saume, vorausgesetzt daß das Gestein es zuläßt, fabelhafte Trümmerhaufen anzutreffen. Sie sind minder gefährlich, weil sie nicht bis mitten in die Wälder und Matten hinab= steigen. In eine Gebirgsschlucht eingeklemmt, entziehen sie sich oft den Blicken, doch braucht man sie nur aufzusuchen, um sich zu über= zeugen, daß sie ihren gewaltigeren Brüdern nicht unähnlich sind und in ihrer stillen Einsamkeit verheerend wirken. Sie haben noch größere Moränen als jene, zu zwei, drei, vier Reihen, und um zu ihnen zu gelangen, muß man oft stundenlang über Trümmerhaufen klettern.

Freilich ſind ſie ſo hoch gelegen, daß die Opfer ihrer Zerſtörungs=
wuth nicht mehr unter einer grünen Decke verſchwinden. Ueberall
aber treten die Spuren ihrer Schwankungen während eines Zeitraums
von Jahrhunderten ſichtbar hervor und man kann danach ihre gegen=
wärtige und ihre ehemalige Kraftentfaltung bemeſſen.

Touriſten pflegen zwiſchen reinen und nicht reinen Gletſchern zu
unterſcheiden, ſie ziehen die erſteren bei Weitem vor. So verdankt
der Roſenlanigletſcher ſeiner Reinheit die Berühmtheit, die ihm
geworden. Die Gletſcher ſind aber niemals vollſtändig rein, weil ſie
in den Alpen nie von Bergen mit ganz feſtem Geſtein eingeſchloſſen
ſind. Es handelt ſich hier um ein mehr oder weniger, doch ſind die
Unterſchiede bedeutend. Natürlich, daß die reinen Gletſcher dem
Auge mehr gefallen und es iſt deshalb rathſam, unter denen eine
Wahl zu treffen, welche am wenigſten mit Trümmern beladen ſind.
Vom Roſenlani werden die Beſucher ſtets die Erinnerung an ein
glänzendes Schauſpiel mitnehmen; hätte man ſie aber zum Zmutt=
gletſcher geführt, ſie würden es ſicher bedauern, daß man ſie eine ſo
weite Reiſe habe machen laſſen, um ihnen ſolche Schreckensbilder zu
zeigen. Die reinſten Gletſcher ſind indeſſen ſelten die intereſſanteſten.
Die Reinheit ſelber iſt ein Armuthszeugniß für den Gletſcher, ſie
beweiſt, daß er nicht weit herkommt, daß er nur auf gleich geneigten
Flächen fortgewandert und ihm unterwegs wenig zugeſtoßen iſt. Die
ſehr großen Gletſcher hingegen ſind an ihren Endpunkten immer mit
Schutt und Trümmern beladen und wenn man von der Natur mehr
als oberflächliche und angenehme Eindrücke fordert, ſo wird man die
verunreinigten Stellen mit demſelben Intereſſe beſuchen wie die licht=
ſtrahlenden, fleckenreinen.

Das Eigenthümliche an den großen Gletſchern iſt, daß ſie gewöhn=
lich aus der Vereinigung mehrerer Gletſcher entſtehen. Die Flüſſe
brauchen einige Zeit, um ihr Waſſer zu vermengen, die Gletſcher
wachſen aneinander, aber ſie vermengen ſich nicht. Iſt einer derſelben
reiner als der andere, ſo unterſcheidet er ſich noch an Weiße in dem

Bette, welches ſie nebeneinander durchwandern. Auch ihre Moränen begleiten und trennen ſie treulich. Jede für ſich bildet eine Grenze und eine genaue Betrachtung ihrer Bahnen genügt, um den Gletſcher in ſeine einzelnen Glieder zerlegen zu können.

Unter den größten Gletſchern der Schweiz ſind es drei, welche eine beſondere Berühmtheit genießen: es ſind dies der Aar-, der Aletſch- und der Monte Roſa-Gletſcher. Zwei Zwillingsſtröme ent=ſpringen den Bergen und, durch eine Felſenwand geſchieden, laufen ſie parallel neben einander; da ſenkt ſich die Wand, ſie vereinigen ſich und füllen mit ihren beruhigten Wellen ein hohes und weites Thal aus, welches ſie gleichmäßigen Schritts und majeſtätiſch durch=wandern: dies iſt der Aargletſcher. Der Aletſch iſt der König unter den Gletſchern, er kennt nur Tributpflichtige. Hinter dem Aletſchhorn verbirgt ſich ein Becken, in welchem die feſten Waſſer eines ganzen Amphitheaters von Bergen ſich vereinigen. Daraus entſpringt der Aletſchgletſcher, um ein langes Thal zu durchwandern, welches, anſtatt ihn direkt in die Ebene zu geleiten, ihn langſam um den Gipfel des Berges herumzieht, an dem er entſprungen iſt. Von der Spitze des Aletſchhorns aus kann man nach Belieben Felſenſtücke nach Norden, Süden, Oſten oder Weſten ſchleudern, und alle werden auf dem einen oder andern Wege den Rieſengletſcher erreichen, der ſich wie ein Gürtel rings umher ſpannt. Ganz anderer Art iſt der Monte Roſa=Gletſcher, er iſt vielfach zuſammengeſetzt, das gigantiſche Werk von zehn mächtigen Gletſchern. Sie ſteigen von allen Spitzen des Monte Roſa hernieder, die einen rein, die andern beladen, dieſe ſtill und ruhig, jene an den Felſenhängen hinabſtürzend, und vereinigen ſich in dem weiten Raume, der von den zahlreichen himmelanſtrebenden Gipfeln beherrſcht wird. Es iſt weniger ein Fluß als ein bewegtes Meer, ein Meer, welches plötzlich den Weg vor ſich geſperrt ſieht und nur noch durch eine enge Schlucht zwiſchen zwei unerſchütterlichen Mauerwällen einen Ausgang findet. In dieſe Schlucht ſtürzt ſich der Gletſcher, er wird zum wilden Bergſtrom, bricht auseinander, ſträubt ſich empor und ſich in der letzten Felswindung noch einmal

um ſich ſelber drehend, wälzt er ſich endlich zerriſſen und zer-
klüftet aus ſeinem Gefängniß, um auf der grünen Flur im Thale
zu enden.

Will man ſich einen vollen und unauslöſchlichen Eindruck von
der Erhabenheit der Alpenwelt verſchaffen, ſo beſuche man einen
dieſer drei Gletſcher, aber man begnüge ſich nicht blos mit einem
flüchtigen Betreten des Außenrandes. Auch einen Fluß muß man
auf= oder abwärts fahren, wenn man ihn ſehen will; thun wir
daſſelbe auf dieſen ſtarren Flüſſen. Jünglinge mit kräftiger Bruſt
und unermüdlichen Kniekehlen, euch rathe ich eine ſchöne Nacht zu
einer Beſteigung des Jazygipfels zu benutzen, welcher nach Norden
hin die hohe Linie des Monte Roſa fortſetzt. Bei eurer Behendigkeit
erreicht ihr das Ziel mit dem Morgenroth. Wenn ihr dann Athem
geſchöpft und die Ausſicht eine Zeitlang genoſſen, ſo macht ihr euch
wieder auf den Weg und unternehmt nun auch einmal eine Gletſcher-
fahrt. Es ſei euch Geſetz, nur wenn es unbedingt nöthig den Fuß
wieder auf das Ufer zu ſetzen. Der Weg iſt lang, zuweilen ſchwierig;
aber geht nur immer vorwärts, es harrt eurer der Lohn, die Natur
in ihrer mächtigen Arbeit belauſcht, gewiſſermaßen an ihrem Wirken
Theil genommen zu haben. Moränen, Bäche, Nadeln, Schrunden,
Großes und Kleines, betrachtet Alles auf eurem Wege. Wenn einige
Vorſtudien es euch geſtatten, mit dem Auge eines Naturforſchers zu
ſehen, deſto beſſer; wenn nicht, ſo ſchaut euch dennoch um. Seht was
aus jenem ätheriſchen Schneeſchmuck der hohen Gipfel wird, bis er hinab
zu den geſelligen Hütten der Menſchen gewandert iſt. Von der luftigen
Welt, die weder dem Himmel noch der Erde anzugehören ſcheint,
geht hinüber zu der uns näheren Welt des Gletſchers, dem erſten
und gigantiſchen Schauplatz des Ringens, der Arbeit, der Zerſtörung.
Sie berühren ſich und doch ſind es ſchon zwei Pole. Leicht iſt der
Schnee dort oben, der Gletſcher iſt ſchwer und bewegt ſich nur in
Folge unausgeſetzter Anſtrengung; ja ſogar in den kühnſten Spielen
der oberen Katarakte iſt Mühe und Zwang und eine gewiſſe Schwer=
fälligkeit nicht zu verkennen. Seine ſo leicht hingeſtellten Nadeln

verdanken ihr Gleichgewicht auch nur einem Spiel des Zufalls, durch
welchen sie die Stellung eines den Einsturz drohenden Thurmes
behaupten. Die hohen Firnfelder sind rein und leuchtend, sie haben
schnell unter ihrer weißen Decke alles Unreine verborgen und strahlen
zu jeder Jahreszeit im Sonnenlichte; der Gletscher hingegen streift
jeden Sommer seine Decke ab und scheut sich nicht, die Trümmer
bloßzulegen, welche ihn verunreinigen. Die hohen Firnfelder scheinen
nur dazu bestimmt, zu glänzen; der Gletscher ist zum Tragen geschaffen,
er hat breite Schultern und wankt nicht unter den mächtigen Blöcken;
er hebt sie, wenn es Noth thut, in die Luft und stürzte ein ganzer
Berg über ihn hin, er würde die Trümmer desselben in Ordnung
und Gemächlichkeit, mit der Geduld der Stärke ins Thal hinabtragen
und nie schwanken unter seiner Bürde. Die hohen Firnfelder liegen
im Reiche des Lichts, für sie leuchten die ersten Strahlen des Morgen=
roths, die letzten der untergehenden Sonne; der Gletscher schleppt
sich mühsam ins Thal hinab und sieht den Himmel nur zwischen zwei
Felsenwänden. Der hohe Firnschnee hat Raum zu Spiel und Wirbel=
tanz; der Gletscher hat nicht Platz genug für die gefrorenen Wellen,
welche ihn in den Engpässen bedrängen und hemmen und sich über
einander thürmen. Die hohen Firnfelder schützen die Gipfel, der
Gletscher unterwühlt sie, nagt und feilt an ihnen und verwandelt
das Gerüst der Alpen zu Schlamm und Koth. Die hohen Firnfelder
ruhen harmlos in ewiger Einsamkeit; der Gletscher ist ein Räuber,
der kriechend sich hinschleicht in die bevölkerten Thäler, die Felder
der Menschen anpackt und ihre Wohnungen umstürzt. Dennoch aber
gebären die Schneemassen der hohen Firnfelder die Gletscher, aber
nach welcher Reihe von unmerklichen Metamorphosen! Von der
Tageshitze erweicht, von den Nachtfrösten gehärtet, haften sie endlich
und häufen sich an, werden sie zu einer runzeligen Masse, dann zu
einer Art groben Cements, darauf zu grobkörnigem, halb undurch=
sichtigem, halb transparentem, aber mehr und mehr festem Eis, bis
endlich aus jenem luftigen Gebilde, welches man einen Eisstern nennt,
aus jenen tausend Spreublättchen, welche Insekten gleich auf leuchten=

den Flügeln sich wiegen, jenes furchtbare und prächtige Reptil geworden, das sich an die Vorsprünge der Felsen anklammert, seine tausend Füße längs der Abgründe hinstreckt und in den Schluchten des Gebirges seine ungeheuerlichen Ringe erdröhnen läßt.

IV.

Die Gletscher wandern also, durch sie strömt das Zuviel von den hohen Schneemassen ab, um der allgemeinen Cirkulation des Wassers zurückgegeben zu werden. Alle Unterbrechungen in ihrer Wanderung, alle jene merkwürdigen und mannichfaltigen Erscheinungen hängen von der Kraft ab, welche sie bewegt. Was für eine Kraft ist dies? Unsere Schilderung wäre eine mißlungene, wenn der Leser sich diese Frage noch nicht gestellt hätte. Auch die Wissenschaft hat dies gethan, aber wir wollen es nicht versuchen, alle ihre Bemühungen zur Lösung dieser Frage hier wiederzugeben; es würde uns dies sehr weit führen. Einige Worte indessen seien uns gestattet, weniger um die Wißbegier zu befriedigen als sie wo möglich anzuregen.

Zu Anfang des vorigen Jahrhunderts sagte Scheuchzer, einer der bedeutendsten Naturforscher jener Zeit, daß die Bewegung der Gletscher sich aus der Durchsickerung und dem Gefrieren des Wassers in den Spalten und Schrunden erklären lasse. Aber Scheuchzer schrieb lateinisch, die Gletscher hatten noch nicht die öffentliche Neugier erregt und was er darüber sagen mochte, weckte höchstens die Aufmerksamkeit der Gelehrten. Saussure war es vorbehalten, die physische Geographie der Alpen und alle sich daran knüpfenden Fragen zu popularisiren. Saussure aber machte Scheuchzer's Ansicht nicht zu der seinen, nach ihm war die Bewegung der Gletscher eine direkte Wirkung der Schwere; ihm schien es sehr natürlich, daß die gefrornen Massen, deren direkte Berührung mit dem Boden durch das Wasser aufgehoben ist, auf abschüssiger Fläche längs der Bergeshänge hinabgleiten. Diese Theorie ist die erste, welche bei den Gelehrten und dem Publikum im Allgemeinen Aufnahme fand und man kann sie als den Ausgangspunkt für alle späteren Untersuchungen betrachten.

Es war indessen schwer zu begreifen, wie gewisse Gletscher auf einem Boden gleiten können, der entweder eben oder dessen mittlere Neigung nicht stärker ist als auf den modernen Kunststraßen in gebirgigem Terrain. Diese Schwierigkeit erschien bei Weitem größer, als man die Gewißheit erlangt hatte, daß die Gletscher ehemals eine unendlich bedeutendere Ausdehnung gehabt hatten. Wie mochten sie nur von den Alpen bis auf den Jura geglitten sein? Deshalb ging Johann von Charpentier, der erste Naturforscher, der sich eine klare Vorstellung von den ehemaligen Gletschern gemacht, wieder auf Scheuchzer zurück. Er hob die unendliche Anzahl kleiner Haarspalten hervor, welche die Gletschersubstanz in jeder Richtung durchdringen, die Leichtigkeit, mit welcher sie sich anfüllen und die unaufhörlichen im Sommer fast täglichen Wechselwirkungen von Frost und Aufthauen in den hohen Regionen. Charpentier bezweifelte nicht, daß man bei Zusammenzählung des Drucks, welcher durch das Gefrieren des Wassers gegen die Wände jener Haarspalten ausgeübt wird, eine Kraftentfaltung gewinne, die sogar zur Erklärung der Ausdehnung der ehemaligen Gletscher hinreiche.

Diese Theorie siegte anfangs über diejenige Saussure's, dann aber entdeckte man auch in ihr vielfache Schwierigkeiten. Sie ließ sich kaum mit der Bewegung der Gletscher im Winter vereinen, die schon von Saussure festgestellt worden; sie setzte im Inneren derselben Temperaturveränderungen voraus, welche die Beobachtung nicht bestätigte. Sie litt auch unter dem Uebelstand, daß die Ursache der Bewegung hier die Bewegung selbst aufhob. Jede gefüllte Spalte, deren Wasser gefriert, ist für die bewegende Kraft verloren, und wenn alle Haarspalten, welche ein Gletscher enthalten mag, bis zum Rande gefüllt wären, so könnte die strengste Kälte sie doch nur um die Quantität ausdehnen, um welche das Wasser sich bei seiner Verwandlung in Eis ausdehnt, nämlich um ein Zehntel ungefähr, worauf dann der Gletscher nur ein ungeheurer, kompakter und unbeweglicher Eisblock würde. Charpentier hatte diesen Einwurf geahnt und ihm durch die Voraussetzung zu entgehen versucht, daß die Ausdehnung des Eises neue Spalten erzeuge. Seine Theorie aber wurde nur um so schwerer begreiflich, je sinnreicher er sie ausspann, und hat übrigens, trotz aller Anstrengungen des Erfinders, sich nicht lange gehalten.

Man sah endlich ein, daß das Problem ohne ein aufmerksameres Studiren der Thatsachen niemals gelöst werden könne. Ein schweizerischer Naturforscher und zugleich unerschrockener Reisender, Hugi, war schon mit seinem Beispiel vorangegangen; ihm folgten mehrere seiner Landsleute, sowie zahlreiche fremde Gelehrte. Agassiz, Desor und C. Vogt ließen sich auf dem Aargletscher eine Hütte bauen und verbrachten mehrere Sommer in derselben. Die Brüder Schlagintweit studirten

sorgfältig einen der größten Gletscher im Tyrol. Forbes ließ sich
auf dem Mont-Anwert nieder und arbeitete auf dem Mer de Glace,
Martins auf dem Faulhorn, wo er auf das Genaueste den gleich-
namigen Gletscher studirte. Der Anstoß war gegeben und seitdem
verfloß kein einziger Sommer, ohne daß die wissenschaftlichen Untersuchungen mit unermüdlichem Eifer auf mehreren Punkten der Eisregionen fortgesetzt wurden.

Das erste Resultat dieser verschiedenen Forschungen war die
Sammlung einer großen Zahl genauer Beobachtungen. Man kann
sagen, daß zur Zeit, als Agassiz seine Hütte auf der Moräne des
Aargletschers aufschlug, die Gletscher erst im Großen und Ganzen
studirt waren. Bald traten genaue Angaben an Stelle unbestimmter
und allgemeiner Vorstellungen: man kannte nun die Struktur des Eises
in verschiedenen Höhen, die Wirkung des Schmelzens wurde gemessen
und man erlangte endlich Zahlen, welche es gestatteten, sich von der
Bewegung der Gletscher eine bestimmte Idee zu machen. Diese
Bewegung variirt, sie hängt von mannigfaltigen Umständen ab; sie
ist schwächer im Winter als im Sommer, schwächer auch auf großen
Höhen als in den mittleren Regionen, sie nimmt zu im Verhältniß
zur Masse, ist merklicher an der Oberfläche als im Innern, im
Centrum als an den Ufern; aber sie ist immer noch sehr langsam,
wenn sie ihr Maximum erreicht. Sie kann mit der Bewegung der
äußersten Spitze eines Zeigers verglichen werden, der sich in vierundzwanzig Stunden zweimal um das Zifferblatt dreht. Um ungefähr
die verschiedene Geschwindigkeit darzustellen, genügt es, den Durch-
messer des Zifferblattes zu ändern, indem man von einer kleinen
Damenuhr zu den großen Taschenuhren übergeht, wie sie ehemals
fabricirt wurden. Eine Fortbewegung von 3 Decimetern in einem Tage
ist schon sehr bedeutend und es giebt nur wenige Gletscher, welche im
Verhältniß von 100 Metern jährlich wandern, was etwa ein halbes Jahrhundert für die Zurücklegung einer Schweizerstunde ausmachen würde.

Aus all diesen Thatsachen ging anfangs keine allgemeine neue
Idee hervor. Die Diskussion schien zwischen den beiden Ausdrücken

Gleiten oder Ausdehnung eingeschlossen, als der Engländer Forbes plötzlich der Debatte eine andere Wendung gab. Forbes behauptete, daß die Gletscher flössen. Er verglich sie mit Massen schlammiger Thonerde, weichen Wachses oder flüssiger Lava. Die Idee schien bizarr, sie erklärte aber so viele auffallende Eigenthümlichkeiten, daß sie sich einen schnellen Erfolg errang. Man begriff, warum den größten Schneebecken die größten Gletscher entsprechen, warum diese mit so großer Willigkeit den Windungen des Bettes folgen, welches sie ausfüllen, warum ihr Lauf in den engen Schluchten schneller ist als wenn sie Raum genug haben, sich auszubreiten, warum sie sich an den Felsen stauen, die ihnen den Weg versperren, warum die Geschwindigkeit im Verhältniß zur Masse steht und geringer ist an den Ufern als in der Mitte, warum sie, wenn sie auf einen flachen Boden anslaufen, sich fächerförmig ausbreiten u. s. w. Forbes war nicht der Erste, welcher von der Bewegung der Gletscher wie von dem Abfluß eines Stromes sprach; schon Göthe war auf diesen Gedanken gekommen und ein Jahr ehe Forbes sein erstes großes Werk über die Alpen veröffentlichte, hatte ein Züricher Naturforscher, Trümpler, eine ähnliche Ansicht in der Versammlung der schweizerischen naturforschenden Gesellschaft zu Altorf ausgesprochen. Forbes aber hat die Theorie durch das Gewicht seines Namens und durch die Entwicklung, welche er derselben gegeben, zur seinen gemacht. Nichts ist verführerischer als die Forbes'sche Theorie und dennoch scheint von vornherein nichts unzulässiger, nichts schwerer zu erklären für den, welcher z. B. den klassischen Spaziergang auf den Jardin, einige Stunden von Chamonny gemacht. Der große Katarakt des Taléfregletschers unterhalb des Jardin mit seinen auffallenden Brüchen und dem Gewirr von Steinblöcken läßt schwerlich die Vorstellung von einer plastischen Substanz aufkommen. Man braucht sich auch nur einigermaßen auf eine steil abhängige Stelle zu wagen und man wird sogleich sich überzeugen, wenn man die Axt zu Hülfe nimmt, daß dies Eis auffallend widerstandsfähig ist. Die Forbes'sche Theorie, welche so viele Schwierigkeiten beseitigte, verstieß gegen den einfachen Augen schein und wenn er in seinen Vergleichungen und Bildern fortfuhr und vom Abströmen des Gletschers sprach, wie man etwa von einem Honigfluß reden würde, so fing man an, an der Plastizität des Eises zu zweifeln, um an diejenige der wissenschaftlichen Hypothesen zu glauben.

Ist der Gletscher eine plastische, bildsame Masse, ja oder nein? So stellte sich die Frage und sie mußte bald zu einem aufmerksamen Studium der dem Eise innwohnenden Eigenschaften führen, besonders des durch das Gefrieren von Schnee entstandenen Eises. Ein Experiment, welches nicht direkt mit der Gletschertheorie zusammenhing, gab den Anstoß. Faraday zeigte, daß ein gebrochener Eisblock wieder eins wird, wenn man die Theile an einander drängt, nachdem man sie einer genügenden Wärme ausgesetzt, so daß die Oberfläche feucht wird. Dies war ein Lichtstrahl für einen anderen Gelehrten, für Tyndall. Er machte seinerseits Experimente, ging in die Alpen, und kaum hatte er auf seiner ersten Reise die Gletscher im Oberland gesehen, als er die Ansichten seiner Vorgänger in mehr als einem Punkte berichtigte.

Tyndall's Experimente sind bekannt. Er nahm zwei hölzerne Formen, deren leerer Raum eine Kugel, eine Linse, ein Ringsegment darstellte. Ein Block komprimirten Eises wurde zwischen die beiden Hälften der ersten Form gelegt und unter die hydraulische Presse gebracht. Das Eis krachte und sprang in Stücke. Man preßte weiter und nach Verlauf einiger Minuten zog man eine schöne Kugel reinen Eises aus der Form. Dasselbe geschah mit der Ringform und der Linse. Um diese Umbildung zu ermöglichen, mußte indessen die Temperatur des Eises dem Fusionspunkt nahe sein. Mit sehr kaltem, folglich sehr trocknem Eise gelang das Experiment nicht; war das Eis einmal zertrümmert, so war auch das Binden desselben nicht mehr möglich. Nichts einfacher als diese Experimente. Wie sehr richtig gesagt, unterscheiden sie sich kaum, von der Genauigkeit abgesehen, von dem was die Kinder im Winter alle Tage uns mit den Schneebällen vormachen. Vielleicht unterscheidet sich die Eigenschaft des

Eises, wieder zusammenzuschweißen, nicht wesentlich von derjenigen, welche wir an anderen Körpern, am Eisen z. B. beobachten, wenn man sie in eine Temperatur versetzt, die dem Fusionspunkte nahe kommt, nur scheint sie uns auffallender am Eise, das weit entfernt ist von der Dehnbarkeit des heißen Eisens und dem es fast ganz und gar an Geschmeidigkeit gebricht. Das Eis, als ein weit wider= spenstigerer Körper läßt sich nicht strecken und auch sonst nicht leicht formen. Bei alle dem kann man sich eine zugleich energisch und doch sanft wirkende Kraft vorstellen, welche ein Stück Eis unmerklich verwandelt, indem sie dasselbe durch eine unendliche Reihe von Formen zwischen der Tyndall'schen Kugel und dem Ringsegment gehen läßt.

Diese Eigenschaft muß die Gesammtmasse des Gletschers ungefähr zu jeder Zeit besitzen. Sie kühlt sich im Winter nur wenig ab, theils wegen der natürlichen Wärme des Bodens, dessen Temperatur bis auf die Höhe von 2600 Meter über dem Gefrierpunkt steht, theils wegen des dicken Schneemantels, welcher sie vor äußeren Einflüssen schützt. Der Gletscher befindet sich also immer unter Bedingungen, welche von denen des Tyndall'schen Experiments wenig verschieden sind. Es ist unmöglich, daß seine Temperatur im Innern sich von dem Fusions= punkte weit entfernt; im Sommer trägt auch Alles dazu bei, ihn wieder dahin zurückzuführen. Außerdem liefert ihm die Wassermenge, welche er absorbirt, mehr als die nöthige Feuchtigkeit, um nach einem Bruch wieder zusammenzuwachsen. In einem komplicirten Netz von Spalten und großen und kleinen Löchern zurückgehalten, entweicht dieses Wasser oder gefriert es nur allmählich; wahrscheinlich trägt es zum Unterhalt der Bäche bei, welche im Winter dem Gletscher entweichen und wenn dieser Vorrath auch erschöpft wäre, so sänke die allgemeine Temperatur der Masse doch nicht hinreichend, um das Eis absolut trocken zu machen.

Kaum hatte Tyndall den Fuß auf einen Gletscher gestellt, so erkannte er überall zwei Ordnungen von nicht nur verschiedenen, sondern auch widersprechenden Phänomenen. Er war wie Forbes von tausend Wirkungen der Plasticität überrascht. Der Gletscher erschien ihm als ein Fluß, der sich nach seinem Bette formt und er machte die Richtigkeit dieser Vergleichung durch ein Hauptexperiment noch augenscheinlicher. Man hatte die Bewegung mehrerer Gletscher unter sehr verschiedenen Bedingungen gemessen, doch ohne daran zu denken, die Maximalschnelligkeit in den Windungen des Laufes zu bestimmen. Man weiß, wie die Flüsse sich in dem gleichen Falle verhalten; sie stürzen sich mit ihrer ganzen Masse gegen den äußern Rand der Windung. Wenn die Bewegung der Gletscher eine fließende ist, so müssen sie sich ebenso verhalten, und in der That thun sie dies, wie Tyndall es durch genaue Messungen auf dem Mer de Glace bewiesen. Das Maximum der Geschwindigkeit ist nur dann im Centrum, wenn der Gletscher in grader Linie fortwandert, und es wird an jeder Windung verlegt, so daß die Kurve der größten Geschwindigkeit die Krümmen des Ufers übertreibt.

Den Phänomenen aber, die für die Leichtigkeit zeugen, mit welcher der Gletscher sich den Umständen fügt, stellten sich andere entgegen, die die widerspenstige Natur eines unbiegsamen Körpers nachwiesen. Welches Zeugniß wäre beredter als das der Spalten? Eine Spalte ist ein Bruch. Zur Bildung einer Spalte bedarf es eines energischen Widerstandes gegen eine heftige Kraft. Verhält sich der Gletscher durch die Art und Weise wie er sich den Bewegungen seines Bettes anbequemt gleich einem langsam fließenden Strom, so verhält er sich doch ganz anders, wenn er bricht und zerreißt.

Welche Beziehung kann es zwischen zwei so entgegenstehenden Thatsachen geben? Tyndall gab den Schlüssel zu dem Problem. Der Gletscher ist geschmeidig, wenn er einem Druck ausgesetzt ist; er ist spröde, wenn er eine Zugkraft erleidet.

Der Druck existirt überall, der Beweis liegt in der Bewegung des Gletschers selbst, welche stätig und auf allen Punkten nachweisbar ist. Deshalb sind auch die Phänomene, welche die Plasticität bestätigen, um so überraschender, je ausgedehnter das Feld ist, welches man beobachtet. Nirgends kann man sie besser würdigen als von

190

den Gipfeln aus, von welchen man den Gesammtlauf einiger großen Gletscher verfolgen kann. Die Zugkraft ist nicht eben so allgemein, und um sich genaue Rechenschaft davon zu geben, muß man den Gletscher im Einzelnen betrachten; das Nachziehen wird dann, wenn man will, als ein Zufall, aber als ein so gewöhnlicher Zufall erscheinen, daß seine Wichtigkeit dem allgemeinen Faktum des Drucks kaum nach=sieht. Zwei Hauptursachen tragen zur Vermehrung der Zugkraft bei. Zuerst die Abstürze, die plötzlichen Bewegungen des Bodens. Gelangt ein mehr oder minder flacher Gletscher an den Rand eines Abgrunds, so wird er unvermeidlich hineingetrieben; kaum aber haben einige Theile desselben diesen Weg genommen, so üben sie durch ihr Gewicht eine Zugkraft auf die nachfolgenden Theile aus, und sobald diese Kraft den Widerstand der Kohäsion des Eises überwindet, entsteht nothwendig ein Bruch. In zweiter Linie kann das Nachziehen aus dem Druck selbst entstehen. Die stärker gestoßenen Theile müssen die minder gestoßenen nach sich ziehen. Die Spalten am Rande rühren z. B. daher, daß der Gletscher im Centrum sich schneller fortbewegt, so daß der centrale Strom die Uferströme nach sich zieht, welche durch die Reibung verspätet werden. Diese leisten Widerstand und brechen den Gesetzen der Mechanik gemäß in senkrechter Linie zur Richtung der Zugkraft. Deshalb steigen alle Randspalten schräg gegen das Centrum des Gletschers an.

Die Verbindung dieser beiden entgegengesetzten Kräfte tritt am Augenscheinlichsten da hervor, wo der Gletscher als Katarakt abstürzt. Allen Zufällen eines heftigen Sturzes überlassen, scheint er in seine Atome zerstieben zu müssen, die Zugkraft hat die Oberhand; kaum aber erreicht er die unterste Stufe des Absturzes, so gewinnt die Kraft des Drucks die Oberhand, bessert alle Breschen aus, und der Gletscher beginnt wieder in gleichem und ruhigem Strom sich fort=zubewegen. Die Zugkraft war nahe daran, ihn in Staub zu zermalmen; einen Augenblick und der Druck hat ihn wieder in eine einzige mächtige Masse zusammengeschweißt. Die geäderte Struktur des Eises ist ein Beweis mehr von der ausbessernden Wirkung des Drucks. Man weiß, daß ein heftiger Druck die Wärme erſetzen und das Eis wieder in flüſſigen Zuſtand bringen kann. Das Letztere muß am Fuße der Katarakte geſchehen, hier bilden ſich nämlich flüſſige Streifen, aus denen die Luft in Blaſenform entweicht, und welche, wiederum gefroren, jene Abſchnitte blauen Eiſes herſtellen, die in die undurchſichtigere Maſſe eingeſchoben ſind. Dieſes blaue Eis· iſt härter und ſo geht aus dem Widerſtreit zweier entgegengeſetzter Kräfte, die über ſein Geſchick entſcheiden, der Gletſcher nur um ſo feſter und ſtärker hervor.

Im Grunde ruht die Ueberlegenheit der Tyndall'ſchen Theorie über diejenigen ſeiner Vorgänger in ihrer größeren Klarheit. Iſt dieſe Klarheit aber vollkommen und bleibt darüber hinaus nichts mehr zu forſchen übrig? Das hat ohne Zweifel Herr Aug. de la Rive nicht ſagen wollen, als er in ſeiner Rede an die ſchweizeriſche naturforſchende Geſellſchaft die Gletſchertheorie als definitiv feſtgeſtellt erklärte.*) Seine Worte bedeuten vielmehr, daß der berühmte Phyſiker die Theorie als auf unerſchütterlicher Grundlage ruhend betrachtet, ohne daß ſie deshalb in allen Punkten vollendet wäre. Herr de la Rive macht beiläufig ſelbſt auf einen dunkeln Punkt hinſichtlich der geäderten Struktur aufmerkſam.

Ich wage es, noch einen zweiten anzugeben. Tyndall's Theorie nähert ſich derjenigen Sauſſures in ſo weit als ſie ſich auf die Schwere als die erſte und direkte Urſache der Bewegung der Gletſcher beruft; ſie unterſcheidet ſich von derſelben, indem ſie, anſtatt ein gleichmäßiges Gleiten der ganzen Maſſe vorauszuſetzen, eine Art Abfließen unter ſehr eigenthümlichen Bedingungen nachweiſt, welche mit der Natur des Eiſes zuſammenhängen. Und doch ſieht man noch nicht klar ein, wie die Schwere dieſes Abfließen beſtimmen ſoll. Als Tyndall ſeine Kugeln, Linſen und Ringe verfertigte, arbeitete er mit zwei Inſtrumenten: der Form und der hydrauliſchen Preſſe. Die Formen fehlen nicht in der Werkſtatt der Natur, es ſind dies die Abhänge

---

*) *Actes de la Société helvétique des Sciences naturelles*, réunie à Genève les 21, 22 et 23 août 1865. — S. die Eröffnungsrede.

der Alpen, ihre Abgründe und Thäler; wo aber ist die hydraulische Presse? — Diese, antwortet Herr de la Rive, ist in den Schnee- und Eismassen auf den Gipfeln, welche ihren Druck auf das thalwärts wandernde Eis ausüben. Diese Antwort scheint mir eine getreue Uebersetzung mehrerer Stellen Tyndall's. Wenn ich recht verstehe, beruht sie auf der von einigen Schriftstellern aufgestellten und allgemein zugelassenen Unterscheidung zwischen dem Firnschnee in den oberen Becken und dem Eis der untern Regionen. Dieses übernähme das Amt des Blocks, mit welchem Tyndall experimentirte, während der Firnschnee die Rolle der hydraulischen Presse spielte. Doch wenn ich dicke vereiste Krusten an den steilen Flanken des Cervin ununterbrochen hängen sehe, dann wird es mir schwer, den Druck des Firnschnees zu begreifen. Derselbe liegt zu fest auf dem Boden auf und muß übrigens nach zahlreichen Experimenten von Dollfus-Ausset daran haften.

Diese Hypothese findet übrigens keine Anwendung auf eine An-zahl kleinerer Gletscher, die von keiner Schneemasse dauernd belastet sind; sie scheint auch nicht anwendbar auf gewisse Esplanaden-Gletscher, wie z. B. den von Sanflenron, die nur sanft abfallen und auch von keinem Gipfel überragt werden, es sei denn von einer steilen im Sommer ganz schneefreien Spitze, und die darum nicht weniger auf den Hochplateaus der Alpen wandern. Und was die großen Gletscher betrifft, wie z. B. den Aletschgletscher, ist ihre Masse nicht außer allem Verhältniß zu den Schneemassen, welche auf dieselben drücken sollen? Und wenn dies von den großen jetzigen Gletschern wahr ist, wie viel mehr dann von den ehemaligen? Wohin will man auf den Alpen die hydraulische Presse versetzen, welche den ehemaligen Rhone-gletscher bewegte?

Herr de la Rive hat wie gesagt die Ansichten des englischen Gelehrten getreu wiedergegeben. Es ist deshalb nicht minder wahr, daß Tyndall, wenn er dazu gelangt, sie in einer Reihe von Aphorismen zusammenzufassen, Sorge trägt, eine elastische Formel zu wählen: „Wenn eine Eismasse von genügender Dicke, sagt er, auf dem Boden angesammelt ist, so werden die unteren Theile von den oberen komprimirt.

Ruht die Masse auf einem Abhang, so wird sie hauptsächlich in der Richtung des letzteren nachgeben und sich abwärts bewegen." Nichts erinnert hier mehr an die beiden Zonen; es ist nicht mehr die Rede vom Firnschnee und dem Eis in den Thälern. Die Ursache existirt überall, die Wirkung ebenfalls. Nichts destoweniger läßt diese Formel noch manchen Zweifel bestehen und vielleicht liegt in der Ausdrucks= weise Tyndall's mehr Vorsicht als Klarheit. Da die Dicke als Bedingung aufgestellt wird, so wäre man zu dem Schluß geneigt, Tyndall verstehe unter den oberen Theilen die Schichten an der Oberfläche, und unter den unteren Theilen die Schichten am Grunde. In diesem Falle müßte die Bewegung des Gletschers oben weniger geschwind sein als auf 10 Meter Tiefe, auf 10 Meter weniger geschwind als auf 20 u. s. w., bis der Einfluß der Reibung sich stark genug fühlen läßt, um der wachsenden Macht des Druckes die Waage zu halten. Tyndall selbst aber hat durch ein Experiment mit eigener Lebensgefahr bewiesen, daß das Maximum der Geschwindigkeit eher an der Oberfläche herrschen müsse. — Wenn man ihn anders verstehen muß, wenn Tyndall, ohne zwischen zwei Zonen zu unterscheiden, mit den unteren Theilen die weiter unten am Abhange des Berges gelegenen und mit den oberen die höher gelegenen bezeichnen will, dann geräth man wieder auf einige der Schwierigkeiten, welche die Antwort Herrn de la Rive's hervor= ruft. Man fragt sich dann, warum die Esplanadengletscher wandern und wie der ehemalige Rhonegletscher hat über die ganze Breite des waadtländischen Plateaus, von Vevey bis zum Chasseron auf einen Gegenabhang von zehn Stunden getrieben werden können.

Wir berühren hier einen dunkeln Punkt in der Theorie, welcher angefochten worden und es mehr und mehr zu werden scheint. Bei seiner Annahme eines Drucks geht Tyndall leicht über die sich dem Gletscher entgegenstellenden Hindernisse hinweg; doch ist dieser Druck selber noch deutlich zu erklären. Deshalb suchen mehrere Natur= forscher, obgleich sie die positiven Resultate der Beobachtungen und Untersuchungen Tyndall's zugeben, nach einer anderen Ursache des Drucks, welcher das Eis der Alpen in Bewegung setzt. Einige wollen, daß der Druck aus dem Wachsen der Krystalle hervorgehe, aus denen der Gletscher gebildet ist. Es ginge dann mit jedem dieser Krystalle, welche von dem in den Spalten cirkulirenden Wasser getränkt werden, ungefähr dasselbe vor wie mit den kleinen Hagelkörnchen, die zu Hagelschloßen werden, indem sie die Dämpfe aus den von ihnen durchzogenen Wolken in sich aufnehmen. Das scheinbare Abfließen des Gletschers wäre ein Phänomen seines Wachsens. Der Gletscher würde von dem geschmolzenen Schnee genährt, der ihn jeden Winter bedeckt. Dieses System erinnert in mancher Beziehung an das von Charpentier, und ich fürchte, daß es sich an derselben Schwierigkeit stoße. Es braucht, um den Gletscher in Bewegung zu setzen, unzählige Kapillarspalten; es bedarf eines stets neuen Vorrathes derselben und man sieht die Ursachen dieser steten Erneuerung nicht ein.

Man hat sich auch gefragt, ob man den Druck, dem der Gletscher nachgiebt, nicht einer Veränderung in seiner Temperatur zuschreiben könne. Das Eis kann eben so wohl wie die anderen Körper sich innerhalb gewisser Grenzen erwärmen und abkühlen und wie andere Körper dehnt es sich unter dem Einfluß der Wärme merklich aus. In Wahrheit aber ist die Temperatur der Gletscher wenig veränderlich, sie erhalten sich auf dem Nullpunkt oder doch sehr nahe daran. Der Gletscher ist ein stets mehr oder minder sich in Fusion befindlicher Körper, es bedarf aber nur außerordentlich kleiner Abweichungen, um abwechselnd eine Ausdehnung oder Zusammenziehung desselben hervorzurufen. Die Ausdehnung würde dann einen Druck verursachen, welchem der Gletscher in der Richtung seiner Abdachung nachgäbe; die Zusammenziehung hingegen würde eine entgegengesetzte Wirkung hervorrufen, welcher der Gletscher widerstände, indem er sich spaltet oder splittert.

. So erlebt der alte Streit in seiner Fortsetzung gewisse Wandlungen. Man redet nicht mehr vom Gleiten, man hat sogar darauf verzichtet, die Bewegung der Gletscher dem Wechsel von Frost und Aufthauen zuzuschreiben, aber man fragt sich noch immer, ob der von ihm erlittene Druck von seiner eigenen Schwere herrührt. Die meisten

Physiker sind geneigt, diese Frage zu bejahen; es scheint indessen schwer, dieselbe manchem unaufgeklärten Punkte und fortwährenden Einwürfen gegenüber als gelöst zu betrachten.

Die Stufe, bis zu welcher die Theorie fortgeschritten ist, entspricht ziemlich genau der Anzahl und der Natur der am Orte selbst angestellten Beobachtungen. Am besten studirt sind die mittleren und niederen Regionen. Bis jetzt haben die meisten Naturforscher ihr Zelt bis zu 2000, 2400 und 2600 Meter aufgeschlagen. Die zwischen 3000 und 4000 Meter begriffene Zone ist noch keinem anhaltenden Studium unterworfen worden. Man hat über die erste Umwandlung des Schnees in Eis, über die Bewegung und die Temperatur der nahe den höchsten Gipfeln gelegenen Schneemassen, über die Wirkungen ihrer Anhäufung und den Zustand der Grundschichten wenig Angaben. Deshalb ist es auch nicht auffallend, daß in der Gletschertheorie noch Manches unaufgeklärt ist.

Der Augenblick scheint nahe, wo diese Beobachtungen wieder mit demselben Eifer aufgenommen werden, welchen die ersten Pioniere der Wissenschaft an sie verwandt haben. Es handelt sich nicht darum, wieder von vorn anzufangen, sondern die Arbeit eines Agassiz, Forbes, Tyndall neuerdings an die Hand zu nehmen und fortzuführen. Herr Dollfus-Ausset, ein unermüdlicher Naturforscher, der über sein Vermögen wie über eine zu wissenschaftlichen Zwecken ausgesetzte Stiftung verfügt, hat diesen Weg betreten. Er hat weder Mühen noch Opfer gescheut, um die Beobachtungen auf hohen Stationen zu vermehren. Seine Wißbegierde trieb ihn so weit, daß er sich über das was mitten im Winter auf einer Höhe von mehr als 3000 Meter vorgeht, unterrichten wollte. Er hat das Nöthige organisirt, daß drei mit meteorologischen Beobachtungen vertraute Führer vor zwei Jahren den Winter auf dem St. Theodul zubringen konnten. Dies Beispiel wird Nachfolger finden und in wenigen Jahren werden nicht nur Führer, sondern Gelehrte den Winter auf solcher Höhe zugebracht haben und uns eine reiche Ernte neuer Beobachtungen darbringen. Die Wissenschaft pflegt nicht auf halbem Wege stehen zu bleiben, sie weicht nur vor dem

Unmöglichen zurück. Wenn übrigens eine Frage Aussicht auf anhaltendes und eifriges Studium hat, so ist es sicher die Gletscherfrage. Die Naturforscher, welche sich mit ihr beschäftigt haben, sind ihr alle treu geblieben. Mehrere haben sie zu ihrer Lebensaufgabe gemacht, jeden Sommer hängen sie mit dem gleichen Vergnügen die Wandertasche um. Sie wissen, daß sie dort oben keine Ruhe, aber etwas Besseres finden werden: das kräftigende Studium, das Studium unter blauem Himmel, fern von den Armseligkeiten des Alltagslebens. Sie haben dort manche Kämpfe gegen die Natur zu bestehen, solche Kämpfe aber erhalten die physischen Kräfte, sie können augenblicklich ermüden, niemals erschlaffen, sie gewähren Thätigkeit und Ruhe in gleichem Maße. Giebt es nicht Gelehrte, welche sich auf hohen Bergen ein wahres Daheim gegründet und die wieder unten in der Ebene sich wie in der Fremde, wie verloren vorkommen? Die Natur, die Mutter der Wissenschaft, hat sich auf den Alpen eine Werkstätte vorbehalten, in der des Menschen Hand nichts eingerichtet noch umgeändert, wo die Zeit ihr Werk in Frieden hat vollenden können; hier wirkt die Natur noch heute fort, wie sie es vor tausend Jahren gethan. Eine solche Werkstätte ist so schön wie ein Tempel.

Es giebt übrigens auch wenig Studien, welche in so hohem Grade die Genüsse der Poesie und den Ernst der wissenschaftlichen Forschung mit einander zu vollkommener Harmonie vereinigen. Diese glückliche Verschmelzung herrscht auch noch in den gewonnenen Resultaten vor. Oft hat man der Wissenschaft vorgeworfen, sie behandle die Natur wie gewisse Kommentatoren die großen Dichter, sie verunstalte sie durch Anmerkungen. Dies trifft hier nicht zu, die Bewunderung steht hier nicht im umgekehrten Verhältniß zum Wissen. Auf dem Gletscher sind weder Maler noch Dichter die wahren Künstler, sondern die Forscher; man braucht nur die Reihe derselben mit Saussure zu beginnen und mit Tyndall zu schließen.

Je näher die Theorie ihrem Abschluß kommt, um so mehr Stoff bietet sie der Kunst und Poesie. Was ist denn jenes sonderbare Abfließen, dessen Gesetze Tyndall uns offenbart hat? Man kann sich nichts Mühsameres vorstellen und es scheint jenen fabelhaften Zeiten anzugehören, von welchen die alten Kosmogonien sprechen, wo die Elemente noch ungeschieden waren und die Natur erst eine Gestalt er= wartete. Alles fließt im Weltall. Die Luft verbreitet sich im Raume, zu Zeiten ruhig, zu Zeiten wild stürmend, aber stets mit Leichtigkeit; die Winde haben Flügel so gut wie die Vögel. Das Wasser fließt auf der Oberfläche der Erde, ohne die Leichtigkeit der Luftgebilde, es ist an den Boden gebunden, aber es ist beweglich, es verändert seinen Ort. Schlamm und Lava strecken auf den Abhängen ihre trägen Massen aus und dehnen sich schwerfällig, ohne zu reißen. Die festen Körper haben ebenfalls eine Art Abfluß: man bringe sie in einen von allen Seiten geschlossenen Raum, dem nur eine einzige enge Oeffnung geblieben und setze sie einem starken Druck aus, so werden sie nothwendig diese einzige Oeffnung zum Entweichen benutzen. Was nun den Gletscher betrifft, so kann er nicht anders als abfließen, er hat eine gegebene Bahn zu durchlaufen und muß sie bis an das Ziel innehalten. Und doch scheinen ihm die Mittel dazu verweigert zu sein. Er soll abfließen und kann es nur, indem er bei jedem Schritte zusammenbricht, um sich sogleich wieder neu zu bilden. Wenn man ihn so scheinbar unbeweglich sieht, ihn stöhnen und dröhnen hört, so glaubt man einen Kampf zwischen dem unerbittlichen Naturgesetz und der widerstehenden Materie wahrzunehmen. Die Materie gehorcht trotz alledem, wenn gleich mit Mühe und Noth. Sie gehorcht um den Preis einer fortwährenden Zerstörung und eines ewigen Neugebärens.

198

Eine verfehlte Bergfahrt.

Eine verfehlte Bergfahrt.

Eine verfehlte Bergfahrt.

Das Gebirge gilt im Winter für unzugänglich und freilich eignet sich diese Jahreszeit nicht zu größeren Fahrten. Ein einfacher Spaziergang kann hier gefährlich werden und in den meisten Fällen gelänge eine Höhenbesteigung nur um den Preis ungeheurer Anstrengung. Man kommt eben nicht weit, wenn man bei jedem Schritt bis an den Gürtel oder doch bis über das Knie im Schnee versinkt. Es geht noch an, wenn es jener leichte, trockne, staubähnliche Schnee ist, wie man ihn im Sommer auf drei tausend Meter über Meereshöhe und noch weiter oben antrifft; ist es aber der Schnee der Ebene oder der Voralpen und hat die Sonne gar noch Zeit gehabt, ihn bis zu einer gewissen Tiefe zu durchfeuchten, dann wird das Gehen sehr mühsam, noch mühsamer, wenn es gar „verfaulter" Schnee ist, wie die Leute im Gebirge sagen, halbgeschmolzener, breiiger, schwerer Schnee, den man nicht mehr fortfegen kann, in den der Fuß ein Loch macht wie in weichen Teig, in dem er stecken bleibt.

Doch ist es nicht unmöglich, auch schöne Winterfahrten auf den Bergen zu machen. Nur muß man den Augenblick recht zu wählen wissen. Die Ueberschreitung der Pässe wird freilich bald unbequem, die Gipfel aber bleiben länger zugänglich, so daß zu Anfang des Winters eine Besteigung des Titlis z. B. oft minder schwierig ist als ein Uebergang über die Surenen.

Diese Anomalie ist wohl erklärlich. Der erste Schnee bleibt nur schwer an den vorspringenden Gräten haften, der Wind weht ihn hinab und es ist deshalb zu gewissen Zeiten leichter, in der Nähe der Gipfel als in den Thalsenkungen sich fortzubewegen. Der Winter wird indessen strenger, der Schnee fällt tage- und wochenlang ohne Unterbrechung, er faßt überall Fuß, er füllt die geringsten Uneben=heiten an den schroffsten Felsenwänden aus, er verbirgt die Einschnitte auf den Gräten- und bildet längs der Abgründe überhängende Wälle. Manchmal scheint es sogar, als gelänge es ihm, an senkrechten Wänden haften zu bleiben; man kann dem Schnee nirgends mehr ausweichen und darf ihm auch nicht trauen, denn überall wo der Abhang un=gewöhnlich steil wird, bedrohen uns Lawinen und die meisten Gipfel, auch diejenigen, welche sich im Sommer mit Bequemlichkeit ersteigen lassen, werden dann unzugänglich.

Später wechselt die Szene und obgleich der Weg bis zum Gipfel noch auf lange verschlossen bleibt, so trifft doch der Augenblick ein, wo man sich aufs Neue bis in's Herz der Alpen wagen darf. Es ist selten, daß Ende Februar die Frühlingssonne nicht schon bisweilen gestrahlt. Sie hat auf der Bergeshöhe wie drunten in der Ebene gewirkt, die Oberfläche der Schneefelder ist leichthin geschmolzen und

202

eine sternenhelle Nacht genügt, um hier eine harte, feste, krystallinische
Kruste hervorzurufen, auf welcher man wie auf einem Teppich dahin=
schreitet. Nichts leichter dann als gewisse hohe Pässe mit relativ
sanfter Abdachung zu überschreiten, wie den Pragel, den Klausen, die
Surenen, die Grimsel und den Anzeindazpaß in den waadtländischen
Alpen. Dazu aber muß man früh aufstehen, denn Alles hängt von
jener dünnen, harten Kruste ab, und wenn die Sonne nur ein wenig
Kraft hat, so beginnt sie gegen zehn oder elf Uhr auf den ihr zuge=
kehrten Abhängen diese Kruste zu erweichen.

Begreift man wohl die Reize einer solchen Wanderung über eines
der Hochplateaus der Alpen? Macht man sich z. B. eine richtige Vor=
stellung von einem Spaziergange bei Mondschein in einer schönen
Februar= oder Märznacht über die Weidegründe von Anzeindaz? Kein
Stein, keine Erhebung, keine Vertiefung, Alles ist unter einem weißen
Teppich mit sanften Wellenformen verschwunden. Die zerstreuten
Felsblöcke sind verschüttet; die Sennhütten zeigen nicht einmal die
Dachfirste mehr, die Aussicht ist nirgends versperrt, nirgends stößt der
Fuß auf ein Hinderniß. Der Schnee kracht, aber er giebt nicht nach
und man wandert leichten Fußes und auf der kürzesten Linie über
die ausgefüllten Bodensenkungen dahin, und bemerkt zu seiner Ueber=
raschung, daß man schneller und müheloser vorwärts kommt als in
den schönen Julitagen. Rechts erheben sich abgerundete Bergesgipfel,
links über die weit hingestreckten Felsenlehnen streben die Zacken der
Diablerets gen Himmel, schwarz im Winter wie im Sommer, und da
wo das Joch sich öffnet, zieht ruhig der Mond am Himmel einher
und ergießt sein mildes Licht über Höhen und Tiefen; die schneeichten
Abhänge funkeln und glitzern und spielen die Lichtreflexe einander zu,
während die Strahlen, welche auf das Plateau fallen, wieder nach
oben zu ihrer hehren Quelle zurückkehren. Ueberall flimmert der
Schnee und aus so vielen Strahlen bildet sich im Paßeinschnitt
ein ätherischer Schein, als ob die Luft selber leuchtend geworden.

Wer es irgend vermag, sollte sich den Genuß eines solchen Schau=
spiels gönnen, sich dann aber so einrichten, daß er vor dem Tages=

grauen den höchsten Punkt des Plateaus, die Stelle nämlich erreiche,
von wo die Aussicht auf das Wallis sich öffnet, da wo der weite
Kessel des Derborenza-Sees plötzlich zu unseren Füßen uns entgegen-
starrt. Es giebt Nichts, was einem schönen Sonnenaufgange auf der
Bergeshöhe mitten im Winter gleichkäme. Wer dies nicht gesehen,
der weiß nicht, was das Wort Licht, sein feenhaftes Spiel, seine
gewaltige Zaubermacht bedeutet. Wenn dann die Sonne am Horizonte erschienen und die Morgenluft uns scharf in's Gesicht schneidet,
dann nur entschlossen den Alpenstock hinter sich aufgestützt und in einem
Athem, mit einem einzigen phänomenalen Rutsch, pfeilgeschwind abwärts bis in die Tiefe des Kessels, um so durch die Schluchten der
Luzerne urplötzlich in's Wallis zu gelangen.

Nicht Alles, was ich von einer solchen Bergfahrt hier gesagt,
gehört dem Reiche der Phantasie an, und wenn ich auch manche Schönheiten derselben nur zu errathen versuche, so stehen mir doch noch
andere Hülfsmittel als die der Einbildungskraft zu Gebote. Die Gebirgsleute benutzen nicht selten einen schönen Morgen im Februar
oder März, sei es um auf die Jagd zu gehen oder um Heu in den
Sennhütten zu holen, zu welchen sie oft nur mit Hacke und Schaufel
durch den Schnee gelangen können. Sie zeichnen sich nicht eben durch
ein Uebermaaß ästhetischer Empfindsamkeit aus; sie betrachten die
Natur mit praktischem Auge und beschäftigen sich nicht mehr als
nöthig mit dem Mondenschein und seinen Reflexen. Indessen können
sie doch der Versuchung nicht widerstehen, auf den schimmernden Plan
zu steigen und darin sind Alle einig, daß das Gebirge zu keiner
Jahreszeit schöner ist. Das Wenige, was ich auf einigen Fahrten davon gesehen, hat mich überzeugt, daß sie die Wahrheit reden und wenn
ein wirklicher Freund der Alpennatur in einer schönen Nacht zu Ende
des Winters über den Anzeindaz oder einen gleich günstigen andern
Paß ginge, so würde er sein Gemüth mit unauslöschlichen Eindrücken
bereichern.

Ich hatte geglaubt, mir sei dies Glück beschieden. Es war einer
jener seltenen Märztage des Jahres 1867, welche Einen zu dem

Glauben an den Beginn des Frühlings verleiten. Ich kam nach Plans oberhalb Bex und alle Anzeichen versprachen eine helle Nacht, wie sie zu einem solchen Unternehmen nothwendig ist. Mein getreuer Begleiter, Philipp der Jüngere, welchen ich dem Leser nicht mehr vorzustellen brauche, war überglücklich, daß wir nun endlich eine so lang ersehnte Fahrt ausführen sollten. Unser Plan war bald gemacht. Um Mitternacht, eine halbe Stunde vor Mondaufgang, sollten wir aufbrechen. Ganz gemächlich steigend mußten wir zwischen vier und fünf Uhr das Plateau von Anzeindaz erreichen; dann hatten wir noch vollauf Zeit, im Mondenschein zu schwelgen und vor dem Morgengrauen die Höhe des Passes zu erreichen; von da ab ging es dann nach Sitten zu, wo wir ja die Eisenbahn nehmen konnten. Schon lagen die Reisetaschen bereit und wir brauchten nur noch die bestimmte Stunde abzuwarten. Philipp, der am Abend vorher nach Heu ausgegangen war, versprach mir die schönste Fahrt, die ich je gemacht.

Mit Reiseplänen geht es aber oft nicht besser wie mit Plänen überhaupt, das Schicksal kreuzt immer diejenigen, welche uns am meisten am Herzen liegen, und wenn das Plänemachen nicht an sich schon ein Vergnügen wäre, so würde man sich schwerlich noch dazu verleiten lassen.

Nach Einbruch der Nacht überzog sich der Himmel und bald waren alle Bergeshäupter wie mit grauen Turbanen umwickelt. Zugleich wurde die Temperatur nicht kälter, sondern milder, und ein warmer Wind wehte aus den Schluchten des Gebirges. Wie sollte bei bedecktem Himmel, ohne Möglichkeit einer Strahlung und bei lauweicher Luft, der Schnee gefrieren? Lange noch hofften wir gegen alle Voraussicht, kurz vor Mitternacht aber mußten wir uns in unser Schicksal fügen. Es wurde immer finsterer und immer weniger kalt, der Zugang zum Gebirge sollte sich vor uns verschließen.

Meine Touristen-Philosophie — und wehe dem Touristen, der nicht eine starke Dosis derselben besitzt — hatte selten eine grausamere Prüfung zu bestehen gehabt. Für uns Leute aus der Ebene, die nicht immer an Ort und Stelle sind und den passenden Moment

205

225

nicht leicht erfassen können, denen außerdem Beschäftigungen und
Pflichten und tausend Hindernisse in den Weg treten, gehört eine
Reise dieser Art, wenn die günstige Gelegenheit verfehlt ist, nicht zu
denen, mit welchen man sich in Gedanken auf das nächste Jahr ver=
trösten kann. — Gegen Morgen aber klärte der Himmel sich auf und
kurz bevor die Sonne für das Thal aufging, schien auf den Wiesen
ein weißer Reif zu liegen. Wir brachen sofort auf. Unsere Absicht
war nicht mehr über den Paß bis Sitten zu gehen, dazu war es zu
spät, aber doch ein Stück vorwärts zu kommen, wenigstens die oberen
Alpengründe zu erreichen und uns so viel wie möglich den Anblick
des Gebirges im Winter zu verschaffen. Wir hofften bis zu den
Hütten von La Vare, zwei Stündchen von Plans, zu gelangen.

Bald bot sich uns Gelegenheit, die Wirkungen des Winters näher
zu beobachten, der nicht sehr kalt, dafür aber sehr feucht gewesen und
sich so lange hingezogen hatte, daß man gewissermaßen ohne Frühling
plötzlich aus dem Winter in den Sommer überging, um Ende Mai
wieder in den Winter zu gerathen. Auf der schweizerischen Hochebene
hatte es selten geschneit, doch waren die wenigen Male große Schnee=
massen gefallen. Auch in den Voralpen war der Winter lang und
streng, doch aber nicht eigentlich kalt gewesen. Auf Plans z. B. war
der Schnee bisweilen reichlich vorhanden, doch hatte er sich nicht wie
gewöhnlich anhäufen können, weil sogleich Regentage eintraten, an
welchen die Hälfte desselben wieder abschmolz. Hier sieht man oft
mehr als einen Meter festen Schnees; in jenem Jahre aber war er
kaum halb so hoch und die Kinder aus dem Dorfe hatten auf das
Schlitten über die Haage fast verzichten müssen. Mitte März lagen
nur noch hie und da einige weiße Streifen, auf allen Wiesen blühte
der Crocus. Weiter oben verhielt es sich freilich anders. Statt des
unaufhörlichen Regens war dort von einem gewissen Niveau an nur
Schnee und immer nur Schnee gefallen, der sich dann zu fabelhafter
Höhe aufthürmte. Die ältesten Leute erinnerten sich nicht, so unge=
heure Schneemassen gesehen zu haben. Diese traten uns dann auch,
sobald wir eine gewisse Grenze überschritten hatten, sogleich mächtig

entgegen. Eine Uebergangszone war nicht vorhanden. Zwischen den leeren Abhängen und denen, wo man bis über die Kniee einsank, betrug der Höhenunterschied höchstens fünfzig Meter, und von weiteren fünfzig zu fünfzig Meter wies jede Sondirung fast das Doppelte des Schnees nach. Es war dies eine wirklich geometrische Progression, die, wenn sie so bis auf den Anzeindazpaß sich fortgesetzt, unmögliche Resultate geliefert hätte. Ich weiß nicht, wie weit diese Progression ging, doch haben wir konstatiren können, daß zweihundertundfünfzig Meter über den Wiesen, auf denen der Crocus blühte, im Durchschnitt drei bis vier Meter Schnee lagen.

Unser Hoffen ging also auf das Erreichen der Hütten von la Vare. Wir mußten aber bald etwas davon abziehen. Mit den Wirkungen des Winters gewahrten wir zugleich diejenigen des Nacht= frostes. Die harte Rinde auf der Oberfläche war eben fest genug, um den halb verhungerten Jagdhund eines Nachbars zu tragen, der sich uns angeschlossen hatte, weil er wahrscheinlich auf einen guten Bissen rechnete. Für zwei menschliche Wesen aber, die durchaus nicht vor Hunger abgemagert waren, stand die Sache anders, und um die ersten Sondirungen auszuführen, brauchten wir nur nachzusehen, wie tief wir einsanken.

Von Minute zu Minute wurde der Marsch peinlicher. Ach, wie scheinen einem die Beine so lang, wenn man sie nach jedem Schritt aus einem Loch herausziehen muß, in dem sie zu zwei Dritteln ver= schwunden sind! Manchmal kamen wir an einen verborgenen Fels= block, um den herum sich ein leerer Raum zu bilden begann und in den wir bis an den Gürtel versanken. Andere Male stießen wir auf einen lang sich hinziehenden Trümmerhaufen, Zeugen einer kürzlich gefallenen Lawine, und das war noch schlimmer. Nachdem wir die erste über= wunden, suchten wir der folgenden auszuweichen; aber da kam eine, breiter und mächtiger als die vorigen, und sperrte uns buchstäblich den Weg. Wir mußten sie in der Front angreifen. Wenn der mit Wasser getränkte Schnee als Lawine hinabstürzt, so rollt er in Ballen weiter, wächst zu unregelmäßigen Massen, die in tollem Gewirre durch=

einander sausen und sich unten am Abhange anhäufen. Scheint dann
die Sonne eine Zeitlang auf diese unförmlichen Massen, so nehmen
sie eine noch unregelmäßigere Gestalt an. Das Wasser sickert längs
der Ballen hin, die Masse wird loser und loser und bald gleicht sie
im Kleinen gewissen Gletschern, die von Spalten wie zerhackt sind
und von Nadeln starren. Die Ballen bilden sich in rohe Pyramiden
um, und sind dann durch Löcher, Risse und leere Räume von einander
getrennt.

Dies war mit den Schneemassen der Fall gewesen, welche wir zu
überschreiten hatten. Seitdem die Sonne sie erweicht, war aber neuer
Schnee daraufgefallen und von diesem, obgleich es am Tage vorher
warm gewesen, doch noch genug übrig geblieben, um die leeren
Stellen in der porösen Masse zu verbergen. Man wußte nie, wo=
hin man seinen Fuß setzte und jeden Augenblick waren wir Beide,
wenn auch nicht vollständig, so doch bis unter die Arme verschwun=
den. Kaum hatte man sich eben aus einem Loche herausgearbeitet,
so steckte man wieder in einem andern. Gefahr war freilich nicht
vorhanden, Beinbrüche sind im Schnee nicht gut möglich und die
Löcher, in welche wir einsanken, waren noch keine Abgründe. Man
denke sich einen mikroskopischen, etwa einen Finger langen Menschen,
auf einem groben Schwamm sich fortbewegend, dessen Unebenheiten
durch einen dünnen Mehlüberzug verdeckt sind, und man hat ein
richtiges Bild von den gymnastischen Uebungen, zu denen wir ge=
nöthigt waren.

Nachdem wir die Lawine überschritten, machten wir Halt und
einen Augenblick war die Rede davon, umzukehren; es schien uns aber
doch gar zu abgeschmackt, mitten auf dem Abhange stehen zu bleiben,
vor allen Dingen mußte man irgend einen Absatz, einen Höhepunkt
erreichen, auf welchem die Phantasie sich sammeln und der Ehrgeiz
sich überreden mochte, an ein wirkliches Ziel gelangt zu sein. Glück=
licherweise fehlt es im Gebirge nicht an solchen Höhepunkten und zwar
für jeden Ehrgeiz, großen und kleinen. Gelangt man nicht auf einen
Gipfel, so kann man doch eine Lehne dicht unter dem Gipfel erreichen,

und ist auch diese noch zu hoch, so giebt man etwas nach und begnügt sich mit irgend einem Vorsprung der Gräte, welche nach dem Gipfel führen. So hielten wir es auch jetzt. Das Thal, welches man hinan=steigen muß, um von Plans nach la Vare zu gelangen, ist in Etagen getheilt, welche durch ziemlich steile Abhänge von einander getrennt sind. Die erste Etage bildet die Weide von Pont de Nant, wo dies=mal der Schnee begann; die zweite die Alp le Richard, la Vare ist die folgende. In Ermangelung der dritten konnten wir uns auch mit der zweiten Etage begnügen; es bedurfte nur noch einer kräftigen An=strengung und wir waren am Ziele. Ohne Schnee hätten zehn Mi=nuten es gethan; mit dem Schnee durfte es in einer halben Stunde geschehen sein, also vorwärts!

Nach oben zu gelangt man an einige Felsen. Der Weg macht hier bescheiden Halt, wendet sich nach links und führt eben fort bis es ihm gelingt, an einer Kelle emporzuklettern. Wir folgten derselben Richtung und hatten bald das Vergnügen, die Schneemasse, auf welcher wir uns fortbewegten, genau messen zu können. Der Weg ist an dieser Stelle breit und deutlich vorgezeichnet; er ruht auf einem flachen Vorsprung, der selber stark beschneit zugleich eine Stütze für den Schnee abgiebt, welcher weiter oben am Fuße des Felsens sich anhäuft; nach unten zu setzt der Abhang sich fort und da war eine mächtige Lawine hinab in die Tiefe gestürzt. Auf eine Länge von mindestens zweihundert Schritt war der Bruch derselben sichtbar und die senkrechte, blosgelegte Bruchwand maß ungefähr drei Meter in der Höhe. Die verschiedenen Schichten des nach einander gefallenen Schnees waren leicht erkennbar, denn sie wurden durch feine, graue Parallel=Linien von einander geschieden. Philipp behauptet, daß man überall bei frischen Brüchen ähnliche Linien wahrnimmt. Der Wind weht nämlich Staub, Blatttheile, Tannennadeln auf die Höhen, so daß eine Schneeschicht, welche eine Zeit lang unbedeckt bleibt, mehr oder weniger ihre Reinheit verlieren muß. Die Schichtenlinien, welche wir beobachteten, waren stärker oder schwächer, stets aber sehr fein, und Philipp behauptete, daß die stärksten Linien größeren Zeiträumen schönen Wetters entsprächen. So führt der Winter Buch über die Schneemassen, welche er auf den Bergen anhäuft.

Als wir an die Alp le Richard gelangt waren, schien uns das erreichte Ziel nicht genug in die Augen springend; wir kletterten deshalb noch einen einzeln stehenden Hügel hinan, der sich zwanzig bis dreißig Meter über uns erhob. Einige Schritte vom Gipfel starrten Tannen aus dem Schnee empor und wir hofften, uns einen bequemen Sitz auf den Zweigen einrichten zu können. Zu unserer nicht geringen Ueberraschung fanden wir den Platz noch angenehmer, denn neben den Tannen lag ein großer Felsblock, dessen Oberfläche schneefrei war. Dies Werk hatte der Frühling verrichtet. Die Heidenrose (Erica carnea) stand hier in voller Blüthe. Längs des Weges hatten wir sie schon auf ihren Felsen im Sonnenlichte glänzen sehen, doch war uns auf der ganzen Strecke von les Plans bis la Vare sicher keine Gruppe in die Augen gefallen, welche so kühn mitten aus Schnee und Frost ihre Blüthen entfaltete. Ueber uns war keine Rede mehr von schneefreien Felsblöcken und hier war wohl die äußerste Grenze jener frühen Blüthe, die von einer Insel zur anderen dem Winter seine Herrschaft streitig machte. Diese Heideblume ist gar zu lieblich und man möchte sagen, sie brauche besondere Kunstgriffe, um allen übrigen Alpenblumen zuvorzukommen. Vor Allem sucht sie die Orte auf, welche dem Schnee am wenigsten Halt bieten, Felsenvorsprünge oder vorstehende Blöcke. Sie überzieht dieselben mit ihrem buschigen und ästereichen Laub, welches an einen Miniaturwald erinnert. Hier lauert sie gewissermaßen auf das Nahen der schönen Tage, ja sie überlistet den Winter; denn sie trifft schon im Herbste ihre Vorbereitungen auf den Frühling und richtet sich so ein, daß sie beim Schmelzen des Schnees nur noch ihre Blüthen zu öffnen braucht. Im September und Oktober krönen sich ihre kleinen, mit zarten Nadeln gezierten Zweige, mit zahlreichen grünen Knospen. Der aus vier Sprenblättchen zusammengesetzte Kelch entwickelt sich beinahe vollständig; innen rundet sich der enge Schlauch der Blumenkrone und man braucht ihn nur zu öffnen, um acht wohl ausgebildete Staubfäden darin zu entdecken. In diesem Zustande überrascht der Winter die Heidenrose und sie giebt sich so sehr den Anschein wirklicher Blüthe, daß die Botaniker der Täuschung verfallen konnten und ihr nach der Farbe ihrer entstehenden Blätter einen speziellen Namen (herbacea) gegeben haben, als ob es sich hier um eine besondere Spezies handelte. Deshalb ist sie auch, sobald der Schnee verschwunden ist, ihren Schwestern voraus; sie ist schon fertig, wenn die andern noch in den Vorbereitungen stecken. Einige Sonnenstrahlen genügen, um die Blumenkrone zu schwellen und mit Karmin zu färben, während die Staubfäden aus ihrer Hülle schlüpfen und an der frischen

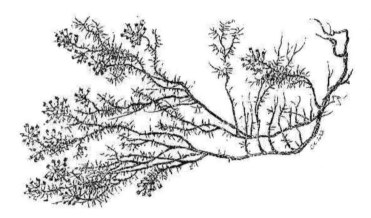

Luft hübsche, violettschwarze Staubbeutel entfalten. Bei schönem Wetter reicht ein einziger Tag zu diesem Werke hin und es giebt kaum etwas so Glanzvolles wie ein Busch frisch aufgeblühter Heidenrosen. Jeder Zweig trägt eine Traube Blüthen, jede Blüthe ist mit einem Strauß von Staubfäden bekränzt und alle Zweige, alle Blüthen, alle Staubfäden sind der Sonne zugekehrt.

Die Gruppe, welche uns vor Augen stand, war wohl eine der größten, der ich jemals begegnet; sie war unten mehr und mehr ausgeschlagen und hatte allmählich die Hälfte des Blocks überzogen. Von der Seite, wo dieselbe den Abhang berührte, war sie noch theilweise

unter dem Schnee verborgen und wenn man unter diesem suchte, so
fand man die grünen Trauben in dem Zustande, wie der Winter sie
überrascht hatte; andere, kaum frei gewordene Trauben, fingen an sich
rosig zu färben, und so konnte man den Uebergang bis zu den Zweigen
verfolgen, welche seit einigen Tagen frei in vollstem Blüthenschmuck
erglänzten. Der Genuß derselben war übrigens nicht uns allein vorbehalten. Weniger als zwei Schritte davon, aber stets auf dem Felsblock, befand sich ein prächtiger Ameisenhaufen. Er war von den
großen, braunen Ameisen bevölkert, die man vorzugsweise im Gebirge
antrifft und die, wie es scheint, in der Nähe der Tannen leben müssen,
deren Nadeln ihnen als Baumaterial dienen. Diese Ameisen errichten
Bauten, welche sich bisweilen bis zu einer Höhe von einem Meter
erheben. Ohne gerade diese ausnahmsweise Höhe zu erreichen, war
der Ameisenhaufen auf unserer Insel darum nicht weniger ansehnlich.
Ich habe selten ein solches Massengedränge beobachtet. Die Thore
der Stadt, obgleich weit geöffnet, waren gesperrt von dem Volke, das
herausströmte. Der Bau hatte nach der Sonnenseite zu einigen
Schaden gelitten. Der geschmolzene Schnee mußte eine ziemliche
Menge Baustücke fortgeschwemmt haben und nun schafften Myriaden
Arbeiter an der Ausbesserung des Schadens. Eine einzige Ameise
war stark genug, die Nadeln der Heidenrose die Wände hinanzu-
schleppen; diese Nadeln und besonders die kleinen Büschel des Tannen-
baums waren freilich schwer, es legten sich deshalb ihrer zwei und
drei davor; und so gab es unzählige Gespanne, die sich kreuzten,
drängten, anstießen und übereinander weg fuhren. War es die
Sonne, welche sie zur Arbeit anfeuerte, oder das Vorgefühl einer
möglichen Wiederkehr der Winterstrenge? sie arbeiteten nicht nur mit
ihrem gewohnten Eifer, sondern mit fieberischer Hast. Bei ihrer Ungeduld waren sie nicht selten einander hinderlich, und lähmten einen
Theil ihrer Kräfte, eben weil sie alle auf einmal arbeiten wollten.
Die Speisekammer der Republik war augenscheinlich noch wohl versehen, und bei der Aussicht auf den Umschlag des Wetters schien es
ihnen wichtiger, ihr Haus auszubessern als die Speicher neu zu füllen.

Einige waren indessen doch auf Rekognoszirung ausgeschickt. Man sah sie neugierig und eilig um den Bau herum patrouilliren. Keine wagte sich auf den Schnee, denn die Ameisen sind frostig; sie irrten am Rande des Inselchens umher oder stiegen auf die Zweige der Heide und wenn sie unterwegs sich begegneten, dann gab es eine lebhafte Unterhaltung mit den beweglichen Fühlhörnern. Gewiß erzählten sie sich Neues vom Frühling.

Es ist sehr wahrscheinlich, daß die Ameisen zu der Bloslegung unseres Blocks ein 'gutes Theil beigetragen hatten. Ein so stark bevölkertes Haus muß unter dem Schnee gleichsam wie ein Ofen wirken. Dieser Nachbarschaft also verdankte die Heide ihre frühe Blüthe; vielleicht war ihr damit ein schlechter Dienst geschehen. Wie manchmal habe ich nachher während der verschiedenen Rückstöße des Winters in den Monaten April und Mai — ja gestern noch, Mitte Juni, schneite es fast bis in die Ebene hinab — wie manchmal habe ich an die Ameisen und die Heidenrosen auf dem Berge Richard ge= dacht! Die Ameisen werden sich tapfer gewehrt haben, es fehlte ihnen nicht an Vorräthen und es war nicht schwer, die Thüren des ausge= besserten Hauses zu verschließen und unter ihrem Dach ruhig die Wiederkehr der Sonne abzuwarten. Die Heide aber, was ist aus ihr unter dem frischen Schneefall geworden? In welchem Zustande mag sie wieder zu Tage gekommen sein? Blaß, welk, unfähig sich wieder aufzurichten, ohne Hoffnung auf neue Fruchtbarkeit, genöthigt ein langes Jahr zu warten, um in ihrer Ungeduld wiederum sich allen Zufallsgefährden auszusetzen und um Blüthen zu tragen, welche viel= leicht wiederum keinen Saamen geben. Die Eile kommt sie theuer zu stehen, aber auch zu theuer? Verbleibt ihr nicht die Ehre, zuerst auf den Ruf des Frühlings geantwortet zu haben? Muß es nicht Blumen geben, um alle Sonnenstrahlen zu begrüßen und ihnen an Reichthum des Lebens wieder zu ertheilen, was sie der Erde an Licht und Wärme verleihen?

Wir richteten uns auf dieser schmalen Oase so ein, daß wir der Heide und den Ameisen möglichst wenig Schaden zufügten. Kaum

aber hatten wir uns hingesetzt, so hörten wir hinter uns ein fürchter=
liches Krachen. Das war eine Lawine. In weniger Zeit als es
braucht, um es zu erzählen, standen wir auf dem Gipfel des Hügels
und sahen in der That an den Gehängen des Berges eine gewaltige
Lawine kompakten Schnees in unregelmäßigen Sätzen von Stufe zu
Stufe hinabstürzen. Man empfindet immer eine gewisse Gemüthsbe=
wegung, wenn man selbst von einem geschützten Punkte aus eine
Lawine in der Nähe sieht. Es giebt wenig Schauspiele, welche in
demselben Grade uns eine Vorstellung von unwiderstehlicher Gewalt
geben und vor der die Einbildungskraft so zusammenschreckt, überzeugt
von der Nichtigkeit des Menschen und der Kleinheit seiner Mittel.
Gewöhnlich folgt die Natur mit stiller Regelmäßigkeit ihrer Bahn und
wir vergessen nur zu oft die titanischen Kräfte, die sie in ihrem
Schooße birgt; gestattet sie diesen einmal, die Fessel zu brechen, dann
stehen wir entsetzten Anges da, als ob der Blitz plötzlich ob unserem
Haupte eingeschlagen und uns aus harmlosen Träumen aufgeschreckt.
Daran gewöhnt oder nicht, wissend oder unwissend, daß auch diese
Kräfte wie alle anderen an feste Gesetze gebunden sind, es giebt immer
einen Moment, wo Städter und Landleute, Ungebildete und Gelehrte
wie an den Boden genagelt dastehen, wenn eine wirkliche Lawine vor
ihnen in die Tiefe stürzt. Nur aus der Entfernung können dieselben
als anmuthige Wasserfälle, als glänzende Silberbänder erscheinen,
welche an den Bergeshängen flattern; in der Nähe tritt an die Stelle
dieses reizenden Scheins das Krachen und Toben der wild hinab=
stürzenden Blöcke.

Für uns wurde die Aufregung des Augenblicks noch verlängert.
Was war diese Lawine? Eine kleine Episode in einem furchtbaren
Drama. O der Frühling! Den Bewohnern der Ebene erscheint er
unter den reizendsten Bildern, sie träumen bei diesem Worte nur von
schwellenden Knospen, von sich öffnenden Blüthen, von lauen Winden
und Vogelgesang. Auf den Bergen hat der Frühling auch sein Windes=
wehen, seine Knospen, seine Vögel und seine Blüthen, aber um welchen
Preis! mit wie viel Schauern und wilden Erschütterungen! In der

214

Ebene wirkt er sogleich befruchtend, im Gebirge beginnt er mit Ver=
wüstungen. Er unterwühlt alle Felsengehänge, auf denen das Gras
noch wachsen kann, er überschüttet die Thalgründe mit Trümmern,
und kaum ist ein Anger, den er nicht zu verheeren droht im Augen=
blick, wo der vertrocknete Rasen sich wieder erneut. Wie viel Ruinen
wälzt er umher, ehe das frühzeitigste Alpenblümchen zur Blüthe ge=
langt! Wie riesenhaft sind seine Kämpfe gegen den Winter und wie
furchtbar rächt dieser sich für seine Niederlage!... Von solchem Kampfe
waren wir jetzt Zeugen und wir brauchten nur ringsumher unsere
Blicke zu wenden, um jeden Augenblick einer anderen Szene, vom
ersten Sturmangriffe bis zum vollständigen Siege beizuwohnen.

Der Anblick der zerklüfteten Berge, welche uns nach Süden hin
beherrschten, war grausig. Die Abgründe sind überall von Felsengräten
und überhängenden Steinwällen durchkreuzt. Die Gipfel sind wild
zerrissen und der höchste derselben, der Muveran, anstatt wie die
meisten Alpenhäupter nach hinten abzuweichen, ragt senkrecht über das
Thal empor. Wenn wir unsern Blick über diesen Halbkreis schweifen
ließen, so konnten wir den Winter in seiner erhabenen Stille be=
trachten. Die von uns erreichte Höhe bezeichnete eine Linie, über
welche hinaus der Odem des Frühlings noch nicht gedrungen war.
Junge, schlanke Tannen, zeigten nur ihre obersten Aeste und die
Schneeschicht genügte, um nicht allein die Farbe, sondern auch das
Relief des Bergmassifs zu verändern. Alle geringeren Unebenheiten
waren verschwunden, große Strecken waren abgerundet, die Moränen
eines kleinen, in einer Schlucht verborgenen Gletschers, die sonst im
Sommer ein prächtiges Steingewirre darstellen, boten nur noch den
Anblick eines langen, weißen, regelmäßigen Abhanges und bis nahe
zu den Spitzen des Berges bezeichnete der Schnee eine ansteigende
Perspektive von beweglichen und leuchtenden Linien. Auf einige
hundert Schritte von uns, in der Einbuchtung, welche die Alp le
Richard bildet, erkannte man indessen die Spuren einer ersten Regung
des Frühlings. Noch war da keine eigentliche Lawine gefallen, etwas
Schnee war hinabgeglitten; auf den Hängen aber, die wir am Morgen

hinaufgeklettert, konnte man deren fünf bis sechs deutlich unterscheiden.
Alle waren sie etwa von unserer Höhe aus abgestürzt und je nach
der Beschaffenheit des Bodens mit mehr oder minder Heftigkeit. Doch
war keine bis auf den Erdboden gefallen und hatte eine sogenannte
Grundlawine gebildet; nur in den oberen Schichten hatten die Brüche
stattgefunden, der Schnee war in Ballen wieder auf Schnee gerollt
und beim Anblick der vereinzelten Furchen auf den sonst noch so stillen
Feldern merkte man wohl, daß hier besondere Umstände den Sturz
herbeigeführt.

Die Szene aber war ganz anders, sobald wir eine halbe Wendung
machten und die gegenüber liegenden, der Sonne zugekehrten Berge
betrachteten. Diese sind einfach und regelmäßig gestaltet und bilden
eine langgestreckte Kette, deren kurzer, ohne Verzweigungen fortlaufender
Grat über begrasten Gehängen bis zu einem Felsengipfel sich erhebt,
der plötzlich in die Höhe steigt und in eine lange Reihe scharfer Zacken
sich zuspitzt. Die ganze Kette führt nur einen einzigen Namen, die
Argentine. Zwischen derselben und uns floß in tiefer Schlucht der
Bach und wir standen entfernt genug, um den Anblick der Gebirgs=
kette in ihrer vollständigen Entfaltung zu genießen. Hier war der
Kampf aller Orten losgebrochen. Um noch einige Abhänge zu finden,
wo erst wenige zufällige Lawinen gestürzt waren, mußten wir so hoch
und so weit rückwärts als möglich blicken. Auf den nächsten Gehängen
aber waren die Lawinen schon zu hunderten gestürzt. Vom Gipfel der
Argentine bis zur Alp le Richard ist nur ein einziger treppenförmiger,
überall jäher Abhang; nackte, glatte Felsen wechseln mit breiten Rasen=
bändern ab und sind von tiefen Kellen oder Runsen zerschnitten, die
sich auf den begrasten Stellen wohl erkennen lassen, aber oft von
Felsenbänken unterbrochen werden. In diesen Kellen hatte der Schnee
sich massenhafter angesammelt, sich rechts und links an die Wände der=
selben gelehnt und oberhalb ihrer senkrechten Einschnitte schroffe, ja
überhängende Wände gebildet. Die Sonne und der Föhn brauchten
nicht lange zu arbeiten, um diese schwankenden Schneegerüste zu
erschüttern und die ungeheuren Massen zu Falle zu bringen. Gewisse

hohe und verborgene Kessen waren eben erst angegriffen; bei anderen, welche der Sonne mehr ausgesetzt waren, hatte sich die Bewegung nach und nach fortgepflanzt, neue Massen waren nachgefolgt, der bis auf den nackten Felsen fortgerissene Schnee hatte Grundlawinen ge= bildet und der Boden selber war von ihnen zerwühlt worden. Eine solche Lawine hatten wir stürzen sehen. Schnee, Schlamm, kleine Felsstücke und mächtige Blöcke waren wirr durcheinander gerollt. Schreckhaft war der Wirrwarr in den Kessen, in welchen diese Schneestürze vor sich gingen, ebenso auf den seitlichen Abhängen. Da hatten sich Lawinen an vorspringenden Felswänden verfangen und warteten auf den Augenblick, wieder frei und in die Tiefe gerissen zu werden. Der hängen gebliebene Schnee bildete keine rundlichen Kuppen wie auf den sanften Abhängen, wo das Schmelzen regelmäßig ver= läuft, sondern aus allen Fugen geworfene, fantastische Massen; ihre gelbliche Farbe bezeugte hinlänglich, daß in diese Umwälzung ganze Erdwellen mitgerissen worden und die graden Bruchflächen wiesen genau auf die Stellen hin, von welchen die letzten Lawinen ausgegangen waren, und von wo sich ohne Zweifel bald neue loslösen mußten. Die Gebirgslente sagen, der Schnee „bricht" und dies Wort ist ganz richtig. Es giebt jedesmal einen entschiedenen Bruch, welcher eine senkrechte Schneefläche bloßlegt, die aussieht, als wäre sie mit dem Messer abgeschnitten. Einige dieser Abschnitte maßen gewiß zehn bis fünfzehn Meter und vielleicht noch mehr. Uns direkt gegenüber, da wo die Naturgewalten am heftigsten getobt, waren sie besonders mächtig. Weiter unten, nach dem Ausgange des Thales zu, nahmen sie nach und nach ab, ebenso der Schnee, der dort noch liegen geblieben, und wenn wir uns ein wenig mehr umwendeten, so trafen unsere Augen ganz schneefreie Kessen und längs derselben war der Boden weithin bloßgelegt und wie frisch aufgerissen. Auf den letzten Abhängen endlich, einige Schritte vom Thale les Plans entfernt, hatte die Sonne ihr Werk vollendet und der Rasen schien sich mit frischem Grün zu bekleiden.

Um sich eine richtige Vorstellung von der Wirkung der Sonne zu machen, brauchte man nur die Schutthaufen unter jeder Kelle zu betrachten. War dies Schnee, Erde oder Gestein? Es war Alles zusammen: ein wirrer, gelblicher Haufen, ein buntes Durcheinander, aus welchem da und dort zermalmte Tannen und mächtige, dem Boden entrissene Rasenstreifen hervorschauten. Diese Schutthaufen verlängerten sich auf ihrem Gipfel zu einer Spitze, welche mehr oder weniger hoch sich bis zu den entsprechenden Runsen erhoben; an der Basis aber wurden sie breiter, ja sie machten einander den Raum streitig, denn die größten derselben dehnten sich auf Kosten ihrer Nachbarn aus. Der Bach aber, dessen Lauf sie störten, so daß er zur Seebildung genöthigt wurde, hatte ebenfalls sein Werk auf ihre Kosten begonnen und beengte sie an den Ufern. Doch welche Aufgabe für einen schwachen Wasserfaden! Wenn Sonne und Föhn ihm nicht unterstützen, so hat er für eine Reihe von Sommern Arbeit.

Dies waren die Vorgänge an den steilen Abstürzen der Argentine; an denen des Muveran bereiteten sich ungleich größere Bewegungen vor. Zuvor aber mußte der Winter noch einmal Besitz von den Bergen ergreifen. Mehr als ein Meter Schnee hat seitdem wieder die kahlen Abhänge bedeckt; die Winde haben ihn in den Kellen zusammengeweht und das Spiel der Lawinen hat um so mächtiger begonnen. Dreimal mindestens, im März, im April und im Mai, haben sich die furchtbaren Schneemassen von den Höhen unter demselben Getöse, mit demselben Schrecken, in's Thal ergossen. Und wer weiß, ob in diesem Augenblicke die Junisonne, wenn sie den frischen Schnee aufthaut, der tagelang auf den Alpen gefallen ist, nicht noch einen letzten Aufruhr erzeugt, und ob die Sennen von le Richard, welche die Kälte in den unteren Theil des Thales verdrängt, nicht noch einige verspätete Lawinen um ihre Hütten donnern hören. So verkündet der Frühling sich im Gebirge. Um seine Herrschaft zu sichern, muß er eine Reihe von Schlachten und Siegen um den Preis wiederholter Verwüstungen erstritten haben. Das ist ein Riesenkampf, würdig der ernsten und mächtigen Natur, in der das Leben dem Chaos abgewonnen scheint.

Wir verbrachten zwei lange Stunden, vielleicht noch mehr, bald auf dem Gipfel jenes Hügels, bald auf unserem Felsblock, zehn Schritte darunter. Hier befanden wir uns sehr wohl, obgleich vom Glanze des Schnees ein wenig geblendet. Nicht lange aber, so ließ ein Geräusch sich in der Nähe vernehmen und wir eilten wieder auf den Hügel. Eine ganze Weile war es nun still, wir plauderten und erfrischten uns an den mitgebrachten Vorräthen. Da hörten wir eine Vogelstimme.

— Ein Fasan, sagte Philipp.

Im Gebirge wird der kleine Auerhahn mit gespaltenem Schwanz, der in den Alpen nicht selten und in denen von Bex und les Plans ziemlich häufig vorkommt, Fasan genannt.

— Soll ich ihn rufen? raunte Philipp mir zu.

— Wie das?

— Ich will den Ruf des Weibchens nachahmen.

Durch diese List locken die Jäger den Auerhahn zu gewissen Jahreszeiten. Philipp hatte schon die Finger am Munde und war im Begriff zu „rufen", als ein eigenthümlicher, näselnder Pfiff sich auf der andern Seite vernehmen ließ.

— O, sagte Philipp, die ruft besser als ich.

Es war in der That ein Weibchen und die beiden Vögel unter-hielten sich wohl eine Viertelstunde lang mit Fragen und Antworten. Der Hahn steckte etwa zweihundert Schritt von uns in einem Tannen- und Lärchengebüsch; wir mühten uns vergeblich ab, ihn zu sehen, die blendenden Sonnenstrahlen ließen Nichts erkennen. Das Weibchen saß in einem anderen Tannenbusch zu unserer Linken, auch sie konnten wir nicht sehen; wir durften uns freilich nicht rühren, um uns nicht zu verrathen. Die Beiden schienen durchaus nicht unge-duldig, zu einander zu kommen, vielleicht aber hatten sie sich vorher noch vielerlei zu sagen. Nach menschlichem Maßstabe lag in diesem Duett weder viel Poesie noch viel Leidenschaft. Von Zeit zu Zeit wiederholte der Hahn sein eintöniges Balzen; das Weibchen ließ ihn zwei- oder dreimal rufen, dann antwortete sie mit ihrem näselnden

Pfiff. Kann in solchen Tönen auch Leidenschaft liegen? Die Fasanen haben wahrscheinlich ihre eigenen Gedanken über Musik und wer weiß, ob ihnen die menschliche Musik mit ihren Läufen und Trillern und berechneten Effekten als der höchste Gefühlsausdruck erscheinen würde.

Ich weiß nicht, was Philipp über die Tonkunst denkt, es wäre sogar möglich, daß sie sein Denken noch niemals beschäftigt hat; die Musik der Fasanen schien jedenfalls keinen tiefen Eindruck auf ihn zu machen.

— Ei was, sagte er, das Fasanenvolk hat keinen Verstand; wir wollen sie einmal narren.

Er ahmte nun dem Weibchen nach und that dies, obgleich er kein eigentlicher Jäger war, doch mit dem Geschick eines vollendeten Waidmanns. Eine längere Pause trat nun ein, was uns fast be= denklich schien; da balzte der Hahn wieder. Diesmal antwortete das Weibchen. Der Hahn blieb die Antwort nicht schuldig, dann kam Philipp an die Reihe und so fort. Wir waren gespannt auf das Resultat, doch plötzlich hörten wir einen mächtigen Flügelschlag und sahen einen schönen, schwarzen Vogel an uns vorbeirauschen. Es war der Herr Auerhahn, doch schien er nicht im Geringsten „genarrt" zu sein; er flog direkt auf den Tannenbusch zu, in dem er erwartet wurde und würdigte den Ort, von welchem aus Philipp ihn lockte, auch nicht eines Blickes.

— Armer Philipp, das war kein guter Anfang. Hoffentlich geht es dir einmal besser, wenn du auf eigene Rechnung pfeifst.

Eine ganze Weile hörten wir nun Nichts mehr, da erscholl plötzlich ein lautes Gebell, das Gebell eines Jagdhundes, der unver= sehens ein Wild entdeckt. Es war der Hund des Nachbars, der uns unterwegs verlassen hatte, um auf eigene Faust sein Glück zu ver= suchen. Er hatte die Fasanen überrascht. Ein erneuter, doppelter Flügelschlag belehrte uns, daß sie ungefährdet entkamen. Der Hund verfolgte sie noch eine Strecke weit mit wüthendem Gebell. Das war freilich eine Musik, der es an Leidenschaft nicht fehlte. Doch was half ihm das Alles? So schwer sie auch sind, Fasanenflügel sind immerhin Flügel; und dabei war der Schnee noch weicher geworden und der Hund, trotz seiner Dürre und Leichtfüßigkeit, versank bis an den Bauch darin. Mit etwas bedenklichen Gesichtern sahen wir, wie schwerfällig er im Schnee watete, während die beiden Vögel sich nach unzugänglichen Regionen flüchteten, um dort ihre unterbrochene Idylle fortzuspielen.

Indessen mahnte es zur Heimkehr. Es mochte Mittag sein und Philipp begann zu fürchten, daß uns etwas zustoßen könne, wenn wir noch lange zögerten. Am Vormittag fallen die Lawinen in der Regel nur auf den der Sonne zugekehrten Abhängen; Nachmittags aber stürzen sie auch nach Norden zu. Wir nahmen also Abschied von der Heidenrose und den Ameisen. Anfangs ging es mühsam genug abwärts, und es war ein seltenes Glück, wenn wir nur bis über die Kniee in den halb flüssigen Schnee einsanken.

Als wir auf der langgestreckten Terrasse oberhalb Pont de Nant angelangt waren, faßten wir den kühnen Entschluß, uns Schlitten anzufertigen. Das ist Etwas sehr Einfaches. Man schneidet ein halbes Dutzend kräftiger und stark belaubter Tannenzweige ab, legt sie aufeinander und bindet sie an den dicken Enden zusammen. Dann legt man an passender Stelle den Schlitten auf den Schnee, das dicke Ende nach unten, und setzt sich rittlings auf das dichte Laub, faßt mit beiden Händen die zusammengebundenen Zweige, wirft sich so weit wie möglich rückwärts und stößt ab, die Füße in der Luft! Es handelt sich dabei freilich um die richtige Wahl des Ortes, von welchem aus man schnurgerade, ohne auf ein Hinderniß zu stoßen, hinabschlitten kann.

Auf so glanzvolle Weise gelangten wir in einem Zuge bis an den Bach, nicht aber ohne uns eine Vorstellung machen zu können, wie leicht auf den jähen Abhängen Lawinen erzeugt werden. Große Schneeplatten setzten sich auf der Bahn eines jeden der beiden Schlitten in Bewegung, sie schienen eher zu fließen als zu gleiten, wuchsen zusehends und wenn sie auf einen noch jäheren Abhang gerathen wären, so hätten sie bei verstärkter Geschwindigkeit nothwendig neue Massen erschüttert und eine Lawine wäre donnernd hinabgeschossen. Es braucht nicht mehr, ja oft viel weniger zur Erzeugung dieses Phänomens.

> „Und bist du nur ein Glöcklein,
> Frisch auf, frisch auf, mein Sang!
> Es stürzt auch die Lawine
> Von eines Glöckleins Klang."

Einmal am Bache, hatten wir das Schwierigste überstanden. Wir folgten eine Weile dem Bette desselben, wandten uns dann rechts, wo der Abhang, je weiter wir hinunterstiegen, mehr und mehr schneefrei war und standen bald auf festem Boden.

Die Leute im Gebirge behaupten, daß der Fasan, wie sie den Auerhahn nennen, unter allen Thieren der unfehlbarste Wetterprophet sei. Unglücklicherweise aber prophezeit er nur während zwei Monaten des Jahres. Man sagt, daß wenn er im Frühling am späten

Morgen balzt, es Regen bedeute oder eine Wiederkehr des Winters. Er balzt dann doppelt, um sich im Voraus für das schlechte Wetter zu entschädigen, welches eintreten soll. Ich weiß nicht, was davon zu halten ist, in diesem Falle aber bewährte sich die Prophezeiung. Am Abend überzog sich der Himmel wieder, in der Nacht regnete es schon und schwere Wolken stiegen das Thal herauf und lagerten sich um die Bergesgipfel. Es blieb nichts übrig, als ganz hinabzusteigen, um in der Ebene einen zweiten Winter durchzumachen.

Dies war also eine verfehlte Bergfahrt, die hundertste vielleicht, und dennoch, war sie nicht reichlich belohnt durch mannichfaltige Genüsse und in ihrer Weise fast so viel werth wie die Fahrt, die wir uns ausgedacht hatten? Freunde der Alpen, etwas praktische Philosophie, ich meine ein Theil Geduld, aber auch ein gutes Theil Geschick, sich in die Umstände zu fügen, ist gut auf unseren Fahrten. Erinnern wir uns nur, daß das sicherste Mittel, sich auf dieser Welt schlecht zu behagen, aus Vernachlässigung kleiner Glücksfälle herkommt, die sich oft unversehens anbieten, während wir dafür hartnäckig einem großen Glück nachjagen, das wir uns daheim in aller Gemüthlichkeit zurecht gelegt und welches die Wirklichkeit uns zerstört, sobald wir an die Ausführung gehen. Man sagt, das Leben sei eine lange Reihe von Täuschungen; das kommt daher, weil wir, anstatt das Leben zu nehmen wie es sich giebt, stets verlangen, daß es so komme, wie wir es uns geträumt. Träumen wir immer zu, meinetwegen; doch steifen wir uns nicht auf unser ohnmächtiges Wollen. Nehmen wir vom Himmel was er uns bringt, Regen oder Sonnenschein; doch verschmähen wir nicht die kleinen Gaben, die auf unserem Wege liegen. Es giebt deren immer, man braucht eben nur um sich zu sehen und zuzugreifen. Auf das Leben angewandt, das für eine große Wanderschaft gilt, paßt diese einfache Weisheit nicht minder auf die kleinen Fahrten, mit denen wir es jeden Sommer uns erheitern. Wäre das Wetter nach Wunsch ausgefallen, so hätten wir freilich einem grandiosen Schauspiele auf dem Plateau von Anzeindaz und am Fuße der finstern Diablerets beigewohnt; wir hätten den Mondschein und den

Sonnenaufgang genossen. Doch wir wären des Nachts, im Gebirge, schnell an Allem vorübergeeilt und an wie so manchen sehenswerthen Dingen! Hätten wir die Heidenrosen auf dem Berge Richard und die Ameisen daneben betrachtet? Hätten wir den Ruf der Fasanen und ihr langes Duett mit angehört? War diese Frühlingsidylle denn Nichts, und was konnten wir weiter oben auf den Bergen wohl Schöneres finden als diese einfachen Bilder? Poesie und Arbeit, Liebe und Kampf, war es nicht das ganze Leben, das uns auf jenem Felsblocke von wenigen Quadratmetern entgegentrat? Das Leben mit seinen Mühen, seinen Freuden und Tragödien, das wagnißreiche Leben in der Wüstenei, das Leben im wilden Kampfe, in welchem auf jenen Halden der Schnee des Winters und die warme Frühlingssonne mit einander ringen.

Eine Bibliothek im Gebirge.

Eine Bibliothek im Gebirge.

Dörfchens tragen zu müssen. Hundertjährige Nußbäume beschatten die
Wiesen. Hie und da erräth man zwischen ihren Aesten nach der einen
Seite hin die Formen des anstrebenden Gebirges, nach der andern
die des Rebgeländes, dessen langgestreckte Halden am Ufer des Sees
auslaufen.

Dieser Weiler gehört zu einer volkreichen Gemeinde, welche zwölf
solcher Häusergruppen zählt und er ist das bescheidenste Glied in
dieser Familie. Er besteht Alles in Allem, nur aus sechs Haushal-
tungen. Kein Kirchthurm macht ihn bemerklich und stiege nicht zu
gewissen Tagesstunden ein blauer Rauch über die Nußbäume, so könnte
man nahe an ihm vorbeiwandern, ohne nur seine Existenz zu ahnen.
Schreitet man durch den Weiler selber, so wundert man sich, daß
alle Häuser gleich alt und die Scheuern so alt wie die Häuser sind.
Da ist in der That seit hundert und zweihundert Jahren nichts gebaut worden; so hat es hier immer ausgesehen und das einzige
öffentliche Gebäude, welches auf gemeinschaftliche Kosten von dieser
kleinen Menschenfamilie errichtet worden, ist der Backofen. Er steht
zu äußerst, in dem finstersten Gäßchen.

Mitten in diesem kleinen Weiler steht ein Haus, das weder
reicher noch ärmer als die andern aussieht und sich jetzt vor den übrigen
durch kein Merkmal auszeichnet; vor zwanzig oder dreißig Jahren
aber hätte man es wohl an einem weißen Rosenstock erkannt, der an
der schwarzen Mauer wie ein Spalier hinaufgezogen war. Dies
Haus ist ganz nach der alten Mode gebaut. Unten an der Gasse ist
der große gewölbte Keller mit der Kelter, wie dies im Weinlande
gebräuchlich; im ersten Stock eine Küche, zu welcher das Licht nur
durch den Schlot eines pyramidalen Kamins dringt und welche durch
zwei sich gegenüberstehende Thüren nach zwei langen Stuben führt,
deren eine der Morgensonne, die andere der Abendsonne zugekehrt ist;
im zweiten Stock sind geräumige Böden, auf denen man im Herbst
die Nüsse trocknen läßt, und wo die Katzen sich herumtreiben.

Zu der Zeit als der Rosenstock noch blühte, füllte eine zahlreiche
Familie von drei Generationen dieses Haus. Die beiden Stuben

wurden bewohnt, des Tages über hielt man sich indessen nur in der nach Morgen hin gelegenen auf. Vor Zeiten war sie wohl einmal geweißt gewesen, später aber mußte man an der Mauer kratzen, um sich davon zu überzeugen. Beim Hereintreten sah man rechter Hand einen Ofen aus Sandstein, zu dem eine Art Treppe hinaufführte, so daß man droben sich hinsetzen konnte; linker Hand stand ein Bett, zu dem freilich auch eine Treppe hätte führen dürfen, denn es war so hoch, daß man ein guter Turner oder ein langer Grenadier sein mußte, um sich hinein zu schwingen. Unter diesem Bett stand ein anderes, kleineres und sehr niedriges verborgen. Es stand

auf Rollen und Nachts zog man es für den Großvater hervor, der kein Turner mehr war und niemals ein Grenadier gewesen. Der Raum zwischen Bett und Ofen war schmal, doch wenn man glücklich durch diesen Engpaß gekommen, so schien die Stube breiter zu werden. Auf der einen Seite standen nur einige Stühle, auf der andern ein alter Nußbaumtisch auf gesunden Beinen und hinter dem Tisch an die Wand gerückt eine lange Truhe, welche gleichzeitig als Bank, als Lade oder vielmehr als Arche diente. Vor einem der Fenster, am oberen Ende des Tisches, spreizte sich ein breiter Lehnstuhl. Dies war das einzige Möbel, welches nicht aus dem vorigen Jahrhundert

flammte; die Gebrechlichkeit des Großvaters war sein Geburtstitel.
An den Fenstern gab es keine Vorhänge, auf dem einen stand
eine Reseda und von den andern aus liefen zwei lange Stangen bis
auf das Dach eines Nachbarhauses und bildeten so eine Art Hänge=
brücke, auf welche Bretter mit Obst zum Dörren in der Sonne ge=
legt wurden.

Während der Essenszeit ging es in dieser Stube sehr lebhaft zu.
Eine lange Kinderreihe saß auf der Truhe, das älteste neben dem
Großvater und so folgten die andern je nach ihrem Alter. Gegenüber,
doch ohne genaue Rangordnung, saßen die Großmutter, Vater, Mutter,
eine Magd und bisweilen ein Knecht. Sie aßen alle mit gutem
Appetit und ohne viel Zeit an langen Gesprächen zu verlieren. Kaum
hatte der Großvater das Schlußgebet gemurmelt, so liefen die Kinder
wieder an ihr Spiel und die Großen an ihre Arbeit. Die Magd
ging noch einige Male ab und zu, dann wurde die Thüre ge=
schlossen; nur noch die Fliegen blieben drinnen und summten an
den Fenstern.

Eine so ausgestattete Stube, die ja übrigens den größten Theil
des Tages leer stand, war die Wohnung einer Familie redlicher, ein=
facher und arbeitsamer Landleute, die ihr Leben mehr auf dem Felde
als im Hause zubrachten. Mit Ausnahme des Resedastockes war der
Luxus hier nicht vertreten. Bei genauerer Umschau hätte man in=
dessen auch andere, weniger in die Augen fallende Möbel entdeckt,
eines besonders, welches im dunkelsten Winkel des Zimmers verborgen
und so hoch angebracht war, daß man mit dem Arm weit hinauflangen
mußte, um es zu erreichen. Aus zwei tannenen Brettern war da
ein kleines Gestell zu Stande gebracht, welches die sämmtliche Litte=
ratur des Hauses, ja die mancher anderen Häuser noch beherbergen
konnte.

Den Anstrich hatte man der Zeit, dem Tabacksqualm und der ran=
chigen Oellampe überlassen. Dies Gestell war so allmählich in ein
zweifelhaftes Braun übergegangen, welches zu dem Grau der Wände
nicht übel stimmte. Es zu einem Schmuck für das Zimmer zu be=

nutzen, der Gedanke war nie Jemand eingefallen. Man besaß Bücher und mußte ihnen wohl einen Platz anweisen, denn jedes Ding will seinen Platz haben. Die Tabacksbüte des Großvaters war auch sorg= fältig, hübsch trocken, auf einem Brettchen über dem Ofen aufbewahrt. Und hatten die Körbchen der Weiber, mit den Zwirnknäueln, der Scheere, dem Strickzeug nicht ein ausschließlich für sie bestimmtes Brettchen über der Sesselreihe? Ein alter Barometer, der noch etwas zwischen „veränderlich" und „schön Wetter" auf= und niedersaselte, hatte er nicht seinen besondern Platz in einer Fensterecke? Die Bücher hatten also auch ihren Platz und das war nicht mehr als billig.

Es gab demnach Gedrucktes in der alten, finstern Stube. Was Einem davon zuerst in die Augen fiel, hing gleich vorn am Pfosten des Gestells. Es war weniger ein Buch als ein gedrucktes Heft, aber ein viel gebrauchtes Heft, es war Einem so zur Hand; ein werthvolles Heft, denn man hatte sich die Mühe nicht verdrießen lassen, einen besonderen Nagel dafür einzuschlagen. Wem gehörte dieser Ehren= platz? Dem „Wahrhaften hinkenden Boten von Bern und Vivis", der seit er zu hinken angefangen doch niemals zu spät gekommen, der so regelmäßig erscheint wie die vier Jahreszeiten und dem Landvolk den Jahresanfang mit solcher Pünktlichkeit meldet, wie der Kuckuck den Beginn des Wonnemonats.

Der ehrwürdige Kalender! Jedes Kind zwischen Alpen und Jura, im Chablais und im Faucigny und selbst in den angrenzenden fran= zösischen Landestheilen kennt ihn; er ist eines jener wirklich populären Bücher, das die schriftstellerische Welt freilich übersieht, aber doch ein wahrer Schatz von Weisheit! Man braucht übrigens nur das Titel= blatt zu betrachten und der ganze weise Inhalt wird Einem sogleich offenbar. In der Ferne drängen sich die großen tragischen Ereignisse: Schiffe kanoniren gegen einander, eine Festung brennt, Soldaten machen einen siegreichen Ausfall und die Belagerer entfliehen so schnell ihre Pferde nur laufen mögen. Man könnte vielleicht fragen, warum sie zu Pferde sitzen? Doch wer so etwas fragen kann, der steht noch nicht auf der Höhe des Wahrhaften hinkenden Boten. Das wäre was

Rechtes, ein Sturm zu Fuß! Den kann man alle Tage sehen. Der hin=
kende Bote zieht einen Sturm zu Pferde vor, da ist mehr Ruhm zu
ernten und leichter davonzukommen. Im Vordergrunde liegt eine stille
Landschaft: ein Fluß mit trägem Lauf, Schilfrohr, ein Weidenbaum,
schattige Plätzchen und ganz vorn ein Weg, auf welchem gar ernste
Personen zusammenstehen. Der Gegenstand ihrer Unterhaltung ist
ein zerlumpter armer Junge, dem die Hosen trübselig herabfallen; er
steht barfuß da und weint recht bitterlich, das Gesicht mit beiden
Händen bedeckt. Wahrscheinlich hat man ihn auf frischer That beim
Aepfelschütteln erwischt. Sein Loos wird nun zwischen drei Männern
verhandelt, von denen einer, in voller Uniform, wohl ein Landjäger=
hauptmann oder irgend ein höherer Feldhüter sein muß. Er weist
auf den Buben hin und spricht sehr lebhaft; gewiß erzählt er die
begangene Missethat. Neben ihm steht ein Mann in bürgerlicher
Tracht, sonntäglich angezogen, der Ortsschulmeister, am Ende auch
der Verhörrichter; er macht ein sehr strenges und dünkelhaftes Gesicht
zu der Erzählung. . Der dritte ist ein Kriegsmann in alter Schweizer=
tracht. Nach seiner majestätischen Haltung zu urtheilen und dem
mächtigen Federbusch auf dem Hute, muß er mindestens ein Lieute=
nant Ihrer HochEhrwürden von Bern sein. Armer Junge, in was
für Hände bist du gerathen! Glücklicherweise erscheint da eine Ge=
stalt, welche vielleicht die Aufmerksamkeit der gestrengen Herren von
ihm ablenkt. Ein Bote kommt in ziemlich schäbigem Anzug, er trägt
einen Dreimaster auf dem Kopfe und hat ein Stelzbein, er nähert
sich der Gruppe und überreicht einen versiegelten Brief. Was in dem
Briefe steht? Das weiß keine sterbliche Seele. Man frage die Schnecke
am Rande des Weges, die ihr Haus mit sich herum trägt und ihre
beiden Fühlhörner neugierig ausstreckt .... Während diese Scene
ihren mysteriösen Verlauf auf der Erde nimmt, wandeln die Sterne
auf ihrer himmlischen Bahn. Ganz oben auf dem Blatt, in der
linken Ecke, geht die Sonne mit tausend stachligen Strahlen auf;
rechts, in der andern Ecke geht der Mond in Gesellschaft eines Ko=
meten und mehrerer Gestirne schwermüthig unter, weniger verdunkelt

von der Sonne als von der Geschäftsmarke des Herausgebers und Verlegers, welche zwischen zwei Sternen auf einem großen Schilde paradirt.

Was läßt sich nicht Alles von einem Kalender mit einem so reichen Titelblatt erwarten? Der Verfasser nennt sich „Anton Sorge". Sicher ein Name von guter Vorbedeutung; der würdige Mann plagt sich gewiß nicht wenig für seine Leser. Er nennt sich einen Astronomen und Historiographen. Als Astronom berechnet Anton Sorge den Lauf der Gestirne und giebt er das Wetter im Voraus an. Da steht ein Vollmond, der „etwas Lichtschein" hoffen läßt; dort einer, mit dem es „rappelt". Auf dies Viertel „wird es stiller", auf jenes „kommt es kraus", ohne die vielen Neumonde zu zählen, die „gar unsäuberlich sich anmelden," und jene, die „in gewissen Gegenden bange Stunden nach sich schleppen". Allen diesen Prophezeiungen folgen schwarze oder rothe kabalistische Zeichen, deren Autorität um so unerschütter= licher ist, als sie schwieriger zu verstehen sind. Zwischen diesen Zeichen und Prophezeiungen sind einzelne Wörter in Kursivschrift eingeschaltet. Was haben sie zu bedeuten? Im ersten Augenblick wäre man ver= sucht zu glauben, Herr Sorge sei manchmal nicht recht bei Troste; aber er ist schlauer als er aussieht, und das ist so eine von seinen feinen Ueberraschungen für diejenigen seiner Leser, die wißbegierig und geduldig genug sind, um ihm zu folgen. Wenn man sich nämlich die Mühe nicht verdrießen läßt, diese zerstreuten Wörter an einander zu reihen, so findet man sehr unterhaltende Sinnsprüche. Manchmal sind sie nur in Prosa: „Ihr Herren, traut den stolzen Damen nicht"! Manchmal aber sind sie in Versen, sogar in klassischen Versen, die bei Herrn Sorge seinem Kalender zu Liebe nur hie und da etwas hinken, wie z. B.

> Mißtrauu, Riegel, Eisengitter
> Sind für Weiber schlechte Hüter.

Man muß die Wissenschaft mit Humor beleben. Das ist gerade die Kunst, in welcher Herr Sorge sich auszeichnet.

Aber Herr Sorge ist nicht nur Astronom, er ist auch Historiograph.

Unter diesem Titel bietet er seinen Lesern Chronologisches, Ephemeriden, Neuestes, Geschichte, und eine „Sammlung kurioser Anekdoten und witziger Einfälle, dem großen Buch der Natur vom vergangenen Jahr entlehnt." In seinem Kalender ist von Allem Etwas, sogar große klassische Weltgeschichte, ein Echo Johannes von Müller's, wo nicht gar des Titus Livius. Unter dem Holzschnitt, welcher die verschiedenen Monate des Jahres darstellt, gegenüber dem Verzeichniß der Jahrmärkte, erzählt Herr Sorge die Schweizergeschichte von den ältesten Zeiten bis auf unsere Tage, in dem einen Jahre eine Periode, im folgenden eine andere, und das geht so fort bis er einmal fertig ist.

Will man ihn aber von seiner schönsten Seite kennen lernen, so muß man seine „Sammlung kurioser Anekdoten und witziger Einfälle" lesen. Hier ist er wahrhaft groß. Er sammelt Schlagwörter, Witze, Verbrechen und Unglücksfälle. Wie schön er sie zu mischen versteht, und dazu die reizenden Ueberraschungen für seine freundlichen Leser. Da steht die Geschichte einer unglückseligen Mutter, die aus Versehen ihr ältestes Kind tödtet, welches so eben, gleichfalls aus Versehen, das zweite getödtet hat, während das dritte zufällig in einem Brunnen ertrinkt, worauf hin die verzweifelnde Niobe einen Strick holt und sich erhenkt, um damit, sagt Herr Sorge, die Vernichtung der ganzen Familie zu vollenden. Dann folgt vielleicht die Geschichte von dem Bauer in der Menagerie, der eben dazu kommt, wie der Thierbändiger in den Hyänenkäfig tritt. „Das ist nichts, sagte der Bauer; aber wenn meine Frau in dem Kasten wäre, da würde er schwerlich hineingehen."

Mäßigen wir unsere Heiterkeit, denn auf der folgenden Seite stoßen wir vielleicht auf die Erzählung der Verbrechen Hans Brülemann's, womit bewiesen werden soll, daß es in Amerika auf sittlichem Gebiete ebenso furchtbare Ungeheuer gäbe als auf physischem. Danach folgt vielleicht die köstliche Anekdote von jenem guten Papste, der als Greis vernummt über Land reiste und einen Esel mit einem Faß vergifteten Weins vor sich hertrieb, um sich von Räubern abfangen zu lassen, auf die er selber Jagd macht.

Wir kämen nicht zu Ende, wollten wir Alles aufzählen, was Herr Sorge im großen Buch der Welt entdeckt. Als ein unerschöpflicher Erzähler, versteht er es die düsterste Stirn zu glätten, und bringt er gar seine Schreckgeschichten an, dann stehen Einem die Haare zu Berge. Und er weiß nicht nur Alles, er hat auch seine Holzschnitte, welche die Geschichte dramatisch beleben und die Handlung gewissermaßen uns vor die Augen zaubern. Da ist das Bild vom Zweikampf zwischen einem Matrosen und einem Haifisch. Nicht wahr? das Ganze erweckt einen kleinen Schauder: Ein Haifisch hat einen Matrosen ge= fressen. Ein anderer Matrose schwört seinen Kameraden zu rächen, und ehe Jemand ihn zu hindern vermag, stürzt er sich mit einem Messer bewaffnet in die grausige Fluth. Ein entsetzliches Schauspiel entwickelt sich nun. Der Mensch bleibt regungslos und man sieht sein Messer in den Fluthen leuchten, während das Ungeheuer näher und näher rückt. „Beider Leib wird unendlich vergrößert durch die optische Wirkung der Wassermenge, die sie von der Oberfläche trennt, und so gewinnt dieser entsetzliche Kampf etwas unheimlich Riesenhaftes, was die Seele mit Schauder und Schrecken erfüllt".... Der Matrose aber ist ein gewaltiger Schlaukopf, er taucht unter, um nicht gefressen zu werden; er entschlüpft dem Ungethüm, das sich nur schwer= fällig wendet; ja es gelingt ihm, dem Haifisch sein Messer in den Rachen zu stoßen. Bluthroth sind jetzt die Wellen und man sieht gar nichts mehr. „Alle Herzen ziehen sich angstvoll zusammen, da erhebt sich das blutige Haupt des heldenmüthigen Matrosen aus der Meeres= fluth, er schwimmt, er lebt, und die Fluth wäscht ihm die Stirn rein von dem Lebensaft des gräßlichen Gegners. Tausendfaches Jubel= geschrei begrüßt am Ufer den Besieger des Haifisches, dessen verendeter Leib noch in der Ferne auf den gerötheten Meereswellen hintreibt."

Man hat oft genug die Volksbildung mit Hilfe von Kalendern unterstützen wollen und zu diesem Zweck gar moralische, fromme und sittenrichterliche Kalender herausgegeben. Der „wahrhaft hinkende Bote" hat mit diesen Kalenderpredigten nichts gemein. Er ist nicht irreligiös, noch weniger unmoralisch; vor allen Dingen aber, er predigt nicht. Herr Sorge mag sich noch so sehr mit seinem doppelten Titel eines Historiographen und Astronomen brüsten; ich halte ihn für einen erzschlauen Bauer, der seine Leute kennt. Der Bauer ist einfältig wie ein Kind und dabei gerieben wie ein alter Diplomat. Er hört gern Geschichten, aber er haßt die Predigten. Herr Sorge hat das wohl gewußt und danach gehandelt. Nicht etwa, daß er sich jede moralische Betrachtung versagt, aber er macht nur solche, die seine Leute ebenfalls machen würden; er liest sie in den Zügen seiner Zuhörer und nimmt ihnen so zu sagen das Wort von den Lippen. Gegen Diebe und Missethäter ist er hart. Erzählt er ihre Stückchen, so vergißt er gewiß nicht, sich über die gerechte Strafe zu freuen, welche sie ereilt hat. Herr Sorge ist sicher ein herzensguter Mann, aber ein Philanthrop ist er durchaus nicht. Er ist Grundbesitzer und das schadet immer der Philanthropie. Er hat einen Weinberg nach der Sonnenseite und hat ihn mit guten Mauern eingefriedet; er besitzt auch ein schmuckes Landhaus und einen entsetzlichen Bullenbeißer vor dem Thor, der auf eine halbe Meile im Umkreis einen Menschen wittert. Für Vagabunden, die anderer Leute Gut beschnüffeln, kennt er kein Mitleid; hingegen verehrt er die Gensdarmen sehr und ist der Ansicht, die Todesstrafe passe eben so gut in's Kriminalgesetz wie die Vogelscheuche in's Rapsfeld. Das ist die Moral unseres Herrn Sorge, eine wahre Volksmoral, die mit Leib und Blut des Landmanns verwachsen ist. Herr Sorge macht auch kein Hehl daraus, schreit seine Moral aber auch nicht von allen Dächern herab; sein Kalender predigt nicht, er erzählt, er ist der Spiegel der Welt wie Shakespeare's Dramen oder die hundertaktige Komödie des braven Lafontaine.

Der am Nagel aufgehängte Kalender ist der vom laufenden Jahr. Auf dem obersten Brett des Büchergestells liegt aber noch ein ganzer Stoß, der jährlich seinen Zuwachs erhält und fort und fort wachsen würde, wenn nicht von Zeit zu Zeit der älteste Jahrgang geopfert würde. Dies geschieht natürlich nur im äußersten Nothfall, denn so alte Drucksachen haben immer etwas Ehrwürdiges. Indessen kommt

es doch einmal vor, daß die Hausfrau nothwendig ein Paar Düten
drehen muß und dann darf der Stoß am Ende nicht so sehr in die
Höhe wachsen, daß ein neues Brett nöthig würde. Jetzt reicht er
gerade bis an die Stubendecke. Es sind wohl an die dreißig, vierzig
Jahrgänge; vielleicht noch mehr. Nach ihrer Farbe zu urtheilen,
können die untersten kaum jünger sein als das Möbel, auf welchem
sie ruhen; da ist kein Unterschied des Kolorits zu merken. Erst nach
oben hin wird das Papier etwas lichter und ganz in der Höhe bezeichnen einigermaßen weißliche Hefte die jüngstgebornen Kinder der
Mußestunden des Herrn Sorge.

Es ist etwas Schönes um einen achtzigjährigen Kalender, ein
Alter, welches der hinkende Bote von Bern und Vivis damals schon
erreicht hatte. Was sage ich achtzig? Er war wohl an die hundert
Jahre alt, so alt jedenfalls, daß er die Grenze überschritten, welche
die kühnsten Hoffnungen zu erstreben wagen, und daß man bei ihm
an Sterben nicht mehr dachte. Tägliche Zeitungen haben kein Alter,
und zählten sie auch hundert Jahre, sie wären deshalb nicht ehrwür-
diger. Als vergängliche Blätter entstehen und vergehen sie mit jedem
Tage. Der Kalender aber bleibt, er sieht die Jahre an sich vorüberziehen, wünscht den neuen Ankömmling willkommen und hält dem
abgeschiedenen die Leichenrede. Von einem Herbst zum andern hat er
Zeit zur Ueberlegung und jedesmal, wenn der Mann mit dem hölzernen Bein an unsere Thüre klopft, hat er eine Falte mehr auf der
Stirn, gerade so wie wir.

Der Landmann sammelt keine Zeitungen,· hingegen verwahrt er
gern die Kalender. Jedes der alten geschwärzten Hefte stellt ihm
einen Abschnitt seines Lebens dar, wo er gepflügt, gesät, geerntet,
und nicht selten bezeichnet sein Bleistift gewisse denkwürdige Tage im
Kalender, wenn etwa der Hagel ihm die Ernteaussichten vernichtet
oder ein Nachtfrost die jungen Triebe an den Obstbäumen hinweggerafft.
Manchmal auch wird der erste Tag der Ernte oder Weinlese, der
Ankauf einer Kuh oder die Geburt eines Kalbes eingeschrieben, das er
aufzuziehen gedachte, so daß hier der Landmann die Geschichte von

Acker und Stall wiederfindet und die verschiedenen Schicksalswendungen seines Lebens ihm sogleich vor die Erinnerung treten.

Daraus erkennt man, wie wichtig es ist, daß ein Kalender kein Neuling in der Welt sei. Der hinkende Bote ist es jedenfalls nicht, denn keine Seele hatte je von seinem Geburtstage reden hören. Deshalb sah er auch auf seine unbärtigen Konkurrenten mit stiller Verachtung herab. Jedes Jahr erschien er mit einer feierlichen Anzeige, worin er die Welt auf die handgreifliche Spitzbüberei eines Buchdruckers aufmerksam machte, der unter dem Titel „der hinkende Bote von Bern" einen Kalender verkaufen lasse, „welcher das elendeste Machwerk dieser Art wäre, wenn er nicht dem wahrhaften hinkenden Boten von Bern und Vivis seine besten Stücke und seine Holzschnitte, freilich in roher Nachahmung, entlehnt hätte." Diese fortgesetzte Anzeige hatte doch den Erfolg, daß der falsche Kalender endlich zu erscheinen aufhörte. Die Welt war mißtrauisch geworden, man kaufte nur noch den hinkenden Boten, welcher auf dem Umschlag zwischen der Sonne und dem Mond die Geschäftsmarke des Verlegers trug. Ein neuer Beweis für das alte Sprichwort: Unrecht Gut gedeiht nicht.

Ungeachtet dieser vorübergehenden Widerwärtigkeiten war „der wahrhafte hinkende Bote" seiner Rolle treu geblieben und man konnte nur mit innerstem Behagen die Sammlung seiner verschiedenen Jahrgänge durchblättern. Ging man ein wenig rückwärts, so kam man aus der Restauration in's Kaiserreich, dann aus dem Kaiserreich in's Konsulat, und unter allen Regierungen fand man Herrn Sorge auf seinem Posten, über den Menschen und den Dingen stehend. Er nimmt keine Parthei, läßt sich auch um das europäische Gleichgewicht keine grauen Haare wachsen; seine Aufgabe ist, den Ereignissen beizuwohnen und die Quintessenz derselben, die ergreifenden Scenen, die gelungenen Hanswurstiaden, die haarsträubenden Unglücksfälle vor Vergessenheit zu bewahren. Er besitzt die Unpartheilichkeit eines treuherzigen Gemüths und seine Helden nimmt er überall, wo sie sich ihm darbieten. Nicht etwa, daß er unbedingt neutral und theilnahmlos sei. Wer ihn aufmerksam liest, wird endlich die Entdeckung machen, daß ge=

wiſſe Sympathien ihn unbewußt leiten und daß dieſe Sympathien ſogar
dem Wechſel unterworfen ſind.

Er ſagt z. B. nichts Böſes von den alliirten Monarchen, er ſpricht
mit Ehrfurcht von ihnen und wünſcht ihnen vielleicht auch im Grunde
ſeiner Seele alles Glück und Heil. Denn ſind die Monarchen denn
nicht auch Grundbeſitzer? Haben ſie nicht Königreiche nach der Sonnen-
ſeite zu ſo gut wie Herr Sorge ſeine Weinberge und Aecker?" Grundbeſitzer aber halten gern zuſammen gegen Abenteurer und Uſurpatoren.
Und dennoch iſt es unverkennbar, daß die Phantaſie unſeres Herrn
Sorge nicht wenig von den Thaten „des großen Mannes" geblendet
iſt. Er folgt ſeiner Spur wie die kleineren Kinder mit den Augen
dem Lichte folgen. Die Feinde des Eroberers ſind übrigens nicht durch-
weg Souveraine. Was ſind das auch für Weſen, die Koſacken, die
man aus dem fernen Oſten gegen die franzöſiſchen Soldaten in's
Feld führt? Fabelweſen, Söhne der Nacht, ſo etwas wie die Heu-
ſchrecken, die das Egypterland heimſuchten. Da nähert ſich der Schwarm,
leibhaftige Koſacken reiten vor den Augen des Herrn Sorge vorbei
und er muß wohl eingeſtehen, daß es auch Menſchen ſind. Er thut
es freiwillig und ſogar mit Rührung; denn der Held des Jahrgangs
1817 iſt ein empfindſamer Koſack. Dieſer brave Mann lag in
der Nähe von Straßburg im Quartier und zwar bei armen Leuten,
in einer Hütte. Gerührt von dem Elend ſeiner Quartiergeber will
er ihnen eine Stütze ſein und nicht eine Laſt. Jeden Abend reitet
er aus, mit einem leeren Sack hinter ſich auf dem Pferde, und jeden
Abend kommt er mit einem vollen Sack heim, mit Nahrung für ſich
und ſämmtliche Bewohner der Hütte. Woher er ſeinen Reichthum
genommen, das wird nicht erzählt; Herr Sorge begnügt ſich mit der
Verſicherung, daß er ſich alles „Dank ſeiner großen Gewandtheit"
verſchaffte. Ach, Herr Sorge, ich ahne hier einen Euphemismus,
welcher eine bedenkliche Schonung für die Schwächen Ihres Helden
offenbart. Doch was vergiebt man nicht einem ſo biedern Koſacken?
Die Geburt eines Kindes erhöht das Elend ſeiner Quartiergeber.
Da wird ſein Herz von noch tieferem Mitleid ergriffen. Er erſpäht

den Augenblick, wo die Mutter schläft, und verschwindet mit dem
Kinde. „Man kann sich den Schrecken des Vaters denken, sagt Herr
Sorge, und besonders die grausame Angst, das Herzeleid der Mutter,
als sie des armen Wesens sich beraubt sah, an dem jetzt ihre ganze
Seele hing.... Ihre Verzweiflung aber sollte nicht von langer Dauer
sein; bald sah sie den guten Kosacken wieder ankommen, den Säugling
an seinen schwarzen Bart gedrückt, und in der Hand einen Beutel mit
hundert Thalern, den er der wimmernden Mutter hinhielt. Dieses
Geld hatte er bei den Soldaten und Offizieren seiner Abtheilung für
die Wöchnerin und ihr Kind gesammelt....."

Die rührende Scene wird dem erstaunten Leser in einem schönen
Holzschnitt dargestellt, und auf daß kein Irrthum möglich sei, stehen
Buchstaben über den Gestalten, welche auf die Anmerkungen unter
dem Bilde hinweisen. Jener bärtige Soldat ist der Kosack, die Frau
im Bett ist die Wöchnerin, welche Gott im Himmel preist; der Mann
daneben, der seine Arme in die Höhe streckt, ist wie die Anmerkung
sagt, der von dem Edelmuth des Kosacken entzückte Vater.

Dieser Art ist die Weisheit des Herrn Sorge, eine Weisheit,
welche sich von den Ereignissen belehren läßt und selbst vor den Ko=

facken ihr ſtrenges Geſicht glättet, vorausgeſetzt, daß dieſe als Sieger vor dem Kalendermacher vorüberziehen und ihm wenigſtens einen ſchö= nen Zug zu ſeiner Anekdotenſammlung liefern. So wiederholt der Wahrhafte hinkende Bote die Volkseindrücke und die wechſelnden Scenen der Welt, ein mannichfaltiges Gemälde, welches aus der Geſchichte eine Reihe hübſcher Geſchichten macht und ſich von Jahr zu Jahr bereichert, ohne jemals den für nützliche Kenntniſſe vorbehaltenen Raum zu verkürzen, für Kenntniſſe, welche von den Schickſalen der Völker gottlob unabhängig ſind. Denn wie mächtig auch die politiſchen Er= ſchütterungen ſein mögen, ſo werden im März doch die Bohnen ge= pflanzt, wird im April doch der Kerbel geſät und es iſt immer gut, die Hausfrauen daran zu erinnern. Unter allen Regierungen übrigens will der Landmann ſeine Reduktionstabelle für die verſchiedenen Geld= ſorten, ſein großes und kleines Einmaleins für den Alltagsgebrauch haben und das ſind Dinge, die Herr Sorge niemals vergißt, eben ſo wenig wie die Liſte und Titulaturen der gekrönten Häupter von Europa, im Falle einer ſeiner Leſer an eines derſelben einen Brief zu ſchreiben hätte.

Die große Sammlung des Hinkenden Boten nimmt nicht den ganzen Raum auf dem oberſten Büchergeſtell ein. Da iſt noch Platz für einen kleinen, ziemlich dicken Band, eine Kupferbibel, in welcher die rührendſten Erzählungen aus der heiligen Schrift, die Geſchichten von der Schöpfung, der Sündfluth, von Abraham, Joſeph, David, und zum Schluß auch von Jeſus Chriſtus dargeſtellt ſind. Das iſt der Luxusband für die Kinder, denn es exiſtirt noch eine andere Bibel, ein ungeheurer Folioband, der mit ſeinem ganzen Gewicht auf das untere Brett drückt und es ganz allein einnimmt. Das iſt die Familien= bibel, ſie mag wohl auch ihre hundert Jahre und mehr noch zählen, ja bis nahe an die Reformationszeit reichen. Schon der Einband hat etwas Ehrwürdiges, Behäbiges; er iſt aus ſtärkerem Leder als die Gebirgsſchuhe der Hausbewohner. Das Papier iſt vergilbt, aber der Druck iſt unverändert, ein ſchöner Druck, wie er jetzt kaum noch ge= ſehen wird. Der Druck paßt zum Einband. Die Lettern ſind zu

Jedermanns Gebrauch, sogar für altersschwache und des Lesens un=
gewohnte Augen. Die Seite ist in zwei Spalten getheilt, die Kapitel
beginnen mit einem großen Anfangsbuchstaben in rothen Arabesken
und man hat wohlweislich die Apokryphen, die Geschichte von Tobias
und den Maccabäern nicht vergessen, die dem Landvolk, sogar in
protestantischen Ländern, stets sehr werth sind.

Von der gelehrten modernen Kritik war zu den Lesern des mäch=
tigen Foliobandes durchaus nichts gedrungen. Die Bibel war für sie
die Bibel. Sie mußten wohl, daß sie nicht von einem einzigen Men=
schen geschrieben war, und das war gewiß nicht erstaunlich, denn die
Bibel ist ein gar dickes Buch, und sie waren nicht gewohnt, so viel schrei=
ben zu sehen. Sie mußten wohl, daß die Apostel zu einer anderen
Zeit gelebt als David und dieser später als Moses; aber sie mußten
es, ohne sich Rechenschaft davon abzulegen und übrigens, was lag
ihnen an ein Paar Jahrhunderten mehr oder weniger in so grauer
Vorzeit? Es wäre ihnen eben so wenig in den Sinn gekommen,
sich mit der Frage über das Alter der verschiedenen Autoren der
heiligen Schrift als mit der über die Entfernung zwischen den Ge=
stirnen abzugeben. Sie bildeten für sie eine Familie von Brüdern,
sie redeten ihnen Alle von Gott und im Namen Gottes. Für sie war
deshalb ein augenfälliger Kontrast zwischen dem Kalender, der von
Jahr zu Jahr sich erneuerte und der Bibel, einem für ewig abge=
schlossenen Buch, von dem nichts fortzunehmen, zu dem nichts hinzu=
zufügen war, wie dies der starke Einband mit den beiden kräftigen
Schließhaken hinreichend bewies. Sie lasen weniger darin als im
Kalender, den sie täglich wegen der Jahrmärkte und der Wetterzeichen
einsehen mußten; doch während sie die Feste des Herrn Sorge mit
Vertraulichkeit behandelten, herrschte dem dicken Buch gegenüber ein
Gefühl tiefer Ehrfurcht. Der Kalenderrand diente ihnen zu Notizen
für das was im Stall und auf dem Felde sich ereignete; die Bibel
diente als Gedenkbuch für Familienereignisse. Auf der Rückseite des
Deckels und dem darauf folgenden weißen Blatt waren die Geburten
und Todesfälle eingetragen. Ein Ahn hatte das Register eröffnet,

welches dann getreulich von Geschlecht zu Geschlecht fortgeführt wurde.
Die Namen aller Familienglieder standen hier hintereinander an der
Spitze des heiligen Buches. Wenn es etwa einem Kinde in unbeson=
nener Heftigkeit begegnete, den Kalender zu zerreißen, dann wurde es
wohl gescholten; das Unglück aber fiel in Vergessenheit. Wäre so
etwas jemals mit dem Folioband vorgefallen, dann wäre das ganze
Haus in Aufruhr gerathen. Eine dunkle Vorstellung von freventlicher
Entweihung und einem bevorstehenden Unheil hätte sich der Gemüther
bemächtigt. Denn die Bibel war für sie in der That ein Heiligthum.
Alle alten Gegenstände flößten ihnen Ehrfurcht ein, mehr als Alles
aber die Bibel, weil sie für sie das Allerältefte war. Die Vorfahren
hatten darin gelesen und Trost in ihr gefunden. Wären sie fähig
gewesen, ihre große Ehrfurcht auszudrücken, so hätten sie wie Bossuet
die Jahrhunderte gezählt und ihr Haupt entblößt bei dem Gedanken
an ein so hohes Alter.

Und dennoch, so alt sie auch war, sie fanden in der Bibel etwas
von ihrem eigenen Sein, etwas Gegenständliches und Lebendiges, das
uns entgeht, die wir in den Städten und im Thale drunten leben.
An eine halbpatriarchalische Existenz gewöhnt, fühlten sie sich unter
den Zelten Abraham's beinahe heimisch, und ihre reine Einbildungs=
kraft zeigte ihnen deutlich die großen Scenen aus der Kindheit des
Menschengeschlechts, Noah an seiner Arche zimmernd, Isaak auf dem
Altare, Jakob und seine Söhne, und Gott selber, wie er die zehn
Gebote auf dem Berge Sinai ertheilt. Es herrschte eine gewisse Ver=
wandtschaft zwischen ihrer Geistesrichtung und jenem antiken, so ernsten
und zugleich so vertrauten Styl, der anstatt• ewig zu springen und
zu rennen, die kleinen Dinge betont, bei den Nebenumständen sich
aufhält und eine Sache oder ein Bild erst verläßt, wenn dieselben
sich fest in's Gedächtniß geprägt. Es waren aber auch echte Bauern,
die unsere Leiden nicht kennen. Wir verbrauchen und mißbrauchen
unsern Geist, indem wir ihn unaufhörlich zur Produktion reizen; so
flattern in jedem Augenblick Bilder und Eindrücke vor unseren Sinnen,
zahllos und flüchtig wie Mücken in der Abendluft. Sie, die fort=

während zu den harten Verrichtungen des Landbaus gezwungen sind, haben keine Zeit zu denken aus reinem Vergnügen am Denken. Die Augenblicke, in welchen ihr Geist sich zu befreien, von der Scholle zu erheben vermochte, zählten in ihrem Dasein, und die Gedanken, welche sie dann vollkommen erfüllten, waren wohl nicht sehr reich und subtil, aber nur um so größer in ihrer Einfachheit. Eine geheime Stimme sprach ihnen von etwas Anderem als den Aussichten auf die künftige Ernte, von Anderem als dem Preis der Weine oder des Viehfutters, und diese Stimme war offenbar dieselbe, die Alles eingegeben, was in jenem dicken Buch geschrieben stand. So vereinigte die Bibel für sie die beiden Vorstellungen, welche auf das Gemüth des Landmanns den tiefsten Eindruck machen; sie hatte den zwiefachen Charakter des grauen Alterthums und der Jugendfrische.

Derart war die Bibliothek in einem Winkel der schwarzen Wand. Wir haben das Bücherverzeichniß vollständig angegeben: die Bibel und der Kalender; nichts mehr, nichts weniger. Man sieht in der That nicht ein, was man hier streichen könnte, und es scheint Einem eben so schwer, etwas hinzuzufügen; denn giebt man nur einen Band zu, so ist kein Grund vorhanden, warum man nicht zwei, zehn, hundert dazugäbe. Wie könnte man sich auch mit weniger Kosten eine vollständigere Bibliothek anschaffen? In ihrer Art enthält sie Alles: weltliche Weisheit, göttliche Weisheit, Zeit und Ewigkeit.

Eine solche Bibliothek aber hätte man in sämmtlichen Häusern des Weilers, in den ärmsten sogar angetroffen, die Kupferbibel etwa ausgenommen, und so in allen Weilern der Umgegend, auf viele Stunden im Umkreis. Ich weiß nicht, ob ich mich täusche, aber ich kann nicht umhin, die Existenz dieser Bibliothek im Bauernhause als ein charakteristisches Merkmal einer Epoche der Kulturgeschichte zu betrachten. Sie war nicht möglich, ehe die Reformation nicht in der niedrigsten Hütte Leser geschaffen und die Bibel als erstes und unentbehrliches Buch verbreitet. Heute sogar besteht in katholischen Ländern die Bibliothek des Landmanns in den meisten Fällen nur in einigen Heiligenbildern an den Wänden. Der Kalender ist dann später und

244

ganz von selbst hinzugekommen, er bildet die unumgängliche Ergänzung zur Bibel. Wollte man die Zahl der Landleute berechnen, welche seit zwei oder drei Jahrhunderten nichts anderes Gedrucktes gekannt und deren geistige Nahrung einzig und allein die Bibel und der Kalender gewesen, so fände man Hunderte von Millionen.

Seit einer oder zwei Generationen indessen, etwas länger oder kürzer, je nach den Ortschaften, tragen mancherlei Einflüsse dazu bei, die Bibliothek des Landmanns zu verändern. Diese Einflüsse machten sich erst in der Nähe der Städte, längs der Hauptstraßen geltend, und sie werden nach und nach überall sich bemerklich machen. Mehr als man dächte, sind sie schon bis in die entlegenen Theile des Gebirges vorgedrungen und der Weiler mit den Nußbäumen, am Abhang und auf halber Höhe der waadtländischen Alpen war durchaus nicht ge= schützt vor ihnen. Es ist gerade ein Jahr her, daß ich die alte, schwarze Stube wiedergesehen; aber ich habe sie nicht mehr erkannt, denn sie war geweißt. Der alte Nußbaumtisch hatte einem runden Tisch mit einer bunten Decke Platz gemacht. Statt der Truhe stand da ein Kanapee. Der alte Lehnstuhl fehlte; freilich war der Großvater auch nicht mehr da. Sechs neue Stühle standen nach der Schnur an der Wand. Kein Resedatopf am Fenster, keine fliegende Brücke mehr; hingegen Vorhänge mit demselben Muster wie der Bettumhang. Die Luft war rauh im Zimmer, man fühlte, daß es nicht mehr bewohnt wurde. Die Familie hatte sich in die hintere Stube zurückgezogen, die ge= weißte Vorderstube schonte man für Besuche und besondere Festtage. Ich erkundigte mich nach der Bibliothek. Sie war der Familie gefolgt, nicht etwa, weil man einen besondern Werth darauf legte, sie stets zur Hand zu haben, sondern weil das Gestell wie der alte Lehnstuhl nicht der Ehre würdig erachtet worden, im Salon zu bleiben. Ich sollte sie sehen. Quantum mutatus! Das war ein Stoß Bücher; dreißig bis vierzig Bände lagen kunterbunt übereinander. Da gab es Schulbücher, Katechismen, Grammatiken, Rechenbücher, Geschichts= abrisse; an anderer Stelle das Civil=Gesetzbuch, eine Abhandlung über die Kunst des Weinbaus, Kinderfibeln, auch Jugendschriften

wie: Rosa von Tannenburg, die Ostereier und andere Er=
zählungen von Christoph Schmidt; wirkliche Romane sogar waren
vorräthig. Ich suchte nach meinen alten Bekannten und konnte sie
nur mit Mühe wieder herausfinden. Der Stoß Kalender war in
Papierdüten draufgegangen. Nur der vom laufenden Jahr war noch
vorhanden. Aber war es auch „der Wahrhafte hinkende Bote von Bern
und Vivis"?

Einen Augenblick glaubte ich an einen neuen, schlechten Nachdruck,
und nur die unveränderte authentische Geschäftsmarke des Verlegers
konnte mich überzeugen, daß ich hier dennoch das Werk des Herrn
Sorge vor mir hatte. Schon der Umschlag hatte auffallend verloren.
Die Festung ist wieder aufgefrischt worden, aber gegen alle Regeln
des Ingenieurs. Der Ausfall der Belagerten ist nur noch ein Ge=
dränge, die Zeichnung eines Schulbuben, aber keines Künstlers noch
Soldaten. Keine Perspektive mehr in der Gruppe im Vordergrund,
sämmtliche Figuren stehen auf derselben Linie, und es kostet Mühe,
sie nur zu erkennen, so sehr hat die Prosa der Gegenwart sie ver=
flacht. Der Schweizer versteht es nicht mehr, die Tracht seiner Väter
zu tragen; der arme Junge von dazumal, früher so frisch und gesund
unter seinen Lumpen, ist jetzt nur noch eine greinende Fratze und
sogar die Schnecke hat es verlernt, ihre Fühlhörner zu spitzen. Der
Bote allein sieht etwas lebhafter und munterer drein. Ehemals hatte
er es gar nicht eilig, er kam vorwärts wie er eben mochte, zog sein
hölzernes Bein langsam nach sich und dachte an alle guten und schlimmen
Nachrichten, welche sein Sack enthielt, an die Leute, welche lachen,
an andere, welche weinen würden. Er hielt seine Briefe mit einem
Ausdruck von Schlauheit und Uebermuth hin, der ihm vortrefflich
stand. Jetzt rennt er wie besessen. Das hölzerne Bein zieht das
gesunde nach, er macht fabelhafte Schritte, als hätte er Siebenmeilen=
stiefel an. Er macht es schnell ab und reicht seine Briefe aus der
Ferne, als ob ihn die Pfeife einer Locomotive zur Eile antriebe.
Zwischen seinen Beinen hat sich ein Flügelthier eingeschlichen. Das
ist das einzige neue Wesen auf dem Kupferstich; aber es ist so schlecht

gezeichnet, daß es so zu sagen unmöglich ist, es näher zu bestimmen. Ich glaube, es soll eine Ente sein; wahrscheinlich ein Sinnbild.

Die Veränderungen, welche der Inhalt erlitten, stimmen leider nur zu sehr zum Umschlag. Die schöne Schweizergeschichte hat einem Jahrmarkts-Verzeichniß Platz machen müssen, das kein Ende mehr nimmt. Die Wetterprophezeiungen sind fade Prosa für den gemeinsten Verstand. Keine Kraftausdrücke, keine Bilder mehr: schönes Wetter, Regen, bedeckt, darin liegt die ganze Wissenschaft. Auch die Geschichten sind farblos. Man kann zehn Seiten in Einem fort lesen, ohne daß es Einem kalt über den Rücken läuft. Ach, Herr Sorge, Sie sind ganz aus dem Ton gefallen; Sie besitzen nicht mehr das Geheimniß, auf die Phantasie zu wirken! Und die Moral! Wie schön Sie früher die Moral anzubringen wußten, wie gewissenhaft Sie die Strafe dem Verbrecher an die Ferse hefteten! Was erzählen Sie uns heute? Daß ein zehnjähriges Mädchen gestorben ist, weil sie Raupeneier mit der Nase eingeathmet, als sie an einem Rosenstrauch roch, und Sie ziehen daraus den weisen Schluß „daß das eine bittere Lehre von der Gefährlichkeit ist, an Blumen zu riechen, in welche Insekten ihre Eier gelegt". Ei was! Sollten wir uns jetzt nicht mehr an den Blumen freuen und denken Sie ewig nur an die Früchte? Ich habe Sie in Verdacht, daß es Ihre Schuld ist, wenn kein Resedatopf mehr auf jenem Fensterbrett steht und ich den weißen Rosenstock, der spalierartig die Mauer hinaufkletterte, vergebens gesucht habe. Sie arbeiten in demselben Sinne, Sie wüthen gegen das wenige von Poesie, das noch bei uns auf dem Lande herrschte, und das große Buch der Welt ist für Sie nur noch ein trockenes Komplimentirbuch.

Man sage mir, was aus dem Kalender geworden, den der Bauer gelesen und ich will euch sagen, was aus dem Bauer wird. Herr Sorge verliert seine fromme Einfalt, verlaßt euch darauf, daß der Bauer die seine nicht behält. Herr Sorge wird prosaisch, seid versichert, daß der Bauer an Poesie nicht zunimmt. Herr Sorge geht der feineren Gesellschaft nach, zweifelt durchaus nicht daran, daß der Bauer sich Salons möblirt und den feinen Herrn spielt. Herr Sorge

wird von Jahr zu Jahr weniger Landmann, kein Zweifel, daß wenn
er vollständig aufgehört es zu sein, die Gattung da, wo sein Bote
noch umherhinkt, vollständig ausgestorben ist. Sie verschwindet und
Herr Sorge mit seiner feinen Witterung hat dies natürlich zuerst be=
merkt. Der Kalender vom Jahre 1867 beginnt mit einer Uebersicht
der Feldarbeiten unter dem Titel „Almanach des Agronomen". Agro=
nom, das ist das Wort. Der Bauer wird ein Agronom. Wenn er
es erst vollständig geworden, dann hat der Wahrhafte hinkende Bote
von Bern und Vivis auch seine Zeit vollendet und Herr Sorge wird
dann nur noch Taschenagendas machen.

Es liegt ein Zeichen von Skepticismus in dieser Wandlung des
Herrn Sorge. Sollte der Landmann auch ein Skeptiker werden?
Und warum nicht? Man redet sich ein, er sei von Natur respektvoll.
Doch man täusche sich nicht, · nur vor dem Unbekannten hat er Ehr=
furcht. Er ist im Gegentheil mißtrauisch und argwöhnisch, wenn es
sich um Personen handelt, die er täglich sieht; in den allergewöhn=
lichsten Geschäften vermuthet er immer, es sei ihm eine Falle gestellt.
Seine Ehrfurcht ist nur provisorisch, sie hört mit dem Augenblick auf, wo
er mit den Personen oder Dingen vertraut geworden. Fußreisende haben
diese Erfahrung oft machen können. Vor zwanzig Jahren, wenn man
in ein abgelegenes Dorf kam, flüchteten sich die Kinder, und Männer und
Frauen starrten Einen sprachlos und mit offenem Munde an; die=
jenigen sogar, welche kühn genug waren, einem Fremden unter die
Augen zu treten, grüßten doch nur schüchtern und drückten sich bei
Seite, um Platz zu machen. Heutzutage spielen euch die Kinder in
demselben Dorfe irgend einen Possen, und Männer und Frauen machen
sich ohne Scheu lustig über den Fremden. Sie haben sich damit ver=
traut gemacht. Der Bauer aber kann sich mit etwas ganz Anderem noch
als mit einem einfachen Reisenden vertraut machen. Hat sich einmal
sein argwöhnischer Geist an das heilige Buch gewagt, hat er in
irgend einem Winkel des dicken Foliobandes etwas Ungerades ent=
deckt, dann ist der Zauber bald gebrochen. Es giebt eine Apologie
für den Bauer, aber es giebt auch eine Kritik für ihn. Bossuet hat

die Apologie für ihn gemacht, Voltaire die Kritik, und es ist erstaun=
lich genug, wie sehr jene schönen Geister, welche zu ihrer Zeit das
Entzücken aller Leute von Geschmack ausmachten, im Grunde doch
Bauern waren, ohne es zu wissen. Voltaire, der Nachgeborene, ge=
winnt jetzt an Boden. Sein Spott ist auf geheimen und dunkeln
Schleichwegen überall hingedrungen und hat tropfenweise das Erdreich
bis in die untersten Schichten und die entlegensten Winkel durch=
sickert. Es giebt jetzt nicht mehr viel Dörfer, wohin sich nicht irgend
ein Band Voltaire verirrt; er ist natürlich in die Hände eines Schön=
geistes der Ortschaft gefallen, der sehr dazu geneigt war, auch ein
Freigeist zu werden. Abends, im Wirthshaus, hat er dann Gelegen=
heit sich zu zeigen. Die letzte Predigt des Herrn Pfarrers bietet ihm
Stoff zu mancherlei Fragen; wie z. B. Moses es angefangen, um
selber seinen Tod zu erzählen, oder auch, ob die Fische ebenfalls in
der großen Sündfluth ertrunken sind. Es wird gelacht und mehr
braucht es nicht, um die alte Ehrfurcht zu untergraben. Der antike
Glaube schwindet mit der alten Einfachheit der Sitten. Vor zwanzig
oder dreißig Jahren zählte der Weiler unter den Nußbäumen schon
recht habliche Bauern; doch hätte man umsonst da nach einem Kanapee
und einem runden Tisch gesucht, und wäre man von Haus zu Haus
gewandert. Heute ist in jedem Hause fast eine Putzstube, ein nach=
gemachter Salon. Der Bauer will genießen, er will die Mode mit=
machen und die schmucklose Familienbibel findet einen geheimen Feind
in jedem der ehemals unbekannten Möbel, welche jetzt in alle Haus=
haltungen eindringen.

Macht sich jener neue Einfluß nicht auch in der Bibliothek von
dreißig bis vierzig Bänden bemerkbar, welche an Stelle der ehemaligen
Bibliothek in der veräucherten Stube getreten ist? Die alte Bibel
liegt noch da, zwanzig andere Bände aber sind auf ihr aufgethürmt, und
es ist klar, daß sie da so stille ruht wie die Todten im Kirchhof. Die
Spinnen ziehen ihre Fäden von einem der Schließhaken bis zum
andern und die Motten graben sich inwendig verschlungene Wege vom
Pentateuch bis in die Apokalypse. Freilich existirt noch eine Bibel in

der Bibliothek. Sie wurde dem ältesten Sohne an seinem Hochzeits= tage geschenkt; aber sie hat sich zwischen zwanzig andere Bände verkrochen, vor denen sie sich durchaus nicht in auffallender Weise auszeichnet. Aber ist denn auch jener Octavband, der so vielen andern Büchern ähnlich sieht, eine wirkliche Bibel? Schon der Einband ist so alltäglich, ohne Leder noch Pergament, ohne Schloß. Der Druck ist langweilig modern, ohne Arabesken und rothe Initialen, gerade so wie der Druck des Kalenders. An dem Tage, da diese kleinen Bibeln, die nicht schwerer sind als jedes andere Buch, bis in die hohen Gebirgsdörfer verbreitet wurden, hat für das geistige und sittliche Leben des Landmanns ein neues Zeitalter begonnen. Man fordre nicht für diese Fabrikerzeugnisse die instinktive Ehrfurcht, welche der alte und würdige Folioband ein= flößte. Die Phantasie wird dabei nicht angeregt, sie steht nicht mehr vor den sechszig Jahrhunderten; das ist nicht das Buch, vor welchem die Vorfahren ihr Haupt entblößt, und der Glaube vererbt sich nicht von Geschlecht zu Geschlecht wie das väterliche Heimwesen.

II.

Eine Bibliothek ohne Leser gleicht einem Bergwerk ohne Arbeiter. Las man denn wirklich in dem von Nußbäumen beschatteten Weiler? Ich weiß nicht grade, ob in den vierzig Bänden der gegenwärtigen Bibliothek viel gelesen wird. Wohl lernt jetzt Jedermann lesen, ob er aber das Lesen schätzen lernt, ist mir unbekannt. Besser unterrichtet bin ich jedenfalls darüber, wie und wie viel man in der alten Stube las, da der Großvater noch darin thronte.

Wohl·las man selten, ich gestehe es gern. Wem dies auffallen kann, der muß sich eine falsche Vorstellung von dem Leben der be= scheidenen Familie machen, die sich jeden Abend da zusammenfand. In den eigentlichen Gebirgsdörfern ist die Feldarbeit während eines langen Winters vollständig unterbrochen. Der arme Bauer sucht dann aus seinen gezwungenen Mußestunden durch irgend eine Haus=

industrie Nutzen zu ziehen; der reiche sucht sich auch eine Beschäftigung oder Zerstreuungen und nicht selten ist ihm das Lesen der angenehmste Zeitvertreib. In den hochgelegenen Dörfern giebt es wirklich eine Jahreszeit für die Bücher. Das ist aber nicht der Fall in jener mittleren Zone, die unten an das Rebland, oben an das Weideland grenzt. Da giebt es keine Jahreszeit für die Bücher, weil es zu allen Jahres= zeiten gleichviel zu thun giebt. Im Sommer ist man Rebmann und Bauer, im Winter Holzschläger und Küher. Im Winter wird im Wald gearbeitet, im Winter wird das Heu von den Bergen herunter= geschafft, wenn man mit dem Vieh nicht hinauf kann, um es weiden zu lassen.

In der Ebene, wo die Landarbeiten nicht so mannichfaltig sind, kann es vorkommen, daß sich je nach den Jahreszeiten einige Tage zum Lesen finden. Wenn es achtundvierzig Stunden ohne Unter= brechung geregnet hat und die Scheuer aufgeräumt ist, dann ist freilich nichts zu thun. In unserm Weiler aber, wo die Arbeit so wechsel= voll war, konnte so Etwas nicht vorkommen. Der Käsekeller und besonders der Weinkeller erforderten nicht weniger Sorgfalt als die Scheuer und dann verschob man regelmäßig auf die Regentage Alles, was man unter Dach und Fach verrichten konnte, wie das Aushülsen der Kastanien, das Ausbessern des Werkzeugs, das Brennen des Kirschwassers u. s. w. Gab es mindestens einige freie Stunden, die Abendstunden z. B.? Doch wie sollte der Landmann am Abend lesen! Wenn er vor Sonnenaufgang aufgestanden und bis in die sinkende Nacht gearbeitet, dann hat er gewiß einen gerechten Anspruch auf Ruhe. Und warum liest er nicht, um sich dabei auszuruhen? Vielleicht thut er es einmal, wenn es in jedem Bauernhause gute Petrollampen oder gar eine Gasflamme geben wird. In unserem Nußbaum um= schatteten Weiler aber kannte man vor zwanzig Jahren nur jene Oellämpchen, die an einer Kette aufgehängt waren oder auf einem hölzernen Fuß standen, und ein röthliches, räucheriges, zitterndes Licht um sich her verbreiteten. Dies Licht genügte wohl für die leichten Arbeiten, welche auf die Abendstunden verspart wurden, wie das

Wollekrämpeln, das Spinnen, das Aushülsen des Welschkorns oder das Nußkernen; aber wie sollten des Lesens ungewohnte Augen sich bei einem so falben Schein auf die Seiten eines Buches heften? Der Landmann erräth die Wörter nicht, er muß sie deutlich sehen und jede Silbe betrachten können. Es gab also keine Lesestunden, ebenso wenig wie Lesetage oder Jahreszeiten. Was blieb also noch? Der Sonntag. Für die Bewohner der schwarzen Stube war er weniger ein Tag als ein Gesetz. Am Sonntag ruhte jede Arbeit und eher hätte man das Heu auf der Wiese faulen lassen, als es am Sonntag einbringen.

Ein Sonntag war aber auch nicht wie der andere. Der Bauer ist kein Spaziergänger wie der Städter, und doch hatte man zahlreiche Verwandte in den umliegenden Dörfern und die mußte man von Zeit zu Zeit einmal besuchen. Man besaß auch abgelegene Aecker, die man seit Wochen, ja seit Monaten nicht gesehen. Wer weiß wie die Gerste stand, ob der Weizen recht angesetzt, und es war nicht länger hinauszuschieben, man mußte doch einmal nachsehen. Dabei gab es denn viele Vergleichungen mit des Nachbars Acker und man kam erst bei sinkender Nacht heim. War das Wetter günstig, so mußten die Kinder in der frischen Luft sich tummeln; dann wollte man auch einmal seine Sonntagskleider sehen lassen. So zogen sie denn oft die ganze Familie mit sich. Also konnte nur noch an regnerischen Sonntagen an's Lesen gedacht werden und dann durfte auch kein militärischer Aufzug im Dorfe oder eine Kindtaufe oder Hochzeit bei Verwandten oder Nachbarn stattfinden.

Der Regen hinderte des Morgens nicht am Kirchgang. Nach der Kirche wurde gegessen. Nach dem Essen blieb den Kindern keine andere Rettung als ein Spiel in der Stube. Spielsachen aber waren nicht in Ueberfluß vorhanden und bald wußten sie nicht, was sie zwischen den vier Wänden anstellen sollten. Die Langeweile plagte sie, die Langeweile der Kinder, die sie boshaft macht gegen einander und unerträglich für die Erwachsenen. Da läßt die Großmutter ein Wort von den schönen Bildern im Kalender oder von der Kupferbibel fallen. Das war ein Lichtstrahl. Die ganze kleine Familie versammelt sich sofort um die Truhe. Ein etwas größeres Mädchen, welches lesen konnte, hatte sich abseits gehalten und an den Geschichten des Herrn Sorge ein großes Ergötzen gefunden. Die andern nahmen die Kupferbibel vor und reckten die Köpfe über einander, denn jedes wollte sehen. Bald saßen der rechte und linke Flügel auf dem Tische und alle Augen überwachten aufmerksam den Finger, welcher die Blätter umzuschlagen hatte. Dann setzte sich der Großvater fest in

seinen Lehnsessel und nickte auch bald ein. Die Großmutter holte sich die große Bibel und richtete sich auf einem Stuhle ein mit dem Folioband auf den Knieen. Die mittlere Generation aber, Vater Mutter, Magd, Knecht, verließ die Stube etwas früher oder·später.

Die Ruhe aber war nicht von langer Dauer. Es gab tausend Veranlassungen zum Streit unter den blonden Köpfen, die sich über einander drängten, um besser zu sehen. Die stärksten drängten stets die schwächeren bei Seite, diese schrieen. Die Großmutter that ihr Möglichstes, um Ruhe anzuempfehlen und den Streit zu schlichten,

der Großvater wurde zuletzt aber doch wach und schlug mit seinem
Stock auf den Tisch.

Die Kinder kannten diesen Stock. Bei dem Schlag auf den Tisch
zogen sich sämmtliche Finger wie durch Zauberei plötzlich zurück und
alle Köpfe waren auf den Großvater gerichtet. Die Einen, sich auf
ihr zarteres Alter und auf manche frühere Erfahrung verlassend,
sahen ihn lachend an, wenn er sie mit Augen betrachtete, die trotz
ihrer Strenge Niemand einschüchterten. Die Schuldigeren verzogen ihr
Gesicht wohl auch zu einem herausfordernden Lachen, aber hüteten
sich wohl, ihre Hände zu zeigen. Dann sank der Alte wieder in
seinen Lehnsessel zurück und der Friede war bis zur Wiedereröffnung
der Feindseligkeiten gesichert. Wehe aber denen, welche die Finger
unklug vorstreckten, ehe er noch das Auge geschlossen. Der Stock
schlug bisweilen zu, ehe man sich dessen versah.

Gewisse Kupfer wirkten besonders mächtig auf die Einbildungskraft der Kinder. Eines der beliebtesten zeigte Absolon an den Haaren
aufgehängt. Das Pferd, welches in gestrecktem Galopp durch den
Wald rannte, war freilich etwas Merkwürdiges. Es dampfte nur
so hin und der Sohn David's suchte vergeblich, sich mit den Fersen noch
festzuhalten. Der geschickte Künstler hatte wohl die Schwierigkeit der
Aufgabe begriffen und sich klüglich zu helfen gewußt. Mit Absolon's
Haaren war er wie die Geologen mit der Zeit umgegangen, er hatte
sie unendlich verlängert. Dazu wüthete ein gräßlicher Sturm in den
Lüften, die Bäume ächzten und krümmten sich, der Helm des besiegten
Helden flog fernhin im Leeren mit den dürren Blättern des Waldes
und bei diesem rasenden Orkan schien nichts natürlicher, als daß das
aufgelöste lange Haar dreimal um einen mächtigen knorrigen Ast sich
wickelte, der wiederum so hoch war, daß Absolon's Arme unten in der
leeren Luft umherfochten. Die vollkommenste Harmonie herrschte in
dieser eigenthümlichen Zeichnung. Die Mähne des Pferdes war nicht
weniger reich und flatterte nicht minder im Winde als das Haar des
Reiters; der Schwanz peitschte die Luft und man sah den Augenblick
nahe, wo das Pferd wie sein Herr ebenfalls an einem Baume hängen

blieb. Die Geschichte Absolon's genießt nicht grade eines besondern Vorzugs bei den Kindern; aber so dargestellt erfüllte sie ihr Gemüth mit Schrecken und Mitleid. Armer Absolon, wie ihn der Wind hin und her schankeln wird. Er muß aber sehr unartig gewesen sein!

— „Was hat er gemacht, Großmutter?"

Sogleich hält die Großmutter in ihrer großen Bibel inne und erzählt, wie Absolon gegen seinen Vater, den großen König David, Krieg geführt. Allgemeines Entsetzen, und die älteste Tochter vergißt sogar die Geschichten des Kalendermanns, um der Großmutter zuzuhören. Als sie nun mitten im Erzählen war, fuhr einem der Buben, dem am Tage vorher die Haare geschnitten worden, ein Gedanke durch den Kopf.

— „Großmutter, warum hatte Absolon so lange Haare? Hat man sie ihm niemals abgeschnitten?"

— „Nein, mein Junge."

— „Großmutter, und wenn man mir die Haare immerfort wachsen ließe, würden sie auch so lang werden?"

Die Großmutter wies auf das älteste Mädchen hin, dessen Zöpfe schon bis an den Gürtel hingen. Aber die hatte ihre eigenen Gedanken.

— „Nein, Großmutter, die Haare der Buben werden nicht so lang wie bei den Mädchen."

Darauf hatte der Großvater eine Antwort, die jede Einrede abschnitt und die er gewiß anbrachte, wenn er auch nur noch mit einem Auge wach war.

— „Absalon's Haare, sagte er dann mit Autorität, wuchsen wie die Haare der Mädchen!"

Dann schlug man die Blätter um, bald nach vorn, bald nach hinten und fiel früh oder spät auf den Kampf des kleinen David mit dem großen Goliath. Ein prächtiges, lang ersehntes Bild! War er etwa nicht hübsch, der kleine David, in der Ecke der Seite, mit seinem Lockenkopf, seinem Hirtenstab und der hochgeschwungenen Schleuder? Goliath aber berührte mit den Füßen den unteren Rand und mit dem Kopfe den oberen Rand des Blattes und schwankte so lang wie er war. Er fiel rückwärts mit einem Bein in die Luft. Ein Arm war mit einem ungeheuren runden Schild befrachtet, mit dem andern schwang er ein Schwert. Gewiß hätte er mit einem einzigen Hieb den armen israelitischen Hirtenknaben vom Scheitel bis zur Zehe spalten können. Aber er hatte die Schleuder nicht beachtet, der hochmüthige Riese. Eine solche Waffe schien ihm höchstens gut genug gegen junge Wölfe und doch klaffte auf seiner unheimlichen Stirn eine breite Wunde und der Stein war mitten darin stecken geblieben. Das war ein beredtes Bild! Die ganze Handlung war hier klar und verständlich, handgreiflich wiedergegeben. Doch so schön das Bild auch war, die Geschichte war doch noch schöner.

— „Großmutter, erzähl' uns die Geschichte vom kleinen David und dem großen Goliath."

Und die Großmutter hielt wieder inne und erzählte wohl zum hundertsten Mal die wunderbare Geschichte, deren man niemals über= drüssig wurde. Ja, man hätte sie zwei=, dreimal hintereinander mit derselben Spannung, derselben Wirkung auf die Phantasie an= gehört. Der kleine David wird von den Kindern geliebt, besonders von den Kindern im Gebirge. Denn sie hüten auch das Vieh im Felde, das ist ihre herbstliche Beschäftigung; sie haben auch eine Schleuder und bedienen sich derselben, nicht grade, um Riesen zu tödten, sondern um die Früchte von den hohen Aesten abzuschlagen. Sie sorgen ganz allein für sich auf der stillen Wiese, zünden sich ein Feuer an aus grünen Reisern, das einen dicken Qualm über die Weide verbreitet, ehe es lustig flackert, und bilden sich ein, der kleine David habe es grad so gemacht. Er ist ihresgleichen und sie sind nicht wenig stolz auf seinen Sieg.

— „Großmutter, nicht wahr, der kleine David hat auch Kastanien mit seiner Schleuder abgeschlagen?"

—- „Ja, mein Kind, aber niemals die des Nachbars; darum hat Gott ihn auch gesegnet."

Noch mehr Blätter werden umgeschlagen. Da stehen die Mauern
von Jericho, entsetzliche Mauern mit erzenen Thoren, so hohe Mauern,
daß die Krieger zwischen den Zinnen nicht größer aussehen als Heu=
schrecken. Das ist ein Gedränge! Weiber, Kinder, Soldaten, Alles
lacht über die Israeliten. Augenscheinlich war der Künstler realistisch
aufgelegt, als er diese Szene zeichnete. Denn unter den Buben von
Jericho steckten einige Erzschelme und was sie thaten, bedurfte keiner
weiteren Erklärung für die Kinder. Trotz alledem setzten die Israeliten
ihren feierlichen Marsch fort und die Trompeten erschallten nach allen
vier Winden. Sie hatten Jagdhörner, Flöten und Klarinetten und
bliesen aus Leibeskräften. An ihrer Spitze schritt Josua, hinter ihm
die Volksmenge. Was den Kindern an diesem Bilde besonders gefiel
das waren die Gesten der Buben von Jericho, die auf der Mauer
standen, und dann die Musik; grade so war die Musik, wenn das
Kontingent des Weilers zur Heerschau auszog. Die Geschichte von
Jericho konnte freilich nicht den Vergleich aushalten mit der von
David und Goliath. Und doch gab es immer Neugierige, aber die
Großmutter schien dann nicht zu hören, wenn man sie etwas fragte,
denn das war eine Geschichte wie keine andere und so mühsam aus=
zulegen. So wie von den Trompeten von Jericho die Rede war,
versenkte sie sich in ihre große Bibel.

— „Großmutter, was machen die da mit ihren Trompeten?"
Keine Antwort. Die Kinder aber halten sich nicht für geschlagen,
sie wiederholen mit der ihnen eigenen Zähigkeit dieselbe Frage und
wenn die Großmutter in ihrem Schweigen verharrt, so wenden sie sich
an den Großvater, er möge nun schlafen oder nicht, und interpelliren
ihn erbarmungslos.

— „Großvater, was machen die da mit ihren Trompeten?"

— „Sie blasen", lautet endlich die Antwort.

— „Aber warum blasen sie denn?"

— „Damit die Mauern von Jericho umfallen."

Die Kinder sperren die Augen weit auf. Eine solche Vorstellung

278

ging ihnen natürlich nicht leicht in den Kopf. Kann man mit Trompeten Mauern umblasen? Jetzt tritt die Großmutter dazwischen und erzählt, daß der liebe Gott den Kindern Jsrael's befohlen, um Jericho herumzuziehen, er werde dann selber die Mauern stürzen. Der liebe Gott! den kannten die Kinder. Nicht nur sahen sie den Großvater täglich die Mütze zwischen die Hände nehmen, um vor und nach der Mahlzeit sein Gebet zu verrichten; sie hatten ihn selber schon manches Mal gesehen, ja sie hatten ihn so eben erst auf einem andern Kupferstich gesehen. Er wurde schnell gesucht und man brauchte nicht lange zu blättern, um ihn zu finden: Moses im Gebet auf einem hohen Berge. Oben schwebt eine offene Wolke und aus ihr tritt bis an den Gürtel eine außerordentliche Gestalt, größer als die des Moses, größer sogar als Goliath. Das war der liebe Gott. Aus seinen Haaren strahlten Blitze, und mit beiden Armen reichte er Moses ein Buch, das noch größer war als die große Bibel, in welcher Großmutter las. Für dies Mal zweifelten die Kinder nicht länger an dem Falle der Mauern von Jericho, denn allerlei dunkle Vorstellungen von Größe und Macht vereinigten sich mit jenem Bilde, bei dessen Anblick schon sie den Donner auf dem Berge Sinai rollen hörten. . . . Der jüngste Knabe erinnerte sich indessen der schönen Musik der Kinder Jsrael's, er glitt langsam vom Tische herunter und fragte im schmeichlerischsten Tone:

— „Großmutter, wann ist der Jahrmarkt?"

— „Bald, wenn Du artig bist."

— „Nicht wahr, Großmutter, dann kaufst Du mir eine Trompete?"

So verliefen die Stunden, da bricht ein glänzender Sonnenstrahl durch die Wolken und der fröhliche Kinderschwarm, des langen Gefängnisses müde, stürmt hinaus. Das älteste Mädchen läßt noch etwas auf sich warten, denn sie muß ihre Geschichte erst auslesen, dann entschließt sie sich auch und giebt dem jüngsten die Hand, der schon vom nächsten Jahrmarkt und der neuen Trompete träumt.

Niemand fragte, wohin sie gingen. Man wußte es wohl, sie gingen, um ein lebendigeres Buch aufzuschlagen, das der Geselligkeit, des Coterd. Das Wort ist der civilisirten Sprache unbekannt, und doch ist der Coterd für das Leben im Dorfe so unentbehrlich wie der Salon in Städten und Palästen. Während ihrer müßigen Stunden, am Abend oder des Sonntags, suchen die Bauern einander auf und es giebt Plätze in den Dörfern, welche seit unvordenklichen Zeiten als Versammlungspunkt gedient haben. Zu dem Ersten, welcher an einer solchen Stelle sich niedersetzt, findet sich gewiß bald ein Zweiter und bald ist die Gruppe fertig. Diese Versammlungen, welche ganz von selbst entstehen, bilden den Coterd.

Ein Seitengäßchen mündet irgendwo in die Hauptgasse des Nuß=baum=Weilers. Dieselbe wird hier etwas breiter und diesem Umstande zu Liebe hat man an der Stelle einen Brunnen angebracht, welcher mit den beiden Gebäuden, die einander gegenüberstehen, diesem Theile des Dorfes eine Art Ansehen verleiht. Eines dieser Gebäude ist eine Scheuer, sie gehört dem Großvater und hätte nichts Auffallendes, ohne eine kleine Laube, zu welcher man auf einer äußeren Treppe gelangt und unter der eine Bank angebracht ist. Diese Laube hat vor andern ihrer Gattung nichts voraus, nur daß einer der Pfeiler, welche sie stützen, der außerordentlichen Ehre gewürdigt worden, als öffentliche Anschlagsäule zu dienen. Amtliche Bekanntmachungen, Gesetze, Verordnungen, Steckbriefe gegen Verbrecher, sind hier ange=klebt, und es ist kein kleines Ereigniß, wenn der Weibel kommt und einen neuen Zettel anschlägt. Das andere Gebäude ist das schönste Wohnhaus im Orte. Vier oder fünf steinerne Stufen führen an die Hausthüre, längs der Mauer zieht sich eine schwerfällige Bank hin, auf der die Leute durch ein ungeheures Vordach vor Wind und Regen geschützt sind. Dies war der Schwatzwinkel, der Coterd.

Die Männer standen an der Scheuer des Großvaters zusammen, die Weiber bildeten eine andere Gruppe auf den Stufen des Hauses. Die Kinder spielten auf ihre Art und thaten gern den Alten einen

Schabernak an. Das ganze Dorf war hier zusammen, Herrschaft und
Dienstboten, Reich und Arm, und es war nicht leicht, sie von einander
zu unterscheiden, denn sie waren Alle gleich gekleidet. Nur an ihrer
Haltung konnte man den Rang der Personen erkennen. Einige standen
zur Seite, an die Wand gelehnt; sie hörten von ferne zu und sprachen
nur leise; Andere saßen behaglich auf den besten Plätzen und schwatzten
mit Zuversicht. In der Gruppe der Weiber unterhielt man sich über
Haushaltungsfragen, über Gemüse= und Obstgarten, über Pflege des
Schmalviehs, Ziegen, Schaafe und Schweine. Auf der Bank der
Männer handelte es sich um ernstere Dinge, um Viehzucht und Feld=

bau, um Rebland und Wiesen. Man besprach hier bis in's Kleinste
nicht etwa den Kurs der Aktien und Obligationen, dies waren dem
Bauer damals völlig unbekannte Dinge, man verhandelte über solidere
Werthe, den Wein im Keller, das Heu in der Scheuer, die junge
Kuh, die im Stalle wiederkäute. Man hielt hier ein Register über
Wachsthum des Vermögens, über etwaige Erbschafts=Konjekturen.
Alles was auf der letzten öffentlichen Gant vorgefallen, wurde hier
wieder durchgesprochen, wie Hans den Peter überboten, eine wahre
Schlacht, Franken um Franken, von der das ganze Kirchspiel über
eine Woche lang zu reden hatte. Man sprach mit mehr Vorsicht von

der nächsten Gant, doch wenn man etwa Grund zu der Vermuthung hatte, daß einer der Anwesenden au's Kaufen dachte, so fand sich schon ein Spaßvogel, um den heikligen Gegenstand auf's Tapet zu bringen, und der Spaßvogel war am Ende gar ein Schlaukopf, der den Andern nur ausholen wollte.

Man trieb auch Politik an dieser Stelle, freilich keine hohe Politik, wo Friedensbündnisse geschlossen und aufgelöst werden; im Gegentheil, man trieb hier gewöhnlich jene gesunde Lokalpolitik, die sich an die nächsten Interessen hält, ohne dem Ruhm oder einer Chimäre nachzuhängen. Erst wurden alle Handlungen, alle Worte der Gemeindebeamten nacheinander einer strengen Kritik unterworfen, vom Ammann bis zum Manser hinunter, und wehe dem, der sich etwa einen Amtsmißbrauch gestattet hätte oder nicht höflich gegen Jedermann gewesen wäre! Das Nachbardorf verlangte einen Beitrag zu einem Brunnen. Man wollte diese Forderung unterstützen, wenn dasselbe ein Gleiches thäte zu Gunsten einer vorzunehmenden Reparatur, die etwa eben so viel kosten würde. Den Weilern unten war eine Straße gebaut worden, man wollte jetzt zwei Straßen für die obern Weiler verlangen. Wozu dienen die Steuern, wenn man sie nicht zum eignen Besten verwendet? Die Großmächte verstehen auch nichts Anderes unter dem europäischen Gleichgewicht; jede will eben etwas schwerer in der Wagschaale wiegen als es sein Nachbar soll. Ganz dasselbe wollte man in unserem Nußbaum-Weiler. Wohl war er klein, aber das ist kein Grund, warum er nicht aus dem kommunalen Gleichgewicht den größtmöglichen Nutzen ziehen sollte.

Alle diese Fragen und andere noch werden täglich auf jenen Bänken verhandelt. Manchmal erhitzt man sich, andere Male wird aus vollem Halse gelacht. Denn es giebt auch witzige Köpfe im Weiler, die stets eine Antwort und eine gesalzene Antwort zur Verfügung haben. Man spöttelt und lästert, man neckt sich und scharmützelt unter einander, man ist witzig auf Kosten eines Dritten oder Vierten. Gewöhnlich findet sich in der Gesellschaft ein armer Bursche,

dem es an Mundwerk fehlt und der dann das Stichblatt aller Uebri=
gen wird. Es kommt auch nicht selten vor, daß komische Stichelreden
aus der Gruppe der Männer an die der Frauen gerichtet werden,
welche dann die Antwort gewiß nicht schuldig bleiben. Sie treiben
dieses Spiel sogar mit Vorliebe, weil sie ihre Stärke darin kennen.
Uebrigens beobachtet man sich gegenseitig, und wenn hier ein hübsches,
flinkes, sechzehnjähriges Mädchen und dort ein junger Bursche ist, der
sie wohl möchte, so wird man ihr geheimes Einverständniß gewiß
nicht auf dem Platze vor dem Brunnen belauschen können. Denn
hier werden Beide ihr Möglichstes thun, um die Leute irre zu führen
oder auf falsche Fährte zu bringen. Heirathen werden nicht vor
Aller Augen eingefädelt. In solchem Falle geht man langsam zu
Werke und vermeidet den graden Weg; man weiß sich immer eine
Hinterthüre offen zu halten, wenn es etwa nicht nach Wunsche geht
und dann hat man die Neider zu fürchten. „Vorsicht ist die Mutter
der Weisheit!" Keine Menschenseele ist tiefer von diesem Sprüchwort
durchdrungen als der Bauer, wenn er an einem Heirathsprojekt
arbeitet.

So war der Coterd in unserem Nußbaumweiler beschaffen.
Man hätte schwerlich im ganzen Waadtland ein heimlicheres Plätzchen
gefunden, das schon deshalb jeden Vergleich ausschloß, weil der Weiler
so wenig Einwohner zählte. Hier theilte man sich nicht wie in den
großen Dörfern im Unterland, wo es fünf bis sechs solcher Plätze
giebt, die sich gegenseitig schaden. Dann gab es auch die gefährliche
Konkurrenz des Wirthshauses nicht. Man konnte sicher sein, daß die
Abwesenden sich nicht etwa absonderten. So ein Sammelplatz spielt
eine mächtige Rolle im Leben des Landmanns, besonders auf den
Bergen, wo die Menschen Einsiedler sind. Ohne diesen Coterd wäre
das Dorf nur ein Haufen Häuser, mit dem Coterd bildet es erst
eine Gemeinschaft und der Bauer findet in seinem Weiler nicht blos
ein Dach, um unterzuschlüpfen, sondern zugleich eine Bühne, um sich
auf ihr zu zeigen. Der Coterd ist das Theater, in welchem er glänzt,
wo er seine Popularität sich mindern und wachsen sieht, wo er nach

einander mit Beifall, mit einer Ermahnung oder auch mit Pfeifen und Zischen aufgenommen wird. Der Coterd ist das Buch, in welchem er sich unterrichtet, wenn er aus der Schule entlassen ist, er ist eben jenes Buch der Welt, welches so viel Seiten zählt als es menschliche Wesen unter dem Himmelsbogen giebt, so viel große oder kleine Bände als man Weiler, Flecken oder Städte auf der Erde zerstreut findet und wovon der „Wahrhafte hinkende Bote von Bern und Vivis" nur eine der unzähligen Abschriften ist. Wenn einmal der Land= mann dies lebendige Buch aufgeschlagen, worin die Interessen und Leidenschaften der Einzelnen sich bekämpfen, dann ist nicht zu fürchten, daß er sich noch über papiernen Büchern den Kopf zerbreche, die in seiner Hand todt bleiben und die er Wort für Wort erst buchstabiren muß. Was gehn ihn diese abgelebten Geschichten an? Spielt nicht vor seinen Augen die gegenwärtige, lebendige Geschichte, und bereichert er sie nicht selber durch seine täglichen Erfahrungen?

Deshalb hatte die mittlere Generation schon lange die schwarze Stube verlassen, deshalb war sie auch wenig auf das Lesen erpicht, selbst nicht an Regensonntagen. Waren nun die Kinder ausgeflogen, so blieb nur noch der Großvater daheim, der nun ganz wach geworden und sein Pfeifchen rauchte, während die alte Großmutter sich in ihre Bibel versenkte. Sie hatte das Vergnügen am Coterd ausgenossen, das lebendige Buch hatte keine Geheimnisse mehr für sie, darum suchte sie andere, ernstere Unterhaltungen. Es war der süßeste Genuß in ihren alten Tagen, sich so der inneren Sammlung überlassen zu können; freilich war dies nur selten möglich. Sie hatte immer gear= beitet, immer sich geplagt und der Gedanke wäre ihr nie in den Sinn gekommen, daß man leben könne, ohne zu arbeiten. Trotz ihres hohen Alters nahmen ihre Pflichten nur zu. Seitdem sie die harte Feldarbeit hatte aufgeben müssen, waren ihr desto mehr Hausarbeiten zugefallen. Der Großvater mit seinen Gebrechen gab nicht wenig zu thun, und sie wollte seine Pflege ganz allein auf sich nehmen. Ihr lag auch die Besorgung der Kinder ob. Sie lebte nur für die Andern, Ruhe war ihr etwas Unbekanntes, und sie dachte niemals an sich

264

selbst, so lange noch irgend ein Wesen ihrer Hülfe bedürfen konnte, und wäre es auch nur der Resedatopf vor dem Fenster gewesen. Wenn sie jetzt gedacht, daß es ihm an Wasser fehle, so hätte sie sofort ihre Bibel zugemacht, um ihn zu begießen, wie sie dasselbe gethan, um auf die neugierigen Fragen ihrer Enkel zu antworten, zarter Pflanzen, die auch begossen sein wollten. Erst die Arbeit, die Nächstenliebe, dann erst das Vergnügen des Geistes, die ernste Freude an religiöser Andacht.

Sie hatte es niemals unternommen, den großen Folioband von Anfang bis zu Ende zu lesen. Wie selten auch hatte sie Zeit dazu. Und dann, sie machte keinen Unterschied zwischen dem einem Buch und dem andern; es war ja überall die Bibel, der Folioband öffnete sich von selber und sie las auf der Seite, die gerade offen lag. Es ist nicht einmal gewiß, daß sie immer mit dem Anfang eines Kapitels begann. Doch, sei es nun Zufall, oder sei es, daß die Großmutter unbewußt den Zufall lenkte, der Band hatte eine gewisse Tendenz, sich in den Psalmen oder im Evangelium Matthäi aufzuthun. So hätte sie selber gewählt, wenn sie den Muth dazu gehabt hätte. Was ihr an den Psalmen gefiel, war der Ausdruck tiefer Dankbarkeit, die Freude einer von Gottes Wohlthaten durchdrungenen Seele. Im Evangelium waren es die schönen Gleichnisse und die zahlreichen Erzählungen von geheilten Kranken, mit einem Worte das Leben Jesu, wie es einzig dem Dienste der Familie geweiht war, die Gott ihm gegeben, die Unglücklichen und die Kindlein. Sie wurde dieser Erzählungen eben so wenig überdrüssig wie ihre Enkel der Geschichte von David und Goliath.

Gute Großmutter, ich sehe sie noch auf ihrem Lehnstuhl, einen Schemel unter den Füßen und den schweren Folioband auf den Knieen. Wohl war er schwer, doch das beachtete sie nicht; über die göttlichen Seiten gebückt, war sie vollständig darin verloren. Trotz ihres Alters hatte sie noch so gute Augen, daß sie ohne Brille lesen konnte. Aber sie folgte der Zeile mit ihrem magern und zitternden Finger und man merkte an einer leichten Bewegung ihrer Lippen, daß sie jedes Wort aussprach.

Es giebt vielerlei Arten zu lesen. Die eine hat zu jeder Zeit existirt. Denn zu jeder Zeit hat man gelesen, um sich zu unterrichten, um Gelegenheit zum Nachdenken zu finden, um die Trübsal der Einsamkeit zu bannen, um schöne Gedanken und beredt ausgedrückte, zarte Empfindungen mit Wohlgefallen zu genießen. Es giebt aber auch eine neue Art zu lesen. Heutzutage liest man z. B. in der Weise wie der hinkende Bote rennt. Man liest blos mit den Augen. Ein Blick umfaßt einen ganzen Satz, in einem Nu ist die Seite, in ein bis zwei Stunden ein ganzer Band, in zwei oder drei Vormittagen der endloseste aller Romane, in einem Jahr eine ganze Leihbibliothek durchgejagt. So liest man die neuesten Erscheinungen. Die Welt geht rasch und da heißt es, eben so rasch gehen. Wer wird lange nachdenken? Die Hauptsache ist, an der fort und fort beschleunigten Bewegung theilzunehmen, die unsere Generation fortreißt, und zu gleicher Zeit auf den verschiedenen Schaubühnen zu leben, auf denen die Menschen sich tummeln.

Die gute Großmutter dachte nicht so. Sie las auf eine Weise, welche damals unter dem Landvolk sehr verbreitet war und jetzt zu den vergangenen Dingen gehört. Außer der materiellen Schwierigkeit, welche von dem Mangel an Uebung herrührte, brauchte es einer gewissen Zeit bis die Wörter, welche unter ihren Augen vorübergingen, ein Bild in ihrem Geiste erzeugten, und wiederum einer gewissen Zeit, um dieses Bild geistig zu betrachten, bevor sie zu einem neuen überging. Die mehr oder weniger rasche Bewegung mit dem Finger und den Lippen gab die Zeit an, welche sie zu dieser doppelten Operation brauchte. Und doch ging es immer vorwärts, der Finger blieb nie stehen; niemals hob sie den Kopf auf, um einem der ihr nach und nach aufgegangenen Bilder zu folgen. Sie brauchte ihre Gedanken zum Lesen, aber sie las nicht etwa, um über das Gelesene zu denken. Auch hörte man sie nie eine beifällige oder kritische

Bemerkung machen, nie ging ein entfernter Zweifel oder ein Zu=
stimmen über ihre Lippen. Sie las mit Demuth und suchte nicht
nach Neuem. Mancher Psalm, den sie wohl schon an die hundert
Mal gelesen, war deshalb nicht alt für sie geworden. Sie las wohl
auch manchmal, ohne etwas davon zu verstehen. Der Folioband war
mehr als ein Mal beim Brief an die Römer aufgeschlagen worden,
der für sie voller Räthsel und unentwirrbarer Schwierigkeiten sein
mußte. Nichtsdestoweniger wanderten ihre Finger fort und fort auch
bei den dunkelsten Stellen und die Bilder zogen an ihren Augen
klar oder wirr vorüber.

Weshalb las sie nur, und welchen Nutzen konnte sie daraus
ziehen? Einen großen Nutzen und einen unschätzbaren Genuß. Von
einem dunkeln Grunde, den sie sich nicht zu erklären suchte, dessen sie
sich vielleicht nicht einmal bewußt war, hoben sich einzelne Wörter
ab, die ihr zu Herzen gingen, mächtige Beispiele von Gottvertrauen
und Menschenliebe. Wenn sie so von Zeile zu Zeile fortwanderte,
so traf sie auf Ausdrücke, welche immer einen Lichtstrahl zurücklassen,
der Name Gottes, die Wörter Glaube, Ewigkeit, Liebe und sie mur=
melte sie gerührt mit ihren zitternden Lippen.

Ach, man möge noch so viel von der ersten Jugendwärme und
Jugendbegeisterung zu retten vermeinen, die Arbeit des Alters sammelt
tief im Herzen einen geheimen Schatz trüber Wehmuth. Man säet
und wird nicht ernten; man pflanzt, um die Frucht nicht zu sehen.
All unser Bemühen soll Andern zu gute kommen und mit wie inniger
Liebe die jüngeren Geschlechter uns auch umschwärmen, man fühlt,
daß das mächtige Leben sie ergreift und mit sich fortreißt und daß
sie nur zu schnell lernen werden, unserer Pflege zu entbehren. Geben
um zu geben, lieben um zu lieben, das klingt wohl schön mit zwanzig
Jahren, wenn das Leben schäumt und überströmen will. Das spätere
Alter aber sieht diese Träume verwehen, das Wohlthun der Greise
braucht eine Stütze, so gut wie ihre schwanken Glieder. Sollen wir
sie darum des Egoismus anklagen, weil sie, auf schwankendem Boden

sich fühlend, nach etwas Festem und Dauerhaftem greifen, um sich
daran zu halten und zu stützen, und sich gerne überreden, daß weil
sie auf Erden gegeben, der Himmel sich länger ihrer erinnern wird
als die vergeßlichen Geschlechter, von denen sie sich umflattert sehen.
Das ist die Hoffnung, welche die Seelen festigt und vor Muthlosigkeit
schützt, wenn das Leben entweichen will; das ist auch die Stärkung,
welche die Großmutter in dem ehrwürdigen Foliobande suchte.

Manchmal begegnete es ihr, daß sie so lange lesen konnte, bis
ihr die Augen vor Müdigkeit zufielen; dann durfte es aber auch nicht
zu spät sein, die Sonne mußte die letzten Wolken zerstreut haben und
der Regen nicht mehr vom Dache tropfen. Dann griff der Großvater
wohl nach seinem Stock und begab sich hinkend nach dem Coterd. Er
hatte da seine besondere Ecke auf der Bank und wenn man ihn von
Weitem kommen sah, so rückte man, um ihm Platz zu machen. Er
nahm nur selten thätigen Antheil an der Unterhaltung; aber er hörte
gern zu, um eine letzte Neugier zu befriedigen, und nur von Zeit zu
Zeit mischte er sich mit der Autorität des Alters in das Gespräch,
um die Jugend auszuschmälen, wenn sie sich über alte Gebräuche
lustig machte.

War aber die Stunde vorgerückt oder drohte der Regen wieder, so
verzichtete er auf das Vergnügen des Coterd und wich nicht von
seinem Lehnstuhl. Aber er brauchte Bewegung um sich her und die
Stube schien ihm leer und traurig, so wie die Kinder fort waren;
die Stille war ihm unheimlich. Dann hatte er sich, seitdem er leidend
war, daran gewöhnt, daß man sich mit ihm beschäftigte. Bald verrieth irgend ein kleiner Unfall seine Ungeduld. Die Pfeife war ihm
ausgegangen, der Feuerstein taugte auch nichts mehr, der Stock fiel
immer um. Es brauchte nichts weiter, um der Großmutter zu verstehen zu geben, daß sie das Buch schließen solle. Dann setzte sie sich
dicht an den Lehnstuhl und that ihr Möglichstes, um den Greis zu
unterhalten. Manchmal enthielt er sich auch jedes Zeichens von Ungeduld und bat nur, daß man ihm einen Psalm David's vorlese.

Die Großmutter gehorchte und las mit heller, wenn auch etwas zitternder Stimme vor. Er legte seine Pfeife hin und hörte ehr=furchtsvoll zu, die Mütze in der Hand. Indessen war es manchmal doch schwer herauszufinden, ob er wirklich einen Genuß dabei empfand, oder ob es nicht etwa eine bloße Finte war, um die Großmutter etwas früher zum Einstellen ihrer stillen Lektüre zu bewegen.

Der Geißbub von Praz de Fort.

Zur Erzählung: „Der Geißbub von Praz de Fort".

Der Geißbub von Praz-de-Fort.

Vor vierzig Jahren lebte in Praz-de-Fort, einem einsamen Dorfe des Ferretthales im Kanton Wallis, ein armer Mann, Namens Kaspar Gros. Er hatte ein Weib genommen, welches ihm im ersten Jahre der Ehe ein Söhnchen schenkte, das so pausbäckig und rund aussah, daß er nicht hoffen konnte, je einen würdigern Erben seines Namens zu erhalten. Er nannte es deshalb Kaspar, wie er selbst hieß. Aber ein Jahr später kam ein zweiter Knabe, welcher dem ersten in nichts nachstand. Der Vater betrachtete ihn von vorn und von hinten und fand auch nicht den geringsten Fehler an ihm, und weil er ihm nicht unrecht thun wollte, so nannte er ihn Kaspar, wie den ersten. Aber wie groß war seine Verlegenheit, als ein drittes Söhn= chen erschien, welches die beiden älteren an Frische und Gesundheit noch übertraf. Es blieb nichts übrig, als es ebenfalls Kaspar zu taufen. Nun wünschte sich der Mann von ganzem Herzen einmal ein Töchterlein; aber die Reihe war an den Jungen. Und so erhielt er nach dreizehn Monaten abermals ein Söhnchen, welches noch rosiger und runder als alle andern war und mit ihnen um die Wette schrie. Dies war der vierte Kaspar und so würde sich die Schaar gewiß in's Unendliche vermehrt haben, wenn die Mutter nicht gestorben wäre.

Obschon Kaspar Gros jetzt vier Kinder zu erziehen hatte, so dachte er doch an keine zweite Ehe. Er ließ das junge Völkchen um sich aufwachsen, wie es wollte, und begnügte sich damit, aus Leibes= kräften zu arbeiten, um für Alle das tägliche Brod herbeizuschaffen. Und das war kein leichtes Stück Arbeit! Wenn er des Abends die Jungen wohl gefüttert auf dem breiten, armseligen Strohbette neben einander schlafen sah, kam es ihm nicht einmal in den Sinn, daß sie es in der Welt je besser haben könnten. Waren sie denn nicht roth= wangig, stark, gut gebaut, bei herrlichem Appetit und gesundem Schlaf? Ja, Alles deutete darauf hin, daß sie die Erwartungen einst erfüllen würden, zu denen sie bei ihrer Geburt berechtigten. Sie lebten, wie die Kinder im Wallis eben leben; Sommer und Winter barfüßig, schlecht gekleidet, schlecht gekämmt, den Regen nicht scheuend, denn so konnten sie nach Herzenslust in den Pfützen auf der Straße herum= plätschern. Ihre regelmäßige Beschäftigung war einfach genug: jeden Tag etwas dürres Holz aus dem Walde zu holen und die alte Ziege Babi zu bedienen, das einzige Stück Vieh, welches Kaspar Gros angehörte und das die ganze Familie mit Milch versah. War schlechtes Wetter und konnte der Geißbub die Heerde des Dorfes nicht auf die Weide führen, dann benützten die Kinder den ersten Sonnenstrahl, um Babi an den Weghalden grasen zu lassen; manchmal nahmen sie sie auch mit in den Wald. Die übrige Zeit brachten sie mit Spielen zu.

In Abwesenheit des Vaters führte der Aelteste die Aufsicht über die Jüngeren. Bei dieser Lebensweise schossen sie auf wie die Pilze und der Vater war stolz auf sie. Er hatte seine Freude daran, wenn sie aus dem Walde zurückkehrten, jeder sein Reisigbündel auf dem Rücken, und wie der größte den kleinsten dabei an der Hand führte. Er sagte dann leise zu sich, man sehe wohl, von welchem Stamme diese Früchte gefallen seien und von den Kaspar Gros würde man in der Gemeinde noch einmal reden. Zuweilen sagte er dies so laut, daß es die Nachbarn hörten.

Unglücklicherweise erlebte er aber nicht die Freude, seine Söhne vollkommen erwachsen zu sehen; er starb, als der Aelteste dreizehn Jahre alt war.

Das war eine große Verlegenheit für die Gemeinde. Der Vater hinterließ soviel wie nichts; seine Jungen waren sein Silber und sein Gold. Außer Gütern im Monde hatte er nie etwas besessen als die Hütte, in der er wohnte, die elendeste im ganzen Dorfe. Sie hatte grade den Holzwerth und das Holz ist so billig in Praz-de-Fort! Ein einziger Nachbar hatte ein Interesse daran, die baufällige Hütte zu kaufen, um sie niederzureißen, da sie zwischen seine Besitzung eingeklemmt war. Aber da er keine Konkurrenz zu fürchten hatte, so spielte er den Spröden. Wenn man ihm von dem Kaufe sprach, schützte er vor, ohne Geld zu sein, weil er eben einen Weingarten im Unterlande gekauft habe. Die Ziege Babi bildete den ganzen Viehstand des Verstorbenen und sie fing bereits an, alt zu werden. Der kleine Hausrath war in trauriger Verfassung. Eine große Kiste aus schlecht gehobelten und schlecht zusammengefügten Brettern, in welcher die Kinder schliefen; ein Bett aus hartem Holze für den Vater, ein altes, wackeliges, wurmstichiges Familienerbstück, welches einst bessere Zeiten gesehen und dessen auseinanderfallende Theile nur mit der größten Geschicklichkeit zusammengehalten werden konnten; zwei oder drei Stühle; ein Tisch mit Vertiefungen ringsum, welche statt der Teller dienten und das Eßgeschirr ersparten; ein aus den Fugen gehender Schrank und eine lange Truhe an der Wand, welche man zugleich als Bank benutzte, das war Alles; und gleich der Hütte hatte es nur noch den Holzwerth. Die Wäsche war seit dem Tode der Mutter nicht mehr erneuert worden und das wenige, was da war, fiel in dem angeräucherten Schrank in Fetzen. Man machte Alles zu Gelde, so gut es ging, und brachte dadurch den Nachlaß des Kaspar Gros, den Erlös der Hütte eingerechnet, auf ein paar hundert Franken.

In den ersten Tagen nach dem Tode des Vaters übernahmen mitleidige Nachbarn die Sorge für die Kinder. Später wurden die drei jüngeren auf Kosten der Gemeinde bei Bauersleuten der Umgegend untergebracht, und zwar bei denen, welche das geringste Kostgeld verlangten. Den ältesten Jungen hielt man schon für groß genug, sich selbst sein Brod zu verdienen. Man machte ihn zum Geißbuben des Dorfes, das sollte für ihn ein guter Anfang sein; für den Winter wollte man schon irgend eine Beschäftigung für ihn anstreiben und dann werde er sich selber forthelfen. Im darauffolgenden Jahre wollte man es mit dem Zweitgeborenen ebenso machen und so der Reihe nach. Freilich kosteten die armen Jungen der Gemeinde ein schweres Stück Geld; aber was war zu thun? Man konnte sie doch nicht verhungern lassen.

Der Aelteste war ein unternehmender Bursche; er hatte Pläne trotz Einem und Einbildungskraft für Zwei. Eines Tages hörte er erzählen, daß die kleinen Savoyarden im Gebirge Murmelthiere fangen und damit durch die Welt laufen, um sie den Städtern zu zeigen, welche alle sehr reich seien und ihnen dafür schwere Kupfermünzen geben. Von nun an verfolgte er nur den einzigen Gedanken, ein Murmelthier zu fangen. Es gelang ihm, während er seine Ziegen hütete, drei statt eines zu erwischen, darunter zwei kleine, die sich sehr leicht zähmen ließen. Er bewachte sie wie seinen Augapfel, verbarg sie sorgfältig vor Jedermann und sobald seine Dienstzeit als Geißbube zu Ende war, machte er sich heimlich mit ihnen davon. Man hätte vielleicht nie erfahren, was aus ihm geworden, wenn ihn nicht ein Jäger aus dem Bal Ferret, ein Schatzgräber, wie sie alle sind, welcher nach Genf gekommen war, um insgeheim Steine voll Gold=

276

förner (es war Schwefelkies!) untersuchen zu lassen, dort mit seinen drei Murmelthieren auf der Straße angetroffen hätte. Da Jeder seinen Geschäften nachging, so plauderten sie nicht gar lange; Kaspar aber hielt sein Gewerbe für einträglich und schämte sich desselben durchaus nicht. Seitdem hörte man freilich nichts mehr von ihm. Draußen in der weiten Welt findet sich nicht häufig eine Gelegenheit, Nachrichten nach Praz-de-Fort zu senden und nie hat es ein Kaspar Gros verstanden, einen Brief zu schreiben. Einmal verbreitete sich das Gerücht, er habe sein Glück gemacht; aber wahrscheinlich war dies nur die kleine Geschichte des Jägers, welche in's Ungeheure vergrößert bis in die Heimath drang, nachdem sie ihren Weg durch die umliegenden Dörfer gemacht hatte.

Der zweitgeborne Kaspar Gros war seinem älteren Bruder in keiner Weise ähnlich. Wenn er Murmelthiere fing, so that er es, um ihr Fett zu verkaufen. Er war ein praktischer, solider, geregelter Junge, ein tüchtiger Arbeiter. Nachdem er seine Dienstzeit als Geißbube durchgemacht hatte, erwarb er sein Brod wie andere arme Leute, durch Taglohn. Mit sechzehn Jahren verdingte er sich bei einem reichen Privatmanne in Sitten; mit zwanzig Jahren trat er bei einem waadtländischen Pächter in Dienst, dessen volles Vertrauen er sich nach und nach erwarb. Er ist noch dort und jedes Jahr legt er die Hälfte seines Lohnes als Ersparniß zurück.

Der Drittgeborne wußte sich nicht so gut aus der Sache zu ziehen. Er war von Natur träge und dann hatte er kein Glück. Als er Dienste suchte, fiel er in die Hände harter und geiziger Leute und so verlor er die Freude am Arbeiten. Allmählich war er für den Werber in Saint-Maurice herangewachsen. Wie durch Zufall begegneten sich Beide eines Tages auf der Brücke und in zwei Minuten war die Sache abgemacht. Am nächsten Morgen ging der drittälteste Kaspar Gros nach Neapel, die Soldatenmütze auf's Ohr gedrückt, in Gedanken bereits Korporal, vielleicht sogar Feldwebel, mit dem Verdienstkreuz auf der Brust. Mehrere Jahre später langte zu Praz-de-Fort ein großes, mit vielen Stempeln bedecktes Papier an; es war sein Todtenschein. Er war vor Messina als gemeiner Soldat bei einem Angriffe auf die Aufständischen gefallen.

Der Jüngste nun ist niemals auf Abentener ausgegangen. Er war zu Praz-de-Fort geboren und dort ist er auch gestorben. Allgemein hielt man ihn für einen beschränkten, einfältigen Menschen. Und dennoch ist seine Geschichte vielleicht erzählenswerth. Hier ist sie, wie wir sie gehört haben.

Der jüngste Kaspar Gros wurde beim Tode seines Vaters bei einem Bauer, Namens Raifort, untergebracht, welcher das Dorf Châble im Bagnesthale, drei Stunden von Praz-de-Fort, bewohnte. Er war ein Mann von ungefähr fünfzig Jahren, mit harten Gesichtszügen, intelligentem aber strengem Blicke, rauhen Manieren, kurz angebunden in der Rede. Sein geheimer Ehrgeiz war, einst der reichste Grundbesitzer im Thale von Bagnes zu werden. Sein Vater hatte ihm ein hübsches Erbgut hinterlassen, welches aber seiner Thätigkeit zu wenig Spielraum bot, und so verging kein Jahr, ohne daß er sich in irgend eine Unternehmung einließ. Er war Holzspekulant, Alpenpächter, besonders gern kaufte er Grundstücke, vor allem ödes, unbebautes Land, das sich auf irgend eine Weise urbar machen ließ. Sein Wirthschaftsprinzip war, soviel wie möglich an fremder Handarbeit zu sparen; er selbst arbeitete für Zwei, und seine drei Söhne, derbe, rüstige Männer, in harter Schule groß gezogen, folgten seinem Beispiel. Er machte einen Dienstboten entbehrlich, indem er beständig zwei oder drei Pflegekinder bei sich hatte, für welche man ihm ein geringes Kostgeld zahlte. Er verpflegte sie gut, aber schonte sie nicht; hart gegen sich selbst, war er es auch gegen Andere. Nie wurde in einem Hause eine strengere Disziplin gehandhabt, er sprach als Herr und alle Welt zitterte vor ihm, selbst seine heirathsfähigen Söhne; seine Zunge war rasch im Befehlen, seine Hand jäh im Strafen. Dieses Regiment unbeugsamer Strenge trug seine Früchte. Mehr als ein Pflegekind ging aus den Händen des Vaters Raifort hervor und die Gemeinden der Umgegend wußten ihre Waisen nicht besser unterzubringen als bei ihm; denn er verstand es, Männer aus ihnen zu machen.

Unglücklicherweise kam Kaspar Gros zu jung nach Châble; er hatte kaum sein zehntes Jahr vollendet und Vater Raifort nahm darauf keine Rücksicht. Er pflegte zu sagen, daß Trägheit ein Unkraut sei, welches man ausreißen müsse, bevor es Zeit habe, Wurzel zu schlagen und daß faule Buben im Alter Bettler werden. Aber wie es starken, rüstigen Menschen häufig begegnet, dachte auch er, daß alle Welt ebenso rüstig sein müsse und er achtete wenig auf den Unterschied des Alters und Geschlechts. Ermüdung oder Krankheit kannte er nicht; Regen und Sonnenschein galten ihm gleich; vor Tages=anbruch war er mit seinen Leuten auf dem Felde, die untergehende Sonne fand ihn noch dort. Während der Heuernte gab man dem kleinen Kaspar die Heugabel und den Rechen in die Hand; zur Zeit des Kornschnittes mußte er die liegen gebliebenen Aehren auflesen; bei der Weinlese hatte er gleich jedem Anderen seine Bütte zu füllen. Das ging wohl an zur Erntezeit, denn es ist immer eine schöne Sache, zu ernten, besonders Früchte, von denen man naschen kann. Doch wie viel schwerere und weniger lohnende Arbeiten warteten auf Kaspar! Er war nicht stark genug, den Acker zu pflügen, aber kräftig genug, die Steine von den Feldern wegzuschaffen, und Vater Raifort war streng in diesem Punkte; die Gemüsebeete konnte er noch nicht um=graben, doch mußte er sie begießen und von Unkraut reinigen. Seine Arme waren freilich noch zu schwach, die Axt zu führen und das Holz zu spalten, aber er konnte es wohl unter dem Vordache rings um das Haus aufschichten, und wehe ihm, wenn der Stoß umfiel. Gewisse Hausarbeiten waren übrigens ausschließlich seine und seiner Kameraden Aufgabe; so hatte er jeden Morgen Wasser und Holz in die Küche zu tragen, was keine leichte Arbeit in einer so großen Haushaltung war, oder den Taglöhnern das Essen eine halbe Stunde weit in's Feld zu bringen. Armer Kaspar! Hätte er je ein solches Leben für möglich gehalten, als er noch dürres Holz im Walde von Praz=de=Fort sam=melte und Erdbeeren und Heidelbeeren aß, während er sein Reisigbündel machte! Nun war es vorbei mit Spiel und Lustbarkeit. Nur an Sonntagen nach Tische, wenn Vater Raifort in der Dorfschenke seinen Schoppen trank, das einzige Vergnügen, welches er sich erlaubte, durfte Kaspar zu anderen Jungen im Dorfe spielen gehen und auch dann noch mußte er Acht geben, daß er sich nicht aus dem Bereiche der Stimme seines Herrn entfernte; denn dem Vater Raifort schoß jeden Augenblick ein neuer Plan durch den Kopf und dann durfte man ihn nicht warten lassen.

Und die Jungen von Châble waren auch ganz anders, als jene von Praz-de-Fort. Sie verachteten Kaspar als einen Fremden, als ein schlecht gekleidetes Pflegekind und wenn sie ihn zu ihren Spielen zuließen, dann mußte er es wohl fühlen, daß dies nur aus Gnade geschah. Häufig mußte er sich darauf beschränken, dem Spiele zuzuschauen und sich dabei an die Wand drücken, um den Andern nicht im Wege zu stehen.

Schon nach vierzehn Tagen hatte Kaspar alle Bitterkeiten des Lebens gekostet. Wenn er Abends todmüde heimkam, verbarg er sich in einen Winkel, um zu weinen, und wenn man ihn fragte, was ihm fehle, wußte er nichts zu antworten, als daß er nach Praz-de-Fort wolle. Vater Raifort, der keinen Spaß verstand, stärkte ihm das Herz mit irgend einer derben Bemerkung und Kaspar suchte seine Thränen zu verschlucken.

Eines Abends aber ergriff er die Flucht. Er glaubte nichts Unrechtes zu thun oder vielmehr er stellte sich gar nicht die Frage, ob es unrecht sei; er hatte dieses Leben satt und es lag ihm nichts daran. Als man seine Abwesenheit entdeckte, errieth man ohne Mühe den Weg, welchen er eingeschlagen hatte, und schickte sich an, ihn zu verfolgen. Aber obwohl seine von langem Tagewerk ermüdeten Beine ihn kaum mehr zu tragen vermochten, war er doch so schnell gelaufen, daß man ihn erst in später Abendstunde einige Schritte vor Praz-de-Fort einholte. So lange Vater Raifort Pflegekinder hatte, war ihm so etwas noch nicht vorgekommen. Der Fall schien ihm bedenklich, und Kaspar, mit Gewalt zurückgeführt, wurde zwischen Mitternacht und ein Uhr mit einer Tracht Schläge bewillkommt, deren Spuren er noch lange nachher an sich trug. Die Mutter suchte die Strafe abzukürzen, aber der Vater nahm keine Rücksicht darauf, und immerfort die Gerte handhabend, rief er: „Laß mich, Frau, laß mich; das wird ihn für alle Zeiten kuriren." Und Kaspar war auch in der That selbst von dem bloßen Gedanken an Flucht geheilt; aber seit jenem Tage war er kaum wieder zu erkennen. Er wurde ängstlich und menschenscheu; kein Lächeln kam mehr über sein Gesicht, kein Lied über seine Lippen. Furcht, Mißtrauen, Haß waren in das Herz des Kindes eingedrungen, welches einst nur die Freude gekannt.

Drei Jahre brachte Kaspar bei Vater Raifort zu und zählte jeden Tag seiner Gefangenschaft. Es ist ein traurig' Ding, wenn man mit zehn Jahren schon auf die Flucht der Zeit rechnen muß! Während dieser langen Jahre erhielt er von jedem seiner Brüder einen Besuch. Sie kamen, nachdem sie ihre Zeit als Geißbuben durchgemacht hatten; der Aelteste, bevor er in die weite Welt ging; die beiden Anderen, bevor sie in Dienst traten. Das waren drei Tage, welche sich heller von dem dunkeln Hintergrunde der Mühsal und des Zwanges abhoben, in jedem Jahre ein Freudentag. Jedes Mal war es Sonntag und Vater Raifort, zufällig guter Laune, gab Kaspar einige Stunden Freiheit. Er konnte mit seinen Brüdern fortgehen und sich nach Herzenslust ausweinen, vorausgesetzt, daß er sich darauf das Gesicht im Bache wusch, um bei der Rückkehr nicht rothe Augen zu haben. Der Aelteste machte sich auf den Weg, um draußen in den großen Städten seine Murmelthiere zu zeigen, ein wichtiger Plan, welchen er Niemanden, auch Kaspar nicht anvertraute; aber beim Abschiede traten ihm die Thränen in die Augen und er redete ihm herzlich zu: „Muth, Kleiner! wenn du erst Geißbube von Praz-de-Fort bist, dann schlägt dich Niemand mehr." Das war ein gutes Wort, welches sich das Kind von nun an jeden Tag wiederholte, und das ihm Verdruß, Mühen und Kummer ertragen half. Wenn ihm das Herz gar zu schwer werden wollte, so erinnerte er sich daran: „Wenn du erst Geißbube von Praz-de-Fort bist, dann schlägt dich Niemand

303

mehr," sagte er leise vor sich hin, und es war, als ob ein lichter Stern an seinem Himmel aufginge.

Endlich brach der große Tag an. Kaspar, dreizehn Jahre alt, wurde zum Geißbuben seines Geburtsortes ernannt. So sehr er auch gewohnt war, seine Gefühle zu verbergen, so konnte er doch die Freude nicht zurückhalten, als er diese Nachricht erhielt. Einige Wochen später nahm er von Vater Raifort Abschied. Es war ein wundervoller Maimorgen; drei Stunden brauchte er, um nach Praz-de-Fort zu kommen. Glückliche Reise! Mehrere Male blickte er rückwärts, um sich zu versichern, daß man ihn nicht verfolge, wie an dem Tage, an welchem er die Flucht ergriffen hatte. Je mehr er sich seinem Geburtsorte näherte, desto eiliger schritt er darauf zu; endlich entdeckte er den Kirchthurm von Praz-de-Fort. Nun setzte er sich am Rande der Straße nieder, nicht um auszuruhen, sondern um seine Freiheit zu genießen. Es kam ihm der Gedanke, nicht sogleich in's Dorf zu gehen, sondern einen Fußweg einzuschlagen, welcher oben am Abhange des Berges herumführt, und vorerst den Wald, die Zugänge zum Gletscher, die Abhänge, welche ihn beherrschen, kurz die ganze Gegend zu besuchen, wohin er Tags darauf seine Ziegenheerde führen sollte. Alles war noch wie zu der Zeit, als er dürres Holz sammelte; nichts hatte sich verändert; nur der Gletscher hatte einige Felsstücke mehr herabgeschliffen. Die Erdbeeren trieben ihre ersten Blüthenknospen, der Kuckuck rief und der kleine Kaspar, in dessen Herz es mitjubelte, machte sich einen vollständigen Operationsplan für morgen, übermorgen und noch für mehrere Tage zurecht. Anfangs wollte er seine Heerde hierhin führen, dann dorthin, und je mehr der Schnee schwände, um so größer würde dann sein Reich; er wollte die Höhlen der Murmelthiere aufgraben, Rebhühner und Auerhähne ausnehmen, nach Belieben Erdbeeren essen, und in diesem ganzen großen Bereiche, weit ausgedehnter als sämmtliche Wiesen, Felder und Weingärten des Vaters Raifort, wäre dann Niemand, der ihn schlagen könnte.

Als er bei einbrechender Nacht in's Dorf hinabstieg, sahen die Leute wohl, daß ihm kein rosiges Leben im Val de Bagnes geblüht;

er mußte sich als jüngster Kaspar Gros erst zu erkennen geben. „Wie der arme Junge sich verändert hat!" wiederholten die mitleidigen Weiber wieder und wieder. Er war kaum größer geworden; aber seine rothen Backen und seine runden Arme, fest, weiß und voll wie die der Kuhhirten, waren verschwunden. Ach, wie hätte dem Vater Kaspar das Herz geblutet, wenn er die gelbe Gesichtsfarbe, die dünnen, abgezehrten Glieder, die ängstlichen, scheuen Mienen des einst so fröh=lichen Kindes gesehen hätte, welches er seiner Zeit für den schönsten und bestgebauten unter seinen vier Jungen erklärt hatte. Der kleine Kaspar hatte bereits etwas wie Falten im Gesichte und sein Rücken war gekrümmt; er trug den Kopf gesenkt und seine magern Beine schienen unter dem Gewichte des erschöpften Körpers zu wanken. Sein Auge war noch lebhaft, aber es glänzte und lachte nicht mehr, wie einst, und kaum getraute er sich, die Leute verstohlen von der Seite an=zublicken.

Noch am selben Abend erhielt Kaspar aus den Händen des Gemeindepräsidenten die Insignien seines Amtes: ein altes Horn, auf welchem schon unzählige Geißbuben dem Dorfe am Morgen den Aus=zug der Ziegenheerde und am Abend die Rückkehr derselben verkündet hatten; dann eine Art Jagdtasche, alterthümlich und an allen Ecken geflickt, in die der Geißhirt seinen täglichen Mundvorrath und etwas Salz für das Vieh legt. Außerdem gab ihm der Präsident ein Paar neue, feste Schuhe, wie man sie auf den Felsen des Salena braucht, und vergaß auch die üblichen Verhaltungsbefehle nicht. Kaspar hörte schweigend, respektvoll, mit gesenktem Kopfe zu, wie er zu thun pflegte, wenn Vater Raifort mit ihm redete; gleichwohl schielte er dabei seitwärts auf das alte Horn der Geißbuben von Praz-de-Fort; er hätte es gerne probirt, aber er wagte es nicht in Gegenwart des Herrn Präsidenten.

Der Geißbube steht im Dienste des ganzen Dorfes und geht von einer Hand in die andere. Jeder giebt ihm der Reihe nach Kost und Wohnung und macht sich seinetwegen keine Ungelegenheit. Als Bett erhält er Heu aus der Scheune und eine Decke nur von Jenen, die

eben eine haben. Des Morgens bekommt er Kaffe oder was man so
nennt, des Abends Suppe; sein Mittagsmahl trägt er in der Jagd=
tasche mit sich, schwarzes Brod und trocknen Käse.

Die erste Nacht wohnte Kaspar beim Präsidenten. Er erhielt
eine gute Suppe, ein schönes Bund Heu, eine Decke und ein Betttuch
(letzteres war ein unerhörter Luxusartikel), und es kam ihm nicht in
den Sinn, daß es irgendwo in der Welt einen glücklichern Jungen
geben könne. Als er allein im Finstern auf seinem Heu lag, benutzte
er einen Augenblick, da die Kühe im Stalle unter ihm ihre Schellen
klingeln ließen, um sein Horn zu versuchen. Er getraute sich nicht,
aus voller Brust zu blasen; dennoch schien ihm der Ton hell und
angenehm und er ließ es die ganze Nacht nicht mehr aus der Hand,
sondern behielt es bei sich auf dem Heu. Ungeachtet der Ermüdung
von der Reise konnte er nur schwer einschlafen. Bilder mannigfal=
tigster Art, liebliche Bilder der Freiheit, schwebten ihm vor den
Augen; die Erinnerung an das Val de Bagnes und die drei Jahre
Sklaverei unter der Zuchtruthe des Vaters Raifort erschienen ihm jetzt
als etwas längst Erlebtes, fast Vergessenes. Die Jugend ist so: ihr
herrlichstes Privilegium ist die Leichtigkeit, mit der sie alle Leiden
vergißt.

Endlich dämmerte der Morgen. Kaspar, dessen halbgeschlossene
Augen, den ersten Strahl des Tages erspähten, sprang vom Lager
auf, dreimal so hoch als er war, und lief zum Präsidenten. Die
Thüre war noch verschlossen und die Magd, welche einen so früh=
wachen Geißbuben nicht gewöhnt war, lag im tiefsten Schlafe. Lange
mußte er warten, bis sie öffnete, Feuer machte, die Milch kochte.
Kaspar ging ab und zu, unfähig auf einem Fleck stehen zu bleiben,
und trippelte vor Ungeduld mit den Füßen. Endlich schlang er seinen
Kaffe in einem Zuge hinab und ging triumphirend davon, die Jagd=
tasche an der Hüfte, das Horn in der Hand.

Der Präsident hatte ihm den Abend vorher den Weg angegeben,
den er zu nehmen hatte. Er mußte langsam und auf dem Horn
blasend durch's ganze Dorf hinabgehen, um die Leute aufmerksam zu

284

306

machen; dann mußte er umkehren, immerfort blasen und seine Heerde ordnen, so wie die Ziegen aus den einzelnen Ställen kamen.

Es ist eine belebte Szene, diese Auffahrt des Geißbuben. All gemein ist die Sorge für das kleine Vieh den Weibern überlassen und man muß sie aus den engen Gäßchen hervorkommen sehen, welche sich zwischen den Häusern hinziehen, die Eine mit zwei Ziegen, die Andere mit dreien, je nach Vermögen und Haushaltung. Alle sind sie noch im Morgenkleid. Einige, ganz verschlafen, hatten nicht mehr

Zeit gehabt, sich anzukleiden; kaum daß sie ein Tuch um die Schultern geworfen und einen Rock um die Hüften gebunden. Viele kommen zu spät und müssen der Herde bis zum Dorfe hinaus nachlaufen. Nach acht Tagen kennt der Geißbube seine Leute; er kennt die Gewohnheiten jeder einzelnen Frau. Er weiß, welche der Ruf seines Hornes noch im Bette überrascht und welche bereits auf ist, und ohne sich den Anschein zu geben, als kümmere er sich darum, beobachtet er im Vor-

beigehen Alles. Aber Kaspar war noch nicht so weit. Er kehrte durch's
Dorf zurück, indem er aus voller Brust das Horn blies und weniger
ein Auge für die Haushälterinnen als für die Ziegen hatte, welche
trippelnd daherkamen. Das Herz schwoll ihm vor Freude, als er die
Herde immer größer und größer werden sah. Anfangs waren es
zwanzig, dann dreißig, dann fünfzig und als er das letzte Haus des
Dorfes im Rücken hatte, sprangen fünfundsechzig Ziegen vor ihm her,
die Nachzügler ungerechnet, deren Schellen er hinter sich klingeln
hörte. · Glücklicher Junge! Gestern noch bei Vater Raifort und heute
Morgen auf dem Wege in den Wald, frei wie der Vogel in der
Luft, Herr und Gebieter dieser ganzen muntern Schaar!

Wie sind sie aber auch hübsch diese Ziegen von Praz=de=Fort,
wenn sie am Morgen mit leichtem Euter ihre Wanderung in's Ge=
birge antreten! Fünf Minuten außerhalb des Dorfes machen sie am
Gletscherbache Halt und zerstreuen sich, um zu frühstücken. Am Ein=
gange des Waldes bildet sich die Kolonne wieder und wandert nun
emsig fort, im Schatten mächtiger Tannen aufwärts steigend. Bald
kommen die Ersten gegenüber dem Gletscher von Salena hervor und
überschreiten den Gletscherbach auf einem schlechten Stege, wo eine
hinter der andern gehen muß; dann lassen sie den Gletscher zur Rech=
ten und besetzen die Abhänge, welche ihn beherrschen. Hier ist ihre
Weide; sie beginnt am Ausgange des Waldes und endet am ewigen
Schnee. Hohe Felswände theilen sie in mehrere Abschnitte, deren
Zugänge so steil sind, daß kein anderes Vieh sie ihnen streitig macht.
Hier steigen sie bald tiefer, bald höher, je nach der Jahreszeit; aber
zu jeder Zeit geben sie sich dem Klettern und Weiden mit Herzenslust
hin. Es sind keine faulen, stellenhockerischen Ziegen des Flachlandes,
welche nach dem Stalle riechen und ihr Euter fast am Boden schleppen;
es sind putzige, seidenhaarige, leichtfüßige Bergziegen mit starken Hüf=
ten, schmalem und feinem Kopfe, lebhaftem Auge und die Stirne mit
Hörnern geziert. Es sind ganz weiße darunter, aber in geringer
Zahl, auch ganz schwarze; mehrere sind gesprenkelt und gefleckt, einige
haben die rothbraune Farbe der Gemsen und es giebt kaum ein leb=

256

308

hafteres Bild, als eine Matte mit Buschwerk, kleinen Erhöhungen
und wirren Felsblöcken, auf welcher sich dieß bunte Völkchen auf gut
Glück zerstreut. Trotz ihrer großen Liebe zu den Bergen haben sie
aber doch Furcht vor dem Regen. Sobald die ersten Tropfen fallen,
flüchten sie unter überhängende Wände oder suchen eine Zuflucht unter
Felsstücken und dichten Tannen. Wenn sie keinen hinlänglichen Schutz
finden, drücken sie sich an einen Baumstamm oder Block, um wenig=
stens von einer Seite geschützt zu sein. Büffon sagt, daß die Ziegen
den Regen nicht scheuen. Das ist falsch. Es giebt kaum ein anderes
Hausthier, welches so ungern naß wird. Daher ist es auch eine der
ersten Sorgen der Geißbuben, wenn er seine Herde auf einen neuen
Weideplatz führt, die Höhlen und andern Zufluchtsorte desselben zu
studiren. Und wenn die Ziegen etwa einmal einen tüchtigen Regenguß
im Freien aushalten müssen, merkt man an ihrem unruhigen Blick
und ihrem traurigen Gebahren es wohl, was sie vom Regen halten. Sie
brauchen Sonnenschein. Dann zerstreuen sie sich an den Abhängen
des Gebirges und wetteifern in toller Laune, in Lebendigkeit und
Uebermuth. Nie drängen sie sich an einander wie die Schafe; sie
sondern sich ab, theilen sich in Gruppen und die launischsten gehen
allein und weit weg auf Abentener aus. Man möchte sagen, daß sie
Sinn für das Malerische haben. Sie wissen, daß sie hübsch sind und
man ertappt sie ohne Unterlaß auf frischer That bei den Künsten der
Koketterie, die Stellung studirend, in welcher sie sich am vortheilhaf=
testen ausnehmen. Sie haben Genie für Gruppirung und lebende
Bilder. Hier steht eine röthliche Ziege auf der Spitze eines Fels=
blockes, die Füße zusammengedrängt, unbeweglich, mit vorgestrecktem
Kopfe. Was hat sie so neugierig zu betrachten, daß sie darüber den
Büschel Gras vergißt, welcher schon halb verschlungen ihr noch aus
dem Munde hängt? Unten zieht sich eine Braune mit schlankem Kör=
per an den Felsstufen hinauf, stellt sich auf die Hinterfüße und ver=
längert übermäßig Hals, Kopf und Schnauze, um die äußerste Knospe
eines kleinen Zweiges der Berg=Erle zu erreichen. Schon öffnet sie die
zwei Reihen Zähne, um die Knospe zu fassen; schon berührt sie sie

mit der Zunge, zieht fie durch ihren Athem an fich und ihre Augen funkeln vor Lüfternheit; aber bei einer letzten Anftrengung verfagen ihr die Füße und fie muß auf's Neue beginnen. Indeffen überläßt fich eine weiße Ziege feitwärts im weichen Grafe dem Gefchäfte des Wiederfäuens, während zwei große Schecfige fich an einer Ecfe des Felsblocfes begegnen, überrafcht ftehen bleiben, fich einen Augenblicf betrachten, dann beiderfeits mit plötzlicher Bewegung aufbäumen, Stirn gegen Stirn ausfallen, die runzeligen Hörner gegen einander ftoßen, fich wieder bäumen, wieder ftoßen und fo mit ftets fchnellern, heftigeren Stößen fortfahren. Anderswo hat fich eine unvorfichtige Schaar auf einen Felspfad gewagt, welcher längs einer fenkrechten Wand hinführt. Die erfte gelangt an eine Wendung des Felfens; fie ftrecft den Hals und blicft um die Ecfe; dann betrachtet fie auf= merkfam den Pfad, der immer fchmäler wird, fchiebt einen Fuß vor, dann einen andern und fchreitet bedächtig von Vorfprung zu Vorfprung weiter, während ihre Begleiterinnen, jede ihrer Bewegungen nach= ahmend, ihr neugierig und ernft mit einer Miene des Triumphes folgen. Was beftimmt fie wohl, fich folchen Gefahren auszufetzen? Nichts. Die Ziege klettert aus Luft am Klettern. Sie muß jeden Weg, jede Krümmung, jeden Felspfad, jeden Vorfprung, jedes Hinder= niß, jede halsbrecherifche Stelle der Weide kennen. Was die Gemfe nicht zu lernen braucht, weil ihr das Talent zum Bergfteigen im Blute liegt, das lernt die Ziege durch tägliches Studium. Sie ift nicht wie jene in einer wilden Höhle geboren, fie hat nicht ihre Be= hendigkeit und Ausdauer; aber fie ift neugieriger, fie hat Gefchmack am Unbekannten, Leidenfchaft für Abenteuer. Von zwei Wegen wählt fie den fchwierigern, von zwei Rafenbüfcheln den fchwerer zu erreichen= den, und unter allen Thieren, welche der Menfch in feinen Zwang gethan, hat fich keines eine fo heitere Laune bewahrt und bei keinem entwicfelt felbft fchon die halbe Freiheit fo fehr den Sinn für das Abenteuerliche, wie bei der Ziege.

Inzwifchen erinnert fich der Geißbub, daß er Salz bei fich hat und ruft die Ziege, welche ihm zunächft weidet; fogleich kommt eine zweite, dann eine dritte und bald ist er von einer genäschigen Gruppe umgeben, welche ihn im Kreise umsteht. Die Kecksten stecken die Schnauze in seine Jagdtasche; Andre belecken ihm die Hände; die Letzten drängen vorwärts, um sich Platz zu machen, alle Hälse sind gestreckt; jede verlangt ihr Theil und sucht sich auch das der Nebenstehenden anzueignen. Die wiederkäuende weiße Ziege vergißt ihr süßes Nichtsthun; die Braune läßt den Zweig der Berg-Erle im Stich; die Spaziergängerinnen an der Felswand sputen sich unversehens, um noch rechtzeitig anzukommen. Von allen Ecken und Enden strömen sie herbei und die fliegende Schaar der Zicklein, welche von Morgen bis Abend die tollsten Sprünge macht, eilt im Sturme daher und stürzt so ungestüm vorwärts, daß die kleinsten, welche nicht folgen können, sich überschlagen und den Abhang herabrollen.

Kaspar brachte den ersten Tag so glücklich zu, wie das munterste seiner Zicklein. Er wälzte sich im Grase, blies auf dem Horne und zählte seine Herde hundert Mal von Neuem. Dann machte er nähere Bekanntschaft mit jeder einzelnen der ihm anvertrauten Ziegen. Er versammelte die weißen und studirte ihre besonderen Kennzeichen; dann machte er es ebenso mit den braunen und so der Reihe nach. Als er zu den scheckigen kam, gab ihm eine derselben viel zu denken. Sie gehörte nicht zu den hübschesten; im Gegentheil. Es war eine alte Ziege, eine Ziege armer Leute, welche am Morgen dem Zuge nur mit großer Mühe folgen konnte und mit einem Beine hinkte. Sie hatte ein zerbrochenes Horn, das Rückgrat stand ihr heraus und an den mageren Stellen konnte man alle Rippen zählen. Indem er sie aufmerksam betrachtete, glaubte er die Ziege wieder zu erkennen, welche er einst mit seinen Brüdern an den Wegrändern hatte grasen lassen. Es waren dieselben braunen Füße, derselbe schwarze Kopf mit einem weißen Streifen längs der Nase, derselbe dunkle Rücken mit helleren Flecken. Nur unwesentliche Unterschiede fielen ihm in's Auge: das zerbrochene Horn und das hinkende Bein.

Plötzlich erinnerte sich Kaspar zweier kaum sichtbarer Merkzeichen am linken Ohre und da waren sie. „Sie ist es", rief er, „es ist die

arme Babi!" Welcher anderen armen Familie mochte wohl jetzt die
alte Amme ihre Milch spenden? Indem er das elende Thier, die
Ruine einer besseren Zeit, betrachtete, welcher das Leben auch hart
zugesetzt hatte, erinnerte er sich seines Vaters, der Brüder, die er
lange nicht gesehen, der alten Hütte, von welcher nichts mehr zu
finden war, als die Stelle, auf der sie gestanden, und düstere Ge=
danken trübten einen Augenblick die Heiterkeit des ersten Tages. Es
schien ihm, daß auch die alte Babi ihn wieder erkenne, ihn aufsuche,
ihm folge und für sie hatte er seine wärmsten Liebkosungen und seine
besten Prisen Salz.

Bis zum Abend hatte Kaspar mit allen Ziegen von Praz=de=Fort
Bekanntschaft gemacht und ihr Temperament studirt. Er kannte die
Händelsüchtigen, die Friedfertigen, die Lenksamen und die Ausreißer,
auf welche man ein besonders scharfes Auge haben muß. Am fol=
genden Tage wußte er auch schon, wem jede gehörte, wo sie ihren
Stall hatte, wieviel Milch sie gab. Und nach acht Tagen kannte er
sie so genau, wie die Schullehrer die Kinder ihres Dorfes nach zehn
Jahren. Nun studirte er auch sorgfältig alle Vortheile und Uebel=
stände des Weideplatzes: die besten Zufluchtsorte für Regentage, die
frischesten Quellen, die Plätze, auf denen das Futter am reichlichsten
wächst, die kürzesten Pfade, die Felsensteige, welche an einen Abgrund
führen, die Durchgänge, an denen ein Steinsturz zu fürchten ist.
Auch führte er kleine Mauern oder Verhaue aus Tannenästen auf,
um die gefährlichen Stellen soviel als möglich zu verschließen. Als
diese erste Arbeit geschehen war und die Tage einförmiger verliefen,
dehnte Kaspar seine Beobachtungen auf die verschiedenen Bewohner
des Gebirges aus: auf Murmelthiere, weiße Hasen, weiße und rothe
Rebhühner, kleine Auerhähne, nicht zu vergessen die Gemsen, welche
zahlreich um den Gletscher des Salena wechseln. Bald kannte er alle
Wildbaue der Nachbarschaft, die bewohnten und die verlassenen. Von
da bis zum Jäger ist nur ein Schritt und jeder Geißbub thut ihn
früher oder später. Aber wie soll man jagen ohne Waffen und
Munition? Alles in der Hand kann zur Waffe werden und kommt

die Uebung hinzu, so erlangt man mit der Zeit eine solche Geschicklichkeit, daß man ein- oder zweimal in der Sommerszeit mit voller
Jagdtasche heimkehren kann. Ist man gewandt im Steineschleudern,
so kann man ein Rebhuhn tödten; weiß man geschickt zu laufen und
zu gehen, ohne gesehen zu werden, so kann man den Augenblick benutzen, wo ein Murmelthier aus seinem Bau schlüpft, ihm den Rückweg abschneiden und es fangen oder erlegen. Alles dies sind keine
Kleinigkeiten, wahrhaftig nicht, und der Geißbub im Gebirge bringt
damit sein Leben zu; er wird listig, ausdauernd, unglaublich geschickt
im Steinewerfen und läuft mit einer Behendigkeit, von der man sich
kaum eine Vorstellung machen kann, an den steilsten Abhängen hin.
Was uns eine Unmöglichkeit dünkt, ist für ihn häufig nur ein Spiel.
Kaspar war noch zu sehr Kind, um ein gefährlicher Jäger zu sein,
aber er übte sich; jeden Tag wurde er gewandter und kräftiger und
kaum waren zwei Monate verflossen, so hatte er schon ein rothes
Rebhuhn erlegt und beinahe ein junges, unvorsichtiges Murmelthier
gefangen. Doch ließen ihn die Freuden der Jagd weder seine Herde
vergessen, noch die unschuldigere und angenehmere Jagd nach Beeren
und anderen, kleineren Früchten, nach denen man in seinem Alter
stets so lüstern ist. Auch das Gebirge hat seine Früchte: Erdbeeren,
welche süßer schmecken, als unsere Gartenerdbeeren, lieblich duftende
Himbeeren und große, blaue, sammtartig bereifte Heidelbeeren. Wenn
Kaspar sein schwarzes Brod gegessen hatte, ließ er sich zwischen vier
Heidelbeerbüschen nieder und hielt einen königlichen Nachtisch. Oft
brachte er dabei ganze Stunden zu und wenn er Abends in's Dorf
hinab kam, sah man an seinen blauen Lippen und an den Flecken
auf seinen Hosen, daß er eine gute Mahlzeit im Gebirge gehalten
hatte.

Aber bedenkt man auch, welchen Einfluß ein solches Leben auf
den Geist ausüben muß, besonders in so zarter Jugend? Der Geißbub ist ein kleiner Einsiedler. Vom Morgenroth bis zur Abenddämmerung sah der Geißbub von Praz-de-Fort keinen Menschen.
Heutzutage ist seine Abgeschiedenheit keine so vollständige mehr; wenn

ihn die Lust nach Gesellschaft anwandelt, kann er den Arbeitern einen Besuch machen, welche den Salenagletscher ausbeuten. In anderen Gegenden grenzt der den Ziegen vorbehaltene Weideplatz an irgend eine Alpenmatte, auf welcher Kühe grasen und der Geißbub kann an der Grenze den Kuhbuben der Sennhütte begegnen.

Aber zu der Zeit, von der wir sprechen, dachte noch Niemand an die Ausbeutung des Gletschers und Sennhütten, Schäfer und

Rinderherden waren es in der Nachbarschaft nie gewesen. Die einzige Aussicht auf Besuch hatte Kaspar, wenn ein Jäger oder Tourist vorbeikam. Doch wie wenige Touristen kannten damals den Salenagletscher! Jahre vergingen, ohne daß ein Reisender dessen Dasein auch nur ahnte und was die Jäger betrifft, so merkten sie bald, daß der kleine Geißbub in seiner Art auch ein Jäger war und mieden ihn als einen gefährlichen Nebenbuhler, welcher ein Interesse hatte, sie zu täuschen. So gingen die einzigen menschlichen Wesen, welchen er hätte begegnen können, abseits vorüber und den ganzen Tag sah er von der bewohnten Erde nur ein kleines Fleckchen, welches sich ihm zeigte, wenn er von der Höhe seiner Felsen in's Thal hinab= blickte. Er bemerkte dort schwarze Punkte, welche offenbar Menschen waren, die Einen damit beschäftigt, Gras zu mähen, die Andern, Gerste und Roggen zu ernten. Der Rauch, welcher von den Dächern des Dorfes aufstieg, verrieth ihm, daß die Hausfrauen den Feldar= beiter nicht vergaßen; aber alle diese Aeußerungen eines thätigen Lebens gingen in einer andern Sphäre als in der seinen vor sich, er war dabei nur ein entfernter Zuschauer und wie er sich auch bemerk= bar machte, ob er sang, rief oder auf dem Horn blies, er fand nur ein Echo in den Felsen ringsum. Die Einöde ist das Schweigen. Aber in Wahrheit ist die Stille im Gebirge nie vollkommen, wenig= stens nicht im Sommer. Sie wird von der Stimme der Gewässer belebt und wenn der Wind nicht in Stößen weht, welche diese Stimme bald näher bringen und bald wieder entfernen, wird dieses Einerlei, ohne Rhythmus und Abwechslung, eine Art unaufhörlicher Begleitung, von welcher stärkere Töne sich eben so gut abheben, als wenn die Stille eine vollkommene wäre. Stundenlang unterbricht oft kein Laut diese dumpfe und großartige Musik; dann kracht es mit einem Male im Gebirge. Was ist es? Zuweilen eine losgehende Lawine, zuweilen ein Felsblock, welcher herabstürzt, am häufigsten aber der Gletscher, welcher sich mit einem heftigen, geheimnißvollen Krach spaltet, ohne daß von dieser innern Zerklüftung etwas sichtbar würde; man möchte es einen Donnerschlag nennen, welcher irgendwo im regnugslosen All entsteht und durch die stille Luft dahinrollt.

Auf den, welcher nur von Zeit zu Zeit einige Stunden in diesen Höhen zubringt, macht die tiefe, nur zuweilen durch einen unheilver= kündenden Laut gestörte Stille einen gewaltigen Eindruck. Der Geiß= bub gewöhnt sich an sie, er sieht darin nichts Neues und Ueber= raschendes mehr; aber unmerklich erfährt er ihren Einfluß, welcher um so tiefer ist, je unbewußter er wirkt, und mit der Zeit bildet sich eine Charakterähnlichkeit zwischen der wilden Natur und dem Kinde, welches sie allein bewohnt. Es hilft wenig, daß der Geißbub jeden Abend in's Dorf hinabkommt; er findet dort weder seine Familie, noch seine Heimat; er ist aller Welt Diener und Niemandes Kind. Heute findet er Zuflucht unter diesem Dache, morgen unter einem andern. Die Stunden der Nacht bringt er ebenso einsam auf seinem Heulager zu, wie die Stunden des Tages im Gebirge und nichts Beständiges gibt es für ihn, als die Waide hoch oben, zu der er jeden Morgen zurückkehrt. Da ist seine Wohnung und seine Heimath; da wird er ernst und unzugänglich, wie die hohen Berge, welche ihn umgeben. Bisweilen möchte man sagen, daß seine Denkkraft unthätig im Gehirne ruht und erst einen Anstoß erwartet, um aufzuwachen. Er spricht nicht und wenn er antworten muß, so geschieht es mit einer gewissen Schwierigkeit, als ob er in seiner Einöde alles Sprechen verlernte. Er ist verschlossen, aber kein Menschenfeind. Warum sollte er die Menschen hassen? Dazu sieht er sie nicht oft genug. Das Schweigen ist bei ihm nur Angewöhnung und er spricht mit sich fast eben so wenig, wie mit Andern. Allmählich wird er ungeeignet für die Gesellschaft der Menschen und kann nur noch in einem ewig stum= men, geheimen Verkehr mit der Natur leben. Von ihr allein empfängt er seine Eindrücke. Kein Ereigniß erweckt mehr seine Theilnahme außer dem, welches die Einförmigkeit seines Daseins unterbricht: ein Sturm, der sich plötzlich erhebt, eine Wolke, welche am Himmel hin= zieht und jedes andere Zeichen von Leben und Bewegung, das sich um ihn her bemerkbar macht. Man weiß nicht, ob er denkt; aber er beobachtet nach seiner Art; er sieht und hört Alles; sein Auge und Ohr erlangen eine beispiellose Schärfe; er vernimmt deutlich die Töne, welche sonst Jedermann entgehen und unterscheidet alle Einzelnheiten an den Gegenständen in einer Entfernung, in welcher selbst ein unge= wöhnlich gutes Auge nur noch unbestimmte Formen zu erkennen ver= mag. Wenn Du ihn bemerkst, folgt er Dir bereits seit zwei Stunden. Sein Blick ist so sehr an das Unbewegliche gewöhnt, daß Alles, was

sich regt, ihm auffällt; er scheint achtlos über das ausgedehnte Waide=
land zu schweifen; plötzlich hält er inne und heftet seine Aufmerksam=
keit auf einen Punkt. In der Entfernung von hundert oder zwei=
hundert Schritten sah er einige Grashalme zittern; es war nicht die
Bewegung, welche ein Luftzug an ihnen hervorbringt; es muß dort
eine Maus oder ein Murmelthier oder ein anderes kleines Thier
sein, welches zwischen dem Rasen hinschlüpft. Solcher Erscheinungen
bedarf es, um seinen Geist in Schwung zu versetzen. So lange es
ruhig um ihn ist, ist er es auch; aber jede leiseste Regung des Lebens,
das heimliche Geräusch eines Vogels, eines Reptils oder eines vier=
füßigen Thieres wirkt auf ihn zurück, und da steht er auf der Lauer,
der Katze gleich, bereit auf seine Beute loszuspringen. Die vorzüg=
lichsten Instinkte entfalten sich dann wie mit einem Schlage in dem
anscheinend trägen Geschöpfe. Er ist ein Jäger und alle Nerven, alle
Sinne, alle verborgenen Kräfte seines Geistes und Körpers concen=
triren sich auf den einen sich regenden Gegenstand, welcher ihn aus
seiner dumpfen Trägheit aufrüttelt und zu sich selber bringt.

Man kann alte Ziegenhirten finden, auf welche dieses Einsiedler=
leben seinen vollen Einfluß ausgeübt hat. Ich habe welche gesehen,
die beinahe den Gebrauch der Sprache verloren hatten. Wenn sich
der Stachel gemeiner Triebe nicht abgestumpft hat, so kann eine viehische
Verwilderung daraus entstehen. Doch sind diese Fälle selten; ge=
wöhnlich bewahren Einflüsse anderer Art den Geißbuben vor solcher
Verthierung. Denn in der Regel, wenn er den Dienst zwei bis drei Jahre
versehen hat und kein Kind mehr ist, sagt er seiner Herde Lebewohl
und wird Tagelöhner. Nur jene armen Unglücklichen, welche von der
Natur weniger begünstigt sind als Andere, müssen diesen Beruf bis
in's Mannesalter und selbst darüber hinaus fortsetzen. Manchmal
genügt das gesellige Dorfleben während des Winters, um die Spuren
zu verlöschen, welche die Einsamkeit den Sommer hindurch dem Geiste
aufgedrückt hat. Oft auch rächt sich die Natur auf sonderbare Weise.

Eine häufige Erscheinung unter den Geißbuben ist der lustige
Geißbube. In den Dörfern, welche einen solchen lustigen Vogel be=

sitzen, gibt seine Ausfahrt und Heimkehr Anlaß zu den pikantesten
Scenen. Die Gevatterinnen kennen und fürchten ihn. Für jede hat
er eine Bemerkung in Bereitschaft; der Einen wirft er ein Stichel=
wort hin, der Andern sagt er etwas Verbindliches; auf dem ganzen
Wege belustigt er sich mit tausend kleinen Wortgefechten. Er kennt
seine Leute und trifft gut, und bald hat er auch seine Lieblinge. Er
wartet auf die Einen und geht bei den Andern rasch vorüber; kein
größeres Vergnügen kennt er, als die alten Weiber, welche beständig
zanken, athemlos hinter sich herlaufen zu sehen. Gewiß war es ein
solcher Spaßvogel, von welchem es im Liede heißt, daß er den Wei=
bern von Peytaur die Spitze bot, indem er aus vollem Halse den
bekannten Refrain anstimmte:

„Ihr Weiber von Peytaur, seid still!"

Es war nicht zu erwarten, daß Kaspar ein lustiger Geißbub
würde; im Gegentheil hatte der Aufenthalt bei Vater Raifort so
recht den Grund zur Verschlossenheit in ihm gelegt; aber es war et=
was in ihm, das ihn wenigstens für einige Zeit vor den nachtheiligen
Folgen der Einsamkeit bewahrte. Er hatte ein empfindsames, der
Liebe zugängliches Herz. Seit drei Jahren, da sein Vater gestorben,
da er seine Brüder kaum mehr gesehen und beständig unter einem
Drucke gelebt hatte, welchen weder Theilnahme noch Mitleid milderte,
war dieses Bedürfniß zu lieben unaufhörlich zurückgedrängt worden
und hatte sich in seinem Herzen angesammelt. Es bildete sich dort
ein ganzer Schatz, ein todtes Kapital von Liebe, welches nur auf
Verwendung wartete, und mit der Zeit fand es sie auch. Kaspar
liebte herzlich seine Ziegen, besonders die arme Babi, das letzte Ueber=
bleibsel seines Familienkreises. Wenn man liebt, ist man nie allein.
Und dann war seine Rückkehr nach Praz=de=Fort eine wahre Rückkehr
zum Leben gewesen und ohne daß er es nach außen zu sehr merken
ließ, da er den Menschen beständig mißtraute, fand er in seinem
Kindesherzen eine unerschöpfliche Quelle der Freude, der Freude über
seine jetzige Ungebundenheit. Sicher zählte der erste Sommer, welchen

er an der Spitze der Ziegenheerde von Praz-de-Fort zubrachte, zu den glücklichsten seines Lebens; aber er wurde doch nimmer das rosige Kind, welches er einst gewesen. Seine Kräfte nahmen zu und seine Beine wankten nicht mehr; aber sein Gesicht blieb blaß und gelb und er wuchs nur sehr wenig. Man möchte sagen, seine Entwicklung sei durch vorzeitige Anstrengung und üble Behandlung gewaltsam ge= hemmt worden.

Der Herbst kam heran. Die angesehensten Bewohner des Dorfes, welche Theilnahme für Kaspar fühlten, hätten ihm gerne einen Platz verschafft, wenigstens während des Winters; aber es fand sich keiner. Und so verbrachte Kaspar die schlechte Jahreszeit, ohne eben viel zu arbeiten, manchmal dem Pfarrer von Orsières, dessen Pfarrkind er war, Dienste leistend oder bestrebt, sich in anderer Weise nützlich zu machen; zum Theil lebte er auf Kosten der Gemeinde und zum Theil von den wenigen Sous, welche ihm seine Stelle als Geißbub eingetragen hatte. Beim Herannahen des Frühlings erbat er sich als eine Gnade, auf's Neue Geißbub zu werden. Da die Gemeinde für den Augen= blick kein anderes Pflegekind hatte, welches diesen Dienst hätte ver= sehen können, so gewährte man ihm ohne Schwierigkeit seine Bitte und er erwartete fast mit eben so großer Ungeduld wie das erste Mal den Augenblick, wo er mit seiner Heerde auffahren würde. Nur etwas betrübte ihn, nämlich daß Babi bei Beginn des Winters aus Altersschwäche gestorben war. Aber sie hinterließ zahlreiche Kinder und Enkel unter den Ziegen von Praz-de-Fort und Kaspar übertrug auf diese die Zuneigung, welche er für Babi gehabt hatte. Er ver= lebte auf's Neue einen schönen Sommer ohne ein anderes bemerkens= werthes Ereigniß, als seine großen Jagderfolge; denn er hatte zwei Murmelthiere getödtet, ein drittes lebend im Bau gefangen, mehrere Rebhühner erlegt und vier junge, vor Kurzem ausgebrütete Adler aus einem fast unzugänglichen Neste geraubt. Allmählich fand er solchen Geschmack an dieser Lebensweise, daß die Regentage für ihn wahre Tage des Kummers waren. Er brachte sie damit zu, nach jeder lich= ten Stelle des Himmels zu spähen, stets bereit, sein Horn zu ergreifen und seine Heerde zusammenzurufen. Die Leute von Praz-de-Fort hatten noch nie einen so eifrigen Geißbuben gesehen.

Vier Jahre nacheinander führte Kaspar die Ziegen von Praz-de-Fort in die Berge und von Jahr zu Jahr wurde es ihm weniger möglich, sich eine andere Lebensweise zu ersinnen. Aber allmählich fingen die Wirkungen der Einsamkeit an, sich fühlbar zu machen. Für diejenigen, welche ihn jeden Tag sahen, war es nicht leicht, sie gewahr zu werden, so langsam und unmerklich waren sie eingetreten. Doch das vierte Jahr brachte ein untrügliches Zeichen. Kaspar fand keine Befriedigung mehr an der Jagd; er verlegte sich auf das Sammeln von Heilkräutern und gegen Ende der Triftzeit, im September, kam er mehrere Male, die Jagdtasche voll Genippkraut, vom Gebirge herab. Das Genippkraut ist ein wohlriechender Wermut, welcher nur auf den höchsten Felsen wächst. Man macht daraus einen Thee, welchem man alle erdenklichen stärkenden und belebenden Eigenschaften zuschreibt, ein wahres Universal-Heilmittel. Man giebt ihn Fieberkranken und solchen, welche einen bösen Husten haben; auch Jenen, welche an Gliederschmerz leiden und selbst den Frauen im Wochenbette; er heilt ebenso gut das kleinste Unwohlsein wie die schwersten Krankheiten. Aber wenn ein Geißbub anfängt, sich auf das Suchen des Genippkrautes zu verlegen, nicht blos, um sich gleich jedem Anderen seinen kleinen Vorrath für den Winter zu verschaffen, so kann man sicher sein, daß er mit jedem Tage verschlossener und menschenscheuer wird. Um es zu sammeln, muß er seine Ziegen verlassen, und den Felsen nachgehen; muß jähe Spitzen erklimmen, hoch oben, wo kein Rasen mehr grünt; und ganze Stunden in Einöden zubringen, welche noch unwirthlicher sind, als jene, in denen seine Ziegen ihr Futter suchen. Er bildet sich ein, daß er nur des Genippkrautes wegen da hinaufsteige; aber er täuscht sich; die Einöde, die lautlose Ruhe, die stumme Größe unzugänglicher Höhen, die ungeheuren Schneefelder und nackten Felsspitzen ziehen ihn an. Es regt sich etwas in ihm, das nach Uebereinstimmung mit dieser raueren Natur ringt und er sucht sie aus Instinkt, durch ein Naturgesetz getrieben, wie

der Luftballon bis zu jener Höhe emporsteigt, in welcher er sein Gleichgewicht findet.

Als vier Jahre verflossen und Kaspar siebzehn Jahr alt war,
that man ernstliche Schritte, ihm endlich einen festen Dienst zu verschaffen, aber er widersetzte sich dem mit eigenthümlicher Lebhaftigkeit.
Vergebens stellte man ihm vor, daß es auf der Welt auch bessere
Herren als der Vater Raifort gebe und daß er als Geißbub beständig
auf Kosten der Gemeinde lebe und ihr im Alter zur Last falle; man
mußte sich vor der Energie seines Widerstandes beugen. Aber das
Unglück wollte es, daß die Gemeinde einen anderen Waisenknaben
zu versorgen hatte, welcher just im Alter war, ihn zu ersetzen, und
der Präsident kündigte ihm nicht ohne herzliche Worte des Bedauerns
an, daß er für dieses Jahr anderswo eine Verwendung suchen müsse.
Das war ein fürchterlicher Schlag für den armen Kaspar. Er brachte
einige Tage rathlos in dumpfem Hinbrüten zu, ohne Theilnahme für
etwas, stundenlang in den Anblick des Gletschers von Salena versunken. Aber die letzte Stunde schlug, man war bereits in der Mitte
des Monats Mai und endlich mußte er doch einen Entschluß fassen.
Er ließ sich vom Präsidenten und von den angesehensten Dorfbewoh-
nern Empfehlungsschreiben geben, welche ausgezeichnet waren; dann
bot er seine Dienste allen Gemeinden der benachbarten Thäler Entre-
mont und Val de Bagnes an; nur das Dorf Châble vermied er aus
Furcht vor dem Vater Raifort. Aber er hatte bereits Zeit verloren
und kam überall zu spät. Man rieth ihm daher, in den Kanton Waadt
zu gehen, wo es reiche Dörfer und gute Plätze für Geißbuben gebe.

Er folgte diesem Rathe, ging über den Sanetsch und stieg in
das Thal der Saane hinab bis in den waadtländischen Bezirk, welcher
das Oberland genannt wird. Das erste Dorf, in welches er gelangte,
war Rougemont. Aber dort hatte man einige Tage früher einen
Geißbuben gedungen. Dann kam er zwei Stunden später nach Chateau
d'Oex. Die Stelle war den Tag vorher vergeben worden. So setzte
er seine Wanderung bis Rossinières fort, wo er endlich mehr Glück
hatte. Es fehlte dort nicht an armen Jungen, welche die Ziegen des

299   3*

Dorfes auf die Weide führen konnten; aber die Strohflechterei, ein in jener Gegend ziemlich ausgebreiteter Industriezweig, ging eben sehr gut; es war Ueberfluß an Arbeit, die Preise stiegen und selbst für ein Kind war mehr mit Strohflechten als mit Ziegenhüten zu verdienen. Dennoch wurde Kaspar nicht ohne Opposition angenommen. Ein Walliser Geißbub in Rossinières! Das war noch nicht da gewesen! Was kann denn auch Gutes aus dem Wallis kommen?

„Ich sage euch," bemerkte Tante Claudia mit ihrer rauhen und meckernden Stimme, „bei dem Walliser wird unsern Ziegen die Milch gerinnen. Man braucht ja nur sein gelbes Gesicht anzusehen."

Tante Claudia war eine gefürchtete Frau, eine kinderlose Wittwe, welche ihr Vermögen einem Pathen hinterließ und sich über die Langeweile des Wittwenstandes damit tröstete, daß sie sich in die Angelegenheiten der ganzen Welt mischte. Ihre Zunge war in unaufhörlicher Bewegung, Jedermann ohne Unterschied schmähend, immer zankend, immer brummend und jeden zweiten Satz mit der unvermeidlichen Redensart beginnend: „Ich sage euch." Sie führte noch ganz andere Reden über Kaspar und vergebens hielt man ihr die guten Zeugnisse entgegen, welche er mitgebracht hatte.

„Mögen sie ihn behalten", rief sie, „weil er ihnen so gut gefällt. Ich aber sage euch, alle Walliser taugen nichts und ich will lieber meine Ziegen im Stalle sehen, als sie diesem garstigen Buben anvertrauen."

Die Männer zeigten sich vernünftiger. Sie fanden Kaspar schlecht, aber nicht böse aussehend; auch waren sie mit seinen Zeugnissen zufrieden und dann dachten sie, daß man nicht mehr länger warten könne, weil die Weidezeit bereits begann. Ihre klugen Erwägungen gaben den Ausschlag und ungeachtet Tante Claudia alles erdenkliche Unglück prophezeit hatte, wurde doch Kaspar Gros aus Praz-de-Fort zum Geißbuben von Rossinières ernannt, mit der Weisung, sein Amt am nächsten Tage anzutreten, da er einmal an Ort und Stelle war und nichts Besseres zu thun hatte.

Rossinières war vor ungefähr zwanzig Jahren, das ist zu der

Zeit, als Kaspar dort hin kam, eines der malerischsten Dörfer in den waadtländischen Alpen. Vielleicht ist es noch so; aber ich habe es nicht mehr gesehen, seit eine Feuersbrunst die Hälfte davon in Asche legte, welche man sodann aus Stein wieder aufbaute, und kann daher nicht sagen, wie es gegenwärtig aussieht. Damals besaß es nur zwei gemauerte Gebäude, die Kirche und den Pfarrhof; alles Andere war aus Holz und in wenigen Dörfern mag man in so großer Anzahl jene hübschen, wettergebräunten Häuser gefunden haben, mit großen zierlichen Lauben, malerischem Schnitzwerk und Sprüchen aus der Bibel zur Ehre Gottes. Das Dorf bestand aus drei Häusergruppen. Die Hauptgruppe, ziemlich gedrängt und von mehreren Gassen und Gäßchen durchschnitten, breitete sich unterhalb der Kirche unter dem unmittelbaren Schutz derselben aus. Die zweite, die Frace genannt, war zehn Minuten davon entfernt; sie bestand aus einer einzigen, schlecht gepflasterten, aufwärts führenden Gasse, deren Häuser nachlässig links und rechts zerstreut waren und sich zwischen Gärten und Weinbergen, halb im Grünen versteckt, an dem einförmigen Abhange ausbreiteten. Zwischen diesen beiden Gruppen befand sich die Gruppe Vorgeaud, welche von der Frace durch das tiefe Bett eines häufig trockenen Baches und von dem Hauptdorfe durch einige Morgen des fruchtbarsten Wiesenlandes getrennt ist. Vorgeaud zählte nur wenige Häuser; aber unter denselben befand sich eines, welches man in den Geographien als das größte hölzerne Gebäude der Schweiz anführte. Es hatte mindestens hundert Fenster, war von einfachem und patriarchalischem Styl und man hätte es ein ländliches Palais, die Residenz irgend eines Hirtenkönigs, eines Herrn des Thales und idyllischen Prinzen nennen können. Im Mittelpunkte desselben befanden sich zwei riesenhafte Küchen, in deren jeder man einen Ochsen am Spieße braten konnte und rings herum dehnten sich Gemächer aus, groß genug, um ein ganzes Volk von Vasallen darin zu beherbergen.

Diese drei Weiler lagen am Fuße eines Berges, dessen grüner und fruchtbarer Abhang zu einer gleichfalls grünen Spitze führt, welche man die Geißspitze nennt. Dorthin mußte Kaspar seine Ziegen führen,

und ohne Zweifel würde ihm alle Welt, wenn man dieses neue Weide=
land mit jenem zu Praz=de=Fort verglich, zu diesem Tausche Glück
gewünscht haben. Er hatte ja in jeder Beziehung gewonnen. Denn
wo wollte ein Geißbub eine offenere Gegend und zugänglichere Ab=
hänge finden? Und dann war er in nächster Nähe des Dorfes. Im
Falle eines Ungewitters konnte er in einer halben Stunde seine Heerde
nach Hause bringen. Und nichts entging ihm, was sich im Thale
zutrug. Mit seinen scharfen Augen konnte er die Leute auf dem
Felde erkennen und jeder ihrer Arbeiten folgen. Und dann, was

waren die sechzig Ziegen von Praz=de=Fort gegen die hundert des
Dorfes von Rossinières, für deren jede er mit Ende der Weidezeit
fünfundsiebzig Centimes nach jetziger Währung erhielt, die üblichen
Schuhe und die Nahrung ungerechnet, welche besser war als in irgend
einem Pfarrdorfe von Wallis. Er konnte sicher sein, daß er, bevor
der Sommer verging, frisches Fleisch essen und seine Lippen in ein
Glas guten Weines tauchen würde. Konnte er noch mehr wünschen?
War das nicht ein Glück und mußte er nicht dem Himmel danken,
daß er ihn nach Rossinières geführt?

Aber Kaspar dachte anders. Er sah sich in Rossinières wie begraben. Nicht die geringste Aehnlichkeit bestand zwischen diesen Bergen und jenen seiner Heimath. Es wäre noch angegangen, wenn der Weideplatz für die Ziegen an dem entgegengesetzten Abhange des Thales, gegen die Corjon-Spitze zu, bei den großen, überhängenden Felsen gewesen wäre. Aber diese Geißspitze! Was ließ sich auf der einförmigen grünen Weide und an den langweiligen Abhängen machen? Als Kaspar mit seiner Heerde nähere Bekanntschaft gemacht, da wurde es noch schlimmer. Die Bürger von Rossinières sind stolz auf ihre Ziegen. Aber einem Geißbuben von Praz-de-Fort sollen sie damit nicht kommen! Es mögen gute Milchziegen sein, aber kaum die Hälfte hat schön gestellte Hörner. Und dann diese groben Haare, welche auf dem Miste des Stalles schleifen und diese Beine ohne Schwungkraft, und die Euter, welche bis zur Erde hängen, und die Langsamkeit im Klettern! Es ist ein traurig' Ding, Geißbub zu sein, wenn man eine so faule Heerde vor sich herjagen muß! Kaspar erfuhr es zu Rossinières, was eine Kuh-Ziege ist, wie die Bergbewohner sagen, eine Ziege, welche vom Stallleben träge geworden ist und die schwerfällige Gesellschaft des Rindviehs auf einer fetten, ebenen Wiese der lustigen Gesellschaft von ihres gleichen in Schluchten und auf steilen Rasenplätzen vorzieht. Jeden Tag suchten einige seiner Ziegen zu entweichen, um prosaisch das Futter der Kühe zu fressen. O, das war nicht die stolze Heerde von Praz-de-Fort! Aber was ließ sich auch Besseres von so traurigen Bergen erwarten, auf denen nicht der Schatten des kleinsten Gletschers lag? Vom Monate Juni an mußte aller Schnee geschmolzen sein und es gab da wenig Quellen, keine heimlichen Verstecke, keinen Zufluchtsort, keinen einzigen Felsen, aber einen langen, langweiligen Abhang, welcher überall mit Gras bewachsen und von den Tritten der Thiere höckerig geworden war. Und was war das für ein Rasen! Ach, sicher nicht jener zarte Rasen, welcher auf feiner, schwarzer Erde an den Bergwänden um den Gletscher des Salena wächst. Kaspar fand hier keine Spur von jenen hübschen Blumen, welche im Frühling die Berge seiner Heimath schmücken

303

und die er so gut wie der geschickteste Botaniker kannte, ob er gleich ihre Namen nicht wußte. Hier gab es keine goldgelben Anemonen und rosenrothen Aurikeln, keine Lärchenbäume und Heidelbeeren; aber hier und dort kümmerliche, von der Sonne halb verdorrte Tannen und überall einen thonigen Boden und ein hartes Gras, mehr ein Gras der Ebene als der Alpen, lang, trocken und zähe, welches nach den ersten heißen Tagen gelb wurde. Es gab auch keine Murmel- thiere, keine Rebhühner, weder weiße noch rothe, und keine Spur von einer Gemse; höchstens Marder und Füchse, und von Zeit zu Zeit einen Hasen und immer war es ein brauner Hase, wie man sie im Flachlande hat! Und dann das Genippkraut! Wo sollte man es auf diesen alltäglichen Höhen finden, welche nicht einmal über die Region der Tannen hinausreichen? Kann es denn Berge geben, auf denen das Genippkraut nicht wächst und kann sich ein Geißbub da glücklich fühlen?

Selbst die Steine waren langweilig und traurig. Es waren nicht, wie am Salenagletscher, glänzende Steine, ganz mit Kristallen und Glimmergold besäet, welches in der Sonne funkelt; es waren matte, schwerfällige Kalksteine, aus einer Masse. Mögen sie so reich sein, wie sie wollen, diese Bürger von Rossinières, mögen sie die fettesten Kühe im Stalle und statt der Häuser Paläste aus Holz haben mögen ihre Keller mit Wein, ihre Speisekammern mit dem berühm- testen Käse gefüllt sein, der arme Kaspar tauscht doch nicht mit ihnen. Ach, wie gerne würde er nach Praz-de-Fort zurückkehren und die weni- gen Franken opfern, die er mehr bekommt in diesem Lande, in wel- chem Reichthum und Langeweile zu Hause sind!

Dieß fühlte Kaspar von den ersten Tagen an und Trauer, wahre Trauer bemächtigte sich seiner Seele. Nach Verlauf mehrerer Wochen hatte sich dieses Gefühl noch verstärkt. Man muß gestehen, daß die Bewohner von Rossinières ein klein wenig schuld daran waren. Es giebt gewisse allgemeine, häßliche Vorurtheile, welche sich von Geschlecht zu Geschlecht forterben. Das ist in der Schweiz und auch anderswo der Fall, in der Schweiz vielleicht noch mehr bei der Verschiedenheit der

Abstammung, Sitten, Sprache und Religion ihrer Bewohner. Die prote=
stantische Bevölkerung mißt sich eine große Ueberlegenheit über die
katholische bei und unter der letzteren ist vielleicht keine der Gegenstand
so heftiger Vorurtheile als jene des Wallis. Das Land ist arm, vom
Cretinismus, von den Rhone-Ueberschwemmungen und von brennender
Sommerdürre heimgesucht. Auch hat das von der Geistlichkeit aufrecht
erhaltene Regiment nicht dazu beigetragen, die Walliser aufgeklärter
und betriebsamer zu machen, und noch weniger, Friedensliebe und
Lust zur Arbeit bei ihnen zu verbreiten. Dennoch zählt die Schweiz
fast keine Bevölkerung, welche mehr Theilnahme verdiente. Da findet
sich kein Dorf, und sei es noch so elend, in welchem man nicht einige
verständige, feine Menschen, von hellem Geiste anträfe; und wenn man
sieht, welches harte Leben sie besonders im Gebirge führen und welche
Energie, welchen Muth sie im beständigen Kampfe mit einer ebenso
reichen wie widerspenstigen Natur entwickeln, so gelangt man zur
Ueberzeugung, daß die Walliser ihrer Armuth wegen eher zu beklagen
als zu tadeln sind und daß sie Hülfsquellen für die Zukunft besitzen.
Warten wir nur, bis der Lauf der Rhone geregelt ist, bis die Land=
plage des Cretinismus sich mehrere Generationen hindurch vermindert,
wie sie es nun seit zwanzig Jahren thut, und der Friede mit
seinen Segnungen die Spuren grausamer Kämpfe vollkommen ver=
wischt hat. Aber bis dahin wird dieses arme und stolze Volk noch an
Vorurtheilen fortzuleiden haben, deren Gegenstand es ist und welche,
ziemlich allgemein in der Schweiz, doch bei ihren Nachbarn, den
Waadtländern, am lebhaftesten herrschen. Obwohl Rossinières von der
Grenze ziemlich weit entfernt ist und wenig Verkehr mit dem Wallis
hat, so theilte man auch dort diese Vorurtheile und im Grunde war
Jedermann mehr oder weniger der Ansicht der Tante Claudia.

Man hatte ein wachsames Auge auf den Geißbuben. Selbst
Jene, welche ihm am günstigsten waren, mißtrauten ihm. Seine
geringsten Versehen wurden weiter erzählt, besprochen, übel ausgelegt
und jeden Tag hatte er eine jener Demüthigungen zu erdulden, welche
überlegene Menschen Geringeren nicht ersparen. Oft waren es in

der That nur Kleinigkeiten, Nadelstiche der Eigenliebe; aber wie leicht
vergiften solche Stiche! Man gab sich den Anschein, als habe man
Kaspar eine unverdiente Gnade erwiesen, indem man ihn zum Geiß=
buben der Gemeinde bestellte. Es ist nicht leicht, es den Weibern
eines ganzen Dorfes recht zu machen; aber wenn man selbst aus dem
Orte ist und sein Möglichstes thut, hat man immer Einige für sich
und wird vertheidigt; aber Kaspar hatte Anfangs zu Rossinières
weder Stütze noch Schutz. Er zog mit seiner Heerde zu früh aus für
die Langschläferinnen und zu spät für die Frühwachen, und so wider=
sprechend auch die Beschwerden waren, darin stimmten sie doch alle
überein, daß der Geißbub ein echter walliser Steckkopf sei. Weh' ihm,
wenn er eine Ziege auf der Weide vergessen hatte oder wenn eine
andere nicht das gehörige Maß Milch gab. Da sah man es deutlich,
daß er sie schlecht behandelte.

„Ich sage euch", bemerkte Tante Claudia, „diese Katholiken sind
alle roh; da giebt's kein Erbarmen mit dem Vieh."

Die Dorfjungen, ein Geschlecht, das wenig Nächstenliebe kennt
und immer bereit ist, böses Beispiel nachzuahmen, erwählten sehr bald
den Geißbuben zur Zielscheibe ihrer Bosheit und entwickelten eine
große Erfindungsgabe bei der Verfolgung ihres Opfers. Wenn sie
an Sonn= und Feiertagen auf die Berge gingen, kannten sie kein
größeres Vergnügen, als ihm seine Heerde in Unordnung zu bringen,
indem sie von allen Seiten auf die Ziegen Jagd machten. Fast jeden
Abend fand er in dem Heu, welches ihm bestimmt war, ein Bündel
Dornen; am Morgen war ein Brett oder eine lange Stange auf
solche Weise an die Thüre der Schenne gelehnt, daß sie im Augen=
blicke, wo er heraustrat, umfielen. Wenn der Streich gelang, hörte
er aus allen Schlupfwinkeln der benachbarten Häuser ein schallendes
Gelächter; denn er konnte sicher sein, daß, wenn während der Nacht
irgend ein Possen in Szene gesetzt worden war, alle Gassenjungen
des Ortes vor Tagesanbruch auf der Lauer standen, um den Aus=
gang abzuwarten. Seine scheinbare Sanftmuth vermehrte noch ihre
Kühnheit, denn sie hielten ihn für einen Feigling. Auch nannten sie

ihn nie anders als den Walliser oder den Barfüßer, weil er aus
Schonung für seine neuen Schuhe und bei dem Gedanken, daß es sich
nicht der Mühe lohne, sie auf Bergen abzunutzen, welche keine Felsen
und kein Genippkraut haben, barfuß ging, wie es die Kinder im
Ferretthale und häufig auch die erwachsenen Leute thun, welche ihre
Schuhe in der Hand tragen, wenn sie nach der Stadt gehen.

Ehe vierzehn Tage herum waren, hatte Kaspar Land und Leute
bereits satt. Dieß hatte zur Folge, daß, was zu Praz-de-Fort sein
Leben und seine einzige Luft gewesen, jetzt eine harte Aufgabe war.
Er gab sich noch Mühe, sie aufs Beste zu erfüllen; aber nichts will
gelingen, wobei das Herz nicht betheiligt ist, und mehr als einmal
konnte man ihm, wenn auch keine wichtigen Vergehen, so doch leichte

Vergeßlichkeiten und Fahrlässigkeiten vorwerfen. Die, welche ihn un-
gerne sahen, machten sich dies zu Nutzen und seine Stellung wurde
dadurch nicht besser. Von Tag zu Tag nahm seine Verschlossenheit
zu, indem sich zu den Wirkungen der Einsamkeit noch jene der Trauer
gesellten.

Ein besonderes Uebel besiel ihn, welches die Gebirgsbewohner
der Schweiz sich nicht erst in der Fremde zu holen brauchen, sondern
häufig genug im eignen Vaterlande finden, das Heimweh. Er
klagte nicht, aber er hatte für nichts Sinn und war ebenso unem-
pfindlich für gute wie für schlechte Behandlung. Bisweilen ertappte
er sich beim Weinen und von Woche zu Woche magerte er mehr ab
und fiel mehr zusammen. Sein Gesicht wurde immer gelber, seine

Züge verlängerten sich und die Falten vermehrten sich auf seiner Stirne. Dennoch blieb ihm eine letzte Freude, ein bitterer, trauriger Genuß, nämlich: die Geißspitze zu ersteigen und in der Ferne die Berggipfel von Praz-de-Fort zu suchen. Oft, wenn der Himmel rein war und er auf dem ganzen Abhange des Berges nichts Verdächtiges bemerkte, führte er seine Ziegen so weit und so hoch hinauf wie mög= lich; dann, nachdem er einen letzten Blick rings herum geworfen, um sich zu vergewissern, daß sie keinen bösen Streich von den Tauge= nichtsen von Rossinières zu fürchten hatten, lief er eiligst einer höheren Bergspitze, dem Mont de Cray zu, von welchem aus man eine freie, offene Fernsicht genießt. Ein langer, schmaler Kamm trennt den Mont de Cray von der Geißspitze. Er ist von meh= reren scharfen Zacken unterbrochen, an den Seiten von tiefen Schluchten durchfurcht und man hält in der Umgebung Jene, welche sich auf ihn wagen, für kühne Bergsteiger. Kaspar fiel es nicht ein= mal ein, hier eine Gefahr zu sehen. Einmal auf dem Mont de Cray, blickte er unverwandt nach derselben Richtung und suchte mit den Augen, was von den Bergen des Ferretthales zu sehen war. Da er wenig von der Geographie wußte, kannte er weder die Namen der zahllosen Bergspitzen, welche rings um ihn auftauchten, noch die Rich= tung der Gebirgszüge, ihre Aufeinanderfolge, ihre unendlichen Ver= zweigungen; aber er war überzeugt, sich in den Felsen=Nadeln nicht zu irren, welche den Gletscher von Saleina beherrschen. Er trug ihr Bild im Auge, kannte ihre kleinsten Einzelheiten und es schien ihm, daß ihre Gestalt sich von Tag zu Tage schärfer und lebendiger seinem Gedächtnisse einpräge, seit der Gram ihn in fremdem Lande verzehrte. Doch! wie wenig sah er von ihnen! Andere Berge verdeckten sie und nur die höchsten Nadeln, zum Beispiel jene von Argentière, erhoben sich mit ewigem Schnee bedeckt, glänzend und kühn in die freie Luft. Aber so wenig es war, es reichte doch hin, daß Kaspar seine Augen nicht mehr davon wegwenden konnte. Wenn ihn Jemand gefragt hätte, was er da draußen betrachte und ob ihm diese Spitzen besser als andere gefielen, so hätte er ihn wahrscheinlich nicht verstanden.

Was lag ihm daran, ob sie schön waren oder nicht, sie erzählten ihm von seinem Heimathsdorfe, von seiner früheren Heerde, von den Weideplätzen, auf denen er sie gerne grasen sah, von den Felsen, auf denen Genippkraut wächst und von dieser ganzen kleinen unbekannten Welt, welche für ihn das Universum und der einzige Ort war, an dem es sich leben ließ. Wenn er eine Zeit lang hingeblickt hatte, nahmen diese, seinem Herzen so theuren Bilder, immer deutlichere Umrisse an und er fühlte sich so seltsam nach Praz-de-Fort hingezogen, daß er mehr als einmal auf dem Punkte stand, die plumpen Zie= gen von Rossinières sich selbst zu überlassen und die Flucht zu ergreifen.

So flossen die Tage traurig und einförmig hin. Schon standen die Alpenrosen in der Blüthe, die Kühe hatten die höchsten Senn= hütten erreicht und Freude herrschte auf den Bergen des Oberlandes wie auf den benachbarten Bergen von la Gruyère und Gessenay. Es giebt keine belebteren Alpen und kein fröhlicheres Bild als ihre bunt= scheckigen Heerden, welche die Weideplätze bedecken und von dicken und blonden Kuhbuben überwacht werden, die stolz sind, bei jedem Melk= striche den großen Kessel der Sennhütte übervoll zu sehen. Ueberall ertönt Gesang und Jubelruf. Von Höhe zu Höhe geben sich die Hirten Antwort und stimmen zu Zweien ihre nationalen Kuhreigen mit tan= send lustigen Variationen und Phantasien und endlosen Modulationen der Kopfstimme an, deren Echo lange an den Felswänden widerhallt. Aber in diesem allgemeinen Concerte blieb die Geißspitze stumm. Kein Gesang, kein Ton, nicht einmal der Ruf des Hornes ließ sich von dorther vernehmen und die Hirten in der Umgebung fragten einander: „Was macht denn der Geißbub von Rossinières, daß man ihn dieses Jahr nicht hört?" Und mehr als Einer setzte mit leiser Stimme hinzu: „Traut diesem Walliser nicht. Wer auch das Singen vergißt, denkt sicher an Böses."

Aber eines Tages unterbrach ein unerwartetes Ereigniß dies einförmige, traurige Leben. Kaspar stand auf dem Mont de Cray. Noch nie war die Versuchung, zu fliehen, welche ihn jedes Mal da

oben überfiel, so unwiderstehlich gewesen. Er hätte ihr vielleicht nach=
gegeben, wenn nicht seine Luchsaugen, als sie sich einen Augenblick
nach seiner Heerde hinwendeten, drei menschliche Gestalten entdeckt
hätten, welche den Viehsteig oberhalb des Dörfchens la Frace herauf=
kamen. Bald erkannte er, daß es Jungen waren, welche die Schule
schwänzten und wahrscheinlich kamen, um ihm einen Besuch zu machen,
den er gerne entbehrt hätte. Er beeilte sich, auf seinen Posten zurück=
zukehren. Die drei Besucher ließen nicht lange auf sich warten. Es
waren in der That müßige Buben von dreizehn bis vierzehn Jahren
und unter ihnen der Pathe der Tante Claudia, Kaspar's erbittertster
Verfolger und ohne Widerrede der größte Taugenichts im ganzen
Dorfe. Offenbar suchten sie Händel. Sie strichen einige Zeit um ihn
herum und murrten darüber, daß er seine Ziegen so hoch hinauf, auf
den schlechtesten Weideplatz führe. Was wollte er machen, wenn eine
oder die andere dadurch zu Grunde ging? Besaß er auch nur soviel,
um das magerste Zicklein der Heerde zu bezahlen? —

Im Grunde hatten sie nicht ganz unrecht, denn Kaspar hatte
seine Ziegen bis an den Ursprung der Schluchten geführt, welche von
den auf dem Wege zum Mont de Cray gelegenen Felszacken abstürzen.
Aber weil das sie nichts anging und er allein verantwortlich war,
so hielt er es unter seiner Würde, etwas zu erwidern. Seine Ge=
lassenheit gab ihnen keinen Vorwand zum Streite und sie wollten sich
bereits entfernen mit dem Vorsatze, später einen neuen Angriffsversuch
zu machen, als einer von ihnen, der Pathe, unter den Zweigen einer
Tanne die Jagdtasche entdeckte, in welcher sich der Mundvorrath des
Geißbuben befand. Wie gewöhnlich enthielt sie ein Brod, wie man
es dort zu Lande hat, rund und flach, eine Art Brodkuchen aus einem
Gemenge von Roggen= und Kartoffelmehl. Die Tasche war geöffnet
und der Kuchen guckte zur Hälfte heraus. Eine teuflische Idee
fuhr durch den Kopf des Jungen, eine jener Versuchungen, wie man
sie nur in diesem Alter hat. Er nahm den Kuchen und lief damit
an den Rand der Schlucht, indem er aus vollem Halse schrie: „Seht
her, wie der Kuchen rollt, seht, seht den Kuchen des Wallisers!" Er

rollte in der That wunderbar. Hinweggeschleudert drehte er sich mit
wachsender Geschwindigkeit um sich selbst; dann that er einen Sprung,
dann einen zweiten und so forthüpfend zerbrach er an den Steinen
des ausgetrockneten Baches, welcher sein Bett tief unten hatte. Die
drei Jungen erhoben ein schallendes Gelächter und klatschten in die
Hände. Aber im Momente, als der Kuchen zerbrach, kam Kaspar an.
Mit einem Griff erfaßte er den Hut des Schuldigen und schleuderte
ihn den Abhang hinab. Es war ein großer Strohhut mit breitem,
weichem Rande, welcher weniger gut als der Kuchen rollte; aber
plötzlich erhob sich ein Windstoß und da begann er zu fliegen und
durch die Luft hinzuwirbeln, bis er auf der andern Seite der Schlucht
herabfiel, wo ihn der Wind auf's Neue ergriff und ihn noch weiter
trug. Einen Augenblick waren die Jungen von Rossinières erstarrt,
denn nie hätten sie eine solche Kühnheit für möglich gehalten. Kas=
par's Augen funkelten in wildem Haße und seine harten schwarzen
Haare sträubten sich ihm auf dem Kopfe. So sanftmüthig er auch
war, empörte er sich doch über diesen letzten Schimpf und konnte
einer plötzlichen Aufwallung des Zornes nicht Meister werden. Die
drei Buben fielen über ihn her; aber er entledigte sich ihrer geschickt
und hatte sie durch seine Behendigkeit bald in gehörige Entfernung
gebracht. Sie wollten ihn verfolgen; aber Kaspar ließ einen Stein
um die Ohren des Pathen pfeifen; und da dieß nichts half, schleu=
derte er ihm einen zweiten mit solcher Kraft und Sicherheit an den
Knöchel des rechten Fußes, daß für ihn von Laufen nicht mehr die
Rede sein konnte. Sie versuchten zu erwidern, aber Kaspar hatte die
günstigere Stellung und dann war er Meister in diesem Spiele. Ein
dritter Stein flog genau auf die Wunde, welche der zweite geschlagen
hatte und machte den Pathen kampfunfähig. Die drei Jungen sahen
ein, daß sie die Schwächeren waren und traten den Rückzug an, der
Pathe mit bloßem Kopfe und leise hinkend. ·

Als sie außer der Flugweite von Kaspar's Steinen waren, räch=
ten sie sich durch lächerliche Herausforderungen, welche von einer Fluth
von Schimpfreden begleitet wurden. Aber Kaspar ließ sie schreien

311

und indem er bei sich überlegte, daß er nun keinen Brodkuchen mehr habe und daß der Tag noch lange sei, nahm er ein großes Blatt Huflattich, machte daraus einen Becher und schickte sich an, vor ihren Augen die beste Ziege der Tante Claudia gründlich zu melken. Sie verdoppelten ihre Drohungen und endlich schlugen sie, des Schreiens müde, den Weg nach dem Dorfe ein, voll Ungeduld, dem Walliser dort jenen Empfang zu bereiten, welchen er verdiente.

Dieses Ereigniß zerstreute für einige Stunden Kaspar's Traurigkeit oder verwandelte sie vielmehr in heftige Wuth und Erbitterung.

Er durchging in Gedanken alle Erniedrigungen, mit denen man ihn überhäuft hatte, alle Beschimpfungen, welche er hatte erdulden müssen, alle bösen Streiche, welche man ihm angethan und genoß die unheimliche Freude, sich, wenigstens theilweise gerächt zu haben. Wohl sah er einen Sturm für den Abend voraus, welchen der Pathe auf seine Weise vorbereitet haben mochte; aber er gelobte sich, standhaft zu bleiben, wenn er auch alle Weiber von Rossinières gegen sich hätte. Mit schönen Entwürfen zu seiner Vertheidigung beschäftigt, ließ er die gewöhnliche Stunde der Heimkehr verstreichen und die Sonne war bereits unter den Horizont hinabgesunken, bevor er auch nur daran dachte, seine Heerde zusammen zu rufen. Es war fast finstere Nacht, als er im Dörfchen la Frace ankam. Er wurde dort übel empfangen, nicht so sehr wegen des Pathen, welcher im Hauptdorfe wohnte, als wegen der späten Stunde. Aber er ging rasch vorüber.

Weiter unten mußte er das steinige Bett des Baches überschreiten, welcher die Frace von Grande-Maison trennt, derselbe, welcher aus den Schluchten herabkommt, in denen sein Kuchen und der Strohhut des Pathen die Nacht in Gemeinschaft zubrachten. Wahrscheinlich hatten die Ziegen im Laufen ein Nest schlafender Wespen aufgejagt und als Kaspar, welcher seine Heerde hastig antrieb, in ihre Nähe kam, fiel der ganze wüthende Schwarm über ihn her. An fünf Stellen wurde er gestochen, am Ohre, an den Schläfen, an der Nase, am Kinn. Er hatte offenbar Unglück. Aber was waren diese Bachwespen gegen die Weiber des Dorfes, welche ihn erwarteten? Sie waren alle auf den Beinen und Tante Claudia eiferte sie an. Man hätte meinen können, eine Revolution bereite sich vor. Kaspar's Gesicht, welches von der Geschwulst ganz entstellt war, entwaffnete sie keineswegs. Freilich war es Nacht und sie konnten es nicht gut sehen. Es erhob sich ein Sturm, wie noch nie ein Geißbub einen erregt hatte, ein Durcheinander herber, kreischender, schmähender, drohender Stimmen. Milchdieb war die geringste Beschimpfung, welche er diesen Abend zu hören bekam. Tante Claudia nannte ihn Straßenräuber. Es war ein neuer Hut! er müsse ihn bezahlen! Man hatte den Arzt holen müssen; das werde man ihm vom Lohne abziehen! Das Geschrei erhob sich gleichzeitig aus allen Winkeln der Straße und Kaspar wußte nicht, wem er zuerst antworten solle. Aber man sang ihm noch ein ganz anderes Lied, als man entdeckte, daß mehrere Ziegen fehlten. Ganz in Gedanken vertieft, hatte Kaspar seine Heerde schlecht gezählt.

„Wo ist meine Braune!" schrie eine kreischende Stimme.

„Wo meine Weiße!" gellte ein großes, stämmiges Weib, welches sich nicht weniger lebhaft geberdete wie Tante Claudia selber. „Meine Weiße! was hat er mit ihr gemacht, der walliser Hund?"

Das Weib, welches so keifte, war bis zu Kaspar vorgedrungen

und schickte sich mit wüthender Geberde an, ihn bei den Haaren zu fassen, als ein junges Mädchen von ungefähr zwanzig Jahren sich in's Mittel legte.

„Geh', Kaspar, und hole die Ziegen," sagte das Mädchen mit sanfter, fester Stimme, „sie können nicht die Nacht da oben zubringen, und wenn du die Motta findest, welche auch zurückgeblieben ist, so führe sie mit den andern herab."

Kaspar war entschlossen, Widerstand zu leisten, aber der Ton dieser Stimme entwaffnete ihn. Er ging und hatte nicht weit zu gehen. Die Weiße und die Braune waren aus eigenem Antriebe herabgekommen. Er fand sie an der Stelle, wo man den Bach über-schreitet, nicht weit von dem Wespenneste, und brachte sie sogleich zurück. Eine Anzahl der Gevatterinnen erwartete ihn noch und die Ankunfts-scene ging auf's Schönste von Neuem an. Kaspar wollte nochmals umkehren, um auch die Ziege zu holen, welche man die Motta nannte; aber die sanfte Stimme hielt ihn zurück.

„Laß es sein", sagte das junge Mädchen, „es ist eine Kuh-Ziege, sie wird die Schellen der Heerde von Cullens gehört haben und hin-übergegangen sein. Aber dort ist der alte Hirt Matthes, der sie kennt und sie nicht den Unbilden der Witterung überlassen wird."

„Da hat man wieder die Caroline!" entgegnete Tante Claudia. „Es ist nicht der Erste, den sie uns verdirbt. Ich sage euch, wer die Ziegen hütet, muß sie auch heimbringen. Es ist seine Sache, wenn sie in Cullens ist. Sie können thun, was Sie wollen, Jungfer Caroline; aber wenn die Reihe an mir wäre, den Walliser zu beher-bergen, so würde ich ihm die Thüre vor der Nase zuschlagen, bis er den Strohhut von Abraham-Lonis zurückgebracht hat."

„Gut gesprochen", erwiderte eine Andere. „Er mag hingehen, wo er will; unser Heu ist nicht für ihn."

„Die Reihe ist an Euch", versetzte das junge Mädchen, sich an die Frau wendend, welche eben gesprochen hatte.

„Er mag hingehen, wo er will!" wiederholte dieselbe Stimme.

„Dann giebt es noch Heu bei uns", sagte Caroline. Sie ergriff

314

bei diesen Worten Kaspar's Hand und führte ihn fort. Diese muthige Handlung überraschte alle Anwesenden. Einen Augenblick trat Still= schweigen ein und alle Blicke folgten Caroline und Kaspar, welche sich Hand in Hand entfernten.

„Ich sage euch, sie wird ihn heirathen", hohnlachte Tante Claudia.

Das junge Mädchen hörte wohl diese abscheulichen Worte; aber sie übte ein gutes Werk, ein Werk der Milde und Barmherzigkeit und ließ daher Kaspar's Hand nicht los.

Caroline war die einzige Tochter des Dorfschullehrers, eines unbescholtenen Mannes von altem Schlage, streng gegen sich und Andere, aber gerecht und gottesfürchtig. Sie genoß im Lande einen guten Ruf unter den heirathsfähigen Mädchen. Sie war als gut= herzig und freundlich bekannt und mehr als Einer hätte ihr gerne den Hof gemacht; aber sie ließ zu ihrer Abendgesellschaft am Sams= tag keine Bursche kommen und dann fürchtete man ihren Vater. Uebrigens behaupteten die Leute, welche Alles wissen, daß sie heim= lich mit dem reichsten Erben des Thales, einem Burschen von Chateau= d'Oex und einzigen Sohne, verlobt sei, welcher sogar zwei Oheime und drei Tanten mit großen sonnenreichen Aeckern habe, die sie ihrem Neffen zubächten. Nur eine Schwierigkeit sei dabei, fügte man hinzu, nämlich daß die Oheime und Tanten von der Tochter des Schullehrers nichts wissen wollten und ihren Neffen zu enterben drohten, wenn er eine solche Mißheirath eingehe. Aber das waren die bösen Zungen, welche so redeten, Tante Claudia und die anderen. Im Grunde wußte man nichts, da Caroline nicht die Gewohnheit hatte, ihre klei= nen Herzensgeheimnisse am Brunnen zu erzählen, und Thatsache ist es, daß mehr als ein Bursche des Dorfes gerne ebenso viele Belei= digungen wie Kaspar erduldet hätte, um gleich ihm von der hübschen Tochter des Schullehrers an der Hand fortgeführt zu werden.

Als Caroline zu Hause angekommen war und beim Lampenlichte Kaspar's Gesicht sah, konnte sie einen Ausruf des Schreckens nicht unterdrücken.

„O, es ist nichts", sagte Kaspar, „das kommt nur von den
Wespen."

„Von den Wespen?"

„Ja, von den Bachwespen, da unten. Mit etwas frischem Wasser
wird es bald vergehen."

Caroline holte eilig Wasser an der großen gedeckten Quelle, der
kältesten des Dorfes, dann wusch sie selbst dem Geißbuben die Wun=
den. Zwei Stacheln waren stecken geblieben; es gelang ihr, sie heraus=
zuziehen und Kaspar fühlte alsbald Linderung. Er war entsetzlich
häßlich mit den verwirrten Haaren und dem geschwollenen Gesichte;
aber alle Bitterkeit seines Herzens war wie durch Zauber verschwun=
den; er wußte nicht, wie ihm geschah und ließ Caroline machen.
Während sie ihm ein nasses Tuch auf's Gesicht legte, fragte sie ihn,
warum er den Pathen der Tante Claudia so zugerichtet und drei
Ziegen auf der Weide zurückgelassen habe. Kaspar erzählte Alles;
dann konnte er nicht mehr an sich halten und brach in Thränen
aus. Caroline fühlte Mitleid mit ihm und tröstete ihn auf's Beste.

„Wenn es so ist, wie du sagst, so hast du recht gethan."

„Es ist, wie ich sage, Jungfer."

„Dann sei ruhig, wir werden dich zu schützen wissen. Es wird
nichts Gutes aus diesem Abraham. Frage nur meinen Vater; der
kennt ihn genau von der Schule her."

Dann unterbrach sie sich plötzlich mit den Worten: „Aber wie,
du hast nicht zu Mittag gegessen, Junge?"

„Doch! ich habe die Milch von der Ziege der Tante Claudia
getrunken. Das war mein Recht, weil ihr Pathe mir den Kuchen
genommen hatte."

Bald darauf stand Alles, was vom Abendessen übrig geblieben
war, vor Kaspar auf dem Tische, und er hielt einen wahrhaft
festlichen Schmaus. Zum ersten Male, seit er Praz-de-Fort verlassen
hatte, aß er mit gutem Appetit. Er saß an der einen Seite des
Tisches, Caroline, mit Strohflechten beschäftigt, an der anderen.
Zwischen Beiden stand die Küchenlampe und warf einen blassen, zwei=

selhaften Schein auf ihre Gesichter. Kaspar ließ sich bedienen, wie er sich die Wunden hatte waschen lassen, und blickte unverwandt in die Augen des jungen Mädchens. Wer war sie denn? und warum hatte sie allein Mitleid mit ihm? Er glaubte, einen Engel zu sehen.

Caroline war vielleicht nicht das schönste Mädchen von Rossinières; es gab dort rosigere, mit volleren Wangen, von kräftigerem Wuchse; aber gewiß gab es Keine, welche so viel Anstand und ein so liebliches Lächeln besaß. Zwei oder dreimal ließ sie auf den Geißbuben einen aufrichtigen, theilnehmenden Blick voll Güte fallen, welcher schnell den Weg zu seinem Herzen fand.

Mittlerweile kam der Lehrer. Er war überrascht, den Geißbuben unter vier Augen bei seiner Tochter zu sehen. Caroline erzählte Punkt für Punkt Alles, was sich zugetragen hatte. Er hörte ernsthaft, wie ein Richter zu, und gab dann folgendes Urtheil ab:

„Man soll weder Unrecht thun, noch Unrecht dulden; denn man ist nicht auf der Welt, um sich von den bösen Hunden beißen zu lassen; bellen mögen sie, soviel sie wollen. Der Pathe Abraham ist ein Taugenichts. Ich habe es Tante Claudia längst vorausgesagt, daß er ihr nur Kummer verursachen wird; aber sie verdirbt ihn selbst. Gute Lehren in der Schule allein helfen nicht; man muß auch ein gutes Beispiel zu Hause finden. Ihren Hut sollen sie suchen, wenn sie Lust dazu haben; aber ein anderes Mal zähle deine Ziegen besser."

Bei den anderen Bürgern beendete Kaspar immer so schnell als möglich seine Mahlzeit und flüchtete dann sogleich in seine Scheune. Aber diesen Abend aß er langsam und eilte nicht, sich zurückzuziehen. Caroline ahnte, daß er sich zu Rossinières langweile und lenkte das Gespräch auf Praz-de-Fort. Die Verbannten muß man von ihrem Vaterlande unterhalten. Bei dem· Namen Praz-de-Fort leuchteten Kaspar's Augen. Er erzählte Alles, was er von dem Gletscher von Saleua wußte, von seinen großen Spalten und von den Murmelthieren, welche in der Nähe ihren Bau haben; vor Allem vergaß er das Genippkraut nicht und mußte Caroline versprechen, ihr einen Vorrath davon zu schicken, sobald er in's Ferretthal zurückkomme.

Schon sang der Wächter, wie jede Nacht, sein Lied auf der Straße und verkündete die zehnte Stunde und noch brannte die Lampe in der Küche des Lehrers und man plauderte dort beständig von Val-Ferret und Praz-de-Fort. Endlich aber mußte man sich doch trennen. Kaspar hatte eine unruhige Nacht; nicht etwa, weil das Bett schlecht war; im Gegentheil, statt der Dornenzweige, welche seine tägliche Bescheerung waren, fand er auf dem Heu zwei reine, weiße Betttücher und eine warme Decke. Aber er fühlte die Nachwehen der Aufregungen des Tages und hatte Fieber. Zahllose unzusammenhängende Träume jagten sich in seinem Kopfe und durch jeden derselben ging ein Engel, ein leibhafter Engel, welcher Flügel hatte und Carolinen glich.

Am folgenden Morgen sprang er ganz fröhlich aus dem Bette; der Lehrer und seine Tochter waren bereits auf. Er frühstückte mit ihnen und ging dann fort, die Jagdtasche besser ausgerüstet als gewöhnlich.

„Wenn sie dich nicht in Ruhe lassen, so brauchst du nur ein Wort zu sagen", rief ihm der Lehrer noch auf der Thürschwelle nach.

Als er seine Heerde sammelte, hatte er wohl noch einige Ausfälle, das letzte Echo des Sturmes vom vorigen Abend, zu hören; aber diesmal fühlte er sich stark; er hatte ja den Lehrer, er hatte Carolinen für sich. Jeder Gevatterin, welche auf's Neue Streit anzufangen suchte, antwortete er, indem er munter und keck in sein Horn blies, wie er es nicht mehr gethan hatte, seit er in Rossinières gewesen. Tante Claudia mochte so lange sie wollte von dem Strohhute reden, sie erhielt keine Antwort.

„Das ist das Werk der Jungfer Caroline!" sagte sie zu sich selbst.

Aber was war denn vorgefallen, daß sich Alles in solcher Weise verändert fand?

Die schwerfälligen Ziegen von Rossinières fingen an, dem Geißbuben von Praz-de-Fort zu gefallen. Wenn sie weniger geschmeidige Beine hatten, so lag der Grund darin, daß sie weniger Gelegenheit hatten, auf den Felsen zu klettern; es waren keine eigentlichen Bergziegen; aber waren sie nicht von gutem kräftigem Schlage? Und dann, — war es etwa nichts, eine so zahlreiche Heerde zu haben? Wenn Kaspar sie sich bei der ersten Wendung des Weges entfalten sah, konnte er eine Regung des Stolzes nicht unterdrücken, wie er sie tausend Mal in Praz-de-Fort, aber bisher nie in Rossinières empfunden hatte. Uebrigens fehlten ja auch die hübschen Ziegen nicht. Unter anderen war eine da, die Gefährtin der Motta, welche auch Carolinen gehörte und welche für sich allein genügt hätte, den Ruhm der Heerde zu begründen. Sie schritt nach ihrer Gewohnheit an der Spitze der Kolonne, denn sie war eine Ziege der Vorhut, ebenso früh wach wie ihre Herrin und ungeduldig, in's Freie zu kommen, leichtfüßig, darauf bedacht, immer die erste zu sein und keiner andern den Vortritt gestattend. Man mußte sie an diesem Morgen sehen. Munter und aufgeweckt beschleunigte sie ihre Schritte und zeigte den anderen den Weg. Gab es unter den Ziegen von Praz-de-Fort auch nur eine, welche hübscher geschwungene Hörner, ein netteres Bärtchen, ein lebhafteres Auge, einen feineren Kopf, einen geschmeidigeren Hals und wohlgestaltetere Beine hatte? Und dann das seidenweiche Haar,

319

die hübsche Decke von dunklem Braun, welches durch vier weiße Füße gehoben wurde! Und ihr neckisches, störriges Wesen, ihre Art, den Kopf hoch zu tragen und tüchtige Seitenstöße allen jenen zu versetzen, welche es versuchen wollten, ihr zuvorzukommen! Eine solche Ziege hätte der feinsten Heerde vom Wallis Ehre gemacht. Woher kam es, daß Kaspar sie noch nicht bemerkt hatte und warum entdeckte er sie nun so plötzlich? Für einen Geißbuben, welcher bereits das fünfte Jahr im Felde lag, war es doch zu arg, eine so hübsche Brünette zwei Monate hindurch jeden Tag auf die Weide zu führen, ohne sie zu bemerken. Kaspar traute seinen Augen kaum. Je öfter er sie betrachtete, desto anmuthiger fand er sie und ärgerte sich gewaltig, nicht früher Freundschaft mit ihr geschlossen zu haben.

Man kann sich vorstellen, daß er nicht säumte, die Höhen zu übersteigen, welche Rossinières beherrschen, um auf der anderen Seite bei den Kuhhirten von Cullens die vergessene Ziege zu suchen. Die Sache war gekommen, wie Caroline es vermuthet hatte. Der alte Hirte Matthes hatte die Ziege von weitem mitten unter den Kühen erkannt und sie in Schutz genommen, indem er sie in die Sennhütte führte, um sie zu melken und ihr eine Schlafstelle zu bereiten. Er brummte gewaltig mit Kaspar, welcher ihn demüthig, ohne ein Wort zu erwidern, anhörte und ganz glücklich war bei dem Gedanken, sie Abends wohlbehalten Carolinen zurückbringen zu können. Ohne Zwei= fel war diese innerlich unruhig, obwohl sie nichts davon merken ließ. Und in der That wäre es auch schade gewesen, wenn das arme Thier die Nacht ohne Obdach und ohne gemolken zu sein, im Freien hätte zubringen müssen. Es war keine junge, übermüthige Ziege, wie ihre Gefährtin, die Braune. Die Zeit des reizenden Aussehens und der Gefallsucht, lag hinter ihr. Sie war Mutter einer zahlreichen Nach= kommenschaft, hatte einen ernsten und gesetzten Gang, keine Hörner (weshalb sie Motta hieß), ein ruhiges Auge und ein ganz gleichfar= biges weißes Fell. Aber sie war gut gehalten, gab noch ebenso viel Milch wie die beste Ziege in der Heerde, und der Lehrer und seine Tochter hatten bereits zu viele Jahre Nutzen von ihr gezogen, als daß sie

320

ihr ihr hohes Alter zum Verbrechen hätten machen sollen. Beide
waren entschlossen, sie zu behalten, bis sie aus Altersschwäche sterben
würde.

Kaspar kehrte langsam zurück, um sie zu schonen; sie hatte einen
kurzen Athem und war nicht mehr zu langem und schnellem Bergsteigen
kräftig genug. Oft setzte er sich nieder, um ihr Zeit zur Ruhe zu
lassen, und zu gemächlicher Weide. Er beobachtete ihr Thun mit
wahrhaft väterlicher Besorgniß, denn sie erinnerte ihn an seine alte
Babi. Ohne Zweifel bestand zwischen Beiden ein großer Unterschied
in Farbe, Wuchs und Gestalt. Die alten Tage Babi's waren unglück-
lich gewesen und selbst in ihrer besten Zeit hatte Kaspar ihre Flanken
nie so voll, ihre Schenkel nie so rund gesehen; aber Beide gehörten
zu dem Schlage jener guten Ziegen, auf welche die Hausfrau rechnen
kann. Solche Ziegen sind zuverlässige, treue, bescheidene Stützen ehr-
barer Familien. Ebenso wie Babi glänzte Motta weder durch Anmuth noch durch Leichtigkeit der Bewegungen, doch wenn er an ihre
Dienste dachte und daß sie bereits so hoch an Jahren war, so schien
es ihm, daß sie, Alles wohl erwogen, der stolzen Brannen an Werth
nicht nachstand.

Als sie bei der Heerde anlangten, wäre es eben Zeit gewesen,
auf den Mont de Cray zu gehen. Die Luft hatte noch die ganze
Durchsichtigkeit des Morgens, kein Wölkchen lag auf den Höhen und
man konnte selbst die kleinsten Zacken der entferntesten Bergspitzen
deutlich unterscheiden. Kaspar erinnerte sich keines so klaren Himmels,
seit er in Rossinières war. Zwanzig Mal hatte er den Mont de Cray
bei weniger günstigem Wetter erstiegen. Aber, sonderbar, es kam
ihm nicht einmal der Gedanke, heute wieder dorthin zu gehen. Anstatt seine Heerde zu den Schluchten zu führen, trieb er sie nach der
entgegengesetzten Richtung; anstatt mit den Augen die Berggipfel von
Praz-de-Fort zu suchen, dachte er an nichts, als an die Entdeckung
eines gewissen Hauses in Rossinières, welches er bis jetzt ebenso wenig
beachtet hatte wie die beiden Ziegen des Lehrers.

Dieses Haus lag sehr versteckt, da es sich in einem Seitengäß-

chen am andern Ende des Dorfes befand. Die Vorderseite desselben
zu sehen, daran war nicht einmal zu denken, denn sie war nach
Süden gerichtet; aber die Küche ging rückwärts hinaus und Kaspar
suchte einen Punkt, von welchem aus man ihr Fenster gut sehen
konnte. Es gelang ihm, ihn zu finden. Es mochte eilf Uhr sein;
das Fenster stand weit offen, eine blaue Rauchsäule stieg aus dem
Kamin; Alles deutete darauf hin, daß er bald auch Karolinen sehen
werde. Seine Hoffnung täuschte ihn nicht. Da ging sie hin und
her, den Sorgen ihrer kleinen Haushaltung obliegend, und wohl
zwanzig Mal schlüpfte sie am Fenster vorüber, ohne eine Ahnung zu

haben, daß von der Höhe des Berges herab ein Auge auf sie geheftet
war, welches jede ihrer Bewegungen verfolgte. Aber Kaspar erwar=
tete vor Allem den Augenblick nach dem Mittagsmahl. Er erin=
nerte sich noch recht wohl, daß der Waschkübel in der Vertiefung des
Fensters selbst auf solche Weise angebracht war, daß sie längere Zeit
sichtbar bleiben mußte, wenn sie das Tischgeschirr abwusch. Ein
wenig vor zwölf Uhr trat eine ziemlich lange Pause ein, während
welcher nichts sich regte. Kaspar schloß daraus, daß der Lehrer und seine
Tochter beim Mittagstische saßen und er täuschte sich nicht. Plötzlich
erschien Caroline am Fenster. Sie streifte ihre Aermel auf, goß
warmes Wasser in den Kübel und ein Teller nach dem andern drehte

sich zwischen ihren behenden Fingern. Alles das errieth Kaspar nicht blos, er sah es deutlich und nicht eine Bewegung des jungen Mädchens entging seinen Luchsaugen.

Aber wie schnell war sie fertig und warum eilte sie so sehr? Nach Verlauf von zehn Minuten war Alles geschehen und das Fenster blieb leer. Doch bald erschien Caroline wieder. Sie trug einen Korb in der Hand und auf dem Kopfe einen großen Schäferhut. Sie schloß die Fensterladen; offenbar war sie im Begriffe, auszugehen. Allsogleich hatte Kaspar ein Auge auf alle Wege und Stege, welche aus dem Dorfe führen, in der Hoffnung, daß sie den Weg in's Feld nehmen werde, denn sie im Dorfe selbst zu sehen, dazu war wenig Wahrscheinlichkeit vorhanden. Die Dächer bedeckten Alles; kaum sah man zwischen durch ein Fleckchen von der Hauptstraße. Doch überwachte Kaspar auch dieses; er hatte zu gleicher Zeit die Augen überall. Wenn eine menschliche Gestalt aus dem Dorfe kam, zitterte er; aber nie war es Caroline. Er begann bereits zu verzweifeln, als sie auf dem schmalen Wege sichtbar wurde, welcher nach Vorgeaud führt. Das war ihr Korb, ihr weißer Hut, ihr leichter Gang. Kaspar dachte, daß sie nach der Grande-Maison gehe. Aber nein, sie schritt vorüber und verschwand in der Terrain-Falte, welche das kleine Thal bildet, in dem der Wespenbach fließt. Er erinnerte sich des Unfalls vom vorigen Abend und hatte einen Augenblick Angst um sie.

„Verschont sie, ihr bösen Thiere und behaltet eure Stiche für mich."

Sie erschien auf der anderen Seite des Baches wieder, ruhig vorwärts schreitend. Die Wespen hatten Kaspar's stille Bitte erfüllt. Dann schlug sie den aufwärtsführenden Weg ein und erreichte das Dörfchen la Frace. Kaspar setzte voraus, daß sie dort irgend ein Geschäft habe und blieb auf der Lauer, um ihre Rückkehr zu beobachten. Aber während er nach dem unteren Ende des Dörfchens blickte, kam sie an dem oberen Ende desselben zwischen den letzten Häusern auf dem Fußwege hervor, welcher in's Gebirge führt, auf demselben, welchen Kaspar jeden Tag einschlug. Nun begriff er: Caroline war unruhig wegen ihrer verlorenen Ziege und kam, Nachrichten über sie zu holen. Sein erster Gedanke war, ihr entgegen zu laufen. Er that einige Schritte, dann aber blieb er, von einem eigenthümlichen Unbehagen überfallen, plötzlich stehen und kehrte bis zu der Stelle zurück, an welcher er früher gesessen, bei jedem Schritte den Kopf wendend, um zu sehen, ob sie wirklich bis zu ihm komme. Sie stieg immer höher herauf, es konnte kein Zweifel mehr darüber sein. Da zog er sich hinter mehrere buschige Tannen zurück und verbarg sich. Er wußte nicht, wie ihm geschah: sein Herz klopfte in abgebrochenen Schlägen, er fühlte sein Gesicht bald erröthen und bald erblassen und zitterte an allen Gliedern. Kaum wagte er es, die Aeste leise aus= einander zu biegen, um heimlich herauszublicken.

Die alte weiße Ziege erkannte Carolinen von Weitem und kam langsam hinkend zu ihr herab; die hübsche Brünette folgte ihr hüpfend über den Abhang, beide meckernd, während die andern Thiere ihnen unbeweglich und mit vorgestrecktem Halse nachsahen. Motta empfing tausend Liebkosungen, welche sie nur damit beantwortete, daß sie die Schnauze verlängerte, um den Korb zu durchstöbern; sie roch dort Salz. Caroline gab ihnen ein wenig, nicht ohne die alte Amme zu begünstigen. Sogleich kam die ganze Heerde gerannt und das Mäd= chen hatte eine regelrechte Belagerung auszuhalten. Unvermögend, sich von der gierigen Meute los zu machen, rief sie: „He! Kaspar!“

Aber Kaspar blieb mäuschenstille. Unbeweglich, den Athem ein= haltend, war er gleichsam an den Boden festgenagelt. Hätte er auf= stehen wollen, seine Beine würden ihn kaum getragen haben. Endlich begriffen die Ziegen, daß der Vorrath, eine kleine Düte, erschöpft sei, und die zudringliche Schaar zerstreute sich langsam. Caroline konnte sich losmachen. Sie setzte sich in einiger Entfernung nieder, nur von der alten Motta, der jungen Braunen und mehreren starrköpfigen Ziegen begleitet, welche nicht einsehen wollten, daß man auch aus einem anderen Grunde auf den Berg kommen könne, als um ihnen Salz zu bringen.

Sie blickte um sich; im Dorfe war es stille, aber die Felder

waren belebt. Die Mäher legten das Gras in langen Schwaden
nieder und die Heumacherinnen breiteten es mit großen Gabeln am
Boden aus, damit es in der heißen Nachmittagssonne trocken werde.
Auf der anderen Seite des Thales ragten die Berge in ihrer Unbe=
weglichkeit empor, mit den großen, stillen, düstern Wäldern und den
mächtigen, steilen Gipfeln. Ueber diesen ersten Höhen konnte Caroline
selbst von dieser Stelle aus die weißen Firnen in der Ferne sehen,
und wenn man ihren Blicken folgte, hätte man meinen sollen, sie
suche die Felsnadeln von Praz=de=Fort. So verweilte sie eine Stunde,
vielleicht auch länger, schweigend und in ruhige Betrachtung versunken.
Dann erhob sie sich, rief auf's Neue und da Niemand antwortete,
liebkoste sie noch einmal ihre beiden Ziegen und schlug den Fußweg
in's Dorf ein. Sie stieg langsam hinab, bei jedem Gesträuch stehen
bleibend und Erdbeeren am Rande des Weges suchend. Offenbar
hatte sie die Absicht, ihren Korb damit zu füllen. Als Kaspar sie
heimkehren sah, schämte er sich. Er wollte aufstehen, um ihr nachzu=
laufen; aber es ging nicht, denn die Furcht oder irgend ein anderes,
noch weniger besiegbares Gefühl lähmte ihm die Beine und als der
weiße Hut zwischen den Häusern der Frace verschwunden war,
befand sich der Geißbub noch in seinem Versteck hinter den Tannen=
ästen.

Den ganzen Rest des Tages quälte sich Kaspar damit, eine Ent=
schuldigung für seine Abwesenheit zu suchen, aber er fand keine.
Während der vier Jahre, welche er mit seinen Ziegen verlebt, hatte
er wenig Gelegenheit gehabt, sich im Lügen zu üben. Nur mit großer
Selbstüberwindung kehrte er Abends in's Dorf zurück und wenig
fehlte, so hätte er sich wie am Tage zuvor verspätet. Was würde
Caroline dazu sagen und vor allem, was würde er antworten? Aber
glücklicherweise stand Caroline nicht am Eingange des Gäßchens,
welches zu ihrem Hause führte. War sie anderswo beschäftigt oder
hatte sie das Horn des Geißbuben nicht gehört? Wer weiß es?
Jedenfalls hatte Kaspar nicht zu laut geblasen. Die beiden Ziegen
trennten sich aus eigenem Antriebe von der Heerde, um ihre Herrin

325

zu erwarten und Kaspar beeilte sich, in die große Straße einzubiegen,
überglücklich, mit der Angst davon gekommen zu sein. Er begegnete
jetzt den gewohnten Gevatterinnen, unter ihnen Tante Claudia, welche
den verlöschenden Zorn auf's Neue anzufachen suchte. Heute gab er
sich nicht einmal die Mühe, ihr mit seinem Horn die Ohren voll zu
blasen, sondern ging, ohne auf sie zu achten, vorüber. Kaum hatte
er das letzte Haus erreicht, so verschwand er unversehens. Um sich
in sein Nachtquartier zu begeben, hätte er müssen durch's Dorf zurückkehren und an Carolinens Thüre vorübergehen. Aber nichts in der
Welt hätte ihn dazu vermocht. Er zog es vor, den Umweg von einer
halben Stunde durch's Feld zu machen, um auf einen Weg zu gelangen, wo er wenig Aussicht hatte, ihr zu begegnen. Er aß schnell
und eilte voll Ungeduld, allein zu sein, auf sein Heu. Diese Nacht
war eben so unruhig, wie die vorige; er hatte zahllose, wechselnde
Träume. Ein gewisser Hut spielte dabei eine wunderliche Rolle.
Bald schrumpfte er zusammen und es war ein Knabenhut, der Hut
des Pathen, welchen der Wind durch die Schlucht hinabtrug; bald
wuchsen ihm breite Ränder mit einem hübschen, blauen, flatternden
Bande und es wurde der Hut eines jungen Mädchens, dazu geschaffen,
ein liebliches Gesicht vor der Sonne zu schützen und allen Geißbuben
des Gebirges den Kopf zu verrücken.

Am nächsten Morgen beim Auszuge befand sich Caroline auf
ihrem Posten; aber es waren auch viele andere Frauen auf der
Gasse; die Ziegen liefen von allen Seiten herzu und es gelang Kaspar, vorbeizukommen, ohne daß sie ihn anredete. Abends war es
ebenso und noch mehrere Tage hindurch mußte er eine Begegnung mit
ihr zu vermeiden.

Aber er fuhr fort, sie von der Höhe des Berges zu belauschen.
An den Mont de Cray dachte er gar nicht mehr. Beständig waren
seine Augen auf das schwarze Haus geheftet, von welchem man ein
einziges Fenster sah. Die, welche er in der Nähe floh, suchte er in
der Ferne und die Stunde nach dem Mittagsessen, die Stunde, wo
Caroline erschien, um ihr Tischgeschirr abzuspülen, war für ihn die

schönste des ganzen Tages. Er brachte den Morgen damit zu, sie zu erwarten, den Nachmittag, an sie zu denken. Glücklich die Menschen, denen täglich eine Stunde gegeben ist, welche ihren Lichtschein auf die übrigen Stunden wirft!

Aber wie? Hatte sich der Geißbube von Praz-de-Fort in das hübsche Mädchen von Rossinières verliebt, welches, wie es hieß, mit dem reichsten Burschen des Thales verlobt war? Hieran dachte er nicht einen Augenblick. Ohne Zweifel war er in dem Alter, in welchem das Herz erwacht, in jenem Vorfrühling der Jugend, der einer zeitigen Liebe so günstig ist. Er hatte das siebzehnte Jahr vollendet; warum hätte er da nicht lieben sollen? Aber was wußte er von der Liebe, er, ein Kind ohne Familie, eine einsame Waise, welche bisher nur Sinn für Weiden, auf denen Murmelthiere ihren Bau graben, und für rauhe Felsen hatte, auf denen Genippkraut wächst? Was wußte er vom Leben? und was konnte für ihn dieses schöne Mädchen mit dem guten Herzen sein? Ach! er wußte nur das Eine, daß er sonst überall Verachtung gefunden und daß sie allein freundlich gegen ihn gewesen war. Er wußte, daß sie ihn bei der Hand genommen, die Wunden in seinem Gesicht gewaschen, mit ihm von Praz-de-Fort gesprochen hatte und daß ihm das Leben lieblich dahinfloß, seit er sie gefunden. Sie war ein wohlthätiger Engel, welchen der Himmel auf seinen Weg gesendet. Er fragte sich nicht, ob er sie liebe, aber er wußte, daß er sein Leben für sie hingegeben hätte.

Nun fand Kaspar auch Geschmack an den Gesängen der Hirten; er hörte sie mit Vergnügen an und obwohl er selbst nicht sang, so war doch etwas in seinem Herzen, das Antwort gab. Auch das Thal, in welchem Rossinières sich verbirgt und die Berge, welche es beherrschen, sah er nun mit ganz anderem Auge an. Es gefiel ihm hier und er wußte doch nicht warum. Ohne Zweifel war es die ländliche Anmuth der Gegend, die erquickende Frische der Farben, ein Hauch des Ueberflusses und Wohlbehagens, was leise auf sein ehemals verbittertes, nun besänftigtes und dem Mitgefühl geöffnetes Herz wirkte. Besonders sah er die hübschen hölzernen Häuser nicht mehr als trau-

rige Paläste an, welche für den Reichthum und Ehrgeiz geschaffen
sind; er verwünschte˙ sie nicht mehr aus der Tiefe seines Elends.
Wenn er sie sah, so nett und warm, so gut geschlossen, so sorgfältig
gebaut, vom Wetter zugleich gebräunt und erprobt, mit ihren geschnitz-
ten Lauben rings herum und mit den frommen Inschriften, welche er
so gerne verstanden hätte, dann begriff er nicht bloß, daß man sie
bewohnen mochte, sondern verworrene Traumbilder von häuslichem
Glück, von einem Leben zu Zweien unter dem Schutze eines dieser
friedlichen Dächer dämmerten in seinem Herzen auf und verdrängten
daraus das bittere Verlangen, die düstere Sehnsucht nach einer wilden
Unabhängigkeit auf den Felsen von Praz-de-Fort. Vorzüglich war
eines darunter, auf welches er seine Gedanken heftete und dessen Bild
für ihn das Paradies auf Erden war. Seit er, von Carolinen an
der Hand geführt, dort eingetreten war, hatte er es nicht anders als
von der Höhe des Berges herab gesehen, von wo er jenes Dach und
ein Fenster entdeckte. Keine menschliche Gewalt hätte ihn dazu bringen können, durch die Gasse zu gehen, in der es stand. Aber diese
Gasse schwebte so deutlich vor seiner Seele, als ob er jeden Tag
wieder darin gewesen; er sah das Geißblatt — jenes Geißblatt,
welches man nur im Gebirge findet — wie es sich über der kleinen
Eingangsthüre zu einer Laube rundete, seine Zweige mit den alten
Balken der Laube verflocht, von da bis auf das Dach kletterte und
dann in üppigen, blüthen- und˙ duftreichen Massen vorne herabfiel.
Er sah die Reihe von Blumentöpfen, unter deren Last die Laube sich
bog, hier eine dicke Nelke, dort Büsche kleiner weißer Rosen, dort
wieder brennendrothe Kapuziner, an unsichtbaren Fäden gezogen und
von einem zum anderen ihre langen, kräftigen Stengel rankend.
Durch all' dieses Grün sah er kleine, glänzend helle Fenster mit weißen Vorhängen, welche meist geöffnet waren, um den Duft von außen
hereinströmen zu lassen. Es ist zweifelhaft, ob ein Baumeister Kaspar's Geschmack getheilt hätte; es gab andere Häuser im Dorfe, welche
niedlicher gebaut, kunstvoller verziert waren. Aber Kaspar hatte seine
eigenen Ideen und Grande-Maison selbst konnte sich in seinen Augen

mit dem Häuschen des Lehrers nicht vergleichen. Und — die Baumei=
ster freilich nicht — doch mancher Andre hätte seine Meinung wohl
getheilt. Alle Blumen um das Häuschen hatten ein Aussehen von
Frische und Gesundheit, das deutlich verrieth, welche Hand sie pflegte.
Ueberall merkte man die Gegenwart eines guten Genius und man
brauchte nur an der Thüre vorüberzugehen, um den erquickenden
Wohlgeruch der Blumen zu fühlen und jenen noch süßeren Duft, der
das Haus durchwehte, den Hauch häuslichen Friedens, züchtiger Un=
schuld, beglückender Ehrbarkeit. Seit Kaspar anfing, alle diese Dinge
zu bemerken, verließ ihn das Heimweh und wenn es ihm frei gestan=
den hätte, den Tag darauf nach Praz=de=Fort zurückzukehren, wer
weiß, ob er nicht geblieben wäre.

Und dennoch mischte sich in alle Empfindungen dieses neuen
Lebens ein bitteres Gefühl des Bedauerns, fast waren es Gewissens=
bisse. Kaspar konnte sein sonderbares Benehmen an jenem Tage
nicht vergessen, da Caroline gekommen war, ihn auf dem Berge zu
überraschen. Warum verbirgt sich die unschuldige Liebe mit mehr
Schamhaftigkeit, als die strafbare? Kaspar hätte Alles in der Welt für
ein zweites ähnliches Glück gegeben, Carolinen zu sehen, zu sprechen
und ihr zu sagen, daß er nicht undankbar sei. Aber statt dieses
Glückes, welches zu genießen nur an ihm gelegen hätte, war er dahin
gekommen, die Gelegenheit einer Begegnung mit ihr zu fliehen und
den Kopf vor ihr zu senken, wie ein pflichtvergessener und ungezogener
Junge, welcher ihr nicht einmal gedankt für ihre Wohlthaten. Wie
wollte er sich anders benehmen, wenn er von vorne anfangen könnte!
Vierzehn Tage waren bereits über seinen Fehler hingegangen, und
noch fühlte er ihn so lebhaft wie am ersten Abend. Was sollte er
thun, um ihn gut zu machen? Er zerbrach sich den Kopf, um etwas
zu ersinnen, aber vergebens. Da er wußte, daß Caroline Freude an
Blumen habe, kam er auf den Gedanken, ihr welche zu bringen. Er
machte ungeheure Sträuße von Alpenrosen für sie, wobei er Sorge
trug, nur die frischesten, jüngsten und schönsten Triebe auszuwählen.
Er verbarg sie behutsam im Schatten, damit sie bis zum Abend nicht

welkten und mehr als einmal stieg er den Berg hinab mit einem ganzen Haufen blendender Alpenrosen beladen. Aber nie kam ein einziger Zweig davon bis nach Rossinières. Es war leichter, sie zu pflücken als sie zu geben und bei jedem Schritt, welcher ihn dem Dorfe näher brachte, fühlte er deutlicher, daß es ihm unmöglich sei, ihm, dem Walliser, dem schönen Mädchen von Rossinières Blumen anzubieten. Er trug sie bis einige Minuten vor das Dörfchen Frace, bis zu der Stelle, wo der Weg über den Bach führt; dort angekommen, warf er sie hinein. Nach den Alpenrosen versuchte er es mit Erdbeeren. Er glaubte zu fühlen, daß er es eher wagen werde, ihr Früchte zu schenken als Blumen. O! welch' prächtige Erdbeeren pflückte er für Carolinen! Wie waren sie so roth, so reif und duftig! Eine wahre Wonne für einen Feinschmecker! Aber als er zu der Stelle des Weges gelangte, wo er die Alpenrosen hinabgeworfen hatte, fühlte er die Unmöglichkeit zu sagen: „Da! Nehmen Sie!" und die Erdbeeren rollten, gleich den Blumen, in den Bach; denn er wollte nicht, daß, was er für sie gepflückt hatte, in andere Hände gerathe.

Stunden und Tage gingen hin, Kaspar's Lage blieb unverändert. Beständig floh er die Tochter des Lehrers, beständig dachte er nur an sie; aber er konnte sie nicht ewig fliehen. In Kurzem mußte die Reihe, den Geißbuben zu beherbergen, an Carolinen kommen und dann mußte er wohl ihre Gegenwart ertragen. Er sah diesem Tage mit Schrecken entgegen. Schon sann er in seinem Kopfe auf irgend eine List, um die Gastfreundschaft anderswo als bei Carolinen in Anspruch zu nehmen. Aber was konnte er ersinnen? Es mußte der Reihe nach gehen, das war die Vorschrift. Streng genommen hätte er sich weigern können, zu Tante Claudia zu gehen wegen des Pathen und der bösen Reden, welche ihn dort sicher erwarteten. Aber zu Carolinen, welche ihm nur Gutes gethan hatte! Was würden die Leute sagen? was würde vor Allem Caroline sagen? Und doch, mit welcher Stirn wollte er ihre Schwelle betreten? Wie am selben Tische mit ihr essen, vielleicht unter vier Augen? Wie ihren Blick und ihre gerechten Vorwürfe ertragen? Zuweilen faßte Kaspar einen großen Entschluß: er wollte ihr Alles sagen. Alles? Nun was denn? . Was hatte er ihr eigentlich zu sagen? Er wollte ihr sagen, daß er sich verborgen, daß er Furcht gehabt, daß er sich geschämt hatte. — Furcht! wovor? Scham! worüber? — Wußte er es denn selbst? Nein, er hatte ihr nichts zu sagen. — Und wenn er so hin und her sann, kam die alte weiße Ziege, welche ihn nicht mehr verließ, seit er sie lieb gewonnen und stets einige Körner Salz für sie hatte, und legte ihren Kopf auf seine Schulter, oder der pyramidenförmige Schatten, welcher sich langsam um die Tannen drehte, verkündete die Mittags= stunde und Kaspar erwartete, die Augen auf das Fenster des kleinen schwarzen Hauses geheftet, das Erscheinen Carolinens, und ganz dem Glücke der Gegenwart hingegeben vergaß er auch den nächsten Tag.

Es war am vorletzten Abend vor dem verhängnißvollen Tage und Kaspar war eben in's Dorf zurückgekehrt. Die Ziegen hatten den Weg nach ihren kleinen Ställen gefunden; keine hatte gefehlt und die fleißigen Hausfrauen waren damit beschäftigt, sie zu melken. Kaspar ging die große Straße hinab nach seiner Nachtherberge und dachte daran, was er übermorgen zur selben Stunde machen würde, als er Carolinen sah, welche die Straße heraufkam und auf ihn zu= ging. Er blieb stehen, wollte umkehren, that noch einige Schritte und dann — Großer Gott! Caroline rief ihn an mit ihrer lieblichen und hellen Stimme, gerade wie damals auf dem Berge: „He! Kaspar!"

Für dießmal blieb er an den Boden wie festgenagelt und das junge Mädchen, liebenswürdiger und reizender als je, mußte bis zu ihm herankommen.

„Ei, Kaspar, warum so schüchtern?"

Kaspar wurde roth bis an die Ohren.

„Giebt es noch Erdbeeren im Gebirge?" fuhr Caroline fort.

Kaspar war wie umgewandelt. Ein Lichtstrahl fiel in seine Seele; er sah die Erfüllung aller seiner Träume voraus und war so darüber verloren, daß er nicht wußte was er sprach.

„Erdbeeren! Erdbeeren! — Nun, ob es welche giebt!" — stammelte er in abgebrochenen Worten. „Sie liegen nicht alle im Bache."

Caroline sah ihn verwundert an.

Er faßte sich und die Hoffnung gab ihm Zuversicht. „Es giebt welche, freilich! Es giebt welche für Sie!" — Er erröthete von Neuem, als ob er sich verrathen hätte.

„Willst du mir eine Salatschüssel voll pflücken?"

„Zwei, wenn Sie wollen, o gewiß! — Brauchen Sie sie diesen Abend? Ich kann sie finden; es ist Mondlicht und dann kenne ich die Stellen wohl."

„Du bist zu gut, mein Junge. Morgen, wie dir's paßt. Wenn du ausziehst, gebe ich dir einen kleinen Korb mit; und wenn du mir schöne Beeren mitbringst, so zahle ich sie dir gut."

„Die schönsten im ganzen Gebirge! — Aber ich gebe sie Ihnen; Sie sollen nichts dafür zahlen, nein, Sie sollen nichts zahlen! — Ich habe schon so viele für Sie gepflückt! — Aber ich habe nicht gewagt — nicht wahr, Sie zahlen nichts dafür?"

Er legte in diese Worte eine so eigenthümliche Gluth, daß Caroline beinahe Furcht bekam. Aber das war ein Eindruck, flüchtig wie der Blitz.

„Ah, du bist ein guter Junge!" sagte sie, ihm die Hand reichend. „Ich habe es den Leuten auch gesagt! — Wenn du mir die Erdbeeren schenken willst, werden sie nur um so besser schmecken."

Sie schlug den Weg nach Hause ein und Kaspar folgte ihr mit den Augen bis an die Ecke der Gasse. Als er nach seiner Herberge ging, war er wie berauscht, er taumelte.

Er machte es so kurz als möglich bei dem Bauer, bei dem er heute wohnte, und lag bald auf seinem Heu.

Eilt, eilt, ihr langen Stunden der Nacht und macht dem ersehnten Tage Platz. Oder nein. Die Trunkenheit der Erwartung ist ja bereits das Glück! Laßt die Zeit tropfenweise verfließen. In dieser Nacht beherbergt die Welt einen Glücklichen!

Kaspar konnte kein Auge schließen; aber er träumte nur um so mehr und seine Träume bezogen sich größtentheils auf den kommenden Tag. Er konnte endlich Erdbeeren für Carolinen pflücken; er durfte es wagen, die Augen zu ihr zu erheben; er durfte ihr sagen: „Da! nehmen Sie!" — Und welche Erdbeeren wollte er pflücken! Hatte sie ihm nicht gesagt, daß sie nur um so besser schmecken würden, wenn er sie ihr schenkte? Hatte sie ihm nicht die Hand gedrückt und er, hatte er diese Hand, welche sie gedrückt, nicht furchtsam mit seinen Lippen berührt? Sie hegte also keinen Groll gegen ihn; sie hielt ihn weder für unhöflich, noch für undankbar, nur für ein wenig menschen=scheu. — O, deßhalb! Er war ja freilich scheu genug! — Und dann erstaunte er über seine Kühnheit. Hatte er ihr nicht gesagt, daß er schon so viele Erdbeeren für sie gepflückt? — Das war ja, als wenn er Alles gestanden hätte. — Sie hatte es wohl verstanden und war darüber nicht böse geworden. Sie war gut, so gut, daß sie ihm gewiß auch ein wenig gut sein würde; und so wenig es auch wäre, es würde ihn doch reich machen. Alle diese Gedanken wirbelten ver=worren in seinem Kopfe herum und zum ersten Male ließ ihn das Glück eine ganze Nacht nicht schlafen. Es war finster in Kaspar's Scheune; die Thüren waren verschlossen, die Wände ohne Oeffnung und von den Strahlen, welche der Mond über die Erde goß, drang auch nicht einer bis zu ihm. Aber was lag daran? Es war ja mehr Licht in seinem Herzen, als es je am Himmel haben konnte.

Am anderen Morgen tönte noch früher als gewöhnlich das Horn des Geißbuben hellklingend im Dorfe. Die Heerde kam nur allmäh=lich zusammen; die Mehrzahl der Frauen war bei'm Aufstehen über=rascht worden. Sie kamen eine nach der anderen in übler Laune und fragten Kaspar, was für ein Teufel ihn plage, daß er so früh vor Tagesanbruch ausziehe. Caroline allein war bereit und stand mit einem Korbe in der Hand in der großen Gasse. Sie reichte ihn Kaspar, welcher dießmal den Kopf aufhob und sie mit einem Lächeln grüßte.

„Nun," sagte sie, den Korb halb zurückziehend, „ich wette, daß du deine Ziegen abermals verlassen wirst."

Diese Anspielung, bei welcher er vierundzwanzig Stunden früher unter die Erde gesunken wäre, brachte ihn nicht einen Augenblick in Verlegenheit.

„Gewiß würde man sie verlassen," erwiderte er, „wenn man bei der Rückkehr diejenige anträfe, welche sie das letzte Mal hütete."

„Wohl, wohl!" sagte Caroline. „Man hat heute zuviel Arbeit." Und als sie sich entfernte, sagte sie noch: „Die Flasche im Korbe — ist für dich. — Man sagt, daß es kein Wasser mehr da oben giebt."

Es war in der That im Korbe außer der Salatschüssel eine Flasche, welche einen Schoppen, vielleicht auch ein wenig mehr enthielt. Kaspar dankte mit einer Bewegung des Kopfes, aber Caroline war verschwunden.

Es war lustig zu sehen, wie der Geißbub von Rossinières an diesem Morgen seine Ziegen traben ließ. Die arme Weiße folgte athemlos und mehr als eine Gevatterin, welche dem Walliser nicht traute und ihn von ferne beobachtete, nahm sich vor, ihm am Abend den Kopf tüchtig zu waschen. Tante Claudia, welche sich zum ersten Male in ihrem Leben verspätet hatte, mußte umkehren, da sie die Heerde nicht mehr einholen konnte. Hatte er denn alles Mitleid verloren, daß er die armen Thiere mit leerem Magen so sehr laufen ließ! Aber Kaspar blieb immer im selben Zuge. Nicht die kleinste Knospe durften sie im Vorbeigehen erhaschen. Er führte sie auf den schönsten Weideplatz und ließ sie hier nach Belieben reichlichen Ersatz suchen, indem er seinerseits fortging, die Salatschüssel in der Hand. Er fürchtete nicht mehr die Gassenjungen des Dorfes; seit der Lektion, welche er dem Pathen gegeben, hatten ihre Besuche aufgehört. Er kannte die rechten Stellen, er ging von Platz zu Platz und nahm nur die schönsten, die reifsten, die würzigsten der Gebirgserdbeeren. Sein durchdringendes Auge errieth sie unter den Blättern und er suchte hier und dort und pflückte emsig, wobei er von Zeit zu Zeit verstohlen einen Blick nach dem schwarzen Hause sendete. Er gönnte sich auch nicht einen Augenblick Erholung, bis die Salatschüssel voll war und zwar so voll, daß die Erdbeeren nach allen Seiten herabrollten.

Dann stellte er sie, um sie zugleich vor den Ziegen und vor der
Sonne zu schützen, unter einen dichtbelaubten Tannenbaum und be=
deckte sie zu größerer Vorsicht mit den großen Blättern des Enzian
und des Huflattichs. Als er mit dieser Arbeit fertig war, war es
kaum acht Uhr. Weniger als drei Stunden hatten genügt, um eine
Salatschüssel von schönem Umfange zu füllen. Er hätte es hundert Mal
dem behendesten Mädchen zuvorthun können, das täglich im Walde
Erdbeeren sucht. Dann nahm er den Korb und begann die Ernte
auf's Neue. Um zwölf Uhr, in der geweihten Stunde, mußte der
Korb gleich der Salatschüssel voll sein. Er verdoppelte seinen Eifer
und seine Arbeitslust, besuchte nur die besten Plätze und, welch' ein
Wunder! um zwölf Uhr, ja selbst noch einige Minuten früher war
er mit dem vollen Korbe unter der Tanne zurück. Nicht eine Erd=
beere hätte mehr darin Raum gehabt. Es ist wahr, daß ihm der
Schweiß in großen Tropfen über die Stirne lief. Er setzte sich, leerte
in einem Zuge die Hälfte des Schoppens, — ah! der Wein war gut!
— und von nun an hatte er nur noch Augen für das kleine Fenster
mit dem Waschkübel. Caroline säumte nicht, sich dort zu zeigen; aber
es mußte heute in der That viel Arbeit im Hause des Lehrers geben,
denn aus dem bekannten Schornstein rauchte es in einem fort. Anstatt
ihr Geschäft ruhig, wie gewöhnlich, zu beenden, kam und ging Ca=
roline, sich jeden Augenblick unterbrechend, und andere weibliche Ge=
stalten erschienen und verschwanden hinter ihr. Was hatte diese un=
gewöhnliche Bewegung zu bedeuten? Kaspar kümmerte sich nicht weiter
darum. Er dachte, daß es ein Festtag für den Lehrer sei und
tröstete sich damit, daß Caroline länger als gewöhnlich abspülen
werde. Um ein Uhr, als die liebliche Erscheinung verschwunden war
und Caroline sich nur noch flüchtig und in langen Zwischenräumen
zeigte, nahm Kaspar seine Flasche, leerte sie, lief zu einer der weni=
gen Quellen, welche noch über den dürren Abhang herabsickerten und
schickte sich an, sie auch noch mit Früchten zu füllen; aber bedenkend,
daß die Erdbeeren nur mit Mühe durch den engen Hals der Flasche
herausgehen würden, füllte er sie mit schönen, schwarzen, blaubethau=

ten Heidelbeeren. Dies war das Werk eines Augenblicks. Aber
Kaspar war einmal im Zuge und hatte noch ganz andere Pläne.
Nach den Früchten kam die Reihe an die Blumen. Dießmal würde
er es wagen, sie zu schenken. Er wußte auf der anderen Seite der
Geißspitze zwischen dem Berge Cullens und den Kämmen, welche
auf den Mont be Cray führen, einen gegen Norden gelegenen, von
Buschwerk beschatteten Abhang, auf welchem der Schnee sich bis in
die letzten Tage des Juni erhalten hatte und wo die Alpenrosen noch
in voller Blüthe standen. Dorthin ging er und pflückte einen Strauß
oder vielmehr eine nur mit zwei Armen zu umspannende Garbe,
welche er so gut wie möglich mit langen Weidenruthen zusammen-
band. Er hatte das seltene Glück, einen Strauß mit weißen Blüthen
zu finden. Der ist für die Laube, dachte er, und sich seines ganzen
Gepäckes entledigend, schickte er sich nun an, den ganzen Strauch mit
allen seinen Wurzeln und einem ungeheuren Erdkloß aus dem Boden
zu heben. Er umgab ihn mit einer Art Gitter von Weidenzweigen,
damit die Erde nicht abfalle. Dann legte er seine Schätze an einen
sicheren Ort und schickte sich an, die Ernte fortzusetzen. Noch nie war
ihm der Cullens so blumenreich erschienen. Unbestritten standen trotz
des Genippkrautes die Alpen von Rossinières jenen von Praz-de-Fort
nicht nach. Er pflückte nicht, er raffte zusammen. O! wer den Strauß
gesehen hätte, den Kaspar machte. Er wendete seine ganze Geschicklichkeit und all' seinen Geschmack an. Es war eine buschige Garbe,
ein seltsames Gewühl von Blumen, noch struppiger, als der Wald
von schwarzen Haaren, welcher sich auf seinem Kopfe bäumte. Man
sah die Alpenlilie zwischen den großen blauen Blüthen des Ritterspornes,
welche übermäßig weit hervorragten, dann die runden silberhaarigen
Früchte der Anemone, den Eisenhut, ungeheure lilablaue Bergrauten.
Alles dieß vermischt mit großen, vollkommen aufgeblühten, sperrigen
Ringelblumen, so gelb er sie nur finden konnte.

Es war schon ziemlich spät am Nachmittag, als Kaspar seine
Blumenlese beendigt hatte. Er kehrte unter den Tannenbaum zurück
und erwartete dort die Zeit, wo er heimzukehren pflegte, den Augen-

blick, wo die Sonne sich im Westen hinter dem Felsen von Canbau,
in den Bergen der Gruyère verbarg. Der Abend versprach herr=
lich zu werden. Ein frischer Windhauch war auf die Hitze des Tages
gefolgt; die Schatten verlängerten sich im Thale; die Berggipfel zeich=
neten sich scharf am reinen Himmel ab; Schellentöne zogen, von der
kühlen Brise fortgetragen, durch die Luft; auf dem Mont de Cray
sang ein Hirte seinen Kuhreigen und Kaspar betrachtete mit leuchten=
dem Gesicht, das Herz wollte ihm dabei springen, bald Carolinens
Fenster, bald die aufgehäuften Schätze unter der Tanne und die Sonne,
welche wie jeden Tag ohne Hast und Rast ihren Weg ging. Die
weiße Ziege kam, ihm einen Besuch abzustatten. Er legte die Hand auf
ihren Rücken, faßte sie am Barte und sagte ihr wie gewöhnlich einige
freundliche Worte. Die Braune kam auch herzu. Sicher hatten sie seine
Freude errathen und wollten nach ihrer Weise theil daran nehmen.

Indessen sank die Sonne immer tiefer hinab. Kaspar blies drei=
mal in sein Horn. Alle Ziegen versammelten sich, zur Heimkehr bereit;
nicht eine fehlte. Er führte sie bis zu der Stelle, wo der Steig be=
reits so deutlich zu erkennen war, daß sie ihm leicht allein folgen
konnten; dann lief er zurück, blickte noch einmal nach der Sonne und
als der Rand der Scheibe unter dem Horizont verschwand, lud er
behende sein Gepäck auf; an den linken Arm nahm er den Korb; die
Flasche war durch ein Tuch an den Henkel desselben befestigt; mit
der rechten Hand hielt er die Salatschüssel und zwischen beiden Armen
die purpurrothen Alpenrosen, den Strauch mit weißen Blüthen und
die Blumengarbe aus Lilien, Eisenhut und Ringelblumen, welche ihm
bis über die Augen reichte. Noch nie war ein Geißbube von Rossi=
nières in solchem Aufzuge den Berg herabgekommen. Er beugte sich
fast unter seiner Last. Die Ziegen hatten es besser jetzt als am Mor=
gen. Im Dörfchen Frace angelangt, hatte Kaspar keine freie Hand,
um auf dem Horne zu blasen; aber er brauchte auch an jenem Abend
die Leute nicht erst auf sich aufmerksam zu machen. Sein Durchzug
war ein Ereigniß; alle Welt eilte an die Fenster, um ihn zu sehen.
Die Frauen lachten, die Kinder liefen hinter ihm her, sich belustigend

und aus Leibeskräften schreiend: „O! der Walliser! der Walliser!“
Er ließ sie lachen; er lachte auch und war viel glücklicher als sie
Alle. Bald kam er an den Bach; dießmal blieben die Wespen ruhig.
Dann kam Bourgeaud; dann die kleine Straße und endlich Rossinières.

Kaspar überließ den Jungen, welche ihm gefolgt waren, die Sorge,
die Heerde bis an's Ende der großen Gasse zu führen und lief, von
der Braunen und der Weißen begleitet, gerades Weges zum Lehrer.
Caroline stand weder auf der Thürschwelle, noch auf der Stiege. Sie
schien die Ziegen und den Geißbuben vergessen zu haben. Kaspar
ging hinauf und trat triumphirend in die Küche. Auch hier war es
leer. Leer? Mißverstehen wir uns nicht. Sie war im Gegentheil

sehr belebt; drei oder vier Frauen bewegten sich da nach allen Seiten, hin und her; aber Caroline fehlte. Kaspar, in seinen Erwartungen ein wenig getäuscht, legte seine ganze Beute auf das erste beste Hausgeräth nieder, Erdbeeren hierhin, Alpenrosen dorthin. Auf den Ueberraschungsschrei, welchen die Aushelferinnen erhoben, eilte Caroline herbei. Großer Gott! wie war sie schön, aber auch blendend schön! in lichtem Kleide, mit einem Blumenstrauß an der Brust, ein Lächeln auf den Lippen, einen Strahl des Himmels in den Augen.

„Ja, wahrhaftig, du bist ein guter Junge!" sagte sie wiederholt, indem sie die ausgebreiteten Schätze einen nach dem anderen betrachtete. Dann Kaspar an der Hand fassend fuhr sie fort: „Ich will, daß du auch beim Feste seist; komm' nur in einer Stunde."

„Welches Fest?" erwiderte Kaspar. Er war nicht neugierig; aber die Frage entschlüpfte ihm unwillkürlich.

„Nun — der Kontrakt."

„Wie? der Kontrakt? — Was ist denn das ein Kontrakt?"

Alle Frauen brachen gleichzeitig in ein schallendes Gelächter aus.

„Ei," sagte Caroline, „man sieht wohl, daß du nicht aus dem Dorfe bist. Man hat sich vor acht Tagen verlobt und heute macht man den Kontrakt. Verstehst du es nun?"

Er hatte es nur zu gut verstanden. Er fühlte etwas Ungewöhnliches, als ob sein Blut einen Augenblick stille gestanden wäre. Der Kopf schwindelte ihm und er sah den Boden unter seinen Füßen weichen. Aber er machte eine unglaubliche Anstrengung, um Herr seiner selbst zu bleiben, und Caroline hätte vielleicht nichts bemerkt ohne eine der Aushelferinnen, welche sah, daß er sich mit der Hand an einem Hausgeräth fest hielt.

Kaspar stammelte einige Worte ohne Zusammenhang.

„Es ist nichts, Jungfer, — es ist, weil — sehen Sie — es war heute so heiß da droben." —

„Ja, die Ermüdung," sagte Caroline. „Aber warum hast du dich auch so sehr beladen?"

Sie lief nach einem Glase Wein. Kaspar tauchte seine Lippen

hinein, weil Caroline ihn dazu nöthigte. Dann, als die erste Ge-
müthsbewegung überwunden war, sagte er, daß ihm draußen besser
werden würde: und wie sehr sie sich auch bemühte, ihn zurückzuhalten,
so entkam er doch ihren Händen.

„Aber du kommst doch wieder?" rief sie ihm von der Stiege
nach.

Er nickte mit dem Kopfe. Man konnte dies auch für eine Zu-
stimmung halten. Er ging fort.

Die Gasse war leer, die Ziegen waren bereits alle heimgekehrt.
Er schlüpfte in die nächste Schenne und warf sich auf ein Bund Heu.
Aber sobald es Nacht war, begann der Klang von Violinen seine
Einsamkeit zu stören. Im ganzen Dorfe herrschte Fröhlichkeit und man
tanzte in der Gemeindewirthschaft, im alten Rathhause. Gruppen
kamen und gingen mit munterem Gesang. Dieser Lärm that ihm
wehe. Er verließ sein Versteck und schlich, vom Dunkel begünstigt,
längs der Häuser hin. Man weiß nicht, was für ein Instinkt ihn
nach Carolinens Wohnung trieb, ohne Zweifel das Bedürfniß, welches
zuweilen die Unglücklichen erfaßt, den Kelch der Bitterkeit bis auf
die Neige zu leeren. Er mußte an dem Wirthshause vorübergehen
und sah dort die Paare im großen Saale herumwirbeln. In einem
Seitenzimmer hatten sich die Trinker niedergelassen. Zwei unter ihnen,
welche am Fenster saßen, sprachen sehr laut: der Syndikus und ein
junger Mann. Sie unterhielten sich über die Interessen der Gemeinde.
Der junge Mann führte gar sonderbare Reden. Er sagte dem Syndikus, daß alle Gemeindeweiden ein Ruin für den Ort seien, daß sie
das Doppelte einträgen, wenn sie Privatpersonen gehörten und daß
es an der Zeit sei, diesen alten Bräuchen ein Ende zu machen, besonders die Ziegenheerden abzuschaffen, welche die Triebe an den jungen
Bäumen abfressen.

Dieses wunderliche Gespräch hielt Kaspar nicht auf; er hörte es
wohl an, aber er verstand nichts davon. Uebrigens, was hätte ihn
hierbei auch interessiren können.

Weiter weg begegneten ihm in aller Eile mehrere zu spät kom-

340

mende Burschen, welche heim gelaufen waren, um ihre schönsten Sonntagskleider anzuziehen.

⁕„Zwei Schoppen Wein!" jagte der Eine. „Was ist das für ihn,
für einen so reichen Kauz? Bei der Hochzeit müssen wir das Doppelte
haben, sonst giebt's eine Katzenmusik."

Noch weiter weg war es mehr als eine Gruppe; es war ein Zug,
der Verlobungszug selbst, welcher der tanzenden Jugend den unerläß-
lichen Besuch machte. Kaspar drückte sich in einen dunkeln Winkel.
Er sah die Verlobten vorübergehen. Der Bräutigam strahlte vor
Glück und schritt gehoben einher; Caroline stützte sich auf seinen Arm,
wie es schien, ebenso glücklich. Dann kam der Vater, stolz und froh
über das Glück seiner Tochter; hierauf folgten die Gäste, Verwandte
und Freunde, paarweise, Arm in Arm, wie es sich bei einer solchen
Gelegenheit ziemt. Die Alten gingen gesprächig; die jungen Mädchen
hüpften und versuchten bereits die Tanzschritte zum fernen Klang der
Musik; die Burschen flüsterten ihnen süße Worte in's Ohr und mehr als
eine künftige Hochzeit bereitete sich ohne Zweifel im Schatten des gegenwärtigen Festes vor. Die Ankunft des Zuges bei'm Wirthshause wurde
durch einen lauten Hurrahruf begrüßt; dann sangen die Violinen, die
man einen Augenblick nicht gehört, nur um so lebhafter wieder an.

Endlich war die Straße frei und Kaspar konnte, ohne bemerkt
zu werden, bis vor Carolinens Haus gehen. Er kauerte sich unter
ein Scheunenthor gegenüber und betrachtete einige Zeit das Geißblatt,
die offenen Fenster und die noch immer beschäftigten Aushelferinnen.
Wenn er sich auf die Fußspitzen stellte, konnte er den leeren Tisch,
die Gläser, die Schüsseln und Flaschen und in der Mitte den Alpen-
rosenstrauch mit weißen Blüthen in dem Geflechte aus Weidenruthen
sehen, wie er ihn gebracht hatte. Während er so einsam hier kauerte,
hörte er Schritte in dem Gäßchen. Es war Tante Claudia und eine
andere Gevatterin. Sie blieben vor einer Hausthüre, zwei Schritte
von Kaspar entfernt stehen, und zischelten. Kaspar horchte aufmerksam zu; er hatte den Namen Caroline verstanden.

„Ich sage euch, man darf den Mädchen nicht trauen, welche gar so sehr die Tugendhaften spielen," bemerkte Tante Claudia. „Sie lassen zu ihren Abendgesellschaften, am Samstag, keine Bursche zu, aber sie gehen ihnen auf den Berg nach. Man hat sie neulich recht gut fortgehen sehen. —"

Sie setzte noch etwas hinzu, das sehr boshaft sein mußte; denn sie sagte es so leise, so leise, daß Kaspar es nicht verstand.

„Viper!" schrie eine Stimme aus der Dunkelheit hervor.

Die beiden Weiber stürzten in das Haus, erschreckt, als wenn ein Gespenst vor ihnen aus der Erde gestiegen wäre. Aber Kaspar's Ausruf hatte die Leute im Hause des Lehrers an die Fenster gelockt. Er entfloh daher so schnell ihn die Füße tragen mochten.

Ein hundert Schritt weiter, als er vor Carolineus kleinem Zie= genstalle vorüberging, hörte er es darin meckern. Er trat ein; die Braune lag, aber die Weiße stand noch und sah nach der Thür, als ob sie Jemanden erwarte.

„Gutes Thier," sagte Kaspar, „hast du mich kommen hören?"

Er suchte in seiner Tasche nach einem letzten Körnchen Salz, um es ihr zu geben; dann, als er sich mit den armen Thieren allein sah, den letzten Wesen, welche seiner Liebe auf dieser Erde blieben, machte er seinem gepreßten Herzen Luft. Am Rande der Krippe sitzend brach er in einen Strom von Thränen aus. Die Weiße hatte den Kopf auf seine Kniee gelegt und bewegte ihn leise hin und her. Die Braune aber schlief. Die Jugend, welche den ganzen langen Tag umherspringt, hat in der Nacht einen gesunden Schlaf. Kaspar blieb lange Zeit im Stalle. Plötzlich stand er auf, streichelte einen Augen= blick den hübschen Hals der Braunen, aber leise, um sie nicht zu wecken, gab der Weißen seine Hände zu lecken, sagte ihr ein letztes Lebewohl und ging fort. Er schlug den Weg durch die Felder ein. Wohin er ging? Er wußte es selbst nicht; er wußte nur, daß er ging. Das ferne Geräusch der Lustbarkeit im Dorfe verfolgte ihn noch einige Zeit hindurch, dann verstummte es, und der arme Geiß= bub, er war von nun an allein in der Welt, und einen unbekannten Weg einschlagend, verlor er sich in der Stille der Nacht.

Am nächsten Morgen herrschte große Bewegung im Dorfe. Seit einer Stunde war es bereits Tag und der Geißbub erschien nicht. Man schrieb es anfangs den Genüssen des vergangenen Abends zu und dachte, er wollte sich gleich mehreren Anderen einen guten Tag machen. Aber allmählich fingen die Gevatterinnen doch an, die Geduld zu verlieren und fragten einander, was das zu bedeuten habe. Eine von ihnen sah in der Scheune nach, in welcher Kaspar die Nacht hätte zubringen sollen. Es war Niemand dort. Sie ging zu dem

Bauern, an welchem die Reihe gewesen, ihn zu beherbergen. Man wußte nichts von ihm. Sie dehnte ihre Nachforschungen bis zu Carolinen aus. Auch da konnte man ihr keine Auskunft geben. Die Zeit verging und Kaspar erschien nicht. Das halbe Dorf wartete mit der Heerde auf der Gasse und die Frauen aus den Dörfchen Frace und Vorgeand kamen eine nach der anderen zum Vorschein.

„Er wird zu viel getrunken haben und in einen Graben gefallen sein," sagte die Eine.

Aber Niemand erinnerte sich, ihn bei dem Lehrer oder im Gasthause gesehen zu haben.

„So sind diese Walliser," sagte eine Zweite.

„Es ist wohl der Letzte, der Geißbub in Rossinières gewesen," entgegnete eine Dritte.

Nur zwei von ihnen sagten kein Wort: Tante Claudia, weil die Stimme, welche ihr „Viper" zugerufen hatte, ihr noch in den Ohren klang und Caroline, welche anfing, die Wahrheit zu errathen und welche die Erste war, die ihre Ziegen wieder in den Stall zurückführte.

Man hat in Rossinières nie erfahren, was aus Kaspar geworden. Den zweitnächsten Tag mußte man nun doch für einen andern Geißbuben sorgen. Ein Junge aus dem Dorfe opferte sich gegen großen Lohn, weil er sonst beim Strohflechten mehr verdient hätte. Mit Ende der Weidezeit beschlossen die Bauern, den Lohn, welcher dem Walliser gebührte, in die Armenkasse zu legen, jedoch nach Abzug der Gehaltszulage, welche sein Nachfolger gefordert hatte.

Caroline verheirathete sich gegen den Herbst. Sie verließ das schwarze Haus, um nach Chateau-d'Oex zu ziehen; aber sie war nicht glücklich. Ihre Kinder starben, ihr Mann ergab sich dem Trunke und gerieth auf Abwege. Sie hatte nicht mehr so viele Blumen um sich; doch bewahrte sie einen Alpenstrauch mit weißen Blüthen. Aber er war widerspenstig gegen die Pflege. Bisweilen trieb er im Frühling Knospen; aber sie vertrockneten alle, bevor sie sich öffneten. Man sagt, daß Caroline weinte, wenn sie sie fehlschlagen sah. Auch suchte sie, wenn Walliser nach Chateau-d'Oex kamen, eine Gelegenheit, mit ihnen zu sprechen und erkundigte sich, ob sie nicht zufällig einen gewissen Kaspar Gros aus Praz-de-Fort kennten, welcher einst dort Geißbube war und es vielleicht noch sei. Aber Keiner hatte einen Geißbuben dieses Namens gekannt; ja kaum hatten Einige von ihnen von dem Dorfe Praz-de-Fort sprechen hören. Das Wallis ist so groß!

Auch in Praz-de-Fort gingen Herbst und Winter vorüber, ohne daß man Nachrichten von Kaspar erhielt und schon dachte man nicht mehr an ihn, als er beim Beginnen des Frühlings eines Abends ankam, die Füße bestaubt, als ob er den ganzen Tag gegangen sei,

überdieß blaß, mager, verkommen, fast unkenntlich. Denen, welche
ihn danach fragten, sagte er, daß ihm das Leben sauer geworden sei
und daß er in der Welt Hunger gelitten habe. Man hatte Mitleid
mit ihm und gab ihm auf's Neue die Stelle des Geißbuben. Von
nun an erhielt er sie jeden Sommer. Was er im Winter machte,
wußte man nicht recht. Im Sommer sah man ihn am Morgen vor=
übergehen, auf seinem Horne durch's Dorf blasend, am Abend auch.
Alle Welt kannte ihn; aber er hatte Niemandes Freundschaft gesucht
und wenn er in seiner Kindheit verschlossen gewesen, so war er es
jetzt noch weit mehr. Er war das Schweigen selbst. Uebrigens hatte

er einige seiner früheren Gewohnheiten wieder angenommen: er machte
noch mit Steinwürfen Jagd auf die Murmelthiere und suchte auf den
Felsen das Genippkraut. Man behauptet, daß er viele Stunden auf
den Spitzen der Gebirge zubrachte und beständig nach einer und der=
selben Richtung ausblickte; aber was er da suchte, das wußte Niemand.

Einige Jahre später machte ein Pfarrer aus der Nachbarschaft
durch Zufall seine Bekanntschaft. Der Pfarrer war Botaniker; im
Wallis sind sie es ja fast alle. Er hatte gleich Kaspar eine Vorliebe
für das Genippkraut; das brachte sie einander näher. Er begegnete
dem Geißbuben von Praz-de-Fort bei einem Ausflug auf den Salena=
gletscher und ahnte eine große natürliche Beobachtungsgabe unter die=

345   11

fer ſtummen Hülle. Noch am ſelben Abend ließ er Kaſpar holen;
er zeigte ihm einige mehr oder weniger ſeltene Pflanzen, bezeichnete
ihm die Standorte, wo man ſie wahrſcheinlich finden werde und ver-
ſprach ihm eine anſtändige Belohnung, wenn es ihm gelänge, eine
beſtimmte Anzahl davon zu ſammeln. Nach Verlauf von acht Tagen
hatte Kaſpar alle Pflanzen gefunden, welche man ihm gezeigt hatte,
und der Pfarrer war damit für ſein Leben verſorgt. Er fand Ge-
ſchmack an einem Menſchen, welcher ihn ſo gut bediente. Er über-
häufte ihn mit neuen Aufträgen und machte ihn zu ſeinem Reiſe-
gefährten bei allen Wanderungen im Ferretthale, wobei er für einen
Stellvertreter für den Dienſt des Geißbuben ſorgte. Im Winter ließ
er ihn zu ſich kommen und Kaſpar war ihm bei der Ordnung ſeiner
Sammlungen behülflich. Nach und nach entdeckte er einen ganzen
Schatz von natürlichem Verſtand und von Ergebenheit bei dieſem halb-
wilden Menſchen, den Manche für blödſinnig hielten. Er ſtellte Fragen
über ſein vergangenes Leben an ihn; aber anfangs antwortete Kaſpar
wenig. Allmählich aber wurde er offenherziger. Eines Tages ent-
ſchlüpfte ihm ein Wort, das gab ein anderes, und zuletzt hatte er
dem Pfarrer das ganze Geheimniß ſeines Lebens anvertraut. Nur
über jene dunkle Periode zwiſchen ſeiner Entfernung von Roſſinières
und ſeiner Rückkehr nach Praz-de-Fort wollte oder konnte er nie
etwas ſagen.

Dieſe Verbindung bot Kaſpar Gelegenheit, zu einem menſchen-
freundlicheren Leben zurückzukehren; doch ließ er ſich nur halb dafür
gewinnen. Oft erſchien er mehrere Wochen lang nicht im Pfarrhofe,
und wenn der Pfarrer während eines dieſer Zwiſchenräume einen
Gang machte, wobei er mitten durch die Ziegenheerde von Praz-de-
Fort kam, ſo war der Geißbub niemals ſichtbar. Verbarg er ſich
oder brachte er den Tag damit zu, auf den höchſten Felsſpitzen herumzuklettern? Niemand weiß es. Der Pfarrer machte ihm oft Vorwürfe
wegen ſeiner langen Abweſenheit; aber es gelang ihm nicht, ihn zu
beſſern.

So ging es viele Jahre lang. Da, eines Abends, kamen Kaſpar's

Ziegen allein nach Hanse. Die Leute von Praz=de=Fort vermutheten, daß ihm ein Unglück zugestoßen sei; sie versahen sich mit Laternen und gingen aus, den Geißbuben zu suchen. Aber ihre Bemühungen waren fruchtlos. Man suchte ihn mit ebenso wenig Erfolg den Tag darauf und die ferneren Tage. Erst einige Wochen später entdeckte man seinen Körper. Raubvögel zeigten die Stelle an, wo er lag. Er mußte von einer Höhe von mehr als hundert Klaftern herabge= fallen sein und war furchtbar verstümmelt. Hatte er sich an den Abgrund gewagt, um eine seltene Pflanze zu pflücken? Das ist nicht wahrscheinlich, denn über dem Punkte, wo man ihn fand, sind die Felsen beinahe nackt. Uebrigens hatte Kaspar eben eine seiner An= wandlungen von Trübsinn und dann sammelte er keine Pflanzen. Hatte er freiwillig den Tod gesucht? Es ist nicht unmöglich. Der Pfarrer aber glaubte es nicht.

„Seht," sagte er, „dieser Mensch hatte auch seine Religion. Er fürchtete Gott und das schützt jede Menschenseele vor dem Selbst= mord. Aber die alten Ziegenhirten enden häufig so. Sie leben be= ständig zwischen Felsen und haben keine andere Gesellschaft. Sie werden so sehr mit ihnen vertraut, daß sie keine Gefahr mehr kennen. Und dann eines Tages stürzen sie sich todt."

Druck von C. Grumbach in Leipzig.

Illustrirte katholische Monatsschrift

zur

Unterhaltung und Belehrung.

Herausgegeben unter Mitwirkung hervorragender Schriftsteller geistlichen und weltlichen Standes in Amerika, Deutschland und der Schweiz.

VI. Jahrgang. 1871. Zwölftes Heft.

Inhalt.

Jeden Monat erscheint ein Heft; zwölf Hefte sammt Titel und Inhaltsverzeichniß bilden einen Band.

Preis: per Heft 25 Cents, per Jahrgang Dollars 3 bei vierteljährlicher Vorausbezahlung.

Als Gratis-Prämie wird mit dem 12. Hefte oder bei Vorausbezahlung des ganzen Jahrganges sogleich ohne jede Nachzahlung ein prachtvolles Kunstblatt auf größtem Folio gegeben: Weihnachtsgruppe, nach einem trefflichen Gemälde von M. P. von Deschwanden. Diese Prämie bildet ein Seitenstück zur Prämie des „Wahrheitsfreundes" für 1870.

Zu beziehen durch alle Buchhandlungen der Vereinigten Staaten Amerika's.

Benziger Brothers, New-York.

Typographen des heil. Apostol. Stuhles.

Mit diesem Heft schließt der sechste Jahrgang der „Alten und Neuen Welt". Dieselbe hat abermals einen Zuwachs von Lesern erhalten, obwohl der nun glücklich beendete Krieg zwischen Deutschland und Frankreich Anfangs der Verbreitung unserer friedlichen Blätter hinderlich war. Und so nimmt denn die „Alte und Neue Welt", im Herzen der katholischen Urschweiz erscheinend, jetzt ihren Weg nach allen Gauen des großen deutschen Reiches, sowie nach Österreichs deutschen Ländern und setzt über das atlantische Meer und dringt vor bis an die Gestade des stillen Ozeans.

Gleichwohl bleibt ihr noch ein gewaltiges Gebiet zu erobern. Deßhalb haben wir, ermuthigt durch den bisherigen Erfolg und zählend auf fernere Erweiterung unseres Leserkreises, das Mögliche gethan, um die „Alte und Neue Welt" im nächsten Jahrgang auf eine Stufe der Vervollkommnung zu bringen, daß sie, was die Kunst der Sprache und des Zeichenstiftes, was spannende Erzählungen und reizende Genrebilder, oder was die sorgfältige Auswahl der belehrenden Aufsätze und überhaupt die Mannigfaltigkeit in Lesestoff und Illustration betrifft, thatsächlich den hervorragendsten illustrirten akatholischen Unterhaltungsblättern Deutschlands mindestens ebenbürtig ist. Aber — und hier nehmen wir keine Ebenbürtigkeit in Anspruch — der belletristische Theil der „Alten und Neuen Welt" bleibt frei von jeglichem haut-goût und ihre Bilder sind nicht auf Sinnenkitzel berechnet.

Wir werden auch fortfahren, in den Kreis der Mittheilungen Alles zu ziehen, was von allgemeinem Nutzen oder von besonderem katholischen Interesse ist, und namentlich werden wir, wie bisher, dem **Leben und Treiben in Amerika** lebhafte Aufmerksamkeit schenken. Eine neue Bereicherung unserer Unterhaltungsblätter kündigen wir aber schon heute an: unter der Rubrik „**Galerie von Meisterwerken der christlichen Kunst**" werden von einer Reihe der berühmtesten religiösen Gemälde Nachbildungen in Holzschnitten von vollendeter technischer Ausführung den einzelnen Heften einverleibt werden.

Wie gewöhnlich, erhalten die verehrlichen Abonnenten auch für den nächsten Jahrgang als **Prämie** ein liebliches Farbendruckbild in geschmackvoller Einfassung, Großfolio: „**Zwei Knaben unter einem Palmblatt**" nach Theodor Deschwanden.

Und nun empfehlen wir die „Alte und Neue Welt" der werkthätigen Gunst der ganzen großen Katholikenfamilie deutscher Zunge und hoffen, daß durch vermehrtes Abonnement eine kräftige Förderung unseren ausdauernden Bestrebungen zu Theil werden möge — um der gemeinsamen guten Sache willen.

Gott zum Gruße!

Redaction und Verlag
von „Alte und Neue Welt".

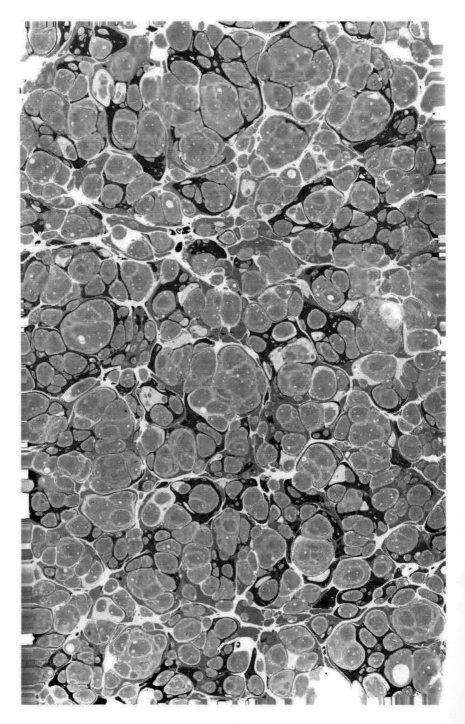

Druck:
Customized Business Services GmbH
im Auftrag der KNV-Gruppe
Ferdinand-Jühlke-Str. 7
99095 Erfurt